Springer-Verlag Berlin
Heidelberg GmbH

Joachim Ziegler

Programmieren lernen mit Perl

Mit 55 Abbildungen und 17 Tabellen

Springer

ISSN 1439-5428
ISBN 978-3-642-62721-7

Die Deutsche Bibliothek – CIP-Einheitsaufnahme
Ziegler, Joachim: Programmieren lernen mit Perl/Joachim Ziegler. –
Berlin; Heidelberg; New York; Barcelona; Hongkong; London; Mailand;
Paris; Tokio: Springer, 2002
(Xpert.press)
ISBN 978-3-642-62721-7   ISBN 978-3-642-56045-3 (eBook)
DOI 10.1007/978-3-642-56045-3

© Springer-Verlag Berlin Heidelberg 2002
Ursprünglich erschienen bei Springer-Verlag Berlin Heidelberg New York 2002
Softcover reprint of the hardcover 1st edition 2002

Gedruckt auf säurefreiem Papier – SPIN: 10851178   33/3142 GF   543210

Though my wife still respects me
I really misuse her
I am having an affair
With a random computer
Don't you know I'm the 2000 man?
And my kids they just don't understand me at all

The Rolling Stones

Vorwort

Ich gebe des Öfteren Programmierkurse. Jeden dieser Kurse beginne ich mit dem Satz „Ich mag keine langen Vorworte, daher beginnen wir jetzt sofort", und schon wenige Augenblicke später sind die Kursteilnehmer in bedingte Anweisungen und Schleifen vertieft. So würde ich in diesem Buch ebenfalls gerne vorgehen, aber hier erscheinen mir einige Worte angebracht, die ich tatsächlich *vor* der Beschreibung von bedingten Anweisungen, Schleifen, Feldern und dem unwesentlichen Rest niederschreiben sollte.

Wie dieses Buch entstanden ist

Manche der von mir gehaltenen Kurse richten sich an Anfänger, die noch nie eine Zeile Code geschrieben haben. In einem Zeitraum von 3 Wochen darf ich den Kursteilnehmern die wichtigsten Bausteine des imperativ-prozeduralen Programmierens vermitteln (Konstanten, Variablen, Operatoren, Ausdrücke, bedingte Anweisungen, Schleifen, Felder, Funktionen und mit diesen Konstrukten arbeitende, einfache Algorithmen). Die Gestaltung der Kurse bleibt mir selbst überlassen. Die einzige Bedingung dabei ist, die Sprache Perl zu verwenden. Die Kurse finden ganztägig statt.

Als ich mich auf den ersten dieser Kurse vorbereitete, habe ich nach einem Lehrbuch gesucht, anhand dessen ich den Kursteilnehmern das Programmieren Schritt für Schritt beibringen könnte. Mit „Schritt für Schritt" meine ich die genaue Abfolge von Lehreinheiten (z.B. zu den Themen Rechnerarchitektur, Syntax und Semantik von Programmstrukturen, elementare Algorithmen) und darauf abgestimmte Übungen. Dabei habe ich nicht nach einem Perl-Lehrbuch, sondern hauptsächlich nach einem Programmier-Lehrbuch gesucht.

Da ich kein passendes Buch gefunden habe (womit ich keinesfalls sagen möchte, dass es keines gibt), habe ich den Teilnehmern zunächst kleine Programme auf Folien vorgestellt. Jedes dieser Programme führte eine weitere kleine syntaktische Einheit von Perl oder einen weiteren algorithmischen Baustein ein. Zu jedem solchen Programm habe ich die Teilnehmer dann entsprechende Programmieraufgaben zur Einübung lösen lassen.

Irgendwann habe ich dann begonnen, das, was ich den Teilnehmern erzähle, die Programme, die ich ihnen auf Folien vorstelle, und die Lösungen der Übungsaufgaben in einem Skript zusammenzufassen. Dabei habe ich alle von Teilnehmern im

Kurs gestellten Fragen und die Antworten darauf in den Stoff eingearbeitet. Hinweise auf Fallen, in die ein Anfänger leicht treten kann, habe ich ebenfalls aufgenommen; diese Fallen offenbaren sich unmittelbar bei der Lösung der Übungsaufgaben. Auf diese Weise haben die Teilnehmer das Skript zum Teil selbst mit Inhalt gefüllt. Anhand des so entstandenen Skriptes konnten sie zu Hause nach Kursende noch einmal alles nachlesen.

Diese Vorgehensweise zeigt großen Erfolg. Nach 3 Wochen schon können die meisten der Teilnehmer, auch wenn sie den Kurs ohne jegliche Programmiererfahrung begonnen haben, recht komplexe algorithmische Probleme in lauffähigen Code umsetzen. Ihr Lernerfolg lässt sich durch gute Ergebnisse in der Abschlussklausur belegen.

So entstand nach und nach das vorliegende Buch; ein Grundlagenkurs im imperativ-prozeduralen Programmieren, der sich an Programmieranfänger richtet, die noch nie eine Zeile Code geschrieben haben; ein Lehrbuch, das direkt in der Praxis beim Lehren entstanden ist.

Die verwendete Programmiersprache ist die moderne Skriptsprache Perl. Das Buch versteht sich aber nicht als eine Einführung in Perl. Perl ist nur die Sprache der Wahl, um einfache Algorithmen ausdrücken zu können. Natürlich wird ein Leser automatisch auch in Perl eingeführt.

Aber auch der erfahrenere Programmierer wird durch das Buch und vor allem die darin enthaltenen Übungen auf seine Kosten kommen, und sei es nur, weil er beim Lesen unwillkürlich Perl lernt.

Ich selbst arbeite fast ausschließlich unter UNIX. Die Kurse, die diesem Buch zugrunde liegen, werden unter Linux gehalten und auch das Buch ist vollständig unter Linux entstanden. Daher ist diesem Buch, insbesondere den Beispielen und Übungsaufgaben, eine gewisse UNIX-Lastigkeit nicht abzusprechen. Dennoch ist der vorgestellte Stoff an keiner Stelle systemabhängig. Alle Beispielprogramme laufen auch unter den anderen gängigen Betriebssystemen.

Danksagungen

Dank gebührt meinen Freundinnen und Freunden, die die verantwortungsvolle Aufgabe des Korrekturlesens übernommen haben. Mein Dank gilt Anja Petrowitz, die mit großer Hingabe Kapitel 1 und 2 auf Herz und Nieren geprüft hat. Silke Breuser hat viele Fehler in Kapitel 1 bereinigt und wertvolle stilistische Hinweise gegeben. Sokrates Evangelidis hat nicht nur Kapitel 1 gelesen, sondern auch wertvolle Hinweise zur Gesamtgestaltung gegeben, insbesondere der Einleitung. Markus Abel hat Kapitel 2 und 3 korrigiert. Patrick Merscher schließlich hat die Konzeption von Kapitel 2 und 4 geprüft.

Unbedingt ist hier der Springer-Verlag/Heidelberg zu nennen, namentlich mein Lektor Frank Schmidt, der mir immer hilfreich zur Seite gestanden hat, und Frank Holzwarth, den ich in Bewunderung seiner großen Sachkompetenz mit Fug und

Recht als TEXniker bezeichnen darf. Frau Ursula Zimpfer hat das abschließende Korrekturlesen übernommen und nochmals viele Fehler zu Tage gefördert.

Großer Dank geht auch an die ZWF it-Akademie in Saarbrücken, namentlich an Bernhard Mommenthal und Roland Danek, die mich immer wieder als Kursleiter engagieren und bei der Durchführung der Kurse tatkräftig unterstützen. Erst die in dieser Akademie von mir abgehaltenen Anfängerkurse haben mich zum Schreiben dieses Buches motiviert. Ganz besonders bedanke ich mich auch bei den Teilnehmern dieser Kurse, deren zahlreiche Fragen und Anmerkungen dem Buch Inhalt, Korrektheit und Konsistenz verliehen haben.

Besonderer Dank gebührt Sascha Zapf und Franz Fritsche für das Auffinden vieler Rechtschreibfehler, ermutigende Rückmeldungen und inhaltliche Anregungen.

Carsten Barra und Thomas Kölsch haben mir wertvolle Hinweise zur Didaktik von Zeigern und Referenzen gegeben.

Weiterer Dank gebührt folgenden Firmen und Personen: netfutura GmbH & Co. KG (für die preisgünstige Bereitstellung funktionstüchtiger gebrauchter Hardware, die ich als ökologisch denkender Mensch bevorzugt einsetze), meinem Trainer Samar Adjdadi (der nicht nur für meine Fitness sorgt, sondern mir auch das erste Engagement als Dozent vermittelt und somit die Steine ins Rollen gebracht hat), Thomas Strauß (für das Überlassen des CGI-Skriptes), Muna Bakri Web-Design (für wertvolle Hinweise zur Gestaltung der Zeichnungen), Sybcom GmbH (für das Hosten der Algorilla-Website) und meinen sehr konstruktiven Lesern Claus Schwarm, Peter Arnhold, Christine Bucher und Helmut Leitner.

Ebenfalls für Fehlermeldungen, Hinweise und Anregungen bedanken möchte ich mich bei Th. Nesges, B. Markiefka, M. Ruf, J. Scheurer, S. Donié, X. Rein–Yi, M. Steinebach, T. Wilhelm, W. Frisch, A. Danek, M. Kogan, G. Sottile, J. Kuhlmann, H. Mohr, S. Markus und T. von Seeler.

Sollte ich jemand in dieser Aufzählung vergessen haben, so möge er sich bei mir melden, damit ich ihn in die Danksagung der (hoffentlich irgendwann einmal erscheinenden) nächsten Auflage aufnehmen kann.

Ein Aufruf zur Unterstützung freier Software

Dieses Buch wurde ausschließlich mit freier Software erstellt: Linux, Emacs, bash, Latex, GNU make, tgif und natürlich Perl. Keines der verwendeten Programme ist dabei auch nur ein einziges Mal abgestürzt.

In einer Zeit, in der manche Firmen ihre Kunden als Alpha- und Beta-Tester für mangelhafte Programme missbrauchen, ist Software vor allem nur eins: schön bunt, bis zum nächsten Absturz. Der enorme Marktdruck, unter dem kommerzielle Software entwickelt wird, führt zwangsläufig zu halbfertigen Produkten, die sich zudem noch von Version zu Version durch Hinzufügung von überflüssiger Funktionalität meist so stark verändern, dass auch der erfahrene Benutzer sich jedes Mal wieder von Neuem in die jeweils neueste Version einarbeiten muss.

Verlässliche und gelungene Software dagegen kennzeichnet sich durch Konstanz im Funktionsumfang und in der Bedienung aus. Mein Nachschlagewerk zu dem hervorragenden Textverarbeitungssystem Latex z. B. ist eine nun schon 10 Jahre alte Ausgabe von [Kopk]. (Ja, ich arbeite tatsächlich mit so alten Programmen; es gibt nichts Besseres. Dieses Buch mit einem WYSIWYG[1]-Textverarbeitungsprogramm anzufertigen, hätte ich nervlich nicht durchgehalten.)

Ich kann also jedem, der Nerven und Geldbeutel schonen will, nur nachdrücklich empfehlen, mit Software zu arbeiten, deren Quellen frei verfügbar sind, vor allem dann, wenn er sich aus freiem Willen mit Software beschäftigt und daher die Wahl hat.

Und nun viel Spaß beim Lesen, Lernen und natürlich beim Programmieren.

Saarbrücken, im Januar 2002
Joachim Ziegler

---

[1] „What you see is what you get": Textverarbeitungsprogramme, die den Anspruch erheben, die Darstellung des Dokumentes auf dem Bildschirm entspräche immer der Darstellung in der ausgedruckten Version, aber diesem Anspruch fast nie gerecht werden.

Inhaltsverzeichnis

Einleitung

Was dieses Buch unter „Programmieren" versteht

Dieses Buch trägt den Titel „Programmieren lernen mit Perl". Was aber bedeutet „Programmieren"? Die Meinungen darüber, was Programmieren eigentlich ist, gehen heute weiter auseinander als je zuvor. Allein diesen Begriff aus allen Blickwinkeln erschöpfend zu erörtern, kann schon ein Buch füllen. Sinnvoller ist es daher, zu klären, was *dieses* Buch unter dem Begriff „Programmieren" versteht und was nicht.

Anwender, Programmierer, Informatiker. Wer auf seinem Rechner ein Betriebssystem selbst installieren und alle notwendigen Programme so konfigurieren kann, dass sie sich wie gewünscht verhalten, und danach diese Programme benutzt, um etwa Informationen aus dem Internet zu erhalten oder eine Partie Schach gegen seinen Rechner zu spielen, ist der schon ein Programmierer? In der Sichtweise dieses Buches lautet die Antwort „nein". Der Unterschied zwischen Programme benutzen und Programme selbst erstellen ist derselbe wie zwischen Fahrrad fahren und Fahrräder selbst zusammenbauen. Programmieren ist also eine *schöpferische Tätigkeit*.

Wer Programme wie eine Textverarbeitung oder ein Grafikprogramm bedienen und damit anspruchsvolle Dokumente mit professionellem Layout erzeugen kann, ist der ein Programmierer? Schließlich ist er mit Hilfe eines Programms schöpferisch tätig! In der Sichtweise dieses Buches lautet die Antwort ebenfalls „nein"; er ist lediglich ein *Anwender* (*user*) und die von ihm mit diesen Programmen erzeugten Dokumente sind statisch. Das wesentliche Merkmal eines Programms aber ist, dass es unterschiedliche Eingaben zu unterschiedlichen Ausgaben *verarbeitet* und sich somit *dynamisch* verhält. Aus diesem Grunde versteht dieses Buch auch das Erzeugen von (statischen) Web-Seiten mit der Seitenbeschreibungssprache HTML nicht als Programmierung, obwohl sich ein HTML-Autor an die Grammatik einer formalen Sprache halten muss, was ein wesentlicher Bestandteil des Programmierens ist.

Ein *Programmierer* kann mit einem Fahrradmechaniker verglichen werden, der in einem schöpferischen Akt Einzelteile, wie z. B. Bremsbacken oder Bremszüge, zu funktionellen Einheiten zusammenbaut, wobei er genau weiß, welches Einzelteil er bei welchem Modell verwenden darf. Eine noch schöpferischere Tätigkeit aber ist das Planen eines ganzen Fahrradmodells oder eines Einzelteils, wie z. B. einer neuen Gangschaltung, was üblicherweise von einem Maschinenbauingenieur durchgeführt wird. Dies entspricht dem Unterschied zwischen Algorithmen implementieren und Algorithmen selbst entwerfen. Um in obigem Bild zu bleiben, entspricht dem Fahrradmechaniker der Programmierer, dem Maschinenbauingenieur aber der *Informatiker*.

Implementierung von Algorithmen. Ein *Algorithmus* ist grob gesprochen ein Lösungsverfahren für ein (Rechen-)Problem. Einen Algorithmus zu implementieren bedeutet, ihn in ein Programm umzusetzen, das auf einer bestimmten Rechenmaschine lauffähig ist. Die Kunst des Algorithmen-Entwurfs ist ein klassisches Teilgebiet der Informatik. Dieses Buch lehrt nun nicht, wie zu einer Problemstellung ein Lösungsalgorithmus gefunden werden kann, sondern vielmehr die *Implementierung* schon vorhandener Algorithmen, d. h. ihre Umsetzung in lauffähige Programme.

Dazu stellt das Buch die wichtigsten Algorithmen ohne tiefer gehende Analyse vor und zeigt jeweils eine mögliche Art der Implementierung. Die Grenzen zwischen Algorithmen-Entwurf und Algorithmen-Implementierung sind allerdings fließend, so dass ein guter Programmierer meistens auch ein guter Algorithmiker ist, weil er sich sehr oft in Situationen befindet, in denen er sich ein Lösungsverfahren selbst ausdenken oder ein schon vorhandenes geeignet abändern muss. (Der Fahrradmechaniker muss auch oft wie ein Ingenieur wirken, z. B. dann, wenn er Teile zusammenbauen muss, die eigentlich nicht füreinander vorgesehen sind.) Daher fordern die Übungsaufgaben dieses Buches auch gelegentlich dazu auf, den Lösungsalgorithmus selbst zu finden und ihn danach zu implementieren (was i. Allg. wesentlich befriedigender ist, als ein vorgefertigtes Verfahren anzuwenden).

Programmierung im Kleinen. Programmierung kann zudem „im Großen" oder „im Kleinen" geschehen. „Programmierung im Großen" meint das Erschaffen von wirklich großen Softwaresystemen mit vielen tausend Zeilen Programmtext, an denen viele Programmierer gemeinsam arbeiten. Diese Kunst gründet sich auf das Wiederverwenden und Zusammensetzen von kleineren Programmteilen zu großen Programmen, in der Art, wie einzelne Bausteine zu einem großen Gebäude zusammengesetzt werden. In diesem Sinne lehrt dieses Buch nicht die Programmierung im Großen, sondern die *Programmierung im Kleinen*. Das bedeutet, zunächst einmal die Erschaffung dieser kleinen Programmbausteine zu erlernen. Ein solcher Baustein besteht im Wesentlichen aus einer Implementierung eines grundlegenden Algorithmus, der nach dem Ablaufschema „Eingabe, Verarbeitung, Ausgabe" arbeitet, und das ist genau, was dieses Buch unter Programmieren versteht.

Daher betritt dieses Buch auch nicht das Gebiet der Objektorientierung. Objektorientierte Analyse und objektorientierter Entwurf sind Techniken, um Programmierung im Großen erfolgreich durchführen zu können.

Imperativ-prozedurale Programmierung. Die zum objektorientierten Softwareentwurf entwickelten *objektorientierten Programmiersprachen*, wie etwa C++ oder Java, bauen im Wesentlichen auf den älteren *imperativ-prozeduralen* Sprachen auf. Diese werden so genannt, weil die in ihnen geschriebenen Programme einem Prozessor mehr oder weniger die Befehlsfolge (lat. „imperare" = befehlen) zur Lösung eines algorithmischen Problems vorgeben (im Gegensatz zu den *deklarativen* Programmiersprachen, in denen spezifiziert wird, *was* die Lösung ist, und nicht, *wie* sie berechnet werden kann).

Das Adjektiv *prozedural* bezieht sich auf die Möglichkeit, mehrfach benötigte Programmteile in so genannten Prozeduren zu kapseln und wiederzuverwenden. Dieses Buch führt in die imperativ-prozedurale Programmierung anhand der Sprache Perl ein. Perl ist C sehr ähnlich, der erfolgreichsten imperativen Sprache, deren Nachfolger u. a. C++, Java und C# sind. Dadurch legt das Buch gleichzeitig die Grundlagen für ein Verständnis objektorientierter Sprachen wie C++ oder Java, aber auch vieler moderner Skriptsprachen wie PHP, JavaScript oder Python.

Das Buch versteht sich nicht als eine Einführung in Perl. Daher werden auch keinerlei Perl-Spezialitäten vermittelt, sondern nur Konstrukte, die sich in dieser oder ähnlicher Form auch in den anderen C-ähnlichen Sprachen finden lassen, so dass ein Umstieg auf eine andere imperative Sprache nach der Lektüre möglichst leicht fallen sollte.

Worauf ein angehender Programmierer achten muss

Beim Programmieren als schöpferischer Tätigkeit ist eine spezifische Art zu denken erforderlich. Kommunikation, wie wir sie im Alltag mit unseren Mitmenschen ausüben, ist *unscharf*. Diese Unschärfe zeigt sich darin, dass sich die Kommunikationspartner beim Austausch von Information unterschiedlicher Gestik, Mimik, Lautstärke, Aussprache, ja sogar Grammatik bedienen. Trotzdem verstehen sie sich in den meisten Fällen. Wenn ich etwa in meinem saarländischen Dialekt den Satz „Das do is e Buch, wo drinschdeht, wie es Brogrammiere gehd" von mir gebe, so dürfte er wohl für die überwiegende Anzahl der Leser trotz seiner sprachlichen Abweichung vom Hochdeutschen verständlich sein. In diesem Sinne lässt natürliche Kommunikation eine gewisse Unschärfe zu, ohne dass dabei übertragene Information verloren geht.

Im Gegensatz dazu ist die Kommunikation zwischen Programmierer und programmierter Maschine so *scharf*, wie sie schärfer nicht sein kann! Die größte Hürde beim Einstieg in das Programmieren ist es, ein Verständnis dafür zu entwickeln, dass Maschinen nicht intelligent sind. Die An- oder Abwesenheit eines einzigen Zeichens in einem Programmtext kann über Erfolg oder Misserfolg eines Programmierprojektes entscheiden. Eine Maschine ist nicht fähig, über ihr eigenes Programm nachzudenken und darin enthaltene Fehler, wie klein und unbedeutend sie auch erscheinen mögen, selbstständig zu erkennen und zu beheben. Die Sprache, in der ein Programmierer mit seiner Maschine redet, die Programmiersprache also, besitzt eine viel strengere Grammatik als jede natürliche Sprache.

Der Programmierer muss sich peinlich genau an die Regeln dieser Grammatik halten oder er wird unweigerlich fehlerhafte Programme erzeugen. Während des Programmierens darf er nichts voraussetzen, was nicht definitiv in der Sprachbeschreibung dokumentiert oder daraus herleitbar ist, will er der Maschine seinen Willen erfolgreich aufzwingen.

Dieses Buch (und alle Bücher, die sich mit dem maschinellen Rechnen befassen) muss daher viel genauer gelesen werden als ein Buch aus der erzählenden Literatur. Erfahrungsgemäß bereitet genau dies dem Anfänger die größten Probleme. In diesem Buch und in den darin entwickelten Programmen kommt es auf jedes Zeichen an! Sätze wie „Ich sag das jetzt mal einfach so, du verstehst schon" haben im Alltag ihre Gültigkeit, nicht aber beim Programmieren.

Daher setzt das Programmieren auch eine so große *Konzentrationsfähigkeit* voraus, die sich der Anfänger oft erst mühsam erarbeiten muss. Ebenso wichtig ist die Fähigkeit zur *Abstraktion*, d. h. zur Nichtbeachtung von unwesentlichen Details, und die Fähigkeit, *sich an formale Regeln zu halten*. Viele Anfänger geben hier viel zu früh auf und fühlen sich an ihren Mathematikunterricht erinnert, dessen eigentlicher Zweck ja nicht das Erlernen der Mathematik war, sondern eben das Erwerben oben genannter Fähigkeiten auf dem Spielfeld mathematischer Problemstellungen. Dabei hat jeder Mensch ein intuitives Verständnis für Algorithmen, wenn sie ihm nur spielerisch genug nahe gebracht werden. Dies stelle ich immer wieder spätestens beim Erläutern von binärer Suche in Übung 97 (s. Abschn. 2.3.3) fest.

Aus dem Gesagten lässt sich erahnen, warum Programmieren eine Kunstform ist. Wie bei jeder anderen Kunst muss man sich ihr zumindest einen Teil seines Lebens ganz widmen, wenn man sie wirklich erlernen will. Begabung und ein guter Lehrer sind notwendige, aber keinesfalls hinreichende Bedingungen, um es zur Meisterschaft zu bringen. Entscheidend ist vor allem die eigene Begeisterung für den zu erlernenden Stoff.

Wie dieses Buch zu benutzen ist

Lehrinhalte und Übungen wechseln sich ab. Die Übungen sind genau auf die unmittelbar vorangehenden Lehrinhalte abgestimmt. Es gibt mehrere Möglichkeiten, das Buch zu lesen.

Auswahl des Stoffes

Die Kapitel. Das wichtigste Kapitel ist sicherlich Kapitel 2, denn dort lernt der Leser alle sprachlichen Konstrukte kennen, die ihn zu einem „Turing-vollständigen" Programmierer machen, also einem Programmierer, der alles programmieren kann, was überhaupt programmierbar ist. Dieses Kapitel sollte ganz von vorne nach hinten gelesen werden.

Kapitel 1 wurde als Letztes geschrieben. Dort wird dasjenige Wissen vermittelt, das in späteren Abschnitten explizit oder implizit benötigt wird. Wer sehr schnell mit der eigentlichen Programmierung beginnen will und/oder ausreichende Kenntnisse von Rechneraufbau, Kodierung von Information und grundlegenden Programmen wie Betriebssystem, Editor und Interpreter besitzt, kann nach der Lektüre von Abschn. 1.1 direkt mit Kapitel 2 beginnen; er kann die entsprechenden Abschnitte aus Kapitel 1 dann nachlesen, wenn sich beim Verständnis der späteren Lerninhalte Bedarf dazu ergibt.

Kapitel 3 sollte ebenfalls ganz von vorne nach hinten gelesen werden. Die Stoffmenge von Kapitel 1, 2 und 3 ist ungefähr diejenige, die meiner Erfahrung nach auch bei einem leistungsmäßig eher schlechten Kurs innerhalb von 3 Wochen zu vermitteln ist. Bis zum Ende von Kapitel 3 bauen alle Lerninhalte und Übungen systematisch aufeinander auf.

In Kapitel 4 sind Einzelthemen versammelt, die unabhängig voneinander sind und daher in beliebiger Reihenfolge gelesen werden können.

Kapitel 5 schließlich enthält Lösungen zu vielen Übungen, die in Kapitel 1–4 formuliert wurden. Hier sollte zur Kontrolle nachgeschlagen werden, wenn eine Übung erfolgreich gelöst wurde, oder wenn sich eine Übung als zu schwierig herausstellt. (Aber bitte nicht zu frühzeitig aufgeben! Übung macht den Programmierer!)

Mit einem Stern versehene Abschnitte. Manche Abschnitte sind mit einem Stern versehen. Das bedeutet, dass sie beim ersten Lesen auch übersprungen werden können. Sie vermitteln Wissen, das in die Tiefe geht und zum Gesamtverständnis nicht unbedingt notwendig ist. Ein guter Programmierer weiß jedoch alles, was in diesen Abschnitten geschrieben steht.

Übungen und Lösungen. Ein ganz wichtiger Punkt sind die Übungsaufgaben. Nur durch das Einbeziehen ihrer Lösungen wird das Buch zu einer vollständigen Einführung in das imperativ-prozedurale Programmieren. Manche Lerninhalte beziehen sich auf vorher gelöste Aufgaben und führen diese inhaltlich fort.

Daher enthält das Buch auch ein entsprechend umfassendes Kapitel mit Lösungen ausgewählter Übungsaufgaben. Diejenigen Übungen von Kapitel 1, 2 und 3, zu denen Lösungen vorhanden sind, stellen ungefähr den Übungsumfang dar, den ein Kurs innerhalb von 3 Wochen bewältigen kann. Auf jeden Fall sind Lösungen für die Übungen vorhanden, die direkten Bezug zu den Lerninhalten haben.

Es ist unbedingt ratsam, sich zumindest an all denjenigen Übungen zu versuchen, für die auch eine Lösung angegeben ist!

Einige Übungen sind mit einem „†" versehen. Das bedeutet, dass diese Übungen besonders schwierig oder umfangreich sind, und dass von einem Anfänger nicht erwartet wird, dass er sie lösen kann. (Das Latex-Kommando zum Erzeugen dieses Symbols lautet \dag, auf Deutsch also „Dolch"; dies sollte Warnung genug sein.)

Wenn mit steigender Seitenzahl die Übungen immer komplexer und die Programme immer anspruchsvoller werden, sollte sich der Leser eine bestimmte Systematik bei der Fehlersuche in seinen Programmen zulegen. Hierzu kann es hilfreich sein, schon recht früh und außerhalb der Reihenfolge Abschn. 3.4 zu lesen.

Wenn es schnell gehen muss. Der schnellste Weg durch dieses Buch springt nach Abschn. 1.1 direkt zu Kapitel 2, lässt alle mit einem Stern versehenen Kapitel weg, betrachtet Lösungen zu Übungen nur bei Bedarf und endet mit Kapitel 3.

Benötigte Software

Die Übungen bestehen zum Großteil aus Programmieraufgaben. Anhang A beschreibt, wie die für die Anfertigung der Übungen benötigte Software (der Perl-Interpreter und die Kursunterlagen) bezogen und installiert werden kann.

Konventionen

Aus einem Programmtext zitierter Code ist in `dieser Schriftart` gesetzt, ebenso Beispiele für Ein- und Ausgaben, die an der Tastatur bzw. am Bildschirm erfolgen.

Ein wenig Vorsicht ist beim Eintippen der Programmtexte geboten: Das für den *Apostrophen* (*single quote*) verwendete Zeichen ist `'`. Es taucht in Programmzeilen wie

```
print 'Ich bin eine Zeichenkette';
```

auf. Dieses einfache Anführungszeichen (auch „halbes Gänsefüßchen" genannt) ist das ASCII-Zeichen mit dem dezimalen Code 39; es darf nicht mit den Akzentzeichen ´ oder ` verwechselt werden.

Wichtige Fachausdrücke wie *Algorithmus* sind in *dieser Schriftart* gesetzt und lassen sich im Index am Ende des Buches nachschlagen. Die den deutschen Ausdrücken entsprechenden englischen sind in Klammern dahinter angegeben, es sei denn, sie haben denselben Wortstamm wie das deutsche Wort und sind somit mehr oder weniger gleich. Beispielsweise wird *algorithm* nicht angegeben, aber die Übersetzung von *Datei* (*file*).

Bei Fragen und Kommentaren

Der URL der Homepage des Buches lautet

```
http://www.algorilla.de/PLMP
```

Dort können eine Errata-Liste und Informationen, die zur Zeit der Drucklegung dieses Buches noch nicht verfügbar waren, abgerufen werden. Nach und nach werden dort auch von Lesern eingesendete Lösungen zu Übungen vorgestellt. Jeder Leser wird hiermit aufgerufen, mir besonders pfiffige Lösungen zuzuschicken!

Für Hinweise auf Fehler, seien sie inhaltlicher oder typographischer Art, sowie für Kommentare und weitere Anregungen bin ich jederzeit äußerst dankbar. Ich hoffe, dass dieses Buch irgendwann in einer zweiten Auflage erscheinen wird. Jeder Leser, der einen Beitrag zu diesem Buch leistet, wird namentlich in der Danksagung erwähnt werden! Ich freue mich über jede Mail und hoffe, jede Anfrage beantworten zu können. Die Mailadresse lautet

```
programmierbuch@algorilla.de
```

Sofern es die mir zur Verfügung stehende Zeit zulässt, beantworte ich sehr gerne alle Fragen, die im Zusammenhang mit diesem Buch und mit Programmierung allgemein stehen.

Weitere Hilfe zum Thema Programmieren leisten die aktiven Leser der folgenden deutschsprachigen Newsgruppen:

```
de.comp.lang.perl.misc
de.comp.os.ms-windows.programmer
de.comp.os.unix.programming
de.comp.sys.mac.programmieren
```

1. Grundlagen der Programmierung

Dieses Kapitel führt in die Grundlagen der Programmierung ein. Es vermittelt das notwendige Wissen, um Programme entwerfen, schreiben und auf einer Maschine ausführen zu können. Es erläutert zunächst die Begriffe „Algorithmus" und „Programm" und zeigt, wie Maschinen aufgebaut sind, die Programme selbstständig ausführen können. Danach wendet es sich dem Begriff der Kodierung und der Verarbeitung von Information zu. Nach einem Überblick über verschiedene Programmiersprachen führt es in grundlegende Programme ein, die ein Programmierer zum Erstellen und Ausführen eigener Programme benötigt.

1.1 Der Begriff des Algorithmus

Einer der wichtigsten Begriffe der Informatik ist der Begriff des *Algorithmus*. Ebenso grundlegend sind die Begriffe *Programm* und das Prinzip *„Eingabe, Verarbeitung, Ausgabe"*. Was drücken diese Begriffe genau aus? Betrachten wir ein einfaches Beispiel, das jedem geläufig ist, die Addition von Dezimalzahlen.

1.1.1 Addition als einführendes Beispiel

Führen wir dazu einmal die schriftliche Addition der beiden Zahlen 7775 und 6153 Schritt für Schritt so durch, wie wir es in der Grundschule gelernt haben. Das Ergebnis ist 13928.

```
  7775
  6153
  1 1
─────────
 13928
```

Abbildung 1.1. Schriftliche Addition von 7775 und 6153. An der zweiten und an der vierten Stelle ergibt sich ein Übertrag, der in die jeweils nächste Stelle wandert.

Machen wir uns genau klar, was wir dabei im Einzelnen tun. Zunächst einmal *lesen* wir die beiden letzten Ziffern, wir bringen sie also vom Papier in den Kopf. Dort addieren wir die beiden Ziffern. Dabei wissen wir schon auswendig, dass das Ergebnis von 5 plus 3 die Ziffer 8 ist; unser Kopf hat also elementares Wissen gespeichert und kann *arithmetische Operationen auf Ziffern* ausführen. Danach *schreiben* wir die so errechnete Ziffer 8 auf das Rechenblatt, wir bringen sie also vom Kopf auf das Papier. Nun machen wir dasselbe noch einmal. Wir *springen* also zu einem Verarbeitungsschritt zurück, bei dem wir schon einmal waren.

Wir lesen also die beiden nächsten Ziffern, die 7 und die 5, und addieren sie. Jetzt ist das Ergebnis allerdings keine Ziffer mehr, sondern eine Zahl mit 2 Stellen, die 12. Wir wissen: Wenn die errechnete Summe zweier Ziffern größer als 9 ist, dürfen wir nur die letzte Ziffer dieser Zahl (hier die 2) auf das Rechenblatt schreiben, müssen uns die erste (hier die 1) aber merken und in die Addition der nächsten beiden Ziffern einfließen lassen. Es entsteht dann ein so genannter Übertrag, den wir bei der Addition der nächsten beiden Ziffern zusätzlich aufaddieren müssen. Unser Kopf ist also in der Lage, *Vergleiche* zwischen Zahlen anzustellen und danach in Abhängigkeit des Ausgangs dieser Vergleiche unterschiedliche Dinge zu tun. Anders gesagt kann er *abhängig von einer Bedingung* zu einer von mehreren möglichen Verarbeitungsschritten *springen*.

Wenn wir alle Ziffern gelesen und verarbeitet haben, dann hören wir auf, ansonsten springen wir immer wieder zu dem Bearbeitungsschritt zurück, bei dem die jeweils nächsten beiden Ziffern gelesen werden. (Wir gehen bei diesem Beispiel davon aus, dass die zu addierenden Zahlen aus gleich vielen Ziffern bestehen.)

Abbildung 1.2 zeigt ein so genanntes *Flussdiagramm*, das das Additionsverfahren bildlich beschreibt. In Abschn. 1.1.3 werden wir diese Diagramme genauer kennen lernen.

Algorithmen und Programme. Bei dieser Addition führen wir mehr oder weniger mechanisch ein erlerntes, *mathematisches Verfahren* aus, das aus wenigen, elementaren *Grundschritten* besteht. Hervorzuheben ist die *Allgemeingültigkeit* dieses Verfahrens. Es liefert *bei jeder Eingabe* ein Ergebnis, nicht nur bei den beiden Zahlen 7775 und 6153. Es wird uns *nachweisbar* nach *endlich vielen Schritten* zum gesuchten Ziel führen. (Den exakten mathematischen Beweis dafür, dass dieses Verfahren wirklich immer endet und das korrekte Ergebnis liefert, wollen wir hier nicht erbringen, aber es gibt ihn.)

Ein Verfahren mit diesen Eigenschaften heißt *Algorithmus*[1]: eine Bearbeitungsvorschrift, die mit endlichen Mitteln beschreibbar ist und auf eine eindeutig festgelegte Weise zu jeder vorgegebenen Eingabe in endlich vielen Schritten eine Ausgabe liefert.

Die genaue Abfolge der Rechenschritte, die in unserem Kopf seit Kinderzeiten abgespeichert ist, und die wir nacheinander anwenden, um eine Addition auszuführen, kann als *Programm* bezeichnet werden. Ein Programm ist somit ein Algorithmus, der so genau in Grundschritten ausformuliert ist, dass er von einer Recheneinheit *mechanisch*, d. h. ohne tiefere Einsicht, ausgeführt werden kann. Eine *Recheneinheit* ist etwas, das elementare Rechenschritte ausführen kann. Beispiele

---

[1] Das Wort „Algorithmus" leitet sich vom Namen des Mathematikers *al Khwarizmi* (ca. 780-846) ab, der ein bedeutendes mathematisches Lehrbuch geschrieben hat.

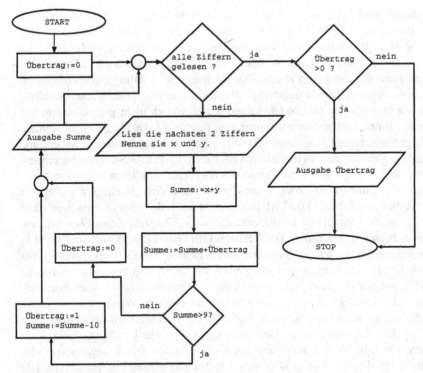

Abbildung 1.2. Algorithmus zur Addition zweier gleich langer Dezimalzahlen a und b. Es werden die jeweils nächsten beiden Ziffern von a und b gelesen und addiert. Das Ergebnis wird ausgegeben. Tritt dabei ein Übertrag auf, so fließt dieser in die Addition der nächsten beiden Ziffern ein. Dieses Einlesen und Addieren von Ziffern und einem Übertrag wiederholt sich in einer Schleife, bis alle Ziffern der Eingabe verarbeitet wurden.

für eine Recheneinheit sind ein Kopf eines rechnenden Menschen oder ein elektronischer Rechner, ein *Computer*.

Ein Programm ist also die Formulierung eines Algorithmus für eine bestimmte Recheneinheit. Es besteht aus elementaren Rechenschritten, die diese Recheneinheit ausführen kann. Die Umsetzung eines Algorithmus in ein Programm für eine Recheneinheit nennt man dessen *Implementierung*. Wir werden uns in diesem Buch mit Programmen für elektronische Rechner befassen.

Der Begriff des Algorithmus ist zentral in der Informatik. Die *Informatik* ist die *Wissenschaft von den elektronischen Datenverarbeitungsanlagen und den Grundlagen ihrer Anwendung*. Jeder Datenverarbeitung liegt (mindestens) ein Algorithmus zugrunde. Es gibt kein sinnvolles Computerprogramm, das nicht wenigstens einen Algorithmus ausführt. Die ersten Computer wurden ausschließlich zu dem Zweck gebaut, die Köpfe ihrer Erbauer vom Ausführen langwieriger Rechenalgorithmen zu befreien.

Programme und Intelligenz. Sind Programme intelligent? Machen wir uns dazu klar, dass wir nicht wirklich nachdenken, wenn wir zwei Zahlen addieren, sondern stur eine Abfolge von Rechenschritten ausführen. Noch deutlicher wird dies bei der *Division* zweier Zahlen. Dieses Verfahren ist viel komplexer als die Addition, und die wenigsten von uns haben je einen Korrektheitsbeweis dafür gesehen (dieser ist mathematisch überraschend anspruchsvoll und kann in [Knut] nachgelesen werden). Wenn wir zwei Zahlen dividieren, wissen wir eigentlich nicht genau, warum wir tun, was wir tun, und warum wir immer zum richtigen Ergebnis gelangen werden. Wir folgen stur einem Programm, das wir in der Grundschule erlernt haben, und verlassen uns darauf, dass es irgendwann einmal ein Ende finden und das berechnete Ergebnis dann korrekt sein wird. Zeigen wir also beim Dividieren Intelligenz?

Das Wort „Intelligenz" kommt vom lateinischen Verb „intellegere"; übersetzt bedeutet dies „verstehen". Das Verb lässt sich in die Teile „inter" („zwischen") und „legere" („lesen") aufspalten. Intelligenz ist also *die Fähigkeit, dazwischen zu lesen*, und zwar *zwischen den Zeilen*. Die Rechenschritte eines Programms sind meist in *Zeilen* angeordnet. Lesen wir *zwischen* diesen Zeilen, wenn wir dividieren? Ganz und gar nicht! Wir lesen *genau* die Zeilen des Divisionsprogramms, und sonst nichts! Wenn wir nur eine Zeile, also einen Rechenschritt, falsch lesen oder vergessen, verrechnen wir uns, und das Ergebnis wird falsch. Wir denken also nicht über die Rechenschritte selbst nach, während wir sie ausführen, lesen also nicht zwischen den Zeilen und zeigen daher auch keine wirkliche Intelligenz.

Genau so folgt ein Computerprogramm sklavisch den Anweisungen seiner einzelnen Zeilen. Es denkt nicht über sich selbst nach, während es abläuft. *Es gibt daher keine intelligenten Programme.* Mechanisches Rechnen ist das Gegenteil von Intelligenz.

Intelligent ist höchstens der Informatiker, der den Algorithmus entwirft, oder der Programmierer, der ihn dann auf einer bestimmten Maschine in ein Programm umsetzt. Deren Aufgabe ist es, den Algorithmus und das Programm so exakt in Grundschritten zu formulieren, dass diese von einer Recheneinheit ohne weitere Einsicht Schritt für Schritt mechanisch ausgeführt werden können, ohne dass dabei jemals eine mehrdeutige Situation auftritt.

Eingabe, Verarbeitung, Ausgabe. Das Beispiel der Addition lehrt uns auch das Grundprinzip der *Datenverarbeitung*: Wir *geben* Werte *ein* (hier zwei Zahlen bestehend aus deren einzelnen Ziffern), *verarbeiten* diese Eingabe (hier durch ein Additionsverfahren) und *geben* das Ergebnis der Verarbeitung (hier die Summe) wieder *aus*. Jeder Algorithmus, und daher jedes Programm, folgt diesem Schema der „Eingabe, Verarbeitung, Ausgabe". Jedes Programm muss aus diesen Teilen bestehen. Ein Programm ohne Eingabe ist nicht universell, es kann immer nur die gleichen Werte berechnen. Ein Programm ohne Verarbeitung rechnet überhaupt nicht; es ist überflüssig, da seine Ausgabe immer gleich seiner Eingabe ist. Ein Programm ohne Ausgabe ist ebenfalls sinnlos, weil das Ergebnis der Verarbeitung nicht sichtbar wird.

Übungen

Übung 1. Beschreiben Sie *ganz genau*, was Sie beim Subtrahieren zweier gleich langer ganzer Zahlen tun. Stellen Sie sich dabei vor, sie müssten dieses Verfahren einem Grundschüler erklären, so genau, dass dieser das Verfahren danach mehr oder weniger mechanisch anwenden kann. Versuchen Sie, das Verfahren in Worten zu erklären.

Merken Sie, wie schwierig es ist, formal und exakt zu sein? Dann können Sie jetzt vielleicht erahnen, warum das Programmieren eine Kunst ist! Wenn Sie nach einer geeigneten Form suchen, um das Verfahren niederzuschreiben, so können Sie z. B. das Diagramm aus Abb. 1.2 geeignet abändern.

Übung 2. Erweitern Sie den Additionsalgorithmus um den Fall, dass die beiden Zahlen nicht gleich lang sind, also unterschiedlich viele Ziffern aufweisen.

1.1.2 Grundschritte von Algorithmen

Was bedeutet „Rechnen"? Welche Grundschritte machen wir, wenn wir ein Programm im Kopf ausführen?

Blättern wir kurz zu Abschn. 1.1.1 auf Seite 9 zurück. Welche Worte sind bei der Beschreibung des Additionsverfahrens hervorgehoben? Es sind dies die Worte *Lesen*, *Schreiben*, *arithmetische Operation auf Ziffern*, *Vergleichen* und *Springen*. Tatsächlich besteht jedes Rechenverfahren immer aus diesen 5 Grundschritten. Wenn wir rechnen, führen wir in jedem Schritt eine dieser 5 Grundoperationen aus. Es ist wirklich erstaunlich: Auch das komplizierteste mathematische Rechenverfahren besteht letztendlich immer aus diesen 5 Grundoperationen!

Wir werden nun diese Grundoperationen ganz genau beschreiben und arbeiten dabei schon die Analogie zwischen einem rechnenden Kopf und einem elektronischen Rechenwerk (einem *Prozessor*) aus. Dabei verstehen wir unter einer *Ziffer* eine „kleine" Zahl. Für den rechnenden Kopf eines Menschen ist dies eine Zahl von 0 bis 9, für einen Prozessor sind diese Ziffern jedoch i. Allg. wesentlich größer, wie wir bald sehen werden. Die bei dieser Beschreibung auftauchenden Begriffe „Speicher", „Register" und „arithmetisch-logische Einheit" werden wir später beim Aufbau von Prozessoren wiederfinden. Die Grundoperationen des Rechnens sind also:

1) *Lesen einer Ziffer.* Wir lesen dabei eine Ziffer vom Rechenblatt (dem *Speicher*) in unseren Kopf (den *Prozessor*). Wir können uns immer nur eine kleine Anzahl von Ziffern gleichzeitig im Kopf merken. Wir nennen diese Speicherplätze für Ziffern *Register*. In diesen Registern stehen *veränderliche* Werte. Andere Worte für Register sind daher *Veränderliche*, *Unbestimmte* oder *Variable*. In Abb. 1.2 z. B. sind x, Summe und Übertrag Variablen.

2) *Schreiben einer Ziffer.* Wir schreiben dabei eine Ziffer, die wir im Kopf (dem Prozessor) in einem Register haben, auf das Rechenblatt (in den Speicher).

3) *Arithmetische Operation auf Ziffern.* Wie verknüpfen dabei Ziffern, die sich in Registern befinden, durch Addition, Subtraktion, Multiplikation oder Division. Das Ergebnis wissen wir auswendig; wir legen es wieder in einem Register ab. Es handelt sich dabei um Wissen, das wir in einer *arithmetisch-logischen Einheit*, einem Teil des Kopfes (des Prozessors), gespeichert haben.
In Abb. 1.2 z.B. ist die Anweisung Summe:=x+y eine solche arithmetische Operation. Wir benutzen hier die Zeichen := statt eines einfachen =, um klarzustellen, dass es sich um eine Zuweisung an ein Register und nicht um eine mathematische Gleichung handelt.

4) *Vergleichen von Ziffern.* Wir können den Inhalt zweier Register oder den Inhalt eines Registers mit einer *Konstanten* vergleichen, d. h. prüfen, ob eine Ziffer kleiner, größer oder gleich einer anderen ist. Abhängig vom Ergebnis des Vergleiches können wir später zu unterschiedlichen Verarbeitungsschritten verzweigen. In Abb. 1.2 z.B. ist der Test Summe>9? ein solcher Vergleich eines Registers mit einer Konstanten.
Der Ausgang des Vergleichs, „ja" oder „nein", wird in einem so genannten *Statusregister* festgehalten, anhand dessen wir in einem späteren Rechenschritt (einem bedingten Sprung, s. u.) noch einmal feststellen können, wie der Vergleich ausgegangen ist. In Diagrammen wie Abb. 1.2 werden Vergleiche und davon abhängige, bedingte Sprünge in einem auf der Spitze stehenden Quadrat zusammengefasst.

5) *Springen.* Die Rechenschritte eines Programms sind ihrer Reihenfolge nach nummeriert und werden normalerweise Nummer für Nummer hintereinander ausgeführt. Bei einem Sprung dagegen können wir unmittelbar zu einem Schritt mit einer bestimmten Nummer springen, ohne die dazwischenliegenden Schritte ausführen zu müssen. Wir können sie also überspringen oder zu schon einmal ausgeführten Schritten zurückspringen. Ein solcher Sprung kann *unbedingt* geschehen, d. h. immer, oder aber *bedingt*, d. h. nur dann, wenn ein vorangegangener Vergleich (dessen Ergebnis im Statusregister nachgelesen werden kann) positiv ausgegangen ist.

Ein Programm besteht aus einer Abfolge von solchen Rechenschritten. *Programmieren* bedeutet, die Reihenfolge und Art der Rechenschritte festzulegen.

1.1.3 Veranschaulichung von Algorithmen durch Flussdiagramme

Algorithmen sind in natürlicher Sprache oft schwer zu beschreiben. Es gibt mehrere Möglichkeiten, sie anschaulich darzustellen. Sie können z. B. durch so genannte *Flussdiagramme*, auch *Programmablaufpläne* genannt, veranschaulicht werden. Abbildung 1.2 ist ein Beispiel eines solchen Flussdiagramms. Diese Diagramme finden weitreichende Anwendung, nicht nur in der Informatik. Mit ihnen kann z. B. auch ein Geschäftsprozess oder die Vorgehensweise bei einer medizinischen Notfallversorgung veranschaulicht werden; das Bundesfinanzministerium gibt jedes Jahr das Verfahren zur Lohnsteuerberechnung in Form eines Programmablaufplanes heraus ([BFMi]).

Die einzelnen Elemente eines solchen Diagramms sind nach der DIN 66001 genormt. Hier finden sich im Wesentlichen die 5 Grundoperationen des Rechnens wieder (Lesen, Schreiben, arithmetische Grundoperation, Vergleichen, Springen). Abbildung 1.3 zeigt die einzelnen Elemente. Im Einzelnen gilt Folgendes:

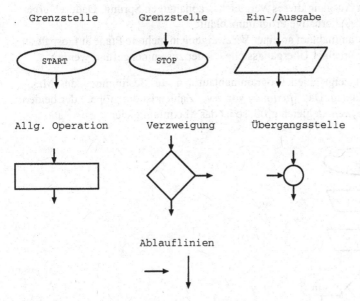

Abbildung 1.3. Elemente von Programmablaufplänen (Flussdiagrammen) nach DIN 66001

- Der Ablauf eines durch ein solches Flussdiagramm festgelegten Verfahrens ergibt sich durch die Abfolge der Ablauflinien (Pfeile) vom START-Symbol zum STOP-Symbol.
- Jeder Programmablauf muss mit dem START-Symbol beginnen und mit dem STOP-Symbol enden.
- Parallelogramme kennzeichnen Ein- oder Ausgabe-Operationen. Sie entsprechen Lese-Operationen, bei denen das Verfahren „von außen" mit Werten gefüttert wird, oder Schreib-Operationen, bei denen es berechnete Werte „nach außen" ausgibt. Hier kann der Inhalt von Registern von außen belegt oder nach außen ausgegeben werden. Parallelogramme dienen also der Kommunikation mit dem Benutzer des Programms.
- Rechtecke kennzeichnen allgemeine Operationen. Bei Rechenalgorithmen sind dies arithmetische Operationen. Hier können Register neue Werte erhalten. Die Register können dabei mit einem Namen angesprochen werden. So ist z. B. in Abb. 1.2 ein Register mit dem Namen Summe benannt, ein anderes mit dem Namen Übertrag. Ein Register entspricht somit einer *Variablen* oder *Unbekannten*, wie wir sie aus der Mathematik kennen. In den Rechtecken können also Variablen neue Werte erhalten, indem Rechenoperationen auf ihnen ausgeführt

werden. Die Werte der Variablen dürfen Zahlen oder Zeichenketten, d. h. Text, sein. Wertzuweisungen an Variablen (Register) werden durch „: =" gekennzeichnet, um sie von mathematischen Gleichungen zu unterscheiden, die mit einem „=" gebildet sind.

- Rauten kennzeichnen Verzweigungen. Sie entsprechen einem Vergleich, gefolgt von einem vom Ausgang dieses Vergleiches abhängigen Sprung. Dadurch ergeben sich mehrere, alternative Programmabläufe.
- Wurde der Programmablauf an einer Verzweigung in mehrere Pfade aufgespalten, so können diese an einer Übergangsstelle wieder zusammengeführt werden.

Abbildung 1.4 zeigt einen Programmablaufplan zur Bestimmung des Maximums von zwei Zahlen. Das *Maximum* von zwei Zahlen ist die größere der beiden Zahlen. Sind beide Zahlen gleich groß, so ist das Maximum gleich dieser Zahl.

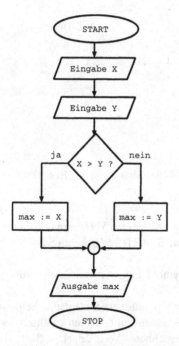

Abbildung 1.4. Programmablaufplan zur Bestimmung des Maximums zweier Zahlen. Die Zahlen werden zunächst eingelesen. Dann werden sie miteinander verglichen. In Abhängigkeit vom Ergebnis dieses Vergleiches verzweigt der Programmablauf so, dass der Variablen max die größere der beiden Zahlen zugewiesen wird, bzw. die zweite der beiden Zahlen, falls die beiden Zahlen gleich sind. Die beiden Pfade werden danach wieder in einer Übergangsstelle zusammengeführt. Schließlich wird das so berechnete Maximum max ausgegeben.

Übungen. Die folgenden Übungen machen Sie mit dem Entwurf von Algorithmen und ihrer Veranschaulichung durch Flussdiagramme vertraut.

Übung 3. Zeichnen Sie einen Programmablaufplan für ein Programm, das `Hallo Welt!` ausgibt und dann endet. (Dieses Programm hat keine Eingabe von außen und macht keine Verarbeitung, sondern lediglich eine stets gleiche Ausgabe.)

Übung 4. Zeichnen Sie einen Programmablaufplan für ein Programm, das englische Meilen in Kilometer umwandelt. 1 Meile entspricht 1,609 Kilometern. Das Programm soll eine Zahl einlesen und diese umgewandelt wieder ausgeben.

Übung 5. Lesen Sie zusätzlich zu dieser Zahl noch eine Längeneinheit ein. Ist diese gleich km, so wandeln Sie von Kilometer nach Meilen um, ansonsten umgekehrt. Sie dürfen davon ausgehen, dass Register (Variablen) nicht nur Zahlen, sondern auch Worte wie km enthalten können. Sie müssen hier eine Verzweigung benutzen!

Übung 6. Zeichnen Sie einen Programmablaufplan zur Bestimmung des *Minimums* von *drei* Zahlen. Das Minimum einer Menge von Zahlen ist die kleinste der Zahlen.

Übung 7. Zeichnen Sie einen Programmablaufplan zur Ausgabe aller ganzen Zahlen von 1 bis 1000. Es soll also die Folge 1, 2, 3, ..., 1000 ausgegeben werden. Sie sollen dabei nicht 1000 einzelne Parallelogramme zeichnen! Vielmehr sollen Sie den Programmablauf in einer geeigneten *Schleife* zurückführen. Zählen Sie dazu in einem Register (also in einer Variablen) mit, wie oft Sie die Schleife schon durchlaufen haben, und geben Sie immer diesen Wert aus. Erhöhen Sie in jeder Schleife diese *Zählvariable* um 1. Ist der Wert am Ende der Schleife noch nicht 1000, so springen Sie zurück.

Übung 8. Zeichnen Sie einen Programmablaufplan zur Ausgabe aller geraden Zahlen von 1 bis 1000.

Übung 9. Zeichnen Sie einen Programmablaufplan zur Addition aller Zahlen von 1 bis 1000. Addieren Sie dazu in jedem Schleifendurchlauf die Zählvariable auf eine *Summenvariable*.

Übung 10. Zeichnen Sie einen Programmablaufplan zur Bestimmung des *kleinsten gemeinsamen Vielfachen* (*kgV*) zweier Zahlen a und b. Dies ist die kleinste ganze Zahl, die gleichzeitig von a und b geteilt wird. So ist z. B. kgV(12,16) = 48.

Übung 11. Zeichnen Sie einen Programmablaufplan für ein Programm, das testet, ob eine eingegebene Zahl eine Primzahl ist.

Eine *Primzahl* ist eine ganze Zahl größer als 1, die nur durch 1 und sich selbst teilbar ist. Es gibt unendlich viele Primzahlen. Die ersten 7 Primzahlen lauten 2, 3, 5, 7, 11, 13 und 17.

1.2 Elementarer Rechneraufbau

Wie ist es möglich, eine Maschine zu bauen, die rechnen kann? Maschinelle Recheneinheiten sind aus elektronischen Bauteilen aufgebaut. Diese Bauteile werden wir nicht im Einzelnen beschreiben; stattdessen werden wir uns einen groben Überblick über die wichtigsten und deren Zusammenspiel verschaffen. Diese Bauteile sind der Prozessor, der Bus, der (Haupt-)Speicher und die peripheren Geräte. Die Gesamtheit aller dieser Bauteile wird als *System* bezeichnet. Andere Worte dafür sind einfach *Rechner* oder *Computer*.

1.2.1 Der Prozessor

Die einzelnen Rechenschritte eines elektronischen Prozessors machen im Prinzip genau das, was wir beim Kopfrechnen machen. Es werden kleine, elementare Schritte nacheinander ausgeführt, die in ihrer Gesamtheit zur Lösung des Rechenproblems führen. Der Prozessor koordiniert die Arbeit des gesamten Systems. Daher wird er auch als *zentrale Verarbeitungseinheit* oder *CPU (central processing unit)* bezeichnet. Abbildung 1.5 zeigt den schematischen Aufbau eines Prozessors. Dieser Aufbau entspricht dem eines rechnenden Kopfes, d. h., er umfasst all die Teile, die zur Durchführung der 5 Grundoperationen notwendig sind:

Er liest und schreibt Ziffern aus und in den Speicher, genauso wie der Kopf Ziffern von einem Blatt Papier liest und andere, aus Berechnungen hervorgegangene Ziffern wieder darauf schreibt. Diese Operationen werden auch als *Laden (load)* und *Speichern (store)* bezeichnet.

Wir unterscheiden hier absichtlich zwischen „Ziffern" und „Zahlen". Zahlen bestehen aus Ziffern, sind also größere Einheiten. Der Speicher ist also ein Ansammlungsort von Ziffern und mit einem Rechenblatt vergleichbar.

Die Ziffern wandern in elektronischer Form vom und zum Speicher über den *Bus*, eine Art Verbindungsleitung.

Der Prozessor speichert die gelesenen Ziffern intern in so genannten *Registern*. Davon besitzt er nur eine geringe Anzahl, genauso wie wir uns auch nur einige wenige Ziffern gleichzeitig merken können. Jedes Register hat einen Namen oder eine Nummer. Ein Register ist somit eine *interne Speicherstelle* eines Prozessors.

Wie der Kopf führt auch der Prozessor letztlich die Rechnungen durch, und zwar in der *arithmetisch-logischen Einheit (ALU, arithmetic logical unit)*, die sozusagen das Einmaleins beherrscht. Sie kann Ziffern, nicht aber größere Zahlen, addieren, subtrahieren, multiplizieren und dividieren.

Das Geheimnis des Zusammenspiels aller dieser Bestandteile liegt letztlich in der *Kontrolleinheit (control unit)*, auch *Steuerwerk* genannt, die für die Steuerung der einzelnen Komponenten verantwortlich ist.

1.2.2 Der Hauptspeicher

Der Hauptspeicher (*main memory*) ist aus einzelnen *Speicherstellen*, auch *Speicherzellen* genannt, aufgebaut. Diese beinhalten die Ziffern, die vom Prozessor gelesen

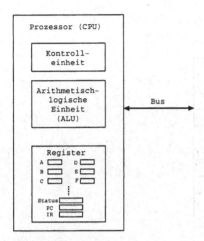

Abbildung 1.5. Schematischer Aufbau eines Prozessors. Die Register unterteilen sich in arithmetische Register (A, B, . . .) und Kontrollregister (Statusregister, Programmzähler, Instruktionsregister).

oder geschrieben werden können. Im Gegensatz zu den Registern handelt es sich hierbei also um *externe* Speicherstellen des Prozessors.

Jede Speicherstelle ist mit einer Nummer, ihrer *Adresse*, versehen. Die kleinste Adresse ist die 0, die größte hängt von der Anzahl der Speicherzellen des Hauptspeichers ab. Der Hauptspeicher wird auch kurz als *Speicher* (*memory*) bezeichnet.

Bus. Der Speicher ist über den *Bus* mit dem Prozessor verbunden. Der Bus besteht aus 3 verschiedenen Leitungen: Über den *Adressbus* erfährt der Speicher die Adresse der Speicherstelle, an die er eine auf dem *Datenbus* liegende Ziffer schreiben oder von der er eine Ziffer lesen und auf den Datenbus legen soll. Über den Datenbus wird diese Ziffer also übermittelt, hin zum Speicher oder weg von ihm. Eine *Steuerleitung* sagt dem Speicher, ob er die Adresse, die gerade auf dem Adressbus liegt, zum Lesen oder zum Schreiben der so *adressierten* Speicherstelle benutzen soll.

Auf jede Speicherzelle kann direkt über ihre Adresse zugegriffen werden, ohne dass vorher alle anderen Speicherzellen gelesen werden müssen, wie dies z. B. bei einem Bandlaufwerk der Fall ist. Daher werden Speicher mit dieser Architektur auch als *RAM* (*random access memory*) bezeichnet, d. h. Speicher mit wahlfreiem Zugriff.

Abbildung 1.6 zeigt einen Speicher, bei dem einzelne Speicherstellen mit den Ziffern aus dem einführenden Additionsbeispiel belegt sind.

★ **Größe der Ziffern.** Wie groß sind nun die Ziffern, die in einer Speicherzelle abgespeichert werden können, d. h., aus wie vielen Bits besteht eine Speicherzelle? Das hängt ganz von der Architektur des Prozessors und des Speichers ab.

Die gängigste Architektur einer Speicherzelle ist eine Reihe von 8 kleinen Schaltern, die einzeln an- oder ausgeschaltet werden können, den so genannten *Bits*. Ein

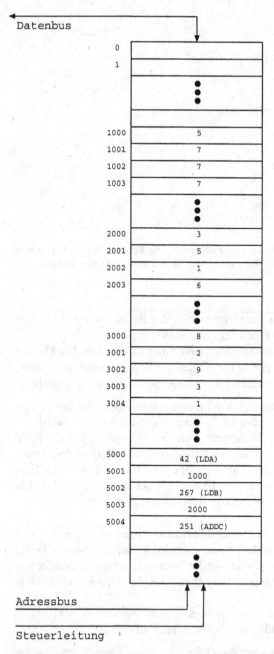

Abbildung 1.6. Ein Speicherbaustein. Links neben den Speicherzellen stehen deren Adressen. Die Ziffern der Zahl 7775 aus dem einführenden Beispiel stehen ab Adresse 1000, die Ziffern der Zahl 6153 ab Adresse 2000. Das Ergebnis der Addition ist ab Adresse 3000 zu finden. An Adresse 5000 beginnt ein Maschinenprogramm, das in Abschn. 1.2.3 auf Seite 23 erläutert wird. Die Ziffern der Speicherzellen ab Adresse 5000 stellen Befehlscodes des Prozessors dar, deren mnemonische Schreibweise in Klammern dahinter steht.

gesetztes Bit kodiert eine 1, ein *gelöschtes* eine 0. Jeweils 8 Bits bilden ein *Byte*. Jedes Byte kann mit seinen 8 Bits im Binärsystem alle Zahlen zwischen 0 und 255 darstellen (s. Abschn. 1.3.1).

Diese Architektur wird daher auch *8-Bit-Architektur* genannt. Dort entspricht jede Speicherstelle einem Byte, und der Datenbus ist 8 Bits *breit*, d. h. der Prozessor kann in einer Lese- oder Schreib-Operation jeweils 8 Bits auf einmal lesen oder schreiben. Dies hat auch zur Folge, dass die arithmetischen Register im Prozessor 8 Bits breit sind, und dass die ALU mit Zahlen zwischen 0 und 255 rechnen können muss. Sie muss also die Addition und Subtraktion von Zahlen zwischen 0 und 255 „auswendig" können.

Abbildung 1.7 zeigt eine Speicherzelle mit 8 Bits, in der die Zahl 5 binär abgespeichert ist. Ihre Adresse ist 1000. Mehr zur binären Darstellung von Zahlen folgt in Abschn. 1.3.1.

Bit-Nr.	7	6	5	4	3	2	1	0
1000	0	0	0	0	0	1	0	1

Abbildung 1.7. Eine Speicherzelle aus 8 Bits

Heute herrschen vor allem 32-Bit- und 64-Bit-Architekturen vor. Dort sind die Ziffern, die in einem Rechenschritt verarbeitet werden können, 32 Bits bzw. 64 Bits lang, also wesentlich größer als bei der 8-Bit-Architektur. Das ist einer der Gründe, warum diese Rechner viel schneller sind.

Bei diesen Architekturen ist der Speicher immer noch in Bytes eingeteilt, aber je 4 bzw. 8 Bytes sind dann zu einer Ziffer zusammengefasst, und der Datenbus ist 32 bzw. 64 Bits breit. Das bedeutet, dass der Prozessor in einem Rechenschritt Ziffern der Länge 32 bzw. 64 Bits verarbeiten kann.

1.2.3 Die CPU und ihre Maschinensprache

Die Gesamtheit der elementaren Rechenschritte, die die CPU ausführen kann, bildet ihre so genannte *Maschinensprache*. Diese Rechenschritte werden auch als *Befehle* oder *Instruktionen* bezeichnet. Entsprechend den 5 Klassen von elementaren Kopfrechenschritten gibt es 5 Klassen von Maschinenbefehlen, die jede CPU beherrscht:

a) *Ladebefehle*. Sie entsprechen dem Lesen einer Ziffer vom Papier in den Kopf. Sie bringen Ziffern von einer Speicherzelle in ein Register oder setzen ein Register auf einen bestimmten Wert.

b) *Schreibbefehle*. Sie entsprechen dem Schreiben einer Ziffer auf ein Blatt Papier. Sie bringen Ziffern von einem Register in eine Speicherzelle oder in ein anderes Register.

c) *Arithmetische Befehle*. Sie entsprechen dem arithmetischen Verknüpfen (Addition, Subtraktion, Multiplikation, Division) von Ziffern im Kopf. Sie verknüpfen mit Hilfe der ALU die Inhalte zweier Register arithmetisch und legen das Ergebnis wieder in einem Register ab.

d) *Vergleichsbefehle*. Sie entsprechen dem Vergleichen von Ziffern im Kopf. Sie vergleichen den Inhalt von zwei Registern und setzen oder löschen je nach Ausgang des Vergleichs (positiv oder negativ) einzelne Bits im so genannten *Statusregister*. Diese Bits werden auch *Flags* genannt.

e) *Sprungbefehle*. *Unbedingte* Sprungbefehle springen im Programm unmittelbar zu einem bestimmten Befehl. Sie überspringen also Befehle oder springen zu schon einmal ausgeführten Befehlen zurück. *Bedingte* Sprungbefehle springen in Abhängigkeit von einem vorangegangenen Vergleich (das Ergebnis wurde in einem Flag festgehalten) zu einem bestimmten Befehl oder auch nicht.

CPUs des gleichen Typs haben exakt dieselbe Maschinensprache. Bei CPUs unterschiedlichen Typs unterscheiden sich diese Befehle nur in ihrer Ausprägung (z. B. in der Anzahl der verarbeiteten Bits), aber die 5 Grundklassen sind immer vorhanden. Die Gesamtheit der Befehle einer CPU wird deren *Befehlssatz* genannt.

Jedes noch so große Computerprogramm besteht auf unterster Ebene aus einer Folge von solchen Befehlen. Programmieren bedeutet also letztendlich, die Reihenfolge dieser Maschinenbefehle so festzulegen, dass das Programm das Gewünschte leistet.

Maschinencode. Jeder dieser Maschinenbefehle hat einen eindeutigen *Code*, d. h. eine Nummer, die den Befehl kennzeichnet. So könnte z. B. in einer fiktiven Maschinensprache einer fiktiven CPU der Befehl, der das A-Register mit dem Inhalt einer bestimmten Speicherzelle lädt, den Code 42 haben.

Dieser Befehl muss aber auch noch wissen, welche Speicherstelle er laden soll. Damit die CPU ihn ausführen kann, muss ihr noch die Adresse der zu ladenden Speicherstelle mitgeteilt werden. Daher muss dieser Befehl immer auch einen *Operanden* haben, auf dem er *operiert*. In diesem Falle ist der Operand die Adresse der zu ladenden Speicherstelle, etwa die 1000. Die beiden Zahlen 42 und 1000 hintereinander geschrieben kodieren somit den Befehl „lade das A-Register mit dem Inhalt der Speicherstelle 1000". Ein Befehlscode, eventuell gefolgt von einem oder mehreren Operanden, jeweils als Zahl hintereinander geschrieben, kodiert somit einen Maschinenbefehl[2].

Somit sind Zahlen und Programme gleichbedeutend: Jede Folge von Maschinenbefehlen kann in eine Folge von Zahlen übersetzt werden, und umgekehrt kann eine Folge von Zahlen als Programm gedeutet werden (sofern die Zahlen gültige Codes darstellen).

---

[2] In Assembler-Sprachen werden solche Befehle durch so genannte *Mnemonics* ausgedrückt, das sind leicht zu merkende Abkürzungen. Obiger Befehl könnte z. B. durch LDA 1000 abgekürzt werden. Dies erklärt die Beschreibung der Speicherzelle 5000 in Abb. 1.6.

Universelle Maschinen und Von-Neumann-Architektur. Wo liegt nun dieser Maschinencode, diese Folge von Zahlen? Das Maschinenprogramm liegt, wie die Daten, die es bearbeitet, selbst im Speicher! Dieser speichert in seinen Zellen einzelne Zahlen, und da ein Maschinencode als Folge von Zahlen dargestellt werden kann, kann er selbst als solche im Speicher abgelegt werden.

Das macht den Computer zu einer *universellen Maschine*. Weil die Programme im Speicher liegen, sind sie austauschbar. Daher kann der Computer viele verschiedene Programme ausführen, nicht nur ein einziges.

Im Gegensatz dazu ist z. B. eine Registrierkasse nicht universell. Sie kann zwar ebenfalls addieren, aber sonst nichts. Sie hat nämlich ihr Programm (die Addition) fest eingebaut und kann es nicht austauschen. Bei ihr ist die Verarbeitung *fest verdrahtet* (*hardwired*), nur die Eingabe (und damit auch die Ausgabe) ist variabel.

Hierin haben auch die Begriffe „Hardware" und „Software" ihren Ursprung. „Weiche Ware" kann ausgetauscht werden, „harte Ware" ist dagegen fest verdrahtet und somit nicht austauschbar.

Die Idee, Maschinen auf diese Weise programmierbar zu machen, stammt von einem großen Gelehrten des 20. Jahrhunderts, *John von Neumann*. Daher nennt man diese Art, einen Rechner zu bauen, *Von-Neumann-Architektur*. Bei ihr enthält der Speicher die Daten *und* das Programm, das diese Daten bearbeitet.

Ausführung des Maschinencodes. Das Programm wird Befehl für Befehl vom Speicher über den Bus in die CPU geladen und dort ausgeführt. Das Wissen, was genau bei einem bestimmten Befehl getan werden muss, ist in der Kontrolleinheit gespeichert.

Gehen wir dies am Beispiel der Addition von 7775 und 6153 und dem zugehörigen Additionscode einmal genau durch. Die Daten, also die Ziffern der beiden Zahlen, seien ab den Speicherstellen 1000 bzw. 2000 im Speicher zu finden, je eine Ziffer pro Speicherstelle (vgl. hierzu Abb. 1.6). Der Maschinencode beginne an Stelle 5000. Das Ergebnis der Addition solle ab Stelle 3000 abgelegt werden.

Die CPU besitzt zwei besondere Register: Den *Programmzähler* (*program counter*) und das *Instruktionsregister*. Im Programmzähler steht immer die Adresse des jeweils nächsten auszuführenden Maschinenbefehls. Nehmen wir an, der Programmzähler beinhalte die 5000. Er *zeigt* also auf den ersten auszuführenden Befehl.

Diese Adresse wandert zunächst auf Befehl der Kontrolleinheit über den Adressbus zum Speicher, der daraufhin den Code des nächsten auszuführenden Befehls über den Datenbus zur CPU schickt, wo er im Instruktionsregister abgelegt wird. Das ist im Beispiel der Befehl mit dem Code 42. Die Kontrolleinheit *holt* sich also den nächsten Befehl. Dabei steuert sie auch die Steuerleitung des Busses. Sie sagt dem Speicher also, ob dieser lesen oder schreiben soll.

Danach wird dieser Befehl von der Kontrolleinheit *dekodiert*. Sie kennt alle Befehlscodes und weiß, was bei jedem Befehl zu tun ist. Bei einem Ladebefehl mit Code 42 z. B. weiß sie, dass dieser noch die Adresse der zu ladenden Speicherstelle benötigt. Sie erhöht daher den Programmzähler um 1 und legt wiederum diese Adresse auf den Adressbus, worauf der Speicher den Inhalt der adressierten Zelle

(Speicherstelle 5001) auf den Datenbus legt. Es wandert also im Beispiel die Zahl 1000 in das Instruktionsregister.

Nun kann die Kontrolleinheit den Befehl *ausführen*. Im Beispiel weiß sie nun durch die Zahlen 42 und 1000, die sich im Instruktionsregister befinden, dass sie den Inhalt der Speicherstelle 1000 ins A-Register schreiben soll. Also legt sie die Zahl 1000 auf den Adressbus, und der Speicher schickt die Zahl 5 zurück, die die Kontrolleinheit in das A-Register fließen lässt. Damit ist der erste Befehl ausgeführt.

Die Ausführung eines Maschinenbefehls findet also in folgenden Teilschritten statt: *Holen* (*fetch*), d. h., der jeweils nächste Maschinenbefehl wird geladen, *Dekodieren* (*decode*), d. h., die Kontrolleinheit interpretiert den Befehl und *Ausführen* (*execute*), d. h., der Befehl wird ausgeführt.

Dieser *Zyklus* von Holen, Dekodieren und Ausführen wiederholt sich bei jedem Maschinenbefehl. Die Ausführung einer Maschineninstruktion geschieht also in mehreren *Taktzyklen*. Je nach Prozessorarchitektur brauchen manche Befehle viele und manche wenige Taktzyklen zur Ausführung (Befehle mit vielen Operanden brauchen viele Taktzyklen). Die Megahertz-Angabe im Datenblatt eines Prozessors bezieht sich auf die Frequenz dieser Taktzyklen.

Ausführung weiterer Befehle. Nachdem ein Maschinenbefehl ganz ausgeführt wurde, erhöht die Kontrolleinheit den Programmzähler um 1. Dieser zeigt dadurch auf den nächsten auszuführenden Befehl, und der Zyklus beginnt von vorne.

Es gibt auch Befehle, die den Programmzähler direkt beeinflussen, nämlich alle Sprungbefehle. Durch Setzen des Programmzählers auf eine bestimmte Adresse kann im Programm vorwärts und rückwärts gesprungen werden. Das Programm fährt dann mit dem Befehl an der entsprechenden Adresse fort. Auf diese Weise kann die CPU *Programmschleifen* realisieren.

Vergleichsbefehle beeinflussen so genannte *Flags*, das sind einzelne Bits im Statusregister. So gibt es z. B. bei den meisten CPUs ein *Zero-Flag*, das gesetzt wird, wenn der Vergleich eines Registers mit der Konstanten 0 positiv ausgeht (durch eine Instruktion „Vergleiche mit 0"). Ein darauf folgender bedingter Sprungbefehl kann dieses Flag dann testen und eventuell den Sprung ausführen (durch eine Instruktion „Springe, wenn das Zero-Flag gesetzt ist"). Auf diese Weise kann die CPU an Bedingungen geknüpfte *Programmverzweigungen* ausführen.

Programmende und Programmabsturz. Wie lange läuft dieser Zyklus? So lange, bis das Programm auf eine bestimmte *Halte-Instruktion* trifft. Dann hält der Prozessor an. Was geschieht, wenn in das Instruktionsregister eine Zahl geladen wird, die keinen gültigen Code darstellt, d. h., die nicht die Kodierung eines Maschinenbefehls ist? Dann kommt die CPU in einen undefinierten Zustand, von dem aus sie nicht mehr weiterarbeiten kann. Man sagt, das Programm sei *abgestürzt*.

Die Kontrolleinheit. Wir sind nicht näher auf den Aufbau der Kontrolleinheit eingegangen, weil dies den Rahmen dieser Einführung sprengen würde. Die Kontrolleinheit steuert die Register, die arithmetisch-logische Einheit, die Busse und den Speicher und stimmt deren zeitliches Verhalten aufeinander ab. In der Kontrolleinheit liegt letztlich das Geheimnis der CPU.

1.2.4 Eingabe und Ausgabe

Wir haben nun geklärt, wie in einem Prozessor die Verarbeitung durchgeführt wird.
Wie aber geschehen Eingabe und Ausgabe? Wie kommen die zu bearbeitenden Daten (z. B. die Zahlen 7775 und 6153) in den Speicher und wie können Ergebnisse der
Verarbeitung (z. B. das Additionsergebnis 13928) nach außen hin sichtbar gemacht
werden?

Eingabe- und Ausgabegeräte. Eingabe und Ausgabe werden auch als *Input* bzw.
Output oder kurz *I/O* bezeichnet. Eingabe erfolgt über *Eingabegeräte* (*input devices*) wie Tastatur und Maus, Ausgabe über *Ausgabegeräte* (*output devices*) wie
Bildschirm und Drucker. Diese Geräte heißen auch *periphere Geräte*, ihre Gesamtheit heißt *Peripherie*. Die Einheit von Tastatur und Bildschirm als *Standardeingabe*
bzw. *Standardausgabe* wird als *Terminal* bezeichnet.

Manche Geräte, wie Festplatte und Diskette sind sowohl Eingabe- als auch Ausgabegeräte. Auf ihnen können Daten dauerhaft abgespeichert werden. Bei Bedarf
können diese Daten später wieder gelesen werden. Sie sind *nichtflüchtige Speichermedien*, d. h., auch nach einem Stromausfall sind die Daten noch vorhanden. Diese
Speichermedien unterscheiden sich vom flüchtigen Hauptspeicher auch dadurch,
dass die *Zugriffszeit* auf sie wesentlich höher ist. Es dauert also viel länger, eine
Zahl auf eine Festplatte zu schreiben als in den Hauptspeicher. Der Faktor beträgt
i. d. R. einige Zehnerpotenzen!

Controller. Jede Information vom und für den Prozessor wandert über den Bus.
Nun sind periphere Geräte aber nicht direkt an den Bus angeschlossen, sondern
über einen so genannten *Controller* (s. Abb. 1.8). Diese Controller sind auf die Ein-
und Ausgabegeräte, die sie kontrollieren, abgestimmt.

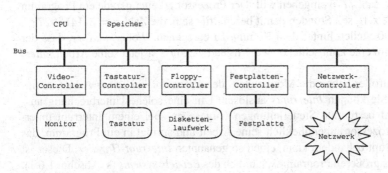

Abbildung 1.8. Peripheriegeräte

Betrachten wir als Beispiel eine Festplatte. Der Prozessor selbst hat keine Ahnung, welche Festplatte von welchem Hersteller an das System angeschlossen ist.
Das einzige, was er von seiner Umwelt sieht, ist der Bus. Er weiß daher auch nicht,
welche Aktionen nacheinander angestoßen werden müssen, um ein Byte an eine bestimmte Stelle der Festplatte zu schreiben, und wie das geht. Die Platte muss z. B.

in Rotation versetzt werden, der Lese-/Schreibkopf muss an eine bestimmte Stelle bewegt werden usw. Alle diese Aktionen sind von der Hardware der Festplatte abhängig. Nur der Controller kennt die Konstruktion der Festplatte und weiß, wie diese zu bedienen ist. Daher übernimmt er auf Befehl des Prozessors die Aufgabe, ein Byte an eine bestimmte Stelle zu schreiben oder von dort zu lesen.

Ebenso wie die Festplatte ist auch jedes andere periphere Gerät über einen zu ihm gehörenden Controller an den Bus angeschlossen. Jeder Controller kennt „sein" Gerät und weiß, wie es zu bedienen ist.

Ports und Interrupts. Es bleibt die Frage, wie der Prozessor Daten an einen Controller senden oder von ihm empfangen kann, und woher er überhaupt weiß, wann Daten für ihn bereitstehen.

Nicht alle Adressen, die auf dem Adressbus anliegen können, sind für den Speicher bestimmt. Es gibt also Adressen, die keine Adressen von Speicherzellen des Speichers sind. Es sind dies *reservierte Adressen*, die sich auf bestimmte Speicherzellen der Controller beziehen. Liegt eine dieser Adressen auf dem Adressbus, so reagiert nicht der Speicher mit einer Lese- oder Schreib-Operation darauf, sondern der Controller, dem diese Adresse zugeordnet ist. Er erkennt „seine" Adresse. Diese Adressen bilden also *Pforten* (*ports*) zu den einzelnen Controllern, durch die der Prozessor Daten schicken kann.

Um etwa die Ziffer 8 auf den Bildschirm auszugeben, legt der Prozessor diese Ziffer auf den Datenbus und die *Port-Nummer* des Video-Controllers auf den Adressbus. Der Video-Controller erkennt dann, dass diese Ziffer 8 für ihn bestimmt ist; er liest sie über seine Pforte ein und stellt sie dann auf dem Bildschirm dar – er weiß ja, wie der Bildschirm anzusteuern ist[3].

Wie steht es umgekehrt mit dem Datenfluss vom Controller zum Prozessor? Angenommen, der Benutzer drückt eine Taste auf der Tastatur, etwa die „5", weil er eine Ziffer der Zahl 7775 eingeben will. Der Prozessor arbeitet gerade ein Programm ab. Er könnte z. B. seit Stunden damit beschäftigt sein, die Zahl $\pi = 3,1415927\ldots$ auf 1.000.000 Stellen hinter dem Komma zu berechnen. Woher weiß er, dass der Controller ihm eine Zahl schicken will? Irgendwie muss er jetzt seine Arbeit *unterbrechen*.

Die Controller haben die Möglichkeit, den Prozessor bei seiner Arbeit zu unterbrechen. Sie können *Interrupts* auslösen. Um eine solche Unterbrechung auszulösen, sind bestimmte Steuerleitungen vorgesehen. Bei einem Interrupt unterbricht der Prozessor augenblicklich seine Arbeit und springt in ein Programm, das diesen Interrupt behandeln kann, einen so genannten *Interrupt-Handler*. Dieser ist ein Teil eines größeren Programms, nämlich des *Betriebssystems* (s. Abschn. 1.6.1). Der Interrupt-Handler findet heraus, welcher Controller den Interrupt ausgelöst hat, und legt die Adresse des zugehörigen Ports auf den Adressbus. Damit kann dieser Port ausgelesen werden. So wandert dann die Ziffer 5 zum Prozessor. Dieser kann sie dann z. B. im Speicher an einer bestimmten Stelle ablegen und sie zu einem späteren Zeitpunkt verarbeiten. Zunächst einmal beendet sich nämlich der Interrupt-Handler und der Prozessor fährt mit dem Programm fort, das er vor Auslösen des

---

[3] Dies ist eine stark vereinfachte Darstellung der wirklichen Abläufe.

Interrupts gerade ausgeführt hat. Im Beispiel rechnet er weitere Stellen von π aus. Ein Interrupt ist also nur eine *zeitweilige Unterbrechung* [4].

1.3 Daten und Operationen auf Daten

Nehmen wir an, in einer Speicherzelle stehen die Bits 0, 1, 1, 0, 0, 0, 0 und 1 in dieser Reihenfolge hintereinander. Nehmen wir weiter an, dass sie nicht zufällig dort hingekommen sind, sondern dass sie das Ergebnis einer Berechnung sind. Was bedeuten sie?

Daten. Mit einem einzelnen gesetzten oder gelöschten Bit liegt ein *Datum* (lat. für „ein Gegebenes") vor. Die Mehrzahl von „Datum" ist *Daten*. Daten werden also durch Folgen von Bits dargestellt. Eine Folge von Bits heißt auch *Bitmuster* oder *Bitstring*. Ein Beispiel ist der Bitstring „01100001". Daten und Bitstrings sind also gleichwertige Begriffe. Einem Bitstring an sich wohnt noch keine Bedeutung inne.

Information, Kodierung und Interpretation. Was bedeutet dieser Bitstring also? Wenn er nicht zufällig entstanden ist, so nur dadurch, dass gemäß einem bestimmten *Code* eine bestimmte *Information kodiert* wurde. Information bedeutet dabei Wissen über Zustände und Ereignisse in der realen Welt. Aus Information werden durch eine geeignete Kodierung Daten erzeugt.

Wie kann der Bitstring nun *interpretiert* werden? *Interpretation* bedeutet, aus Daten Information zu gewinnen. Dabei können dieselben Daten je nach verwendeter Kodierung durchaus verschiedene Informationen darstellen. Umgekehrt können aus identischer Information durch unterschiedliche Kodierung völlig verschiedene Daten erzeugt werden. In der Tat werden wir in diesem Abschnitt verschiedene Kodierungen kennen lernen, unter denen der Bitstring „01100001" jeweils unterschiedliche Information darstellt. Einmal ist es die Kodierung der Zahl 97, ein anderes Mal die Kodierung des Zeichens „a". Es sind sogar unendlich viele Interpretationen dieses Bitmusters denkbar. Es könnte sich dabei z. B. um die Kodierung einer Folge von 8 Münzwürfen handeln, bei der zunächst Zahl, dann zwei Mal Kopf, dann vier Mal Zahl und dann wieder Kopf gefallen ist.

Ein Bitmuster muss also geeignet *interpretiert* werden, um Information zu liefern. Kennen wir den Code nicht, durch den das Bitmuster erzeugt wurde, so wird es uns sehr schwer fallen, zu erraten, was das Muster wohl bedeuten möge. Oder ist es etwa offensichtlich, dass das Muster „10010100110111111000010110001111010 00011010011101101" unter einer bestimmten Kodierung, der ASCII-Kodierung (s. Abschn. 1.3.4), den Namen „Joachim" darstellt?

---

[4] Auch dies ist eine stark vereinfachte Darstellung der wirklichen Abläufe. Darüber hinaus sind wir auch nicht auf die Möglichkeit des *direkten Speicherzugriffs* (*direct memory access, DMA*) eingegangen. Durch diese Technik können Peripheriegeräte den Speicher direkt lesen oder beschreiben, ohne einen Umweg über den Prozessor gehen zu müssen.

Digitalisierte Werte. Informationen, die als (endlicher) Bitstring ausgedrückt sind, heißen *digitalisiert*. Digitalisierte Informationen, die in Programmen gespeichert und verarbeitet werden, bezeichnet man als *Werte*. Beispiele hierfür sind Zahlen und Texte, aber auch Bilder und Musik.

Das Wort „digital" stammt vom lateinischen Wort „digitus", das „Finger" bedeutet. Das soll die *Abzählbarkeit* und *Endlichkeit* der so kodierten Information ausdrücken. Eine digitalisierte Information kann niemals eine unendlich feine Größe wie die Zahl π mit ihren unendlich vielen Nachkommastellen beschreiben, sondern immer nur einen endlichen Teil davon, etwa die ersten 1.000.000 Nachkommastellen.

Digitalisierte Werte sind alle *diskret*, d. h., sie sind voneinander wohlunterscheidbar und es ergibt einen Sinn, von zwei „benachbarten" Werten zu reden, weil die Unterscheidung der einzelnen Werte nicht unendlich fein gemacht werden kann. So kann z. B. ein Programm, das von einem Thermometer gemessene Temperaturwerte verarbeitet, nur eine bestimmte, endliche Menge von Temperaturwerten überhaupt darstellen. Anders gesagt können seine Sprünge von Temperaturwert zu Temperaturwert nicht beliebig klein werden; vielmehr besitzt es eine „kleinste Sprungweite". Ebenso besteht ein digitales Foto nur aus endlich vielen Bildpunkten (*Pixel*). Jedes Pixel hat eine von endlich vielen Farben. Die kontinuierliche optische Information wurde also *diskretisiert*.

Programme verrichten ihre Arbeit, indem sie Werte einlesen, aus diesen Werten aufgrund von *Operationen* neue Werte erzeugen und am Ende einige dieser neu erzeugten Werte ausgeben. Die Operationen bilden also neue Information. Dieser Prozess wird auch als *Datenverarbeitung* bezeichnet.

Datentypen. Die verarbeiteten Werte lassen sich in verschiedene Typklassen einteilen, z. B. Zahlen oder Zeichen, die so genannten *Datentypen*. Jeder Wert hat also einen *Typ* und stammt aus einem endlichen *Wertebereich*.

Wir werden nun gängige Kodierungen für die *elementaren Datentypen* kennen lernen; das sind diejenigen Typen, für deren Verarbeitung Prozessoren bestimmte Maschinenbefehle besitzen. Diese grundlegenden Datentypen umfassen Zahlen, Texte und Wahrheitswerte. Gleichzeitig werden wir die wichtigsten Operationen beschreiben, die Prozessoren auf diesen Typen ausführen können.

1.3.1 Nicht negative ganze Zahlen

Wie wir in Abschn. 1.2.2 gesehen haben, bestehen die Speicherzellen aus Bits, d. h. kleinen Schaltern, die an- und ausgeschaltet werden können. Wie können diese Bits Zahlen darstellen? Indem sie als Ziffern eines bestimmten *Zahlensystems* gedeutet werden.

Dezimalsystem. Vermutlich hat die Tatsache, dass wir 10 Finger besitzen, zu unserer Vorliebe geführt, in „Einheiten von je 10" zu rechnen. Dementsprechend gibt es im *Dezimalsystem*, in dem wir im täglichen Leben auftretende Zahlen niederschreiben, auch 10 Ziffern, die Ziffern 0 bis 9.

Reichen diese Ziffern nicht aus, um eine große Zahl darzustellen, so behelfen wir uns, indem wir eine weitere *Stelle* hinzunehmen, d. h., wir geben zusätzlich an, wie oft wir schon bis zur $10 = 10^1$ gezählt haben. Haben wir 10-mal bis 10 gezählt, so nehmen wir wieder eine weitere Stelle hinzu. Wir zählen nun zusätzlich, wie oft wir die $100 = 10^2$ gezählt haben usw. Damit können wir alle ganzen (positiven) Zahlen aufzählen, und zwar in eindeutiger Weise.

Jede Ziffer einer Dezimalzahl ist einer bestimmten Potenz von 10 zugeordnet, wie z. B.

$$13928 = 1 \cdot 10^4 + 3 \cdot 10^3 + 9 \cdot 10^2 + 2 \cdot 10^1 + 8 \cdot 10^0$$

Eine Ziffer z an Stelle i in einer Zahl trägt zur Zahl den Wert $z \cdot 10^i$ bei. Die Nummerierung beginnt von rechts mit der Stelle 0. Die Ziffern rechts, die zu den niederen Potenzen von 10 gehören, heißen *niederwertig* (*low significant*), die Ziffern links, die zu den höheren Potenzen gehören, heißen *höherwertig* (*high significant*).

Die 10 ist die *Basis* dieses Zahlensystems. Ihre Potenzen bilden die Grundbausteine der *dezimalen Darstellung*.

Binärsystem. Hätten wir aber nur 2 Finger, so würden wir vermutlich im *Binärsystem* zählen, d. h., wir würden alle Zahlen mit den Ziffern 0 und 1 darstellen. Dort trägt eine 1 an Stelle i zur Zahl den Wert 2^i bei, also z. B.

$$110101_2 = 1 \cdot 2^5 + 1 \cdot 2^4 + 0 \cdot 2^3 + 1 \cdot 2^2 + 0 \cdot 2^1 + 1 \cdot 2^0$$
$$= 32 + 16 + 4 + 1$$
$$= 53$$

Hier ist die Basis also die 2. Auch im Binärsystem hat jede ganze Zahl eine eindeutige Darstellung. Daraus folgt, dass jede Dezimalzahl genau einer Binärzahl entspricht und umgekehrt.

Um Binärzahlen von Dezimalzahlen unterscheiden zu können, versehen wir sie wie im obigen Beispiel mit einer darunter angehängten 2, wenn nicht die Art der Kodierung schon aus dem Kontext hervorgeht.

Binärzahlen sind für Computer deshalb so wichtig, weil die elementarste Speichereinheit, das *Bit*, genau 2 Zustände speichern kann: *an* oder *aus*, 1 oder 0. Aus mehreren Bits kann dann eine Speicherzelle für eine größere Zahl aufgebaut werden, z. B. aus 8 Bits ein *Byte*. Aus vielen Bytes kann dann ein ganzer Speicher zusammengesetzt werden. Für den Computer ist das Binärsystem also die natürliche Art, Zahlen darzustellen. Auch die CPU rechnet intern immer im Binärsystem, da ihre Register ebenfalls aus Bits bestehen.

Hexadezimalsystem. Ein weiteres wichtiges Zahlensystem ist das *Hexadezimalsystem*. Es hat die Zahl 16 zur Basis. Somit gibt es 16 Ziffern: 0 bis 9 wie im Dezimalsystem und zusätzlich die Ziffern A, B, C, D, E, F. Jede Ziffer einer Hexadezimalzahl ist somit einer Potenz von 16 zugeordnet, also z. B.

$$1E5F_{16} = 1 \cdot 16^3 + 14 \cdot 16^2 + 5 \cdot 16^1 + 15 \cdot 16^0$$
$$= 7775$$

Da $16 = 2^4$ ist, geht die Hexadezimaldarstellung einer Zahl sehr einfach aus der Binärdarstellung hervor und umgekehrt: Jeweils 4 aufeinander folgende Ziffern der Binärdarstellung (von rechts gelesen) ergeben eine Ziffer der Hexadezimaldarstellung und umgekehrt. Daher wird hexadezimale Darstellung vor allem als abkürzende Schreibweise für Binärdarstellung verwendet: Hexadezimal kodierte Zahlen haben nur ein Viertel so viele Ziffern wie ihre binären Entsprechungen.

Tabelle 1.1 stellt Dezimalzahlen den entsprechenden Binär- und Hexadezimalzahlen gegenüber.

Tabelle 1.1. Übersicht über 3 wichtige Zahlensysteme

Dezimal	Binär	Hexadezimal
0	0000	0
1	0001	1
2	0010	2
3	0011	3
4	0100	4
5	0101	5
6	0110	6
7	0111	7
8	1000	8
9	1001	9
10	1010	A
11	1011	B
12	1100	C
13	1101	D
14	1110	E
15	1111	F

Binäre und ganzzahlige Arithmetik. Welche Rechenoperationen gibt es auf Binärzahlen und wie werden sie durchgeführt? Da Binärzahlen nur eine bestimmte Darstellung eines ganzzahligen Wertes sind, gibt es auf ihnen dieselben Operationen wie auf Dezimalzahlen. Die arithmetischen Algorithmen zur Addition, Subtraktion, Multiplikation und Division sind unabhängig vom verwendeten Zahlensystem. Nur an den Stellen, an denen ein Übertrag behandelt wird (etwa wenn die Addition zweier Ziffern einen Übertrag erzeugt), muss der Algorithmus auf das jeweilige Zahlensystem und die somit größtmögliche Ziffer angepasst werden.

Der Additionsalgorithmus aus Abb. 1.2 kann z. B. sehr einfach auf das Binärsystem angepasst werden, indem die Ziffer 9 durch eine 1 und die Zahl 10 durch eine 2 ersetzt wird; der Rest bleibt gleich. Damit können dann Binärzahlen addiert werden, ohne dass sie vorher ins Dezimalsystem umgewandelt werden müssen. Werden die Operationen direkt im Binärsystem durchgeführt, spricht man von *binärer Arithmetik*.

Binärzahlen sind immer ganzzahlig. Was geschieht nun, wenn die ALU zwei Zahlen dividiert, die Division aber nicht aufgeht, wie etwa bei 17 durch 7? Dann ist das Ergebnis dieser Operation der (ganzzahlige) Quotient, also die 2. Diese Verfah-

rensweise, nur ganzzahlige Ergebnisse zu erzeugen, heißt *ganzzahlige Arithmetik*.
Ganzzahlige Arithmetik erzeugt niemals Nachkommastellen.

In einem realen Prozessor ist die Länge der in den Registern darstellbaren
Binärzahlen begrenzt. So stammen z. B. auf einer 8-Bit-CPU die Ziffern, mit denen die ALU direkt rechnen kann, aus dem Bereich von 0 bis $11111111_2 = 255$.
Was geschieht nun, wenn zwei große Ziffern addiert werden, und das Ergebnis nicht
mehr in ein Register passt? Von der errechneten Zahl werden einfach die 8 niederwertigen Bits genommen, die anderen werden verworfen. So ergibt z. B. die Addition von $255 = 11111111_2$ und $1 = 00000001_2$ die 0, weil nur die 8 niederwertigen
Bits des korrekten Ergebnisses $256 = 100000000_2$ verwendet werden! Jedoch wird
ein bestimmtes Flag im Statusregister gesetzt (das *Carry-Flag*). Ein späterer Ver-
gleichsbefehl kann dann den aufgetretenen *Übertrag* (*carry*) anhand dieses Flags
erkennen. So kann zu einem Codeteil verzweigt werden, der diesen Übertrag verarbeitet.

Eine weitere wichtige Operation ist die *Division mit Rest* zweier ganzer Zahlen.
Sie berechnet nicht den ganzzahligen Quotienten der Division, sondern den ganzzahligen Rest. Das Ergebnis von 17 durch 7 bei dieser Operation ist somit die 3,
nicht die 2 („17 durch 7 ist 2, Rest 3").

Schreibweise von sehr großen Zahlen. Aus der Physik sind wir es gewohnt, sehr
große Maßzahlen nicht auszuschreiben, weil sie zu viele Nullen am Ende haben.
Stattdessen versehen wir die Grundeinheit mit einer *Vorsilbe*. Diese bezieht sich auf
eine bestimmte Potenz von 10, mit der die Grundeinheit dann zu multiplizieren ist,
um die größere Einheit zu erhalten (s. Tabelle 1.2).

Auch in der Informatik werden diese Vorsilben benutzt, um große Zahlen in
abkürzender Schreibweise darzustellen. Dort ist allerdings die 2 die Basis des Zahlensystems, nicht die 10. Daher ergibt sich bei den einzelnen Vorsilben ein immer
größerer Unterschied zwischen den von ihnen spezifizierten Potenzen. 1 MB (Me-
gabyte) ist somit etwas mehr als 1 Million Bytes.

Tabelle 1.2. Vorsilben zur Bezeichnung von Vielfachen

Vorsilbe	Abkürzung	in der Physik	in der Informatik
Kilo	k	10^3	$2^{10} = 1.024 \approx 10^3$
Mega	M	10^6	$2^{20} = 1.048.576 \approx 1.05 \cdot 10^6$
Giga	G	10^9	$2^{30} = 1.073.741.824 \approx 1.07 \cdot 10^9$
Tera	T	10^{12}	$2^{40} \approx 1.0995116278 \cdot 10^{12}$

Übungen

Übung 12. Zählen Sie binär und hexadezimal von 0 bis 100.

Übung 13. Stellen Sie folgende Binärzahlen dezimal und hexadezimal dar: 10001,
111011 und 10000000.

Übung 14. Stellen Sie folgende Hexadezimalzahlen dezimal und binär dar: 10, FF
und F3A.

Übung 15. Stellen Sie folgende Dezimalzahlen binär und hexadezimal dar: 88, 99 und 255. Folgende Beobachtungen führen zu einem einfachen Verfahren, um Dezimalzahlen in Binärdarstellung umzuwandeln:

- Die letzte Ziffer einer Zahl in Binärdarstellung ist eine 1 genau dann, wenn die Zahl ungerade ist.
- Die letzte Ziffer einer Zahl in Binärdarstellung kann entfernt werden, indem die Zahl ganzzahlig durch 2 geteilt wird.

Übung 16. Addieren Sie binär: $01011001 + 10011011$.

Übung 17. Multiplizieren Sie binär: $1111 \cdot 1111$. Können Sie eine Regel aufstellen, die angibt, wie viele Binärziffern das Produkt zweier n-ziffriger Binärzahlen höchstens hat?

Übung 18. Berechnen Sie das Ergebnis der Division und der Division mit Rest bei ganzzahliger Arithmetik von 123 durch 42. Wandeln Sie dann die Zahlen in Binärdarstellung um, und dividieren Sie binär.

Übung 19. Wie kann durch Division mit Rest getestet werden, ob eine bestimmte Zahl ungerade ist?

Übung 20. Sie besitzen eine 8-Bit-CPU. Das A-Register enthalte die Binärzahl 11010011 und das B-Register die Binärzahl 10101011. Die ALU addiert diese beiden Zahlen. Was ist das Ergebnis?

Übung 21. Sie besitzen eine 32-Bit-CPU. Welches ist die größte und die kleinste Zahl, die intern darstellbar ist?

Übung 22. Sie besitzen 128 MB Speicher. Wie viele Bits sind das? Wie viele Bits sind ein Gigabyte (1 GB)?

⋆ 1.3.2 Negative ganze Zahlen

Bisher haben wir nur nicht negative Zahlen dargestellt. Wie können negative Zahlen in einer Speicherstelle dargestellt werden? Wie kann das Vorzeichen kodiert werden?

Eine Möglichkeit, negative Zahlen im Binärsystem darzustellen, besteht darin, das ganz links stehende Bit auf 1 zu setzen. Die Bitmuster, bei denen dieses Bit gesetzt ist, werden dann als negative Zahlen interpretiert, die anderen als nicht negative.

Bei 8-Bit-Arithmetik z. B. würde dann das Bitmuster 00000001 die $+1$ darstellen und das Bitmuster 10000001 die -1. Hier ergibt sich ein Problem: Es gibt nun zwei binäre Darstellungen für die 0, nämlich 00000000_2 und 10000000_2, anders gesagt $+0$ und -0. Die Zahlendarstellung ist also nicht eindeutig.

Um dies zu erreichen, kodiert man negative Zahlen im so genannten *Zweierkomplement*: Zu einer positiven Zahl erhält man die entsprechende negative, indem man

1 subtrahiert und dann alle Bits kippt (d. h., eine 0 wird zu einer 1 und umgekehrt). Somit ist die Darstellung für -1 im Zweierkomplement 11111111_2, die -2 wird als 11111110_2 dargestellt. Die kleinste darstellbare Zahl ist dann $-128 = 10000000_2$. Man beachte, dass nun der Rechenbereich nicht mehr symmetrisch um die 0 liegt, denn die größte darstellbare Zahl ist die $127 = 01111111_2$. Dafür enthält durch die nun eindeutige Darstellung der Bereich der darstellbaren Zahlen eine Zahl mehr.

Werden Bitmuster in solcher Weise als Zahlen mit einem Vorzeichen interpretiert, spricht man von *Vorzeichenbehaftung*. Wenn die arithmetischen Operationen das Vorzeichen-Bit berücksichtigen, spricht man von *vorzeichenbehafteter Arithmetik (signed arithmetic)*.

Übungen

Übung 23. Zählen Sie im Zweierkomplement bei 4-Bit-Arithmetik von -8 bis $+7$.

Übung 24. Addieren Sie binär (in Zweierkomplement-Darstellung): $01001001_2 + 10011011_2$.

Übung 25. Wie erhält man zu einer im Zweierkomplement dargestellten negativen Zahl die entsprechende positive? Welches ist die kleinste Zahl, die auf einer 32-Bit-CPU im Zweierkomplement darstellbar ist?

⋆ 1.3.3 Zahlen mit Nachkommastellen

Die Menge der *reellen Zahlen* ist die Menge aller Zahlen auf dem Zahlenstrahl. Sie umfasst also alle ganzen Zahlen, alle Zahlen mit endlich vielen Nachkommastellen und alle Zahlen mit einer unendlichen, aber periodischen Entwicklung (dies sind genau die *Brüche*). Darüber hinaus umfasst sie auch noch die sonstigen Zahlen mit unendlich vielen, nicht periodischen Nachkommastellen (wie z. B. $\pi = 3,1415927\ldots$).

In unserer bisherigen Erläuterung von Rechenmaschinen waren alle dargestellten Zahlen ganzzahlig. Ein Bit als kleinste Informationseinheit ist ein „Ganzes", so auch jedes Vielfache davon. Wie ist es dann möglich, mit ganzen Einheiten nur Bruchteile wie etwa $1/2$ darzustellen? Welche reellen Zahlen außer den ganzen können dargestellt werden?

Fließkommazahlen. Eine reelle Zahl mit abbrechender Dezimalentwicklung (also mit endlich vielen Nachkommastellen) kann immer auf mehrere Arten im Dezimalsystem dargestellt werden:

$$112,344 = 11,2344 \cdot 10^1 = 1,12344 \cdot 10^2 = \ldots$$

$$0,00344 = 0,0344 \cdot 10^{-1} = 0,344 \cdot 10^{-2} = 3,44 \cdot 10^{-3} = \ldots$$

Multipliziert man die Zahl mit 10 bzw. 10^{-1} und schiebt das Komma um eine Stelle nach links bzw. rechts, so ändert sich der Wert der Zahl nicht, weil sich beide Operationen gegenseitig aufheben.

Diese Darstellung ist also gekennzeichnet durch eine Zahl mit Nachkommastellen, die so genannte *Mantisse*, und eine Potenz von 10 mit einem bestimmten *Exponenten*. Sie wird als *wissenschaftliche Notation* oder als Darstellung *mit Mantisse und Exponent* bezeichnet.

Man kann nun durch Multiplikation mit einer geeigneten Potenz von 10 das Komma immer so *fließen* lassen, dass man eine Darstellung erhält, bei der die Mantisse nur noch eine Stelle *vor* dem Komma besitzt, wie bei $3,44 \cdot 10^{-3}$. Diese Darstellung heißt *normalisiert* oder *Fließkommadarstellung* (*floating point*).

Dieselbe Darstellung ist auch im Binärsystem möglich. Dort entspricht das i-te Bit hinter dem Komma dem Anteil 2^{-i} zur Zahl, also den Brüchen $1/2$, $1/4$, $1/8$ usw. Hier wird das Komma durch Multiplizieren einer geeigneten Potenz von 2 verschoben:

$$-5,75_{10} = -101,11_2 = -1,0111_2 \cdot 2^2$$

Kodierung mit endlich vielen Bits. Um eine Zahl mit Nachkommastellen zu kodieren, braucht man also folgende Information: das *Vorzeichen*, den *Exponenten* und die *Mantisse*. Da in normalisierter Binärdarstellung die Mantisse immer mit einer 1 beginnt (außer bei der Null), kann man sich diese führende 1 in der internen Darstellung sogar sparen. Die Bitmuster $1, 10, 0111$ würden also ein negatives Vorzeichen (1), den Exponenten 2 (10_2) und die Mantisse 1.0111_2 darstellen, also insgesamt die obige Zahl -5.75. Die um die redundante 1 vor dem Komma gekürzte Mantisse heißt *Signifikand*.

Auf einer realen Rechnerarchitektur stehen nicht unendlich viele Bits zur Darstellung von Vorzeichen, Exponent und Mantisse zur Verfügung. Je nach Rechnerarchitektur muss man heute mit $128, 64$ oder 32 Bits insgesamt auskommen. Der Exponent kann also nicht beliebig groß (oder klein) werden. Das bedeutet, dass die so darstellbaren Zahlen nur aus einem bestimmten Bereich des Zahlenstrahls stammen. Auch die Mantisse ist in ihrer Länge beschränkt. Das bedeutet, dass die darstellbaren Zahlen nur eine endliche *Präzision* aufweisen, dass es also eine Höchstgrenze für die Anzahl der Nachkommastellen gibt.

Das IEEE-Format. Das *IEEE-Format* ist der heute allgemein akzeptierte Standard zur Kodierung von Fließkommazahlen (IEEE-Standard 754, *Institute of Electrical and Electronical Engineers*). Er unterscheidet grundsätzlich zwei verschiedene Zahlenformate. In *einfacher Präzision* werden Zahlen mit 32 Bits kodiert: 1 Bit für das Vorzeichen, 8 Bits für den Exponenten, 23 Bits für den Signifikanden. In *doppeltgenauer Präzision* wird der Exponent mit 11 Bits und der Signifikand mit 52 Bits kodiert.

Um negative Exponenten darstellen zu können, werden die 8 bzw. 11 Bits wie folgt interpretiert: Ausgehend vom Bitmuster als nicht vorzeichenbehaftete Ganzzahl wird bei der Interpretation immer ein so genannter *Bias* subtrahiert: 127 bei einfacher, 1023 bei doppelter Genauigkeit. Das Bitmuster 00000000 wird also als Kodierung des Exponenten -127 interpretiert, das Bitmuster 01111111 als Exponent 0.

Ist v das Vorzeichen-Bit, e der Bitstring des Exponenten, $s_1, s_2 \ldots$ die einzelnen Bits des Signifikanden und b der Bias in einer IEEE-Darstellung, so wird dadurch die Zahl

$$(-1)^v \cdot (1 + s_1 2^{-1} + s_2 2^{-2} + s_3 2^{-3} + \ldots) \cdot 2^{e-b}$$

kodiert. Die Null, die nicht normalisiert dargestellt werden kann, weil sie nirgends eine 1 besitzt, wird durch den Exponent 0 und den Signifikanden 0 dargestellt.

Abbildung 1.9 zeigt die Darstellung einer Zahl in einfacher Genauigkeit nach IEEE 754.

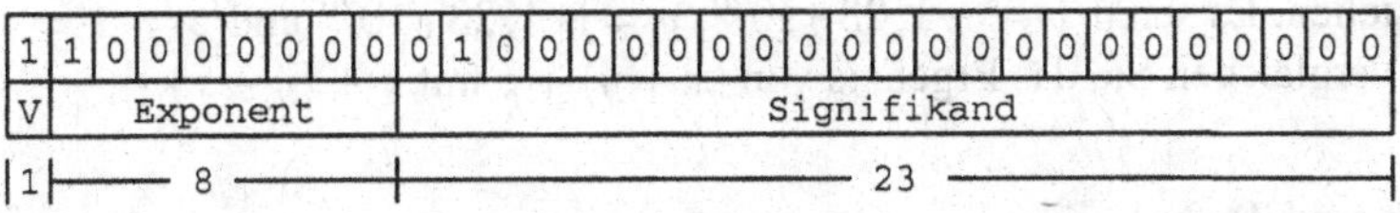

Abbildung 1.9. Fließkommadarstellung nach IEEE 754, einfache Präzision

Auswirkungen der endlichen Präzision. Die endliche Präzision von kodierten Fließkommazahlen hat einige schwerwiegende Auswirkungen, die jeder Programmierer kennen sollte.

Zunächst einmal ist nicht jede reelle Zahl als Fließkommazahl darstellbar. Schließlich gibt es in jedem Intervall auf dem Zahlenstrahl unendlich viele reelle Zahlen, aber insgesamt nur endlich viele Fließkommazahlen.

Eine Zahl mit nicht abbrechender Dezimalentwicklung wie etwa π kann ganz sicher nicht dargestellt werden, da die Mantisse nur endlich lang ist. Solche Zahlen können nur *angenähert* dargestellt werden. Daneben gibt es auch Zahlen, die trotz endlicher Dezimalentwicklung nicht exakt dargestellt werden können (s. hierzu Übung 28). Es kommt also schon bei der Darstellung von Zahlen zu *Informationsverlust* durch *Rundungsfehler*.

Auch bei Rechenoperationen kann Information verloren gehen: Angenommen wir haben eine dezimale Fließkomma-Arithmetik mit 2 Nachkommastellen. Die Zahl 105 ist dort exakt darstellbar als $1,05 \cdot 10^2$, die Zahl 23,4 ebenso exakt als $2,34 \cdot 10^1$. Das exakte Ergebnis der Addition aber, die Zahl 128,4 wird wegen der auf 2 Nachkommastellen beschränkten Präzision nur als $1,28 \cdot 10^2$ dargestellt. Es ist also der Wert 0,4 durch Rundung verloren gegangen.

Aufgrund der impliziten Rundung von Ergebnissen ist Fließkomma-Arithmetik auch *nicht assoziativ*. Dort gilt i. Allg. nicht das Assoziativitätsgesetz der Addition $x + (y + z) = (x + y) + z$. Es ist also *nicht* gleichgültig, in welcher Reihenfolge arithmetische Operationen auf Fließkommazahlen ausgeführt werden (s. hierzu Übung 29).

In langen Berechnungen, in denen viele Fließkomma-Operationen durchgeführt werden, können sich Rundungsfehler so weit *aufschaukeln*, dass das berechnete Ergebnis vom tatsächlichen so weit abweicht, dass es unbrauchbar wird. Die Verwendung des doppelt genauen Zahlentyps zögert solche Effekte hinaus, kann sie aber nicht verhindern.

Übungen

Übung 26. Welche (Dezimal-)Zahl wird in Abbildung 1.9 dargestellt?

Übung 27. Stellen Sie die Zahl $3,25_{10}$ in einfacher Genauigkeit gemäß IEEE 754 dar.

Übung 28. Stellen Sie die Zahl $0,1_{10}$ in einfacher Genauigkeit nach IEEE 754 dar. Was beobachten Sie?

Übung 29. Angenommen, Sie haben eine dezimale Fließkomma-Arithmetik mit 2 Nachkommastellen. Es seien $x = -1,23 \cdot 10^{20}$, $y = +1,23 \cdot 10^{20}$ und $z = 1 = +1,00 \cdot 10^0$. Vergleichen Sie das Ergebnis von $(x + y) + z$ mit $x + (y + z)$.

1.3.4 Zeichen und Texte

Die CPU kann intern nur Zahlen verarbeiten. Auch der Speicher enthält nur Zahlen. Wie kann ein Rechner nun aber mit Text umgehen, ihn darstellen und verarbeiten? Die Antwort ist recht einfach: Jedes einzelne Schriftzeichen (Buchstaben, Ziffer oder Sonderzeichen) kann als Zahl kodiert werden, indem die Zeichen durchnummeriert werden. Es ergibt sich dann ein *Zeichensatz*.

ASCII-Code. Die gängigste Kodierung dieser Art ist der so genannte *ASCII-Code*, der auf nahezu allen modernen Systemen verwendet wird. ASCII ist die Abkürzung für *American Standard Code for Information Interchange*.

In unserem westlichen Sprachraum gibt es insgesamt weniger als 256 Schriftzeichen, so dass ein Byte pro Zeichen zur Kodierung ausreicht. Im ASCII-Zeichensatz werden sogar nur 7 Bit pro Zeichen verwendet. Der Code umfasst also insgesamt 128 Zeichen. Die ASCII-Kodierung eines Zeichens wird oft in hexadezimaler Schreibweise angegeben, weil hier stets zwei Ziffern ausreichen, um die 128 verschiedenen Möglichkeiten von (hexadezimal) 00 bis 7F zu benennen. Tabelle 1.3 zeigt einen Ausschnitt der ASCII-Tabelle.

Neben den druckbaren gibt es auch eine Reihe von nicht druckbaren ASCII-Zeichen, wie z.B. das *Tabulator*-Zeichen mit dem Code 9, das *Zeilenvorschub*-Zeichen (*line feed*) mit dem Code 10 oder das *Wagenrücklauf*-Zeichen (*carriage return*) mit dem Code 13. Diese sind, da nicht druckbar, in Tabelle 1.3 nicht dargestellt. Das Wagenrücklauf-Zeichen stammt historisch gesehen von der Schreibmaschinentaste, mit der der Wagen nach ganz links zurück verschoben wurde. Das Zeilenvorschub-Zeichen kodiert historisch gesehen die Handbewegung, die das Papier (oder die Ausgabe) um eine Zeile nach oben schiebt.

Wie man sieht, enthält der Zeichensatz nicht die deutschen Umlaute und Sonderzeichen wie das „ß". Diese sind aber im *erweiterten ASCII-Zeichensatz* ISO 8859–1 enthalten. Dort kodieren die Nummern 80 bis FF die Sonderzeichen der westeuropäischen Sprachen.

Tabelle 1.3. Die druckbaren Zeichen der ASCII-Tabelle, angeordnet in 5 Hauptspalten. Jede Zeile einer Hauptspalte gibt den dezimalen Code, den hexadezimalen Code und das dadurch kodierte Zeichen an.

32	20		51	33	3	70	46	F	89	59	Y	108	6c	l
33	21	!	52	34	4	71	47	G	90	5a	Z	109	6d	m
34	22	"	53	35	5	72	48	H	91	5b	[	110	6e	n
35	23	#	54	36	6	73	49	I	92	5c	\	111	6f	o
36	24	$	55	37	7	74	4a	J	93	5d	]	112	70	p
37	25	%	56	38	8	75	4b	K	94	5e	^	113	71	q
38	26	&	57	39	9	76	4c	L	95	5f	_	114	72	r
39	27	'	58	3a	:	77	4d	M	96	60	`	115	73	s
40	28	(	59	3b	;	78	4e	N	97	61	a	116	74	t
41	29	)	60	3c	<	79	4f	O	98	62	b	117	75	u
42	2a	*	61	3d	=	80	50	P	99	63	c	118	76	v
43	2b	+	62	3e	>	81	51	Q	100	64	d	119	77	w
44	2c	,	63	3f	?	82	52	R	101	65	e	120	78	x
45	2d	-	64	40	@	83	53	S	102	66	f	121	79	y
46	2e	.	65	41	A	84	54	T	103	67	g	122	7a	z
47	2f	/	66	42	B	85	55	U	104	68	h	123	7b	{
48	30	0	67	43	C	86	56	V	105	69	i	124	7c		
49	31	1	68	44	D	87	57	W	106	6a	j	125	7d	}
50	32	2	69	45	E	88	58	X	107	6b	k	126	7e	~

Zeichenketten und Texte. Mehrere Zeichen hintereinander bilden eine *Zeichen- kette*, auch *String* genannt. Da der ASCII-Zeichensatz auch das Leerzeichen und die Interpunktionszeichen enthält, kann ein (natürlich-sprachlicher) Text ebenfalls als eine lange Zeichenkette aufgefasst werden.

Ein Text aus mehreren Zeichen kann somit als Folge von Zahlen dargestellt werden. Diese kann der Prozessor einlesen und verarbeiten. Ein Programm könnte z. B. in einem Text alle Kleinbuchstaben durch die entsprechenden Großbuchstaben ersetzen. Dies ist ein einfaches Beispiel für *Textverarbeitung*.

Texte und Zahlen sind gleichbedeutend. Jeder Text entspricht einer (möglicher- weise sehr langen) Zahl, die sich aus der Hintereinanderschreibung aller ASCII- Codes der einzelnen Zeichen ergibt. Umgekehrt stellt jede Zahl einen Text dar, wenn je zwei Hexadezimalstellen als ASCII-Kodierung eines Zeichens interpretiert wer- den.

Übungen

Übung 30. Was sagt folgender ASCII-Code (in Hexadezimal-Schreibweise) aus:
    43 4f 4d 50 55 54 45 52 20 53 49 4e 44 20 44 49 46 46 49 5a 49 4c 21

Übung 31. Wandeln Sie in hexadezimalen ASCII-Code um (das „␣" steht für ein Leerzeichen):

```
Bald␣werden␣wir␣Programme␣schreiben!
```

1.3.5 Wahrheitswerte

Im Additionsalgorithmus prüfen wir an einer Stelle eine *Aussage* auf ihren Wahrheitsgehalt: Je nachdem, ob die Summe aus den beiden betrachteten Ziffern der Eingabe und dem Übertrag größer als 9 ist oder nicht, führen wir unterschiedliche Rechenschritte aus. Wir betrachten dort also die Aussage „die Summe der Ziffern und des Übertrags ist größer als 9" und prüfen, ob diese wahr oder falsch ist.

Offenbar hat eine solche Aussage einen Wert, und zwar einen *Wahrheitswert*. Dieser Wert ist entweder „wahr" oder „falsch". Es handelt sich also um einen eigenständigen Datentyp. Er wird oft auch als *Boole'scher Typ* bezeichnet[5].

Berechnung und Kodierung von Wahrheitswerten. Jede CPU besitzt Instruktionen, die den Wahrheitswert von einfachen Aussagen feststellen können; es sind dies die Vergleichsbefehle, die zwei Zahlen miteinander vergleichen und feststellen, ob die erste größer, kleiner oder gleich der zweiten ist.

Wie kann der davon abhängige Wahrheitswert kodiert werden? Da es nur zwei Möglichkeiten gibt, „wahr" oder „falsch", genügt ein einziges Bit, um diese Information zu kodieren. Am häufigsten trifft man die Kodierung 1 für „wahr" und 0 für „falsch" an. Demgemäß setzt die CPU ein bestimmtes Bit im Statusregister, wenn ein solcher Vergleich positiv ausgeht, ansonsten löscht sie es.

Logische Verknüpfung von Aussagen. Aus (einfachen) Aussagen können komplexere Aussagen zusammengebaut werden. Ist A z.B. die Aussage „Juli ist ein Sommermonat" und B die Aussage „5 ist gerade", so ist die Aussage „Juli ist ein Sommermonat *und* 5 ist gerade" eine zusammengesetzte Aussage. Sie entsteht, indem die Aussagen A und B durch ein *logisches Und* verknüpft werden.

Wie steht es mit dem Wahrheitswert dieser Aussage? Sie ist falsch, da B falsch ist. Eine Aussage A *und* B ist dann und nur dann wahr, wenn beide Aussagen A und B wahr sind.

Zwei Aussagen können auch durch ein *logisches Oder* verknüpft werden. Hier wird zwischen dem *inklusiven* und dem *exklusiven* Oder unterschieden. Das inklusive Oder ist wahr, wenn nur eine oder auch beide Teilaussagen wahr sind. Das exklusive Oder ist nur dann wahr, wenn *genau eine* der beiden Teilaussagen wahr ist. Daher wird es auch als *Entweder-Oder* bezeichnet.

Wenn nicht explizit als exklusiv spezifiziert, ist im Sprachgebrauch der Informatik mit dem Begriff „Oder" immer das inklusive Oder gemeint. Hier ist Vorsicht geboten! Dieser Gebrauch des Oder unterscheidet sich nämlich von dem in der Umgangssprache vorherrschenden exklusiven Oder. Die Aussage „2 ist gerade *oder* 8 ist gerade" gilt in der Informatik als wahr, in der Umgangssprache aber als falsch.

Das *logische Nicht* verkehrt eine Aussage in ihr Gegenteil. Die so erhaltene Aussage ist wahr, wenn die ursprüngliche Aussage falsch ist. So ist z.B. die Aussage „Nicht 5 ist gerade" wahr [6].

---

[5] Nach dem Mathematiker *George Boole*, der im 18. Jhd. die Grundlagen der *Aussagenlogik* legte.
[6] Natürlich-sprachlich umformuliert ist das die Aussage „5 ist nicht gerade".

Logische Operatoren. Und, Oder und Nicht heißen auch *logische Operatoren*. Sie erzeugen aus einem oder zwei Wahrheitswerten gemäß Tabelle 1.4 einen neuen Wahrheitswert. Hier wird eine 0 als Kodierung von „falsch" und eine 1 als Kodierung von „wahr" benutzt.

Tabelle 1.4. Die Wahrheitsoperatoren

A	B	A und B		A	B	A oder B		A	B	A oder (exkl.) B
0	0	0		0	0	0		0	0	0
0	1	0		0	1	1		0	1	1
1	0	0		1	0	1		1	0	1
1	1	1		1	1	1		1	1	0

A	nicht A
0	1
1	0

Komplexe Aussagen. Aussagen können aus mehr als nur zwei Teilaussagen aufgebaut sein. Ein Beispiel hierfür ist die Aussage „Zitronen sind rot und 5 ist gerade oder Juli ist ein Sommermonat".

Treten in einer Aussage mehr als 2 Wahrheitsoperatoren auf, so gilt, dass das Nicht eine höhere *Präzedenz* (Bindungsstärke) hat als das Und und das Und eine höhere als das Oder. Da also das Und stärker *bindet* als das Oder, ist der Teil „Zitronen sind rot und 5 ist gerade" zuerst *auszuwerten*. Obwohl er falsch ist, wird die Gesamtaussage durch das Oder mit der wahren Aussage „Juli ist ein Sommermonat" wahr.

Soll dagegen das Oder stärker binden als das Und, so müssen die entsprechenden Teilaussagen *geklammert* werden: „Zitronen sind rot und (5 ist gerade oder Juli ist ein Sommermonat)". Da der erste Teil „Zitronen sind rot" falsch ist, ist die Gesamtaussage nun falsch, denn ein Und mit einer falschen Aussage ist immer falsch.

Diese Klammersetzung in einer natürlich-sprachlichen Aussage mag seltsam aussehen. Wir werden aber später sehen, dass zusammengesetzte Bedingungen in Programmen oft explizit geklammert werden müssen, um die beabsichtigte Auswertungsreihenfolge und damit die beabsichtigte Bedeutung zu erzielen.

Übungen

Übung 32. Prüfen Sie, ob folgende Aussagen wahr oder falsch sind:

a) 4 ist ungerade oder Juli ist ein Sommermonat.
b) 4 ist ungerade und Juli ist ein Sommermonat.
c) Entweder 4 ist ungerade oder Juli ist ein Sommermonat.
d) 7 ist ungerade und 3 mal 5 ist 15.
e) Nicht 4 ist gerade.
f) 3 plus 4 ist 7 oder 7 ist ungerade und 3 mal 5 ist 17.

g) (3 plus 4 ist 7 oder 7 ist ungerade) und 3 mal 5 ist 17.

h) Nicht (4 ist ungerade oder Juli ist ein Sommermonat).

i) Nicht 4 ist ungerade und Juli ist ein Sommermonat.

Übung 33. Bei vielen Programmiersprachen fehlt ein Operator für das exklusive Oder, weil dieses immer durch eine Kombination von Nicht, Und und inklusivem Oder ersetzt werden kann. Skizzieren Sie, wie die Aussage „Entweder A oder B" zu einer äquivalenten Aussage umformuliert werden kann, in der kein „Entweder-Oder" vorkommt.

Übung 34. Aus der deutschen Skatordnung:

> Beim Abheben müssen jeweils mehr als 3 Blätter liegen bleiben oder abgehoben werden.

Aus dem neuen Duden:

> Ein Bindestrich kann gesetzt werden, um einzelne Bestandteile einer Zusammensetzung hervorzuheben, wenn unübersichtliche Zusammensetzungen deutlicher gegliedert werden sollen und wenn drei gleiche Buchstaben aufeinander treffen.

Ändern Sie die Regeln so ab, dass sie das aussagen, was ihre Verfasser im Sinn hatten.

1.3.6 Die Universalität der binären Kodierung

Wie wir in den vorangegangenen Abschnitten gesehen haben, lassen sich alle Werte, die ein Rechner verarbeiten kann, als Folge von endlich vielen Bits kodieren, seien es ganze Zahlen, Zahlen mit Nachkommastellen, Texte oder Wahrheitswerte. Diese Folgen selbst können als binärkodierte ganze Zahlen aufgefasst werden.

Die Binärzahlen stellen somit eine *universelle Kodierungsmöglichkeit* dar. Daten sind stets als Zahl darstellbar. Daten und Zahlen sind somit äquivalent.

Das gesamte Wissen der Menschheit kann als eine einzige, riesige Zahl kodiert werden: Man besuche alle Bibliotheken der Welt, schreibe alle Buchstaben aller Bücher hintereinander, kodiere die so erhaltene Zeichenkette mit der ASCII-Kodierung und fasse die so entstandene Folge von Zahlen als eine einzige, riesige Zahl W auf. Diese Zahl W kodiert das gesamte Wissen der Menschheit.

Mit diesem Wissen kann man dann sogar spazieren gehen: Man berechne die Zahl $w = 1/W$, mache im Abstand von w cm zum unteren Ende eines Spazierstocks eine Kerbe, und wandere dann mit dem gesammelten Wissen der Menschheit davon.

⋆ 1.4 Assembler

Wir wissen nun, dass sowohl Programme als auch die Daten, die von Programmen verarbeitet werden, aus Bitmustern bestehen. Programme setzen sich aus binär kodierten Maschinenbefehlen zusammen. Daten bestehen ebenfalls aus Bitmustern.

Programmieren bedeutet also letztendlich nichts anderes, als im Speicher an bestimmten Stellen bestimmte Bitmuster zu erzeugen, um ihn mit einem Programm und dessen Daten zu füllen. Ein Programm ablaufen zu lassen bedeutet dann, den Programmzähler der CPU auf die Nummer der Speicherzelle zu setzen, die den ersten Maschinenbefehl dieses Programms enthält.

Es stellt sich die Frage, wie diese Bits gesetzt werden können. Wie bringt man ein Programm und seine Daten in den Speicher?

Historische Programmierwerkzeuge. Ganz zu Beginn der Computergeschichte hat man die CPU dadurch programmiert, dass man Bit für Bit im Programmspeicher von Hand gesetzt hat. Dazu hatte man *Lochkarten*, die in Felder eingeteilt waren, je ein Feld pro Speicher-Bit. Mit einem Lochkartenstanzer konnte man durch Stanzen eines Loches in ein Feld eine 1 in das entsprechende Bit kodieren. Ein *Lochkartenleser* las dann die Karte und setzte im Speicher die entsprechenden Bits auf die eingestellten Werte. Diese Art des Programmierens war sehr zeitraubend und fehlerträchtig.

Nachdem Rechner mittels eines *Terminals*, also einer Einheit aus Tastatur und Sichtgerät (Monitor) bedienungsfreundlicher gemacht wurden, gab man Programme mit Hilfe eines speziellen *Editorprogramms* ein. Dieses erlaubte es im Wesentlichen, durch Tastatureingabe bestimmte Zahlen an bestimmte Speicherstellen zu schreiben. Das beschleunigte im Vergleich zu den Lochkarten die Eingabe eines Programms, nicht aber dessen Kodierung. Der Programmierer musste immer noch den Code jedes Maschinenbefehls in einer Tabelle nachschlagen (bis er sie alle auswendig kannte).

Assembler. Als nächste Vereinfachung erfand man so genannte *Assemblersprachen*, indem man den verschiedenen Instruktionen, die die CPU ausführen konnte, klingende Abkürzungen (*Mnemonics*) gab, wie z. B. „LDA" für „Lade das A-Register". Auf diese Weise musste man sich nicht mehr die Hexadezimal- oder gar Binärcodes der einzelnen Instruktionen merken, sondern konnte ein Maschinenprogramm in mehr oder weniger menschenlesbarer Form zu Papier und mittels eines *Assemblerprogramms* in den Programmspeicher bringen. Diese Programme werden oft genau wie die Sprache, die sie verarbeiten, einfach als *Assembler* bezeichnet. Ein Assembler ist also ein Programm, das den mnemonischen Code einer Assemblersprache in die darunter liegende Maschinensprache, d. h. in die entsprechende Binärkodierung, übersetzt.

Assemblersprachen sind bei Prozessoren unterschiedlichen Typs verschieden. Es gibt also nicht „die" Assemblersprache; jeder Prozessortyp hat seine eigene Assemblersprache, genau wie er seine eigene Maschinensprache hat. In der Tat ist die Assemblersprache nur eine bequemere Art, den Maschinencode hinzuschreiben.

Assemblerprogrammierung ist schwierig. Betrachten wir als Beispiel ein reales Assemblerprogramm, das auf einer Pentium-CPU der Firma Intel zwei Speicherstellen mit 1 beschreibt und dann die beiden Inhalte addiert, also $1 + 1$ berechnet, und das Ergebnis in einer dritten Speicherstelle festhält. Jede Programmzeile ist mit einem Kommentar versehen. Trotzdem ist es nicht zu erwarten, dass wir das Programm verstehen. Im Gegenteil, das Programm soll uns verdeutlichen, wie schwierig es ist, Assemblercode zu verstehen oder gar selbst zu schreiben. Genau dies ist der Grund, warum *höhere Programmiersprachen* erfunden wurden, auf die wir gleich eingehen werden.

```
1   movl  -4(%ebp),%eax      ! Adresse von x in eax laden
2   movl  $1,(%eax)          ! x=1
3   movl  -8(%ebp),%eax      ! Adresse von y in eax laden
4   movl  $1,(%eax)          ! y=1
5   movl  -12(%ebp),%eax     ! Adresse von z in eax laden
6   movl  -4(%ebp),%edx      ! Adresse von x nach edx
7   movl  -8(%ebp),%ecx      ! Adresse von y nach ecx
8   movl  (%edx),%ebx        ! x nach ebx
9   addl  (%ecx),%ebx        ! x+y nach ebx
10  movl  %ebx,(%eax)        ! ebx (=x+y) nach z schreiben
```

Hier die Erklärung dieses Programms. Obwohl sie ausführlich ist, sollte uns die Komplexität des Assemblercodes verwirren!

Das Programm schreibt zunächst mit dem Befehl movl die Adresse einer Speicherstelle x in das Register eax. Diese Adresse ist zur Zeit der Programmierung unbekannt und wird dem Programm erst bei der Ausführung mitgeteilt; sie befindet sich dann 4 Bytes vor der Speicherstelle, deren Adresse im Register ebp steht. Danach schreibt das Programm eine 1 in die Speicherstelle, deren Adresse sich im Register eax befindet. Dasselbe macht es mit einer anderen Speicherstelle y. Nun beinhalten die Speicherzellen x und y den Wert 1. Danach schreibt es die Adresse der dritten Speicherzelle z ins Register eax und die Adressen von x und y nach edx bzw. ecx. Es lädt den Inhalt der Speicherzelle, deren Adresse sich in edx befindet nach ebx. In Zeile 9 kommt dann der erlösende Befehl: Auf das Register ebx wird der Inhalt der Speicherzelle, dessen Adresse sich in ecx befindet, mit dem Befehl addl addiert. Dann wird dieses Ergebnis vom Register ebx in die Speicherzelle z geschrieben, deren Adresse sich noch im Register eax befindet.

Oh je! Wie gut, dass heute nur noch die wenigsten Programmierer solche Programme schreiben müssen!

1.5 Höhere Programmiersprachen

Weil das Programmieren in Maschinensprache und auch in Assembler so schwierig, langwierig und fehlerträchtig ist, begann man Ende der 50er Jahre so genannte „höhere" Programmiersprachen zu entwickeln. Mit diesen *Hochsprachen* konnten Algorithmen einfacher formuliert werden.

Das folgende Programm verdeutlicht dies. Es ist in der Sprache *Perl* geschrieben, die wir in den späteren Kapiteln dieses Buches erlernen werden. Wie das Assemblerprogramm aus Abschn. 1.4 belegt es zwei Variablen mit dem Wert 1 und addiert sie.

—————————————— EinsPlusEins.pl ——————————————

```
1  $x=1;
2  $y=1;
3  $z=$x+$y;
```

—————————————————— Programm 1 ——————————————————

Ohne hier schon auf die Sprache Perl näher einzugehen, sollte dieses Programm leicht verständlich sein, jedenfalls viel leichter als das Assemblerprogramm, und uns einen ersten Eindruck von der Ausdruckskraft einer höheren Programmiersprache verschaffen. Vereinfacht zusammengefasst zeigen diese *Hochsprachen* folgende Merkmale:

- Mit ihnen lassen sich Algorithmen in einer mehr oder weniger natürlich-sprachlichen Form *strukturiert* beschreiben. Sie erlauben es, von der verwendeten CPU und ihrer Maschinensprache zu *abstrahieren* und das algorithmische Problem in den Vordergrund zu stellen.
- Die einzelnen Konstrukte einer solchen Sprache stellen mehr oder weniger „Abkürzungen" für eine Reihe von Maschinenbefehlen dar.
- Diese Konstrukte können automatisch in die entsprechenden Maschinenbefehle *übersetzt* werden. Es gibt also einen Algorithmus zur *Übersetzung*. Das zugehörige Programm wird als *Übersetzer* bezeichnet.
- Hochsprachen unterstützen *strukturierte Programmierung*, indem sie Konstrukte zur bedingten Ausführung von Code (Verzweigungen) und zum geregelten Rücksprung (Schleifen) anbieten. Dadurch kann auf den Gebrauch unübersichtlicher direkter Sprünge weitgehend verzichtet werden.
- Im Gegensatz zu Assemblerprogrammen, die nur auf einem bestimmten Prozessorentyp ablaufen können, sind Hochsprachenprogramme maschinenunabhängig, weil ihr Übersetzer an die jeweilige Maschine angepasst werden kann. Er kann also die Maschinenbefehle der jeweiligen Maschine erzeugen. Dies führt zu einem hohen Maß an *Flexibilität*.
- Hochsprachenprogramme sind im Gegensatz zu Maschinencode viel schneller zu entwickeln, weniger fehlerträchtig, wesentlich überschaubarer und machen daher große Softwaresysteme erst möglich. Sie sind auch wesentlich besser wartbar.
- Sie können aber u. U. nicht alle Möglichkeiten des jeweiligen Maschinenbefehlssatzes nutzen und sind somit meist langsamer als Assemblerprogramme.
- Zudem können mit ihnen je nach Ausprägung besonders gut Spezialaufgaben gelöst werden. So können in manchen Sprachen z. B. besonders gut Zeichenketten, in anderen monetäre Beträge verarbeitet werden.

Heute wird nur noch bei ganz wenigen speziellen Problemstellungen direkt in Assembler programmiert. Beispiele hierfür sind Treiberprogramme (s. Abschn. 1.6.1) oder hochoptimierte innere Schleifen in zeitkritischen Anwendungen, bei denen eine schnelle Ausführung des Algorithmus erforderlich ist.

1.5.1 Übersetzung von Hochsprachen

Eine CPU kann einen Text wie das obige Perl-Programm nicht direkt ausführen. Die Folge von Buchstaben, Ziffern und Sonderzeichen stellt keinen gültigen Befehlscode dar. Man benötigt daher ein weiteres Programm, das ein solches *Quellprogramm*, auch *Quelltext* oder *Quellcode* genannt, in das *Zielprogramm*, nämlich den entsprechenden Maschinencode, übersetzt. Erst dieser Maschinencode kann von der CPU ausgeführt werden. Hier gibt es grundsätzlich zwei verschiedene Methoden:

Compiler. Ein *Compiler* übersetzt das Quellprogramm vollständig in Maschinencode. Er erzeugt aus dem Quelltext ein so genanntes *Kompilat*, auch *Binary* genannt, das als eigenständiges Programm auf jeder CPU des Typs, für den es erzeugt wurde, lauffähig ist. Um das Kompilat „laufen zu lassen", um es also auszuführen, wird der Compiler nicht mehr benötigt. Kompilierte Programme sind sehr schnell. Ein Compiler ist die klassische Form eines *Übersetzers*. Die beiden Begriffe werden deshalb synonym verwendet.

Diese Art der Übersetzung und Ausführung ist bei vielen Sprachen die einzig vorgesehene. Man nennt diese Sprachen auch *kompilierte Sprachen*[7]. Typische Vertreter sind die Sprachen C und C++[8].

Interpreter. Im Gegensatz zu einem Compiler führt ein *Interpreter* die einzelnen Programmelemente eines Quelltextes direkt aus. Er erzeugt also keinen Maschinencode, sondern besitzt schon Maschinencode für jedes Programmelement der von ihm interpretierten Sprache. Er *interpretiert* also seinen Quelltext nach und nach.

Interpretierte Programme sind wesentlich langsamer als kompilierte, da der Interpreter immer wieder von neuem die Struktur der Programmelemente erkennen muss. Der große Vorteil liegt in ihrer *Portabilität*, d. h. in ihrer (relativen) Maschinenunabhängigkeit: Ein interpretiertes Programm kann auf jedem Prozessor interpretiert werden, sofern das Interpreter-Programm selbst auf diesen Prozessor angepasst wurde. Außerdem fällt bei der Entwicklung eines interpretierten Programms der zeitraubende Übersetzungsschritt weg: Der Interpreter startet das Programm sofort.

Quelltexte von Interpretern werden auch als *Skripte* bezeichnet. Typische Vertreter von solchen *Skriptsprachen* oder *interpretierten Sprachen* sind die Sprache BASIC in ihrer Urform und die Skriptsprachen der UNIX-Shells (s. Abschn. 1.6.2).

Interpretative Sprachen und virtuelle Maschinen. Darüber hinaus gibt es noch eine Mischform zwischen Compiler und Interpreter. Manche Sprachen werden von einem Compiler in einen *Zwischencode* für eine *virtuelle Maschine* übersetzt, d. h.

---

[7] Streng genommen ist es unsinnig, eine Sprache als „kompiliert" oder „interpretiert" zu bezeichnen, weil keine Sprachdefinition die Art der Übersetzung und Ausführung vorschreibt. Es steht jedem frei, für eine kompilierte Sprache einen Interpreter zu schreiben und umgekehrt. Dennoch hat sich der Begriff „kompilierte Sprache" für Sprachen eingebürgert, deren Programme vorzugsweise kompiliert werden.

[8] Das Assemblerprogramm aus Abschn. 1.4 wurde von einem C-Compiler aus einem C-Quelltext erzeugt; der Autor hat es lediglich mit Kommentaren versehen. Der C-Compiler erzeugt im Normalfall Assemblercode und ruft dann ein Assemblerprogramm auf, das diesen Code in Maschinencode übersetzt. Hier wurde der Compiler angewiesen, den Assembler nicht zu starten.

für einen Prozessor, der physikalisch nicht existiert, der aber gebaut werden könnte. Dieser Code, auch *Bytecode* genannt, wird dann von einem speziellen Interpreter-Programm auf der darunter liegenden CPU ausgeführt. Das Interpreter-Programm simuliert also diesen Prozessor, es ist selbst ein virtueller Prozessor. Diese Vorgehensweise vereinigt in gewissem Maße die Vorzüge von kompilierten und interpretierten Sprachen, Geschwindigkeit einerseits und Maschinenunabhängigkeit andererseits.

Sprachen, zu deren Ausführung diese Mischform von Kompilation und Interpretation angewendet wird, werden wir im Weiteren als *interpretative* Sprachen bezeichnen. Beispiele hierfür sind die Sprachen Java und Perl.

Bei Java übersetzt zunächst ein Compiler den Java-Quelltext in Java-Bytecode. Dieser Code kann dann später von einem separaten Java-Interpreter ausgeführt werden. Moderne Web-Browser haben solche Interpreter eingebaut (*Java Virtual Machine*). Die so ausgeführten Java-Bytecodes, die vorher über das Internet geladen wurden, heißen *Applets*.

Bei Perl dagegen bestehen Compiler und Interpreter aus einem einzigen Programm. Deshalb werden wir in Bezug auf Perl im Folgenden von einem Compiler-Interpreter sprechen.

1.5.2 Syntax und Semantik

In jeder Programmiersprache müssen die Programme einer fest vorgeschriebenen *Syntax* gehorchen. Das bedeutet, dass es eine *Grammatik* gibt, die genauestens vorschreibt, wie ein Programm auszusehen hat und wie nicht. Eine solche Grammatik besteht aus einer bestimmten Menge von Regeln, die ein Programmierer kennen und befolgen muss, um *syntaktisch korrekte* Programme zu erzeugen. Erst die Tatsache, dass Quelltexte „starr" nach vorgegebenen Regeln aufgebaut sind, macht die automatische Übersetzung durch einen Compiler oder Interpreter möglich.

Die Syntax, also die Zusammenstellung der einzelnen Zeichen, die in ihrer Gesamtheit den Quelltext ergeben, ist so starr, dass schon eine einzelne verletzte Regel das Übersetzerprogramm so verwirren kann, dass es die Übersetzung abbrechen muss. Programme müssen also immer gemäß der Grammatik ihrer Programmiersprache *wohlgeformt* sein. In diesem Sinne ist Programm 1 wohlgeformt. Es wäre es nicht, hätte der Programmierer in Zeile 3 statt

```
$z=$x+$y;
```

die Zeichen

```
$z=$x plus $y;
```

eingegeben. Die Grammatik der Sprache Perl kennt nämlich das Wort plus nicht. Es ist kein so genanntes Schlüsselwort. Ein *Schlüsselwort* ist eine vorgegebene Zeichenkette mit einer festen Bedeutung.

Hier stoßen wir auf den Begriff der „Bedeutung". Konstrukte von Programmiersprachen besitzen nämlich neben ihrer Syntax auch noch eine *Semantik*, also eine Bedeutung. Die Semantik gibt an, was genau ein einzelnes Konstrukt bewirkt, wenn es ausgeführt wird. So ist z. B. die Semantik des Konstrukts $z=$x+$y;, dass der Variablen $z die Summe der Werte der Variablen $x und $y zugewiesen wird.

Es gibt sehr wohl syntaktisch korrekte, aber semantisch falsche Programme. Das sind solche, die zwar nach den Regeln der Grammatik wohlgeformt sind, aber nicht das berechnen, was sie berechnen sollen. Wäre Programm 1 geschrieben worden, um das Ergebnis von 1 − 1 auszurechnen, so wäre es semantisch falsch, obwohl es syntaktisch korrekt ist.

Syntax und Semantik einer Programmiersprache sind in ihrer *Sprachdefinition* niedergeschrieben. Eine Programmiersprache zu erlernen, bedeutet zunächst einmal, sich mit dieser Definition vertraut zu machen und sie sich nach und nach einzuprägen.

★ 1.5.3 Einteilung der Programmiersprachen

In jeder Programmiersprache lassen sich manche Probleme besonders leicht, viele andere jedoch schwerer lösen. Das ist einer der Gründe, warum immer wieder neue Programmiersprachen entstehen.

Die heute gängigen Programmiersprachen können grob in drei Klassen eingeteilt werden. Die Einteilung geschieht nach der Art und Weise, wie sich in diesen Sprachen der Weg zur Lösung eines Problems beschreiben lässt.

- *Imperativ-prozedurale* Sprachen wie Fortran, Algol, Cobol, C, Pascal, BASIC und Perl.
- *Objektorientierte* Sprachen wie Smalltalk, C++ und Java.
- *Deklarative* Sprachen wie Lisp und Prolog.

Es ist sehr schwierig, einem Anfänger, der noch nie ein Programm in *irgendeiner* Programmiersprache geschrieben hat, den Unterschied zwischen diesen drei Klassen zu beschreiben. Wir gehen daher auch nur sehr kurz darauf ein. Hinter dieser Klasseneinteilung stehen drei verschiedene Denkmuster oder *Programmier-Paradigmen*.

Imperativ-prozedurale Sprachen. In diesen Sprachen wird ein Weg zur Lösung eines Problems als eine Folge von Operationen ausgedrückt. Jede Operation verändert einen Wert oder erzeugt einen neuen. Sie sind somit sehr stark an die tatsächliche Arbeitsweise des realen Prozessors, der das Programm letztlich ausführen muss, angelehnt. Im Prinzip wird hier dem Prozessor immer noch direkt befohlen, *wie* die Lösung zu erreichen ist. Daher heißen diese Sprachen *imperativ* (von lat. „imperare" = befehlen).

Dies sind die ältesten Hochsprachen. Ihnen liegt der klassische Algorithmus-Begriff zugrunde, d. h., durch eine geeignete Kombination von Berechnungen, Verzweigungen und Schleifen werden aus Eingabedaten die gesuchten Ausgabedaten berechnet. Hier steht also das *Wie* im Vordergrund.

Viele dieser Sprachen erlauben es, eine Lösung für ein bestimmtes Teilproblem, also einen Programmteil, wieder zu verwenden, sowohl im selben als auch in einem anderen Programm. Ein „großes" Problem kann somit in mehrere, kleinere

Teilprobleme zerlegt werden; aus den Teillösungen, auch *Prozeduren* genannt, kann dann die Gesamtlösung, das so genannte *Hauptprogramm*, zusammengesetzt werden. Hieraus leitet sich die Bezeichnung *prozedural* ab.

Objektorientierte Sprachen. Bei imperativ-prozeduralen Sprachen steht die Operation auf Daten im Vordergrund. Sie eignen sich besonders für die klassische Aufgabenstellung der „Eingabe, Verarbeitung, Ausgabe", bei der die Daten passive Objekte sind, die verarbeitet *werden*.

Mit der Zeit erkannte man aber, dass manche Problemstellungen durchaus auch *aktive Objekte* beherbergen, deren Veränderung bei anderen Objekten Veränderungen auslösen können. Ein Beispiel hierfür sind die heute gängigen grafischen Benutzeroberflächen mit ihren einzelnen Fenstern. Ein Fenster ist ein Objekt, das unter bestimmten Umständen bei anderen Objekten eine Aktion auslösen kann. Ein Mausklick auf einen Knopf in einem Fenster könnte z. B. in einem anderen Fenster die Hintergrundfarbe ändern.

Solche Programme wie grafische Benutzeroberflächen folgen nicht dem Prinzip „Eingabe, Verarbeitung, Ausgabe". Sie berechnen kein Ergebnis im klassischen Sinn. Vielmehr laufen sie in einer unendlichen Schleife ab, in der sie Objekte verwalten, die ihrerseits den Zustand anderer Objekte beeinflussen.

Ein Objekt, wie z. B. ein Fenster, besteht aus Daten, die das Objekt beschreiben, wie z. B. Hintergrundfarbe und Position auf dem Bildschirm, und Prozeduren, die diese Daten oder die Daten anderer Objekte bearbeiten, wie z. B. eine Prozedur, die das Fenster auf den Bildschirm zeichnet.

Objektorientierte Sprachen erlauben es, Daten und die auf diesen Daten operierenden Algorithmen zu *Objekten* zusammenzufassen. Sie erleichtern es somit, Daten zu verwalten, die ihre eigenen Operationen mitbringen. Sie sind eine Weiterentwicklung der imperativ-prozeduralen Sprachen. Immer noch muss jedoch, nun durch Zusammenfassen von Daten und Algorithmen zu Objekten, festgelegt werden, *wie* das Gewünschte zu erreichen ist.

Deklarative Sprachen. Diese Sprachen haben einen völlig anderen Ansatz. Bei ihnen steht das *Was* im Vordergrund, nicht das *Wie*. Sie erlauben es, mit ihren sprachlichen Konstrukten genau zu beschreiben, *was* berechnet werden soll, nicht *wie* die Rechnung Schritt für Schritt durchzuführen ist. Sie sind daher eher mathematisch orientiert. Hierzu ein Beispiel.

In Übung 9 haben wir einen Programmablaufplan zur Bestimmung der Summe aller ganzen Zahlen von 1 bis 1000 erstellt. Dieses Diagramm zeigt genau die Reihenfolge von Anweisungen, die ein imperativ-prozedurales Programm ausführen würde, um das Ergebnis auszurechnen. Das Diagramm sagt genau, *wie* die Lösung zu erhalten ist.

Es sagt aber nicht, *was* die Summe aller Zahlen von 1 bis 1000 ist. Wie würde ein Mathematiker diese Größe definieren? Die Summe aller Zahlen von 1 bis n ist um n größer als die Summe aller Zahlen von 1 bis $n - 1$. Die Summe aller Zahlen von 1 bis 1 ist 1. In Formeln ausgedrückt:

$$S_n = S_{n-1} + n \quad \text{für } n > 1 \tag{1.1}$$

$$S_1 = 1 \tag{1.2}$$

In einer deklarativen Sprache würden diese beiden Regeln, die genau sagen, *was* die Lösung ist, als Programmtext eingegeben werden. Hier wird also die gesuchte Lösung *deklariert*, nicht der Lösungsweg. Das Programm würde dann bei Setzen des Parameters n auf 1000 aufgrund dieser Regeln die Lösung S_{1000} berechnen[9].

Historischer Überblick. Tabelle 1.5 auf der nächsten Seite gibt einen historischen Überblick über die wichtigsten Programmiersprachen.

1.5.4 Sprachelemente imperativ-prozeduraler Sprachen

Die imperativ-prozeduralen Sprachen stellen die am weitesten verbreitete Sprachklasse dar. Vielen dieser Sprachen sind einige Grundelemente gemeinsam, die wir hier kurz einführen wollen. Programmieren bedeutet hier, diese Grundelemente syntaktisch korrekt so miteinander zu kombinieren, dass ein semantisch korrektes Programm entsteht.

Die Sprache Perl, die wir in den nächsten Kapiteln erlernen werden, ist ebenfalls eine imperativ-prozedurale Sprache. Daher besitzt auch sie die meisten dieser Sprachelemente, die wir später im Einzelnen noch viel ausführlicher besprechen werden.

Sequenzielle Ablauforientierung. Programme bestehen in diesen Sprachen aus *Anweisungen*, die *sequenziell*, d. h. zeitlich nacheinander, ausgeführt werden. Es ergibt sich auf diese Weise ein *Kontrollfluss*: Zu jedem Zeitpunkt führt das Programm genau eine Anweisung aus. Die Anweisungen erzeugen oder verändern *Werte*. Auf diese Weise werden aus den Eingabewerten die gesuchten Ausgabewerte berechnet.

Konstanten. Eine *Konstante* (lat. „constare" = feststehen) ist ein Objekt mit einem sich über die ganze Programmlaufzeit hinweg nicht verändernden Wert, wie z. B. die Kreiszahl 3.1415927 oder eine Zeichenkette wie Sokrates Evangelidis.

Variablen. Eine *Variable* (lat. „variare" = sich verändern) ist ein Objekt, das während des Programmablaufes beliebig oft seinen Wert ändern kann. Andere Namen sind *Veränderliche* oder *Unbestimmte*. Variablen können mit Schubladen oder Kisten verglichen werden, in die bestimmte Dinge hineingelegt werden können, nie jedoch mehr als eines gleichzeitig. Eine Variable hat immer einen festen Namen, vergleichbar mit einer dauerhaften Beschriftung außen auf einer Kiste.

In vielen Sprachen haben Variablen einen *Typ*, d. h., sie dürfen z. B. nur Zahlen oder nur Zeichen enthalten, nicht aber zu einem bestimmten Zeitpunkt eine Zahl und später ein Zeichen. Vergleichbar ist das mit Bananenkisten, in die man keine Regenwürmer hineinlegen sollte[10]. Diese *Typisierung* erhöht die Robustheit von Programmen gegenüber Laufzeitfehlern.

---

[9] Das Programm ist dabei *nicht* „klug" genug zu erkennen, dass stets $S_n = \frac{1}{2}n(n+1)$ gilt. Vielmehr wendet es Regel 1.1 so lange *rekursiv* an, bis es zum *Rekursionsschluss* $S_1 = 1$ gelangt. Von dort aus wendet es Regel 1.1 rückwärts an und summiert somit alle Zahlen von 1 bis n. Mehr zu Rekursion und rekursiv definierten Größen werden wir in Abschn. 3.6.1 erfahren.

[10] Diesen anschaulichen Vergleich verdanke ich Th. Strauß.

Tabelle 1.5. Historischer Überblick über wichtige Programmiersprachen. Die linke Spalte gibt das Erscheinungsjahr an. In der Spalte „Typ" steht *I* für imperativ-prozedural, *D* für deklarativ und *OO* für objektorientiert. Die Spalte „Hauptzweck" gibt die ursprüngliche Zielsetzung an, mit der die Sprache geschaffen wurde.

Jahr	Sprache	Typ	Hauptzweck
1958	Fortran	I	Formelauswertung
1958	Lisp	D	„Künstliche Intelligenz"
1959	Cobol	I	Betriebswirtschaftliche Anwendungen
1960	Algol	I	Wissenschaftliches Programmieren
1962	APL	I	Vektoren- und Matrizenrechnung
1964	Snobol	I	Textverarbeitung
1964	PL/1	I	Technisch-wissenschaftliche und kommerzielle Anwendungen
1965	BASIC	I	Sprache für Anfänger, Didaktik
1967	Logo	D	Programmieren für Kinder und Jugendliche
1967	Simula 67	OO	Rechnerbasierte Simulationen
1968	Algol 68	I	Erweiterung von Algol 60
1970	Forth	I	Auswertung von Ausdrücken auf einem Stapel
1970	Pascal	I	Didaktik des Programmierens
1972	Prolog	D	Logisches Schließen in der „Künstlichen Intelligenz"
1972	Smalltalk 72	OO	Objektorientiertes Programmieren allgemein
1973	C	I	Programmierung von UNIX
1975	Scheme	D	Dialekt von Lisp
1979	Ada	I	Sicherheitskritische und militärische Anwendungen
1979	ML	D	Erzeugung von Datenstrukturen in einer deklarativen Sprache
1979	Modula 2	I	Erweiterung von Pascal um Module
1983	C++	OO	Objektorientierung in C
1984	Occam	I	Parallele Algorithmen
1986	Eiffel	OO	Unterstützung einer konsequenten Software-Entwurfsmethodik
1987	Oberon	OO	Objektorientierung in Modula 2
1987	Tcl	I	Grafische Bedienoberflächen
1987	Perl	I/OO	Mustersuche, Stringbearbeitung
1988	bash	I	Kommandosprache für Shell
1989	Python	OO	Erweiterung von Tcl um Objektorientierung
1995	Java	OO	Plattformunabhängiges, objektorientiertes C
2001	C#	OO	Plattformunabhängiges C++

Operatoren, Ausdrücke und Zuweisungen. Ein *Ausdruck* setzt sich im Wesentlichen aus Konstanten, Variablen und Operatoren zusammen. Er dient zur Erzeugung eines neuen Wertes aus schon vorhandenen Werten durch eine Operation. Ein Beispiel ist der Ausdruck $x+$y$, der in der Sprache Perl die Werte der Variablen $x und $y addiert.

Operatoren erzeugen aus einem oder zwei Werten, den *Operanden*, einen neuen Wert. Man unterscheidet zwischen *unären* Operatoren, die einen Operanden haben, und *binären*, die deren zwei besitzen. So kehrt z. B. das *unäre Minus* eine ganze Zahl in ihr Negatives um, während die binären arithmetischen Operatoren +, –, * und

/ jeweils zwei Zahlenwerte miteinander verknüpfen. Ein Ausdruck entsteht also, indem Konstanten und Variablen (und eventuell Unterausdrücke) durch Operatoren verknüpft werden.

Tauchen mehrere Operatoren in einem Ausdruck auf, so stellt sich die Frage, welcher Operator zuerst bei der *Auswertung* angewendet wird. Die Operatoren sind hierzu nach ihrer *Präzedenz* geordnet, d. h., es gibt stärker und schwächer *bindende* Operatoren. Dabei gilt für arithmetische Operatoren immer: Punktrechnung vor Strichrechnung. Soll eine andere Auswertungsreihenfolge als die durch die Präzedenz gegebene erzwungen werden, so müssen zusammengehörige Operanden durch Klammern zusammengefasst werden, wie etwa in 3 * (4+5).

Eine *Zuweisung* setzt den Wert einer Variablen auf den Wert eines Ausdrucks, wie z. B. die Zuweisung $z=$x+$y. Dies ist *keine* Gleichung im Sinne der Mathematik! Vielmehr erhält hier die Variable $z den Wert des Ausdrucks auf der rechten Seite des Gleichheitszeichens, das daher treffender als *Zuweisungsoperator* bezeichnet wird.

Strukturierte Programmierung durch Kontrollstrukturen. In Assemblerprogrammen müssen Verzweigungen und Schleifen durch explizite Sprünge zu bestimmten Befehlen realisiert werden. Ein größeres Programm springt daher während seines Ablaufes in seinem Code meistens wild hin und her.

Zwar gibt es auch in imperativen Programmiersprachen solche Sprunganweisungen, durch die der Kontrollfluss direkt zu einer bestimmten Anweisung gelenkt wird, die also den Kontrollfluss unmittelbar steuern. Diese führen aber zu undurchsichtigen Programmen, so genanntem „Spaghetti-Code", dessen Kontrollfluss nur sehr schwer nachvollziehbar ist. Der Name rührt daher, dass in solchen Programmen meist so wild hin- und hergesprungen wird, dass der Kontrollfluss wie ein Teller Spaghetti unentwirrbar verknäuelt zu sein scheint.

Daher bieten viele Sprachen *Kontrollstrukturen* für Verzweigungen und Schleifen an, mit denen in mehr oder weniger natürlich-sprachlicher Form die Steuerung des Kontrollflusses festgelegt werden kann.

Eine *Verzweigung*, auch *bedingte Anweisung* genannt, prüft, ob eine bestimmte Aussage wahr ist. Ist sie wahr, wird ein bestimmter Programmteil ausgeführt, sonst ein anderer. Ein Beispiel für eine strukturierte bedingte Verzweigung aus dem Additionsalgorithmus in einem Pseudocode[11] ist:

```
WENN Summe > 9 DANN
   Übertrag := 1
   Summe := Summe - 10
SONST
   Übertrag := 0
ENDE-WENN
```

---

[11] Unter *Pseudocode* versteht man eine nicht genormte Notation für Algorithmen, die keiner realen Programmiersprache entstammt und für jeden verständlich sein sollte.

Schleifen dienen dazu, einen bestimmten Programmteil mehrmals zu durchlaufen, solange oder bis eine bestimmte Aussage wahr ist. Ein Beispiel für eine strukturierte Schleife zur Berechnung der Summe aller Zahlen von 1 bis 1000 ist:

```
n := 0
Summe := 0
SOLANGE n < 1000 TUE FOLGENDES
   n := n + 1
   Summe := Summe + n
ENDE-SOLANGE
```

Der Programmierstil, in dem nur diese Kontrollstrukturen zur Steuerung des Kontrollflusses benutzt werden, nicht aber direkte Sprunganweisungen, heißt *strukturierte Programmierung*. Daher werden diese Programmiersprachen auch als *strukturierte* Programmiersprachen bezeichnet.

Anweisungsblöcke fassen mehrere Anweisungen zusammen, die logisch zusammen gehören und hintereinander ausgeführt werden sollen. Auch hierbei handelt es sich um eine Kontrollstruktur. Solche Blöcke findet man typischerweise innerhalb von bedingten Verzweigungen und Schleifen.

Prozeduren und Funktionen. Eine *Prozedur* ist ein Teilprogramm, das für sich alleine lauffähig ist, und das beliebig oft wiederverwendet werden kann, auch in unterschiedlichen Programmen. Es dient zur Kapselung von Teilaufgaben und kann wie eine eigenständige Anweisung ausgeführt werden. Es handelt sich demnach um einen Abkürzungsmechanismus, der viele Teilschritte auf einmal ausführt. Daher wird eine Prozedur oft auch als *Unterprogramm* bezeichnet.

Eine *Funktion* ist eine Prozedur, die nach Beendigung ihrer Arbeit zusätzlich einen Wert zurückliefert. Funktionen (und Prozeduren) können *Parameter* haben. Dies sind Eingabedaten, auf denen Funktionen Berechnungen durchführen. Funktionen können mit kleinen Automaten verglichen werden, in die an der einen Seite etwas hineingesteckt wird, und die dann auf der anderen Seite eine Ausgabe liefern, ohne dass man wissen muss, wie sie intern arbeiten.

So kann z. B. der Test, ob eine Zahl eine Primzahl ist, sehr gut in einer Funktion gekapselt werden, die „wahr" oder „falsch" liefert. Diese kann zudem von einem Programmierer geschrieben sein, der sich gut mit Primzahltests auskennt. Ein anderer Programmierer kann dann diese (hochoptimierte und ausreichend getestete) Funktion in seinen eigenen Programmen benutzen, ohne die Interna kennen zu müssen.

Durch das Gliedern in prozedurale Einheiten können Programmierer im Team arbeiten. Auch dieses *prozedurale Programmieren* ist ein wichtiger Gesichtspunkt strukturierter Programmierung.

Felder. Ein *Feld*, auch *Array* oder *Vektor* genannt, ist eine Menge von durchnummerierten Variablen, also etwa a_0, a_1, a_2 usw. Sie stellen die elementarste Form einer *Datenstruktur* dar, d. h. einer Möglichkeit, Daten strukturiert abzulegen und wieder zu finden. Viele Algorithmen können nicht ohne den Gebrauch von Feldern formuliert werden.

1.6 Grundlegende Programme

Bevor wir mit dem eigentlichen Programmieren beginnen, müssen wir erst noch einige wichtige Programme kennen lernen, die zum Erstellen und Ausführen unserer eigenen Programme unabdingbar sind.

Eine grobe Einteilung gliedert die auf einem Rechnersystem vorhandenen Programme in das Betriebssystem, die Systemprogramme und die Anwendungsprogramme (s. hierzu Abb. 1.10). *Systemprogramme* sind Programme für Programmierer, mit denen diese selbst wiederum Programme erstellen. *Anwendungsprogramme* sind Programme für den Endbenutzer. Alle diese Programme bauen auf dem Betriebssystem auf.

1.6.1 Das Betriebssystem

In Abschn. 1.2.4 haben wir schon kurz angedeutet, dass die Verarbeitung von Interrupts in einem besonderen Programm geschieht, das Teil eines größeren Programms ist, nämlich des Betriebssystems. Die Behandlung des Interrupts ist notwendig, um dem Benutzer eine Möglichkeit zu geben, von außen auf den rechnenden Prozessor Einfluss zu nehmen, um also eine Eingabe tätigen zu können.

Damit ein Rechnersystem eine Eingabe des Benutzers „bemerken" und verarbeiten kann, ja damit überhaupt das System beim Starten in einen sinnvollen Anfangszustand kommt und den Benutzer fragt, was er eigentlich tun will, muss es ein grundlegendes Programm besitzen, das diese Aufgabe ausführt. Dieses Programm heißt *Betriebssystem*.

Es ist das erste Programm, das auf dem Rechnersystem nach dessen Einschalten gestartet wird. Der Vorgang, dieses Programm ganz am Anfang in den Hauptspeicher zu bringen und es zu starten, heißt *Booten* (engl. für „die Stiefel anziehen"). Nach dem Booten übernimmt das Betriebssystem einige sehr wichtige Aufgaben, die das Zusammenspiel aller Bestandteile des Rechnersystems erst möglich machen. Es ist somit das wichtigste Programm überhaupt. Alle anderen Programme setzen auf diesem Programm auf. Sie benutzen das Betriebssystem, indem sie es um bestimmte Dienste bitten. Diese Aufgaben und Dienste des Betriebssystems umfassen die folgenden Punkte:

Steuerung der Ein- und Ausgabe. Senden periphere Eingabegeräte, wie z. B. Tastatur oder Maus, Daten, so nimmt das Betriebssystem diese mit Hilfe des Interrupt-Mechanismus entgegen und verarbeitet sie. So schreibt z. B. der Interrupt-Handler den ASCII-Code einer soeben auf der Tastatur gedrückten Taste an eine bestimmte Speicherzelle des Hauptspeichers, wo er später von einem anderen Programm wiedergefunden und verarbeitet werden kann.

Umgekehrt ist auch zur Ausgabe von Daten auf ein peripheres Gerät, wie z. B. Monitor oder Drucker, ein Programm notwendig. Dieses sendet eine ganze Folge von Initialisierungs- und Steuercodes an diese Geräte, bevor die eigentlichen Daten gesendet werden können.

Angenommen, ein Programmierer, der in aller Regel ein Anwendungsprogramm schreibt, will es seinem Programm ermöglichen, Daten auf einen angeschlossenen

Drucker auszugeben. Der Programmierer kann zur Programmierzeit in der Regel nicht wissen, welcher Drucker später beim Endanwender an das System angeschlossen sein wird. Zudem unterscheiden sich Drucker unterschiedlicher Hersteller völlig in ihrer Ansteuerung. Der Programmierer kann unmöglich für jeden auf dem Markt verfügbaren Drucker ein eigenes Steuerprogramm in sein Programm einbauen. Erstens würde das sein Programm furchtbar aufblähen, zweitens hat er in der Regel gar nicht die entsprechenden Kenntnisse; wer kennt schon alle Steuerungsmechanismen aller auf dem Markt verfügbaren Drucker?

Das Problem wird durch so genannte *Treiberprogramme* (*drivers*) gelöst. Jeder Hersteller liefert seinen Drucker (oder sein entsprechendes peripheres Gerät) mit einem Programm aus, das genau weiß, wie dieses Gerät anzusteuern ist. Dieses Programm wird dann in das Betriebssystem des jeweiligen Rechnersystems eingebaut. Ein Anwendungs- oder Systemprogramm kann dann das Betriebssystem darum bitten, die Daten auf den Drucker auszugeben. Das Betriebssystem wiederum lässt diese Aufgabe vom Treiberprogramm als Unterprogramm durchführen.

Durch diesen Mechanismus kommt es zu einer Hierarchie von Hardware und Software, die in Abb. 1.10 verdeutlicht ist. Das Betriebssystem ist also das einzige Programm, das direkt auf die Hardware zugreifen darf. Alle anderen Programme können die Hardware nur über einen Dienst des Betriebssystems ansprechen.

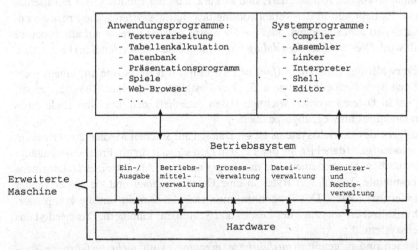

Abbildung 1.10. Hardware-Software-Hierarchie. Der Kern des Betriebssystems stellt 5 Hauptdienste zur Verfügung: Steuerung der Ein- und Ausgabe, Betriebsmittelverwaltung, Prozessverwaltung, Dateiverwaltung und Benutzer- und Rechteverwaltung. Anwendungs- und Systemprogramme können dadurch auf einer „erweiterten Maschine" aufbauen.

Verwaltung der Betriebsmittel. Das Betriebssystem kann diese Dienste auf Bitten eines Programms durchführen. Es kann sie aber auch verweigern oder ihre Durchführung auf einen späteren Zeitpunkt verschieben; dies geschieht immer dann, wenn zwei Programme gleichzeitig um ein *Betriebsmittel* (*resource*) konkurrieren.

Hierzu ein Beispiel. Moderne Rechnersysteme sind *Mehrprozess-Systeme* (*multitasking systems*). Auf ihnen laufen immer mehrere Programme gleichzeitig. Angenommen, es wollen jetzt zwei Programme gleichzeitig Daten auf den Drucker ausgeben. Was würde geschehen, wenn das Betriebssystem beide Dienste gleichzeitig ausführen würde? Es gäbe ein heilloses Durcheinander von Zeichen auf dem Druckerpapier! Damit dies nicht geschieht, liegt es in der Verantwortung des Betriebssystems, die Betriebsmittel so zu verwalten, dass parallel laufende Programme sich nicht gegenseitig stören. Betriebsmittel sind die peripheren Geräte und der Hauptspeicher.

Prozessverwaltung. Ein laufendes Programm wird als *Prozess* bezeichnet. Auf Multitasking-Systemen können mehrere Prozesse parallel laufen. Das Betriebssystem muss Buch über alle auf dem System laufenden Prozesse und die von ihnen benutzten Betriebsmittel führen. Dieser Aufgabenbereich wird *Prozessverwaltung* genannt.

Wie aber können auf einem System mit nur einer CPU mehrere Prozesse gleichzeitig ablaufen? Diese kann zu einem bestimmten Zeitpunkt immer nur *einen* Befehl *eines* Prozesses ausführen. In Wirklichkeit handelt es sich beim Multitasking auch nur um *Pseudoparallelität*. Jeder Prozess darf eine bestimmte Zeit lang rechnen, dann wird er gegen einen anderen ausgetauscht. Die Zeiträume, in denen ein Prozess ununterbrochen rechnen darf, sind so kurz, dass der Eindruck von *Parallelität* entsteht. Es liegt nun in der Verantwortung des Betriebssystems, die Prozesse untereinander so auszutauschen, dass die Gesamtrechenzeit gerecht auf alle Prozesse verteilt wird. Dies wird als *Scheduling* (engl. „schedule" = Stundenplan) bezeichnet.

Dateiverwaltung. Eine *Datei* (*file*) ist eine Folge von Bytes, die auf einem nicht flüchtigen Speichermedium, wie z. B. einer Festplatte oder einer Diskette, gespeichert ist. In Dateien werden wichtige Daten dauerhaft, d. h. über das Ende eines Programmlaufes hinweg, abgespeichert.

Aufgabe des Betriebssystems ist es, Dateien auf solchen Medien zu *verwalten*. Die Grundaufgabe dabei ist, sie unter einem *Dateinamen* für ein Programm zugänglich zu machen. Das bedeutet, dass das Programm unter Angabe eines Dateinamens eine bestimmte Anzahl von Bytes in eine Datei *schreiben* und sie später wieder aus dieser *lesen* kann. Das Programm muss sich dabei nicht um die komplizierten physikalischen Vorgänge des Lesens und Schreibens kümmern. Das erledigt das Betriebssystem.

Dateien sind aufgeteilt in *ausführbare* (*executable*) und *nicht ausführbare*. Ausführbare Dateien bestehen aus reinem Maschinencode, ihre Bytes stellen also ein Programm für die CPU dar. Das Betriebssystem kann solche Dateien ausführen, indem es sie in den Hauptspeicher bringt und den Programmzähler der CPU auf die Adresse des ersten Befehls setzt. Dann beginnt die CPU mit der Ausführung. Nicht ausführbare Dateien sind all diejenigen, die keinen gültigen Maschinencode beinhalten, sondern nur Daten, die von einem bestimmten Programm gesondert zu verarbeiten sind. Beispiele hierfür sind Audio-, Video- oder Textdateien. Interpreter-Quelltexte sind in diesem Sinne ebenfalls nicht ausführbar, sondern nur das Interpreter-Programm, das diese Dateien interpretiert.

Darüber hinaus ordnen die meisten Betriebssysteme die Dateien in eine Hierarchie, einen so genannten *Dateibaum*, ein. Abbildung 1.11 zeigt einen Ausschnitt aus einem Dateibaum, wie er unter dem Betriebssystem UNIX typisch ist. Ein solcher Baum dient dem Programmierer wie dem Endanwender dazu, bei einer sehr großen Anzahl von Dateien auf einem Speichermedium die Übersicht zu behalten. Er besteht aus *Verzeichnissen* (*directories*), in denen Dateien abgelegt sind. Ein Verzeichnis darf auch *Unterverzeichnisse* (*subdirectories*) enthalten. Das oberste Verzeichnis wird *Wurzelverzeichnis* (*root directory*) genannt.

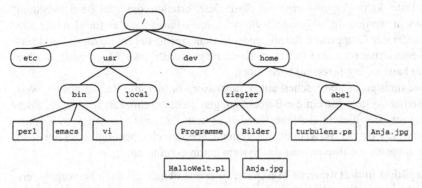

Abbildung 1.11. Ein Ausschnitt aus einem UNIX-Dateibaum. Verzeichnisse sind als Ovale dargestellt, Dateien als Rechtecke. Das Dateisystem enthält zweimal die Datei `Anja.jpg`, und zwar im Verzeichnis `/home/abel/` sowie im Verzeichnis `/home/ziegler/Bilder/`. Im Verzeichnis `/usr/bin/` liegen ausführbare Andwendungs- und Systemprogramme wie z. B. der Editor `emacs`.

Die Abfolge der Verzeichnisse vom Wurzelverzeichnis zu einer Datei bildet einen eindeutigen *Pfad* (*path*). Pfadangaben entstehen, indem beginnend mit dem Wurzelverzeichnis die Verzeichnisse entlang des Pfades durch ein *Verzeichnistrennzeichen* getrennt hintereinander aufgeschrieben werden. Jede Datei im Dateisystem kann dann durch Angabe des Pfades genau spezifiziert werden. Unter UNIX ist das Trennzeichen ein „/", unter MS-Windows ein „\". Das Wurzelverzeichnis lautet unter UNIX ebenfalls „/", unter MS-Windows gibt es hier mehrere, die je nach Anzahl der angeschlossenen Geräte mit den Buchstaben `C:`, `D:`, `E:` usw. bezeichnet werden.

Benutzer-, Gruppen und Rechteverwaltung. *Mehrbenutzersysteme* erlauben es mehreren Benutzern, mit dem System zu arbeiten. Ein Benutzer muss sich vor der Arbeit beim System *anmelden* (*login*), um mit ihm arbeiten zu dürfen. Dazu muss er in der Regel einen *Benutzernamen* und ein *Passwort* angeben. Das Betriebssystem ermöglicht und überwacht diesen Anmeldevorgang. Jeder Benutzer muss ein eigenes *Heimatverzeichnis* (*home directory*) haben, unter dem er alle seine Dateien ablegen kann. Diese *Benutzerverwaltung* liegt ebenfalls in der Verantwortung des Betriebssystems.

Auf solchen Systemen können verschiedene Benutzer Verzeichnisse und Dateien anlegen. Auf Dateien mit persönlichen Daten möchte ein Benutzer alleiniges Zugriffsrecht haben. Niemand anderes soll sie lesen, verändern, löschen oder ausführen können. Auf manche Dateien möchte ein Benutzer bestimmten anderen Benutzern individuelle Zugriffsrechte geben; manche sollen sie z. B. lesen, andere nur ausführen können. Diese *Rechteverwaltung* ist ebenfalls Aufgabe des Betriebssystems.

Unter UNIX gehört jeder Benutzer einer oder mehreren *Gruppen* an. Jede Datei gehört einem bestimmten Benutzer und einer bestimmten Gruppe. Der Besitzer[12] einer Datei kann *Zugriffsrechte* auf diese Datei erteilen, die vom Betriebssystem überwacht werden. In insgesamt 9 *Berechtigungs-Flags* kann er für sich, für alle Mitglieder der Gruppe und für alle anderen Benutzer festlegen, ob diese Datei lesbar, veränderbar oder ausführbar ist. Diese Flags werden als *r-Flag* (*read*), *w-Flag* (*write*) bzw. *x-Flag* (*execute*) bezeichnet.

Die meisten Systeme sehen einen *Superuser* vor, der alle Rechte besitzt, weil das Betriebssystem für ihn die Berechtigungen nicht abprüft. Oft wird er als *Root* bezeichnet. Bei diesem Benutzer handelt es sich meistens um den *Systemadministrator*, der bei der Verwaltung des Systems Sonderrechte benötigt, etwa um neue Programme zu installieren oder das System herunterzufahren.

Abstraktion und erweiterte Maschine. Wie aus obigen Punkten hervorgeht, ermöglicht es das Betriebssystem dem Programmierer, von der darunter liegenden Hardware zu *abstrahieren*. Unter *Abstraktion* (lat. „abstrahere" = wegziehen) versteht man das Schaffen von Verallgemeinerung durch Weglassen unwichtiger Einzelheiten.

Um eine bestimmte Komponente des Rechnersystems anzusprechen, muss der Programmierer sich also nicht mehr in einer Masse von kleinen Einzelheiten verheddern, er muss sich nicht mehr mit jedem Detail von jeder Komponente auskennen. Vielmehr kann er das Rechnersystem als eine *erweiterte Maschine* ansehen. Diese wird nämlich durch das Betriebssystem um viele Fähigkeiten erweitert, die ihre Steuerung und Bedienung wesentlich vereinfachen (s. hierzu ebenfalls Abb. 1.10).

Das oder die Programme, die die oben erläuterten 5 Hauptdienste des Betriebssystems zur Verfügung stellen, werden auch als *Kern* (*kernel*) des Betriebssystems bezeichnet. Die Systemprogramme wie Compiler, Shells oder grafische Oberflächen, die mit einem Betriebssystem ausgeliefert werden, gehören nicht zum eigentlichen Kern dazu, obwohl sie das Aussehen und die Bedienbarkeit (*look and feel*) eines Betriebssystems entscheidend mitbestimmen.

Heutige Betriebssysteme für Personalcomputer und Workstations. Ein *Personalcomputer* ist ein kleiner Einzelnutzerrechner für den Privatgebrauch, wie er heute an vielen Arbeitsplätzen und in vielen Haushalten zu finden ist. Eine *Workstation* ist ein professioneller Computerarbeitsplatz, der meistens in ein Netzwerk von Rechnern eingebunden ist.

---

[12] Damit ist der „besitzende Benutzer" gemeint, nicht die Gruppe, der die Datei ebenfalls gehört.

Heute gängige Betriebssysteme auf diesen Rechnergattungen sind UNIX, MS-Windows und Mac OS. UNIX gliedert sich auf in eine große Anzahl von Vertretern wie Solaris, AIX, BSD und Linux, um nur einige zu nennen. Von MS-Windows gibt es die Versionen 95, 98, NT, ME, 2000 und XP.

1.6.2 Der Kommandozeilen-Interpreter

Das wohl wichtigste Systemprogramm, zumindest auf einem klassischen UNIX-Rechner, ist der *Kommandozeilen-Interpreter*, auch *Shell* (engl. für „Schale") genannt.

Dieses Programm erlaubt dem Benutzer die grundlegende Kommunikation mit dem Betriebssystem. Er kann auf einer *Kommandozeile* hinter einer *Eingabeaufforderung* (*prompt*) Befehle für das Betriebssystem eingeben. Die Shell reicht diese Befehle dann an das Betriebssystem weiter. Es handelt sich hierbei um eine sehr einfache *Benutzeroberfläche*, die wie eine „Schale" über dem Betriebssystem liegt. Hauptsächlich wird die Shell dazu benutzt, andere Programme zu starten.

Das folgende Beispiel zeigt den unter UNIX beliebten Kommandozeilen-Interpreter *Bash*, die „Bourne Again Shell". Hinter der Eingabeaufforderung „$" gibt der Benutzer hier das `cal`-Programm an, das einen Monatskalender ausdruckt. Das Betriebssystem startet dann dieses Programm.

```
$ cal 9 2001
      September 2001
So Mo Di Mi Do Fr Sa
                    1
 2  3  4  5  6  7  8
 9 10 11 12 13 14 15
16 17 18 19 20 21 22
23 24 25 26 27 28 29
30
```

Die Shell gehört nicht zum eigentlichen Betriebssystem, wird aber fast immer mit diesem ausgeliefert und installiert. Shells sind vor allem unter UNIX sehr beliebt, um mit dem Betriebssystem zu kommunizieren. Andere Betriebssysteme, wie z. B. MS-Windows, sehen von vorneherein eine grafische Benutzeroberfläche zur Kommunikation vor, obwohl auch dort noch ein Kommandozeilen-Interpreter benutzt werden kann.

1.6.3 Editoren

Ein *Editor* ist ein Programm, mit dem eine Datei Zeichen für Zeichen bearbeitet werden kann[13]. Man kann damit also Zeichen und Zeilen an beliebigen Stellen

---

[13] Mit „Zeichen" ist hier ein druckbares Zeichen des ASCII-Zeichensatzes oder eines erweiterten ASCII-Zeichensatzes gemeint, also ein Zeichen, das durch Drücken einer Taste der Tastatur erzeugt werden kann. Ein Editor im klassischen Sinne kann also keine Binärdateien erzeugen oder abändern, weil bestimmte Bytes (die Codes der nicht druckbaren Zeichen) nicht oder nur sehr umständlich durch die Tastatur erzeugt werden können.

löschen oder einfügen, und vor allem Dateien neu erstellen. Diese Bearbeitungs-schritte werden unter dem Begriff *Editieren* zusammengefasst. Man benötigt einen Editor, um ein Quellprogramm zu schreiben und abzuspeichern, das dann vom Compiler oder Interpreter bearbeitet werden kann.

Mit einem Editor kann eine einfache Form der Textverarbeitung durchgeführt werden. Die bearbeiteten Texte weisen allerdings keine Formatierungsmerkmale wie spezielle Schriftarten oder Schriftgrößen auf. Sie bestehen nur aus ASCII-Zeichen, die keine Formateigenschaften besitzen.

Unter UNIX sind die Editoren *Emacs* und *vi* sehr beliebt. Abbildung 1.12 zeigt den Emacs, während der Autor gerade einen bahnbrechenden Perl-Quelltext schreibt.

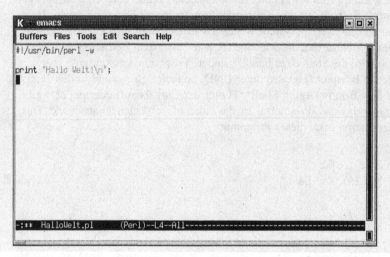

Abbildung 1.12. Der Editor Emacs beim Editieren der Datei HalloWelt.pl

Das folgende Beispiel zeigt einen typischen Entwicklungsschritt bei der Programmerstellung unter UNIX. Der Editor Emacs wird aufgerufen, um eine Datei namens HalloWelt.pl zu erstellen. Diese Datei enthält dann ein Perl-Programm, das die Zeichenkette Hallo Welt! ausgibt. (Die Eingabeschritte innerhalb von Emacs sind selbstverständlich nicht dargestellt.) Mittels des cat-Kommandos wird der Inhalt der Datei HalloWelt.pl zur Überprüfung auf die Standardausgabe geschrieben.

```
$ emacs HalloWelt.pl
$ cat HalloWelt.pl
#!/usr/bin/perl

print "Hallo Welt!\n";
```

1.6.4 Compiler, Assembler, Linker, Lader

Ein Compiler, also ein Übersetzer für eine Hochsprache in Maschinencode, ist selbst ein Programm. Seine Eingabe ist ein Quellprogramm der von ihm beherrschten Hochsprache und seine Ausgabe das entsprechende Maschinenprogramm.

Gewöhnlich übersetzt ein Compiler den Quelltext zuerst in eine Assemblersprache und übergibt dann diesen Assemblercode einem Assembler, d. h. einem Übersetzerprogramm für Assemblercode in die Maschinensprache des Prozessors.

Das so erzeugte Maschinenprogramm ist jedoch meistens noch nicht lauffähig, weil ihm noch bestimmte Programmteile, wie z. B. der Code für die Ein- und Ausgabefunktionen, fehlen. Solcher Code, der in fast jedem Programm immer wieder benötigt wird, ist zusammen mit anderen, häufig verwendeteten Funktionen in so genannten *Bibliotheken* (*libraries*) abgespeichert. Ein spezielles Programm, der *Linker*, wird vom Compiler aufgerufen, um den vom Assembler erzeugten Code mit dem Maschinencode solcher Bibliotheksfunktionen zusammenzubinden.

Beim Programmstart wird das so erzeugte Maschinenprogramm vom so genannten *Lader* an eine bestimmte Stelle im Speicher geschrieben. Danach führt die CPU das Programm aus.

Die folgenden Eingaben in der Kommandozeile verdeutlichen dies am Beispiel der Programmiersprache C. Die C-Quelldatei `HalloWelt.c` enthalte ein C-Programm, das eine Grußmeldung ausgibt. Dieses wird durch Aufruf des C-Compilers `cc` in die ausführbare Datei `a.out` übersetzt. (Standardmäßig wird eine Datei mit dem Namen `a.out` erzeugt.) Kompilieren, Assemblieren und Linken geschehen hier zusammen unter Kontrolle des Compilers. Danach wird das soeben erzeugte Programm aufgerufen. Der Lader lädt es in den Hauptspeicher und der Prozessor führt es aus.

```
$ cc HalloWelt.c
$ a.out
Hallo Welt!
```

1.6.5 Interpreter

Ebenso wie ein Compiler ist auch ein Interpreter ein eigenständiges Programm. Seine Eingabe ist ein von ihm zu interpretierender Quelltext, geschrieben in der von ihm beherrschten Sprache.

Als Beispiel wird hier der Perl-Interpreter[14] mit der im Editor erzeugten Datei `HalloWelt.pl` als Eingabe aufgerufen. Er führt das Programm dann aus, und die gewünschte Zeichenkette wird ausgedruckt.

```
$ perl HalloWelt.pl
Hallo Welt!
```

---

[14] Wie bereits erwähnt, handelt es sich bei Perl um die Sonderform eines Compiler-Interpreters.

Literaturhinweise

Eine allgemein verständliche Einführung in die Informatik, die auch den Aufbau von Rechenmaschinen beschreibt, findet sich in [Rech]. Eine mathematisch fundierte Einführung in die Informatik wird in [BKRS] gegeben.

Eine nahezu erschöpfende Auflistung und Erklärung von in der Informatik benutzten Begriffen findet sich in [Wern]. Dieses Werk eignet sich besonders zum schnellen Nachschlagen von Fachbegriffen.

Den systematischen Aufbau eines Rechners, beginnend mit Grundelementen wie Gattern und Flip-Flops, die wir in dieser Einführung in dieser Tiefe nicht besprechen konnten, zeigt [Tan0]. Ein ebenfalls hervorragendes Buch zu Rechnerarchitektur und Maschinensprachen ist [PaHe]. Diese Bücher beschreiben auch, wie eine Kontrolleinheit gebaut werden kann, was wir im Abschnitt über den elementaren Rechneraufbau übergangen haben.

Was jeder Programmierer über Fließkommarithmetik wissen sollte, steht in [Gold].

Wie eine höhere Computersprache formal definiert und ein Übersetzer dafür geschrieben werden kann, zeigen [Wirt] und [ASUl].

Eine allgemeine, an der Praxis orientierte Einführung in die Sprache Lisp und das deklarative Programmierparadigma ist [WiHo].

Ein Klassiker der Betriebssystem-Literatur ist [Tan1]. Sehr praxisorientiert beschreibt der Autor darin den Aufbau des UNIX-artigen Betriebssystems MINIX. Von einem theoretischeren Blickwinkel her werden Betriebssysteme in [Deit] beschrieben. Unter den vielen Büchern zum Thema UNIX sei auf das Linux-Anwender-Handbuch [HHMK] hingewiesen.

Die einzelnen Schritte bei der Entwicklung eines Programms unter UNIX und die dabei hauptsächlich verwendeten Werkzeuge werden in [KePi] ausführlich beschrieben. Wie mit verschiedenen, frei erhältlichen Werkzeugen unter UNIX Programme entwickelt werden können, ist in [LoOr] beschrieben.

Die tiefere Bedeutung der Zahl 42 für die Informatik wird in den „fünf Bänden der Trilogie" von [Adam] auf höchst amüsante Weise beschrieben.

2. Einfache Programme

Nachdem wir uns im vorigen Kapitel klar gemacht haben, wie die Rechner arbeiten, die unsere Programme ausführen, beginnen wir nun mit dem Erlernen der eigentlichen Programmierung. Wie in Kapitel 1 schon dargelegt wurde, bedeutet Programmieren letztendlich, mit den durch die Programmiersprache bereitgestellten Mitteln Algorithmen auszudrücken.

Die einfachsten Algorithmen, an denen wir uns in diesem Kapitel versuchen werden, sind einfache Rechenverfahren. Das Wort „Rechner" kommt schließlich von „rechnen", und wir werden unseren Rechner daher auch zum Rechnen benutzen. „Einfache Rechenverfahren" bedeutet dabei nicht unbedingt, dass Zahlen miteinander verknüpft werden, es können durchaus auch Texte von einem Rechenverfahren bearbeitet werden. Vielmehr folgen alle „einfachen Programme" dieses Kapitels der Grundstruktur „Eingabe, Verarbeitung, Ausgabe", d. h., der Benutzer kann am Anfang eine oder mehrere Zahlen oder Worte eingeben, das Programm „berechnet" etwas daraus und gibt schließlich das Ergebnis aus.

Keine Angst, wir werden hier nicht tief in die Mathematik einsteigen. Es geht vielmehr darum, das algorithmische Denken zu üben und den Rechner dazu zu bringen, Algorithmen auszuführen. Dazu sind simple Rechenverfahren die einfachsten Beispiele.

Diese Programme stehen im Gegensatz zu *interaktiven* Programmen, bei denen der Benutzer in einer endlosen Schleife Aktionen auslösen kann, auf die das Programm in geeigneter Weise reagiert. Ein Beispiel dafür ist ein Wörterbuch-Programm, das es dem Benutzer erlaubt, Paare von englisch-deutschen Wörtern zu verwalten und nachzuschlagen. Diese Art von Programmen werden wir erst im nächsten Kapitel kennen lernen.

Die Wahl von Perl als Anfängersprache. Die Sprache, in der wir Algorithmen formulieren werden, ist *Perl*. Perl ist die Abkürzung für „Practical Extracting and Reporting Language", also etwa „praktische, (Informationen) extrahierende und Berichte erstellende Sprache".

Perl wurde vorrangig mit dem Ziel entworfen, Textdateien zu durchforsten und zu bearbeiten, aus ihnen Informationen zu gewinnen und auf Grundlage dieser Informationen Berichte zu erstellen. Darüber hinaus besitzt Perl viele einfach zu benutzende Schnittstellen zum darunter liegenden Betriebssystem, mit denen sich viele systemnahe Aufgaben leicht und schnell lösen lassen. Der Compiler-Interpreter von

Perl ist leicht auf jedes Rechnersystem portierbar und daher heute auf nahezu allen gängigen Systemen verfügbar. Zudem ist er kostenlos erhältlich.

Perl ist eine Sprache für professionelle Programmierer. Sie ist aber *nicht* mit dem Ziel konzipiert worden, eine Sprache für Programmieranfänger zu sein, wie etwa *Pascal*. Solche Sprachen helfen durch ihre klare, zwingende Syntax dem Anfänger viel mehr, seine Algorithmen zu formulieren als eben Perl, mit dem nahezu jedes Problem auf mehrere unterschiedliche Arten gelöst werden kann[1].

Perl stellt aber eine gute Kompromisslösung für eine Einführungssprache dar. Einerseits ist seine Syntax sehr stark an die Sprache *C* angelehnt, so dass ein Anfänger beim Erlernen von Perl gleichzeitig ein Grundverständnis für die anderen *C-ähnlichen Sprachen* erwirbt. Andererseits ist es eine *interpretative* Sprache; der Interpreter gibt dem Anfänger viele nützliche Hinweise zur Laufzeit und überwacht die Ausführung der Programme. Insgesamt ist, wie auch die folgenden Kapitel zeigen werden, Perl aus verschiedenen Gründen für den Anfänger einfacher zu erlernen und zu handhaben als C.

Ganz abgesehen davon findet es auch in der realen Programmierwelt rege Anwendung – hier seien nur die unzähligen in Perl geschriebenen CGI-Skripte erwähnt, die Dynamik in die ansonsten statischen Seiten des World Wide Web bringen.

★ **Perls Beziehung zu C und ähnlichen Sprachen.** Die Programmiersprache *C*, um das Jahr 1973 von Brian Kernighan und Dennis Ritchie entwickelt, darf wohl mit Fug und Recht als die erfolgreichste Programmiersprache der Welt bezeichnet werden. Sie ist die Urmutter einer ganzen Schar von *C-ähnlichen Sprachen*, wie *C++*, *Objective C*, *Java*, *C#*, *PHP* und eben auch *Perl*.

Beherrscht man eine dieser Sprachen, so erkennt man in einem Quellcode, der in einer der anderen Sprachen geschrieben ist, sehr viele Konstrukte wieder, wenn man nicht sogar vollständig erraten kann, was dieser Quellcode ausdrückt.

Zudem ist Perl selbst intern auf C aufgebaut: Der Perl-Compiler-Interpreter ist selbst in C geschrieben. Perl-Programme haben daher eine sehr enge Verwandtschaft zu darunter liegenden C-Programmen. Beim Erlernen von Perl ist es an manchen Stellen zum Verständnis sogar unerlässlich, mehr von den zugrunde liegenden Konzepten von C zu erfahren.

Beim Beschreiben der Sprache Perl lohnt es sich daher, Gemeinsamkeiten und Unterschiede zu anderen C-ähnlichen Sprachen herauszustellen. Viele der folgenden Abschnitte enthalten Codebeispiele in Perl. Jedes Beispiel führt ein oder mehrere Grundkonstrukte der Sprache ein. Diese Grundkonstrukte gelten meistens nicht nur für Perl, sie existieren in genau dieser oder zumindest ähnlicher Form auch in den anderen imperativen Programmiersprachen. Daher beginnt ein Abschnitt zunächst mit allgemein gültigen Erläuterungen, die vor allem für die anderen C-ähnlichen Sprachen zutreffen. Insbesondere werden wir immer wieder auf die Ursprache C verweisen. Erst ein späterer Teil der Erläuterung bezieht sich speziell auf

---

[1] Das offizielle Motto der Sprache Perl lautet „There's more than one way to do it", auf deutsch also ungefähr „Es gibt mehr als nur einen Lösungsweg".

Perl. Er erläutert das vorgestellte Codebeispiel und erklärt die darin neu auftauchenden Sprachkonstrukte von Perl.

Auf diese Weise erhält der Leser einen Einblick in allgemein gültige Konzepte. Wie in der Einleitung schon erwähnt, geht es in diesem Buch nicht vornehmlich darum, Perl zu lernen. Die Sprache Perl ist nur das Mittel, um Algorithmen ausdrücken zu können.

2.1 Grundlegende Elemente von Programmen

Dieser Abschnitt führt diejenigen grundlegenden Konstrukte einer jeden imperativen Programmiersprache ein, die ein Programmierer mindestens benötigt, um Eingaben gemäß einer einfachen Rechenvorschrift verarbeiten und das Ergebnis der Verarbeitung ausgeben zu können: Konstanten, Variablen, Operatoren, Ausdrücke, Zuweisungen und der Gebrauch von eingebauten Eingabe- und Ausgabefunktionen.

2.1.1 „Hallo Welt!": Das allererste Programm

Seit dem Buch „The C Programming Language" von Brian Kernighan und Dennis Ritchie [KeRi], mit dem Generationen von Programmierern ihr Handwerk erlernt haben, ist es Sitte, dass das erste Programm, das man in einer neu zu erlernenden Programmiersprache erstellt, nichts anderes tut, als die Grußmeldung `Hallo Welt!` auszugeben. Dies ist nämlich eines der einfachsten möglichen Programme. Der Benutzer muss keine Eingabe vornehmen und das Programm macht auch keinerlei Verarbeitung. Es tätigt lediglich eine einzige, stets gleiche Ausgabe. Es bietet somit eine einfache Möglichkeit, die Funktionsfähigkeit der gesamten Entwicklungsumgebung zu testen. Das Programm sagt nur so viel aus wie „Hier bin ich! Ich lebe! Es funktioniert! Hurra!". Hier ist es:

```
─────────────────────── HalloWelt.pl ───────────────────────
1  print "Hallo Welt!\n";
2  # Hier endet das Programm auch schon
─────────────────────── Programm 2 ───────────────────────
```

Starten von Perl-Programmen. Perl ist eine *interpretative* Sprache, d. h., um ein Programm auszuführen, muss der Perl-Compiler-Interpreter mit diesem Programm als Eingabe gestartet werden. Er übersetzt dann die in dem Programm enthaltenen Anweisungen und führt sie aus. Bei dieser Kombination aus Compiler und Interpreter handelt es sich nicht um einen Compiler im üblichen Sinne, der einen Quelltext in ein auf dem Prozessor direkt ausführbares Programm (*executable*) übersetzt, sondern in den Code einer virtuellen Maschine. Dieser Code wird dann von einem Interpreter ausgeführt, der diese Maschine simuliert. Daher wollen wir in Zukunft meist nur noch vom *Perl-Interpreter* reden und Perl-Programme gelegentlich auch als *Perl-Skripte* bezeichnen (s. hierzu auch Abschn. 1.5.1).

Dateinamen von Perl-Programmen enden traditionsgemäß auf .pl, was aber nicht unbedingt notwendig ist. Der Perl-Interpreter kann auf der Kommandozeile mit dem Dateinamen eines Programms als Argument aufgerufen werden. Unter UNIX sieht das folgendermaßen aus:

```
$ /usr/bin/perl HalloWelt.pl
Hallo Welt!
```

Hier wird vorausgesetzt, dass sich das Interpreter-Programm perl im Verzeichnis /usr/bin/ befindet.

Liegt das Interpreter-Programm im Suchpfad für ausführbare Dateien, was meistens voreingestellt ist, so kann der Aufruf wie folgt abgekürzt werden:

```
$ perl HalloWelt.pl
Hallo Welt!
```

Sollte perl nicht in diesem Suchpfad liegen, kann dieses unter UNIX und MS-Windows durch Anpassen der Umgebungsvariablen PATH erreicht werden.

Grundaufbau eines Programms. Grundsätzlich besteht ein Programm aus einer Abfolge von *Anweisungen* (*statements*). In vielen Sprachen werden diese auch als *Befehle* (*commands*) bezeichnet. Sie werden in der Reihenfolge, in der sie im Programmtext auftauchen, von oben nach unten nacheinander ausgeführt (wenn wir die Konstrukte der bedingten Verzweigung und der Schleife einmal außen vor lassen, auf die wir erst später eingehen werden). Nach Abarbeitung der letzten Anweisung endet das Programm.

Der Interpreter bearbeitet also immer eine Anweisung nach der anderen. Die Abfolge der ausgeführten Anweisungen ergibt den *Kontrollfluss*. Im einfachsten Fall enthält das Programm keine Schleife und keine bedingte Verzweigung. Dann verläuft dieser Kontrollfluss *linear* von oben nach unten.

Das „Hallo Welt!"-Programm besteht aus nur einer einzigen Anweisung, die eine *Ausgabefunktion* mit einem bestimmten *Argument* aufruft, nämlich einer (Zeichenketten-)*Konstanten*. Die Funktion lautet hier print und die Konstante Hallo Welt!\n. In der Regel ist diese Ausgabefunktion in die Sprache bereits eingebaut, und wir müssen uns nicht darum kümmern, wie sie *funktioniert*, sondern ihr nur durch ihr Argument mitteilen, was sie ausgeben soll. Im Normalfall druckt sie dieses Argument auf die Standardausgabe.

Zeichenketten und ihre Interpretation. Die hier auszugebende Konstante ist die Zeichenkette Hallo Welt!\n. Hierbei handelt es sich um eine *Zeichenkettenkonstante*. Wie bei jeder Konstanten ändert sich ihr Wert in einzelnen Aufrufen des Programms nicht.

In Perl, wie auch in den meisten anderen Programmiersprachen, entstehen *Zeichenketten*, indem einzelne Zeichen in Anführungszeichen eingeschlossen werden. Eine Zeichenkette wird auch als *String* bezeichnet. Wir werden im Folgenden beide Bezeichnungen benutzen.

Die beiden Zeichen \n in einer Zeichenkette kodieren ein einziges *Zeilentrennzeichen* (*newline*). Das Ausdrucken dieses Zeichens bewirkt, dass die aktuelle Zeile beendet und eine neue begonnen wird. Um dieses Zeichen im Programmcode selbst darzustellen, behilft man sich mit einem *Fluchtmechanismus*: Das Zeichen „\" entwertet das nachfolgende Zeichen und gibt ihm eine spezielle Bedeutung, im Falle des n eben die des Zeilentrenners.

Benutzung von eingebauten Funktionen. Die Funktion, die hier die Ausgabe erledigt, ist die print-Funktion, die die auszudruckende Zeichenkette als Argument erhält.

Um eine Funktion an einer bestimmten Stelle eines Programms aufzurufen, wird einfach ihr Name dort hingeschrieben. Das Argument, das die Funktion verarbeiten soll, wird hinter den Funktionsnamen geschrieben.

In den meisten Programmiersprachen müssen die Argumente von Funktionen in Klammern gesetzt werden, und zwar meistens in runde. Dort hieße es dann:

```
print("Hallo Welt!\n");
```

Nicht so in Perl. Dort sind die Klammern fakultativ, d. h., sie können gesetzt werden, müssen aber nicht immer. Wir werden im Folgenden die Klammern meistens weglassen.

Einzelne Anweisungen voneinander trennen. In den C-ähnlichen Sprachen muss jede Anweisung mit einem „;" abgeschlossen werden, so auch in Perl. Damit ist nicht gemeint, dass jede *Zeile* des Programmcodes mit einem ; beendet werden muss, sondern eben jede einzelne Anweisung an den Interpreter. Die einzelnen Anweisungen werden voneinander durch Semikola abgetrennt, unabhängig davon, ob sie in einer Zeile stehen oder über mehrere Zeilen verteilt sind. Es dürfen also durchaus mehrere, durch Semikola abgetrennte Anweisungen in einer Zeile stehen, auch wenn dies nicht immer guter Programmierstil ist. Im Allg. sollte jede Anweisung in einer eigenen Zeile stehen.

Kommentare. Die letzte Zeile des obigen Programms ist eine *Kommentarzeile*. Ein „#" kennzeichnet eine Kommentarzeile, d. h., der Interpreter ignoriert ab dem # alle Zeichen bis zum Ende dieser Zeile.

Kommentare werden i. Allg. benutzt, um Programmcode für andere oder für sich selbst lesbarer zu machen. In ihnen kann der Programmierer in natürlicher Sprache niederschreiben, was genau seine Anweisungen unmittelbar vor oder hinter der Kommentarstelle bewirken. Jeder Programmierer, der seinen eigenen Quelltext nur ein halbes Jahr nach dessen Erstellung noch einmal lesen muss, schüttelt sich dankbar die Hand, wenn er diesen mit ausreichend vielen Kommentaren versehen hat!

Leerraum. Wenn der Interpreter mit seiner Arbeit beginnt, zerlegt er das Programm zunächst in kleinste syntaktische Einheiten, die so genannten *Tokens*. Das sind aufeinander folgende Zeichen im Quelltext, die in dieser Folge für sich gesehen schon einen Sinn ergeben. In obigem Programm sind das die drei Tokens print, "Hallo Welt!\n" und ;.

Vor und hinter einem Token ist beliebig viel *Leerraum* (*whitespace*) erlaubt. Als Leerraum zählt das Leerzeichen, das Zeilentrennzeichen und das Tabulatorzeichen. So dürfen in obigem Programm also beliebig viele Leerzeichen zwischen print und "Hallo Welt!"\n stehen. Leerraum kann sogar ganz ausgespart werden, es sei denn die beiden Tokens ergeben aneinander geschrieben ein neues Token. Im Allg. ist es guter Stil, die einzelnen Bestandteile einer Anweisung durch ausreichend viel Leerraum leichter erkennbar zu machen.

Fehler und Warnmeldungen. Syntaktische Fehler in einem Programm, etwa ein Aufruf der Ausgabefunktion mit dem Tippfehler prinnt, werden vom Interpreter direkt beim Aufruf erkannt. Das Programm startet dann erst gar nicht. Vielmehr gibt der Interpreter eine oder mehrere diesbezügliche Fehlermeldungen mit Angabe der Zeilennummer aus, in der er den Fehler bemerkt hat.

Semantische Fehler kann der Interpreter dagegen nicht erkennen. Ein semantischer Fehler liegt immer dann vor, wenn ein Programm nicht das ausgibt, was es soll. Sollte das „Hallo Welt!"-Programm z. B. eigentlich den englischen Text Hello world! ausgeben, so wäre obiges Programm in diesem Sinne semantisch falsch, obwohl es syntaktisch korrekt ist.

Manchmal hat der Interpreter dennoch Vermutungen, dass in einer Anweisung ein semantische Fehler vorliegt. Diese können durch Setzen des Schalters -w ausgegeben werden. Das ist sehr nützlich bei der Programmentwicklung und Fehlersuche. Dieser Schalter kann beim Aufruf des Interpreters als Option auf der Kommandozeile angegeben werden:

```
$ perl -w HalloWelt.pl
```

Von jetzt an sollten wir während der Programmentwicklungsphase den Schalter immer benutzen!

★ **Eine alternative Startmethode unter UNIX.** Zum Starten des Interpreters gibt es unter UNIX noch eine weitere Möglichkeit. Beginnt dort eine Datei mit den beiden Zeichen #!, so signalisiert dies dem Betriebssystem, dass es sich nicht um ein direkt lauffähiges Maschinenprogramm, sondern um ein Skript handelt, das von einem bestimmten Interpreter ausgeführt werden kann. In den nachfolgenden Zeichen der ersten Zeile dieses Skripts muss dann angegeben werden, wo das Betriebssystem diesen Interpreter im Dateisystem finden kann:

––––––––––––––––– HalloWeltUnix.pl ––––––––––––––––––

```
1  #!/usr/bin/perl
2
3  print "Hallo Welt!\n";
4  # Hier endet das Programm auch schon
```
–––––––––––––––––––– Programm 3 ––––––––––––––––––––

Der Pfad (hier /usr/bin/) zu diesem Interpreter und der Name des Interpreter-Programms selbst (hier perl) müssen direkt hinter den beiden Zeichen #! angegeben werden. Diese Zeile muss wirklich *exakt* so lauten, wie oben dargestellt, denn sonst funktioniert dieser Aufrufmechanismus nicht. Es ist *nicht* zulässig, Leerzeichen vor oder zwischen die Zeichen #! einzufügen!

Das Betriebssystem startet dann den dort angegebenen Interpreter und übergibt ihm das Skript als Eingabe. Für den Perl-Interpreter selbst ist die erste Zeile aufgrund des einleitenden # lediglich ein Kommentar, genau wie die letzte Zeile in obigem Programm. Das ist unter UNIX eine allgemein gültige Methode, die sich nicht nur auf Perl-Skripte anwenden lässt, sondern auch bei vielen anderen Skriptsprachen Verwendung findet.

Um das Programm nun zu starten, etwa von der Shell aus, muss es noch durch Setzen des x-Flags mittels des Shell-Kommandos chmod ausführbar gemacht werden. Danach kann es wie jedes andere ausführbare Programm aufgerufen werden:

```
$ chmod +x HalloWelt.pl
$ HalloWelt.pl
Hallo Welt!
```

Im Verlauf des Buches werden wir diese Variante nur selten wählen, alleine deshalb, weil sonst die erste Zeile eines Programms ohnehin immer die gleiche wäre.

Der Schalter -w kann bei dieser Startmethode ebenfalls in der ersten Zeile des Skripts wie folgt gesetzt werden:

```
#!/usr/bin/perl -w
```

Übungen

Übung 35. Bringen Sie obiges Programm zum Laufen.

Übung 36. Lassen Sie in obigem Programm das \n weg und beobachten Sie die Ausgabe. Fügen Sie an verschiedenen Stellen Leerzeichen, Zeilentrennzeichen und Tabulatorzeichen ein. Löschen Sie jeglichen Leerraum.

Übung 37. Bauen Sie in obiges Programm einen syntaktischen Fehler ein (z. B. den Tippfehler prinnt) und beobachten Sie die Ausgabe des Perl-Interpreters.

Übung 38. Geben Sie wortwörtlich die Zeichen Hallo Welt!\n aus. Entwerten Sie dazu das \ durch sich selbst. Geben Sie dann wortwörtlich aus: Mein Name ist "HalloWelt.pl".

Übung 39. Schreiben Sie ein Programm, das Ihren Vornamen und eine Zeile darunter Ihren Nachnamen ausgibt. Schreiben Sie das Programm in zwei veschiedenen Versionen: Benutzen Sie die print-Funktion zunächst zweimal, dann nur einmal.

2.1.2 Variable und konstante Objekte

Imperative Programmiersprachen verrichten ihre Arbeit, indem Sie *(Daten-)Objekte* verwalten und gemäß den Anweisungen des Programms manipulieren. Physikalisch gesehen ist ein Objekt nichts anderes als ein Speicherbereich, also eine bestimmte Menge von Bits. Der *Wert* eines Objektes ergibt sich durch eine geeignete Interpretation dieser Bits.

Ein Programm z. B., das englische Meilen in Kilometer umwandelt, lässt den Benutzer zunächst eine Zahl eingeben. Damit existiert ein erstes Objekt, dessen Wert die eingegebene Zahl ist. Irgendwo liegt dieses Objekt im Speicher als eine

Folge von Bits, die gemäß einer bestimmten *Interpretationsvorschrift* (etwa dem IEEE-Format aus Abschn. 1.3.3) als eine Zahl gedeutet werden können. Dieses Objekt ist *variabel*, denn bei jedem neuen Programmstart kann der Benutzer ja eine andere Zahl eingeben.

Danach muss das Programm den Wert dieses Objektes mit dem Umrechnungsfaktor 1, 609 multiplizieren (1 englische Meile entspricht 1, 609 Kilometern). Auch dieser Faktor ist ein Objekt, das irgendwo im Speicher liegen muss. Dieses Objekt ist allerdings *konstant*, denn der Umrechnungsfaktor ist für alle Zeiten festgelegt, er darf seinen Wert niemals ändern.

Das Ergebnis der Umrechnung ist ein drittes Objekt, die entsprechende Kilometeranzahl. Da dieses Objekt vom variablen ersten Objekt abhängt, ist es selbst variabel.

Der Prozess der „Eingabe, Verarbeitung, Ausgabe" beginnt also mit variablen und konstanten Objekten, wobei die konstanten schon beim Programmstart vorhanden sind. Die Anweisungen eines Programms erzeugen daraus gemäß der Rechenvorschrift neue Objekte und verändern diese. Am Schluss wird der Wert eines oder mehrerer Objekte ausgegeben.

2.1.3 Konstanten und Literale

Konstanten sind konstante Objekte, d. h. Objekte, die ihren Wert während eines Programmlaufes nie ändern, wie z. B. die *Zeichenkettenkonstante* `Hello world!`. Andere wichtige Konstanten sind *Zahlenkonstanten*, wie z. B. der Meilen-Kilometer-Umrechnungsfaktor `1.609`.

Solche konstanten Objekte werden im Quellcode als *Literale* (lat. „littera" = „Buchstabe") spezifiziert. Das sind Zeichenfolgen, die bestimmten Regeln gehorchen und daher von der Programmiersprache als Kodierung von konstanten Objekten erkannt werden können.

Stringliterale. Wie schon erwähnt, wird eine Zeichenkette auch als *String* bezeichnet. *Stringliterale* kodieren konstante Strings. Dazu werden in vielen Programmiersprachen die Zeichen der Zeichenkette in Anführungszeichen eingeschlossen.

In Perl werden Stringliterale durch Einschließen von Zeichen in einfache oder doppelte Anführungszeichen gebildet. Das letzte Anführungszeichen muss dabei immer vom selben Typ wie das erste sein, und kein eingeschlossenes Zeichen darf ein Anführungszeichen von diesem Typ sein. (Dies ist ein erstes Beispiel für korrekte *Klammerung*.) Strings dürfen in Perl beliebig lang sein. Das folgende Programm zeigt einige Stringliterale.

```
───────────────── Stringliterale.pl ─────────────────
1  print "Ich bin eine Zeichenkette!\n";
2  print 'Ich auch!'; print "\n";
3
4  print 'Hallo Anja!\n';
```

```
5   print " Schön, Dich zu sehen.\n";
6
7   print "\x48\x61\x6c\x6c\x6f\x0a";
```
———————————————— Programm 4 ————————————

In Stringliteralen mit einfachen Anführungszeichen verliert das Zeichen „\" seinen Fluchtcharakter. Daher druckt Zeile 4 genau die Zeichen Hallo Anja!\n aus, und die Zeichen aus Zeile 5 kommen in der Ausgabe direkt hinter diesen zu stehen.

In Stringliteralen mit doppelten Anführungszeichen können einzelne Zeichen über ihre hexadezimale Nummer im darunter liegenden Zeichensatz spezifiziert werden, indem dieser Nummer ein \x vorangestellt wird. Zeile 7 gibt daher Hallo aus, gefolgt von einem Zeilentrennzeichen (vgl. hierzu Tabelle 1.3).

Numerische Literale. Die meisten Programmiersprachen kennen ganze Zahlen und Dezimalzahlen (Zahlen mit Nachkommaanteil) als unterschiedliche Wertetypen. Zur Kodierung des Kommas wird der Dezimalpunkt verwendet (dies ist im englischsprachigen Raum der Standard). Daneben gibt es zur Kodierung von Dezimalzahlen auch oft noch die wissenschaftliche Darstellung mit Mantisse und Exponent (siehe Abschn. 1.3.3), wie sie z. B. auch die meisten Taschenrechner verwenden.

Perl kann ganze Zahlen im Dezimal-, Hexadezimal- und Oktalsystem kodieren. Zur Kennzeichnung des Hexadezimalsystems wird der ersten Ziffer der Zahl ein 0x vorangestellt, zur Kennzeichnung des Oktalsystems eine 0. Negative Zahlen werden durch ein führendes *unäres Minus* gekennzeichnet. Ein führendes *unäres Plus* ist ebenfalls erlaubt, aber nicht notwendig.

Eine Dezimalzahl wird entweder mit einem Dezimalpunkt, der Vor- und Nachkommastellen voneinander trennt, dargestellt oder mit Hilfe eines E für „Exponent". Der (ganzzahlige Teil) vor dem E wird dabei mit der Potenz von 10 multipliziert, deren Exponent dahinter folgt.

In folgendem Programm geben die ersten drei und die letzten zwei Zeilen jeweils dieselbe Zahl aus.

——————————— NumerischeLiterale.pl ———————————
```
1   print 255;  print "\n"; # Ganzzahl (dezimal)
2   print 0xFF; print "\n"; # Ganzzahl (hexadezimal)
3   print 0377; print "\n"; # Ganzzahl (oktal)
4
5   print -255; print "\n"; # unaeres Minus
6   print +255; print "\n"; # unaeres Plus
7
8   print 1.609; print "\n";   # Fliesskomma
9   print 1609E-3; print "\n"; # Mantisse und Exponent
```
———————————————— Programm 5 ————————————

2.1.4 Skalare Variablen und Zuweisungen

Jedes Programm beschreibt in gewisser Weise einen kleinen Ausschnitt der realen Welt und der in ihr enthaltenen (mathematischen) Objekte, wie Zahlen, Zeichen, Zeichenketten oder Mengen von diesen. Manche dieser Objekte werden vom Programm verändert, sie müssen also *veränderbar* oder *variabel* sein. So muss z. B. ein Programm, das Meilen in Kilometer umrechnet, *variabel* auf seine Eingabe reagieren können – es soll ja beliebige, also von Lauf zu Lauf *veränderliche* Beträge umrechnen können. Anders gesagt: Das Programm benötigt eine *Variable*, um die jeweilige Meilenanzahl intern speichern und verarbeiten zu können.

Eine *Variable* ist ein variables Objekt mit einem Namen, also ein Speicherplatz für veränderliche *Werte*. Variablen beinhalten also Werte, und das Programm kann über den Namen der Variablen auf diesen Wert zugreifen.

Während eines Programmlaufes kann eine Variable, im Gegensatz zu einer Konstanten, ihren Wert, d. h. ihren Inhalt, beliebig oft ändern. Genau dies sagt ja auch das Wort „variabel" aus. Andere Worte für Variable sind *Unbestimmte*, *Veränderliche* oder *Platzhalter*.

Variablen werden immer dort benötigt, wo veränderliche Objekte verwaltet werden müssen, oder wo es nicht von vornherein klar ist, um welches Objekt es sich überhaupt handelt. Für konstante Objekte genügt dagegen eine *Konstante*.

Variablen erhalten ihre Werte über *Zuweisungen*. Der Variablen wird dabei ein Wert zugewiesen. Ab diesem Zeitpunkt hat die Variable den ihr zugewiesenen Wert.

In einem Programm dürfen beliebig viele verschiedene Variablen vorkommen (natürlich setzt die Größe des Hauptspeichers der tatsächlichen Anzahl eine Höchstgrenze, aber i. Allg. begrenzen Programmiersprachen diese Anzahl nicht von sich aus).

⋆ **Typisierung.** In vielen Programmiersprachen besitzen Variablen zusätzlich einen *Typ*, d. h., eine Variable darf nur Werte aus einem bestimmten *Wertebereich* tragen. So gibt es z. B. in C verschiedene Typen für verschieden große ganze Zahlen (`short`, `int`, `long`), zwei Typen für Fließkommazahlen unterschiedlicher Präzision (`float`, `double`), und einen Typ für einzelne Zeichen (`char`), um nur einige zu nennen.

Solche Programmiersprachen heißen *getypt*. Dort erzeugt der Compiler oder Interpreter eine Warnung, wenn z. B. einer Variablen eines ganzzahligen Typs ein Zeichen oder eine Fließkommazahl zugewiesen wird. (Zahlen und Zeichen gelten dort als unterschiedliche Wertebereiche, obwohl sich jedes Zeichen als Zahl darstellen lässt.) Bei *streng getypten* Sprachen bricht der Compiler oder Interpreter bei solchen Zuweisungen sogar ganz ab.

Typisierung dient einerseits der Sicherheit laufender Programme. Würde z. B. einer ganzzahligen Variablen ein Fließkommawert mit der Regel zugewiesen, dass die Nachkommastellen einfach wegfallen, so kann es zu Informationsverlust kommen. Andererseits bietet Typisierung auch eine Möglichkeit, Programme platzsparend zu schreiben: Enthält eine ganzzahlige Variable nur „kleine" Zahlen, die mit wenig Bits darstellbar sind, so genügt dafür auch ein „kleiner" Ganzzahltyp, der nicht viel Speicher belegt.

In getypten Sprachen muss eine Variable vor der ersten Wertzuweisung *deklariert* werden, d. h., ihr Name und Typ muss festgelegt werden. Danach (oder gleichzeitig mit der Deklaration) muss sie genau einmal *definiert* werden, d. h., es wird Speicherplatz für die von ihr zu tragenden Werte reserviert. Erst dann kann sie *initialisiert* werden, d. h., ihr kann zum ersten Mal ein Wert zugewiesen werden. Die vorangehende Deklaration ist notwendig, damit der Compiler oder Interpreter bei jeder Verwendung der Variablen prüfen kann, ob es einen *Typkonflikt* gibt.

Skalare Variablen. Ein anderes Typisierungsmerkmal einer Variablen ist die Anzahl der Werte, die sie speichern kann. Eine *skalare Variable* ist eine Variable, die nur einen einzigen Wert wie z. B. eine Zahl oder eine Zeichenkette enthalten kann, nicht aber gleichzeitig mehrere Zahlen und/oder Zeichenketten. Fragt ein Programm z. B. den Benutzer nach seinem Namen bestehend aus Vor- und Nachnamen, so wird es diesen in einer Variablen ablegen. Ist diese skalar, so wird der Name in ihr als ein einziger langer String abgelegt, in dem Vor- und Nachname durch ein Leerzeichen getrennt sind. Vor- und Nachname sind dort nicht zwei getrennte Werte.

Wir werden erst später *nicht skalare* Variablen kennen lernen. Diese können ganze Mengen von Werten speichern. So wäre es z. B. denkbar, sich in einer Variablen Vornamen *und* Nachnamen eines Benutzers in zwei getrennten Werten zu merken.

Namensgebung. Jede Variable hat einen *Namen*, unter dem das Programm ihren Wert ansprechen kann. Namen von Objekten und Funktionen werden in Programmiersprachen auch *Bezeichner* genannt.

Aus Gründen der *Mnemotechnik* sollte eine Variable nach dem benannt werden, was sie auch in sich trägt. Mnemotechnik ist die Kunst, sich etwas leicht zu merken. So sollte eine Variable, die Euro-Beträge speichert, etwa `eurobetrag` genannt werden und nicht etwa nur `zahl` oder gar `xyz23`.

Groß- und Kleinschreibung bei Variablennamen ist eine Frage des Stils, ebenso die Zusammensetzung von Variablennamen aus Teilnamen durch einen Unterstrich bzw. durch Großschreibung des ersten Buchstabens des zweiten Namens. So sind auch die Bezeichner `Eurobetrag`, `EuroBetrag`, `euro_betrag` oder `Euro_Betrag` denkbar.

Nicht gleichzeitig verwendet werden sollten Variablennamen, die sich nur durch ihre Groß- und Kleinschreibung unterscheiden, wie etwa `eurobetrag` und `Euro betrag`, weil sie unweigerlich zu Verwirrung führen und für die Fehlersuche und weitere Entwicklung sehr hinderlich sind.

Skalare Variablen in Perl. Namen von skalaren Variablen beginnen in Perl stets mit einem $. Danach muss ein Buchstabe oder ein Unterstrich (_) folgen. Daran anschließend ist eine beliebige Anzahl von Buchstaben, Zahlen und dem Unterstrich erlaubt. Als Buchstaben gelten die Zeichen von a bis z und A bis Z; deutsche Sonderzeichen wie ä und ß dürfen nicht verwendet werden[2]. Perl unterscheidet dabei

---

[2] Demnach sind Variablennamen wie $1, $2, $3 usw. nicht nur aus mnemotechnischen Gründen abzulehnen, sondern sogar verboten. Zudem sind diese Bezeichner in Perl vordefiniert. Die durch sie bezeichneten Werte werden wir erst in Abschn. 4.3 kennen lernen. Verboten sind ebenfalls Namen wir $zähler, in denen Umlaute vorkommen.

wie die meisten anderen C-ähnlichen Sprachen zwischen Groß- und Kleinschreibung; $eurobetrag und $Eurobetrag sind daher zwei unterschiedliche Variablen.

Zuweisungen an Variablen erfolgen durch den *Zuweisungsoperator* =. Die Variable auf der linken Seite erhält durch ihn den Wert der rechten Seite. Was darf nun auf der rechten Seite stehen? Im einfachsten Falle sind das Literale. Darüber hinaus kann eine Variable durch Zuweisung den Wert einer anderen Variablen erhalten. In den meisten Fällen steht aber auf der rechten Seite der Zuweisung ein komplexerer Ausdruck, wie wir in Abschn. 2.1.5 sehen werden.

Das folgende Programm zeigt einige Zuweisungen an Variablen. Ein Variablenname wie $x sagt dabei nicht sonderlich viel über den in der Variablen enthaltenen Wert aus und sollte daher auch nur in solch kleinen Beispielprogrammen verwendet werden.

—————————————— SkalareVariablen.pl ——————————————

```
1   $x=1;
2   print $x; print "\n";
3
4   $x=42;
5   print "Jetzt ist x gleich ";
6   print $x; print "\n";
7
8   $x="Gandalf der Graue";
9   print $x; print "\n";
10
11  $Zauberer_Nr_1=$x;
12  print $Zauberer_Nr_1; print "\n";
13
14  $Zauberer_Nr_1="Gandalf der Weiße";
15  print $Zauberer_Nr_1; print "\n";
16
17  $meilenfaktor=1.609;
```

———————————————————— Programm 6 ————————————————————

Zuweisungen *kopieren* den Wert der rechten Seite in den Speicherplatz der Variablen auf der linken Seite. Eine Veränderung einer Variablen verändert nur ihren eigenen Wert, nicht den einer anderen Variablen. So ändert Zeile 14 in obigem Programm *nicht* auch noch die Variable $x, obwohl $Zauberer_Nr_1 vorher den Wert von $x erhalten hat. (Manche Programmiersprachen erlauben so genannte *Aliase*. Das sind alternative Namen für ein und denselben Wert. Wird dieser Wert über einen der Alias-Namen geändert, so haben sofort auch alle anderen Aliase diesen geänderten Wert.) Zeile 14 macht also Gandalf den Grauen nicht zu Gandalf dem Weißen in $x. Abbildung 2.1 zeigt die Variablen des Programms nach Ausführung der letzten Zeile.

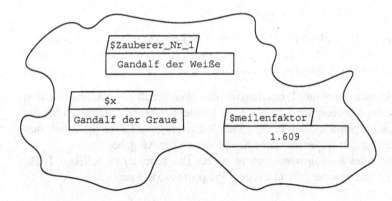

Abbildung 2.1. Drei skalare Variablen

Variablen in Perl sind *ungetypt*, d. h., sie können zu einem bestimmten Zeitpunkt eine Zahl und zu einem anderen eine Zeichenkette enthalten und umgekehrt, ganz im Gegensatz zu den meisten anderen Programmiersprachen. So beinhaltet obiges $x zuerst eine Zahl, dann eine Zeichenkette.

Aufgrund der fehlenden Typisierung unterscheidet Perl auch nicht zwischen ganzzahligen und nicht ganzzahligen Variablen.

Variablen in Perl müssen nicht deklariert werden. Sie entstehen genau in dem Moment, in dem sie initialisiert werden, d. h. in dem ihnen zum ersten Mal ein Wert zugewiesen wird. Vorher sind sie *nicht initialisiert*. Sie tragen dann den speziellen Wert undef.

★ **Benannte Konstanten.** Viele Programmiersprachen sehen die Möglichkeit vor, konstante Objekte mit einem Namen zu versehen, über den diese Konstante dann im Programm ansprechbar ist. So kann z. B. in C für das Literal 1.609 der Bezeichner Meilenfaktor vereinbart werden, der dann im Programmtext statt der „magischen Zahl" 1.609 verwendet werden darf. Dies gilt als guter Stil, denn wenn das Programm später jemand liest, so ist kann es sehr schwer für ihn sein, aus tief im Quelltext versteckten Konstanten wie 1.609 auf deren Bedeutung zu schließen.

Ein Bezeichner wie Meilenfaktor für die Konstante 1.609 unterscheidet sich dann im Programmtext grundlegend von einer Variablen gleichen Namens: Der C-Compiler bricht mit einer Warnung ab, falls versucht wird, dieser Konstanten ein zweites Mal einen Wert zuzuweisen. Diese *benannten Konstanten* sind dann sinnvoll, wenn die Konstante mehrmals im Quelltext auftaucht. Der Programmierer muss dann Werte wie 1.609 nicht auswendig wissen, sondern kann vielmehr einen Bezeichner dafür verwenden. Außerdem schützen sie vor einer versehentlichen Veränderung. Es ist schließlich das Wesen einer Konstanten, unveränderlich zu sein.

Deklarationen namentlich festgelegter Konstanten sind in die Sprache Perl leider nicht direkt eingebaut. Unter Zuhilfename des Pragmas constant kann aber eine Konstante durch folgende Zeile eingeführt werden:

```
use constant Meilenfaktor=>1.609;
```

Ab dann kann der Bezeichner `Meilenfaktor` im Perl-Programm verwendet werden, und zwar ohne ein führendes $, denn es handelt sich ja nicht um eine Variable. Pragmata werden erst in Abschn. 4.7.3 erklärt.

Übung 40. Lassen Sie obiges Programm mit und ohne Schalter –w laufen. Erklären Sie die Ausgabe. Löschen Sie dann die Zeile 1 (oder besser: kommentieren Sie die Zeile aus, d. h., fügen Sie ein # in der ersten Spalte ein) und lassen Sie es mit und ohne Warnmeldungen laufen. Erklären Sie wiederum die Ausgabe.

Die Technik des *Auskommentierens* ist ein bei Programmierern beliebter Trick, um Codezeilen nur vorübergehend aus dem Programmtext zu entfernen.

2.1.5 Einfache Ausdrücke

Bisher haben wir Werte in Variablen abgelegt und ausgegeben. Wir möchten aber auch mit diesen Werten rechnen, d. h., wir möchten aus ihnen neue Werte erzeugen.

So soll z. B. das Meilen-Kilometer-Umwandlungsprogramm eine bestimmte Meilenanzahl mit dem Umrechnungsfaktor 1, 609 multiplizieren. Multiplikation geschieht in den C-ähnlichen Sprachen durch Anwendung eines *Operators*. Operatoren verknüpfen Konstanten und Variablen miteinander und erzeugen daraus neue Werte.

Auf diese Weise entstehen *einfache Ausdrücke*. Ein (einfacher) Ausdruck setzt sich also aus Konstanten, Variablen und Operatoren zusammen und ist somit nichts anderes als eine *Formel*.

Arithmetische Ausdrücke. Einfache arithmetische Ausdrücke werden aus Zahlenkonstanten, *numerischen* Variablen, *arithmetischen Operatoren* und runden Klammern zusammengesetzt, mehr oder weniger der algebraischen Schreibweise folgend.

In den C-ähnlichen Sprachen lauten die Operatoren für Addition bzw. Subtraktion wie in der Algebra „+" bzw. „–". Der Multiplikationsoperator lautet „*", der Divisionsoperator „/". Das folgende Programm enthält eine Multiplikation.

──────────────── ArithmetischerAusdruck.pl ────────────────

```
1  $meilen=70;
2
3  $kilometer = $meilen * 1.609;
4
5  print $meilen;
6  print " Meilen sind ";
7  print $kilometer;
8  print " Kilometer\n";
```

──────────────── Programm 7 ────────────────

In obigem Programm wird aus der Variablen $meilen und der Konstanten 1.609 durch Verknüpfung mittels des arithmetischen Operators * ein Ausdruck erzeugt. Der Interpreter *wertet* den Ausdruck *aus* und das Ergebnis dieser *Auswertung* wird der Variablen auf der linken Seite des „=" zugewiesen.

Arithmetische Ausdrücke können auch mehrere Operatoren enthalten, wie das folgende Beispiel zeigt.

———————————— ArithmetischerAusdruck2.pl ————————————

```
1  $benzinpreis=1.05;
2  $oekosteuer=4.00; # Angabe in Prozent
3  $steueranteil=$benzinpreis*$oekosteuer/100;
4  print "Steueranteil pro Liter Benzin: ";
5  print $steueranteil;
6  print " Euro\n";
```
———————————— Programm 8 ————————————

Hier wird aus den Variablen $benzinpreis und $oekosteuer und der Konstanten 100 durch Verknüpfung mittels der arithmetischen Operatoren * und / ein Ausdruck erzeugt. Der Wert eines solchen Ausdrucks hängt natürlich von den in ihm auftretenden Variablen ab und kann somit erst zur Laufzeit vom Interpreter bestimmt werden. Man sagt, es handelt sich um eine *dynamische* Information.

Man kann nun einwenden, dass obige Variablen in diesem Programm in Wirklichkeit Konstanten sind, da sie in jedem Programmlauf denselben Wert haben, und dass somit der Wert des Ausdrucks in Zeile 3 schon vor Ausführung des Programms feststeht (ein Ausdruck, in dem nur Konstanten auftreten, ist selbst eine Konstante). Dies ist in diesem Beispiel richtig, da wir noch keinen Weg kennen, den Wert von Variablen zur Laufzeit von „außerhalb des Programms" festzulegen, also durch eine Benutzereingabe. Damit könnten wir etwa den sich von Tag zu Tag ändernden Benzinpreis am Anfang des Programms einlesen.

Und tatsächlich ersetzt der Perl-Compiler, der das Programm ja zuerst in einen Zwischencode übersetzt, den gesamten Ausdruck schon bei der Kompilation durch eine Konstante. Man sagt, er sammele *statische* Information.

Divisionsoperatoren. Die Division mit / ist in Perl nicht ganzzahlig, d. h., der Operator / liefert eine Dezimalzahl, wenn die Division nicht aufgeht. Im Gegensatz dazu ist das Ergebnis einer Division in C ganzzahlig, wenn beide Operanden ganzzahlig sind (diese besitzen in C ja einen vorher festgelegten Typ). Das Ergebnis von $9/2$ ist in Perl also 4.5, in C aber 4.

Ein weiterer wichtiger arithmetischer Operator ist der *Modulo-Operator* „%". Im Gegensatz zum Divisionsoperator „/", der den Quotienten einer Division berechnet, liefert er den ganzzahligen Rest einer ganzzahligen Division. So ergibt $9\%2$ eine 1, denn bei der Division von 9 durch 2 ergibt sich der Rest 1. Anders ausgedrückt: $9 = 4 \cdot 2 + 1$. Das folgende Beispiel vergleicht die beiden Operatoren / und %.

———————————— DivisionsOperatoren.pl ————————————

```
1  $x=9;
2  $y=2;
3
```

```
4   $z= $x / $y; # dasselbe wie $z=4.5
5   $z= $x % $y; # $z=1   (9 / 2 = 4 Rest 1)
```
——————————————— Programm 9 ———————————————

Präzedenz, Assoziativität und Klammerung. Aus der Mathematik ist uns die Regel „Punktrechnung geht von Strichrechnung" bekannt. Damit wird ausgesagt, dass Multiplikation und Division in arithmetischen Ausdrücken eine höhere *Präzedenz* als Addition und Subtraktion haben, und dass sie somit die Reihenfolge beeinflussen, in der Operatoren in Ausdrücken ausgewertet werden. Daneben besitzen Operatoren auch noch eine *Assoziativität*. Ein Operator ist entweder *links-assoziativ* oder *rechts-assoziativ*: Stehen mehrere links-assoziative Operatoren in einer Reihe, so wird diese Reihe „von links nach rechts" ausgewertet, bei rechts-assoziativen entsprechend umgekehrt.

So wird aufgrund des links-assoziativen Multiplikationsoperators bei der Auswertung des Ausdrucks $a*$b*$c zuerst $a*$b ausgewertet, dann dieser Wert mit dem Wert von $c multipliziert.

Präzedenz und Assoziativität von Operatoren bestimmen die Auswertungsreihenfolge des gesamten Ausdrucks auf eindeutige Weise. Will nun der Programmierer diese Reihenfolge ändern, so muss er Klammern benutzen und „das zusammenklammern, was zusammengehört". Die meisten Programmiersprachen, so auch Perl, benutzen runde Klammern, um arithmetische Ausdrücke zu klammern. Das folgende Programm veranschaulicht dies.

——————————————— Mittelwert.pl ———————————————

```
1   $x=1; $y=2;
2
3   $mittelwert = ($x+$y) / 2;
4
5   print "Mittelwert von x und y: ";
6   print $mittelwert;
7   print "\n";
```
——————————————— Programm 10 ———————————————

Hier wird die Addition von $x und $y zusammengeklammert, um sie in der Auswertungsreihenfolge vor die Division durch 2 zu ziehen.

Man beachte hier darüber hinaus, dass der oben berechnete *Mittelwert* (also der *Durchschnitt* der Zahlen) keine ganze Zahl ist. Die Variable $mittelwert trägt auch tatsächlich den Wert 1.5, weil Perl keine ganzzahlige Division durchführt.

Konkatenation von Zeichenketten. Unter *Konkatenation* versteht man das Aneinanderhängen von zwei Zeichenketten (lat. „catena"=Kette). Dadurch entsteht eine Zeichenkette, die alle Zeichen der ersten, gefolgt von allen Zeichen der zweiten Zeichenkette enthält. Auf diese Weise können längere Zeichenketten aus einfachen, kurzen zusammengebaut oder in einzelnen Zeichenketten enthaltene Zeichen in einer großen zusammengefasst werden.

In Perl führt der Konkatenations-Operator „." die Stringkonkatenation durch, d. h., er bildet aus zwei Zeichenketten eine neue, indem er die beiden Ketten aneinander hängt. Dabei zerstört er die ursprünglichen Zeichenketten nicht. Er kann in Reihe verwendet werden und ist links-assoziativ. Somit erzeugt das folgende Programm aus Vorname, Leerzeichen und Nachname den vollständigen Namen des Autors.

──────────────── Konkatenation.pl ────────────────

```
1  $vorname="Joachim";
2  $nachname="Ziegler";
3
4  $name=$vorname." ".$nachname;
5  print $name."\n";
```
──────────────────── Programm 11 ────────────────────

In Zeile 4 handelt es sich dabei ebenfalls um einen Ausdruck, und zwar nicht um einen arithmetischen, sondern um einen *Stringausdruck*.

In Zeile 5 findet ebenfalls eine Konkatenation statt. Das Zeilentrennzeichen wird an den Inhalt der Variablen $name angehängt.

Substitution von Zeichenketten. Unter *Substitution* (lat. für „Ersetzung") versteht man das Ersetzen von Variablen, die in einem Stringliteral auftreten, durch deren aktuellen Wert zur Laufzeit. Wie die Konkatenation dient sie dazu, aus einfachen Zeichenketten größere zusammenzubauen. Tatsächlich ist sie nur eine komfortablere Form der Konkatentation.

In Perl werden Variablen in Stringliteralen, die von doppelten Anführungszeichen umschlossen sind, *substituiert*, d. h., sie werden durch ihren aktuellen Inhalt ersetzt. Somit bewirkt Zeile 4 in folgendem Programm genau dasselbe wie Zeile 4 im vorigen Programm.

Ebenso wird das Fluchtsymbol „\" und das unmittelbar darauf folgende Zeichen als Fluchtsequenz gedeutet. Das heißt im Falle des Zeilentrenners in Zeile 6, dass eine neue Zeile nach der Ausgabe begonnen wird.

──────────────── Substitution.pl ────────────────

```
1  $vorname="Joachim";
2  $nachname="Ziegler";
3
4  $name="$vorname $nachname";
5
6  print "Der Name des Autors ist $name\n";
7
8  print '$name\n';
```
──────────────────── Programm 12 ────────────────────

In Zeichenketten mit einfachen Anführungszeichen dagegen findet diese *Variablensubstitution* nicht statt. In ihnen verliert auch der rückwärts geneigte Schrägstrich (backslash) seinen Fluchtcharakter. Der so spezifizierte String besteht also genau aus den Zeichen zwischen den beiden einfachen Anführungszeichen. Daher druckt Zeile 8 genau die Zeichen $name\n aus. Sonst sind einfache und doppelte Anführungszeichen bei Stringliteralen völlig gleichbedeutend.

★ **Skalare Werte in Perl: Zahlen, Zeichenketten und Referenzen.** Wie wir schon in Abschn. 2.1.4 gesehen haben, sind (skalare) Variablen in Perl ungetypt, d. h., sie dürfen nach Belieben abwechselnd verschiedene Zahlen und Zeichenketten enthalten. Zahlen und Zeichenketten und die erst viel später in Abschn. 4.1 behandelten Referenzen bilden die *skalaren Werte* in Perl.

Perl legt Zeichenketten intern als Folge von Zeichen im Speicher ab. Diese dürfen beliebig lang sein und beliebige Zeichen enthalten.

Bei Zahlen, auch *numerische Werte* genannt, unterscheidet Perl selbstständig zwischen *ganzzahligen* numerischen Werten und *Fließkommawerten*. Erstere speichert es vorzeichenbehaftet im nativen Ganzzahlformat des verwendeten Rechners ab. Ist dies eine 32-Bit-Maschine, so ist die größte so darstellbare Zahl die Zahl $2^{31} - 1$, auf einer 64-Bit-Maschine ist es die $2^{63} - 1$ (dies entspricht dem C-Typ `int`). Sind die Zahlen betragsmäßig größer, oder besitzen sie Nachkommastellen, werden sie im nativen doppelt-genauen Fließkommaformat der Maschine abgespeichert (dies entspricht dem C-Typ `double`).

Perl wandelt diese drei Untertypen von skalaren Werten je nach Bedarf automatisch ineinander um. Viele Programmierer halten diesen *automatischen Cast* für eine der Hauptstärken von Perl, andere verteufeln ihn. Das folgende Programm zeigt eine solche automatische Typkonversion.

```
───────────────── AutomatischerCast.pl ─────────────────
1  $kilometer=100;
2  $meilen=$kilometer/1.609;
3  $ausgabe="$kilometer Kilometer sind $meilen Meilen\n";
4
5  print $ausgabe;
───────────────── Programm 13 ─────────────────
```

Zeile 1 erzeugt einen ganzzahligen Wert. Zeile 2 erzeugt aus diesem durch eine Division, die nicht aufgeht, einen Fließkommawert. In Zeile 3 wird der ganzzahlige Wert von `$kilometer` und der Fließkommawert von `$meilen` zuerst automatisch in eine Zeichenkette umgewandelt, die dann in eine umschließende Zeichenkette eingefügt wird.

Will man in einem Programm eine Zahl verarbeiten, so kann man sie als Zahlenwert oder aber auch als Zeichenkettenwert kodieren. Welche Kodierung man wählt, hängt davon ab, was man mit ihr tun will. Will man mit der Zahl rechnen, d. h., kommt sie in arithmetischen Ausdrücken vor (z. B. Benzinpreise), so muss sie in fast allen Programmiersprachen als Zahlenwert kodiert werden. Taucht die Zahl eher in Zeichenketten auf und wird mit ihr nicht gerechnet (z. B. Postleitzahlen), so sollte man sie als Zeichenkettenwert kodieren.

In den meisten Programmiersprachen dürfen aufgrund der Typisierung von Konstanten und Variablen Zahlenwerte und Zeichenkettenwerte in Ausdrücken nicht beliebig gemischt werden. Man kann dort also mit einer Zeichenkette nicht einfach rechnen, auch wenn ihr Inhalt eine Zahl darstellt, und umgekehrt muss eine Zahl explizit (z. B. durch Aufruf einer Funktion) in eine Zeichenkette gewandelt werden, wenn sie als Zeichenkette verwendet werden soll.

Perl dagegen behandelt Zahlen und Zeichenketten sehr flexibel. Die Grundregel lautet: Eine Zeichenkette, die eine Zahl darstellt, darf in arithmetischen Ausdrücken verwendet werden, und jede Variable, die eine Zahl trägt, wird in Zeichenketten durch die (ASCII-)Kodierung ihres Dezimalwertes substituiert.

Selbst mit einer Zeichenkette wie 66111 Saarbrücken kann in Perl gerechnet werden, auch wenn dies wirklich schlechter Stil ist. Perl extrahiert dann von links anfangend die längste Teilzeichenkette, die noch eine Zahl kodiert, und rechnet mit dieser (in diesem Falle die 66111). Das folgende Programm veranschaulicht dies.

—————————— NumerischeZeichenketten.pl ——————————
```
1  $x=66111;
2  $y='66111 Saarbrücken';
3
4  $summe1=$x+$x;
5  $summe2=$y+$y; # schlecht, aber in Perl nicht verboten
6
7  print "Summe 1: $summe1      Summe 2: $summe2\n";
```
———————————— Programm 14 ————————————

In diesem Programm stimmen beide Summen überein. Zur Berechnung der zweiten Summe wird durch die interne Darstellung mehr Speicherplatz und durch die impliziten Umwandlungen mehr Rechenzeit benötigt.

Übungen

Übung 41. Speichern Sie Ihren ersten und zweiten Vornamen und Ihren Nachnamen in 3 Stringvariablen ab, konkatenieren Sie diese und geben Sie sie aus.

Übung 42. Speichern Sie Ihren ersten und zweiten Vornamen und Ihren Nachnamen in 3 Stringvariablen ab, erzeugen Sie Ihren vollständigen Namen durch Substitution, und geben Sie diesen aus.

Übung 43. Erzeugen Sie den String "Donaudampfschifffahrtsgesellschaftskapitän" durch Konkatenation von Teilwörtern und geben Sie ihn aus.

Übung 44. Belegen Sie vier Variablen mit vier beliebigen Zahlen, berechnen Sie den Durchschnitt und geben Sie ihn aus.

2.1.6 Eingabe von skalaren Variablen

Unsere bisherigen Programme hatten im Grunde die Bezeichnung „Programm" gar nicht verdient. Warum? Weil wir keine Möglichkeit kennen, Werte von außerhalb des Programmcodes zur Laufzeit in das Programm einzugeben. Das bedeutet letztendlich, dass alle Ergebnisse unserer bisherigen Programme schon zum Zeitpunkt der Kodierung feststanden. Mit anderen Worten: Unsere bisherigen Programme haben nichts anderes als Konstanten ausgerechnet. Wir benötigen also einen Mechanismus, um Variablen zur Laufzeit mit Werten von außerhalb des Programms zu belegen.

Lesen von der Standardeingabe. Skalare Variablen können ihre Werte zur Laufzeit aus der *Standardeingabe* beziehen. Im Normalfall wartet dann das Programm auf eine Eingabe durch den Benutzer. Dieser kann in einer Eingabezeile eine Zeile von Zeichen so lange bearbeiten, bis er die Return-Taste drückt. Der Inhalt der Zeile wird dann in einen speziellen Eingabestrom – die Standardeingabe – des gerade laufenden Programms geschrieben. Diesen Eingabestrom kann ein Programm Zeile für Zeile lesen und den Inhalt einzelner Zeilen in Variablen abspeichern. In den meisten Programmiersprachen ist dazu der Aufruf einer bestimmten Funktion notwendig.

In Perl geschieht das Auslesen der Standardeingabe durch Auswerten des speziellen Konstruktes <STDIN>, das wir erst in Abschn. 3.5.2 vollständig verstehen werden. Das Konstrukt liefert die jeweils nächste Zeile der Standardeingabe.

Hier gilt es zu beachten, dass das Zeilentrennzeichen \n zu den eingegebenen Zeichen dazugehört, verursacht durch das Drücken der Return-Taste. Somit bildet es das letzte Zeichen der Zeile und daher auch der damit belegten Variablen.

Um dieses hinten noch anhängende Zeilentrennzeichen abzuschneiden, wird die chomp-Funktion verwendet. Sie schneidet das letzte Zeichen einer Zeichenkette ab, wenn es ein Zeilentrennzeichen ist; ansonsten lässt sie die Zeichenkette unverändert. Das ist insbesondere dann sinnvoll, wenn die Variable in anderen Zeichenketten wiederverwendet werden soll. Soll mit ihr nur gerechnet werden, so ist es nicht unbedingt nötig, aber dennoch guter Stil.

Das folgende Programm lässt den Benutzer seinen Namen und sein Alter eingeben. Daraus berechnet es den Maximalpuls, der bei sportlichen Aktivitäten niemals überschritten werden sollte.

──────────────── LesenDerStandardeingabe.pl ────────────────

```
1  print "Bitte Ihren Name eingeben: ";
2  $name=<STDIN>;
3  chomp $name; # Newline abschneiden
4
5  print "Bitte Ihr Alter eingeben: ";
6  $alter=<STDIN>;
7  chomp $alter; # Newline abschneiden
8
9  $maximalpuls=220-$alter;
10 print "Maximalpuls von $name beträgt $maximalpuls\n";
```

──────────────── Programm 15 ────────────────

Übungen

Übung 45. Was gibt obiges Programm aus, wenn das chomp weggelassen wird?

Übung 46. Lesen Sie einen Vornamen und einen Nachnamen in zwei Variablen ein und geben Sie aus: Hallo Vorname Nachname, schön, dass Sie da sind!, wobei Vorname und Nachname in der Ausgabe durch die eingegebenen Namen ersetzt werden sollen.

Übung 47. Schreiben Sie ein Programm, das eine Zahl einliest. Interpretieren Sie die eingegebene Zahl als eine Meilenanzahl und wandeln Sie sie nach Kilometer um. Der Umrechnungsfaktor ist $1,609$.

Übung 48. Eine Kugel mit Radius r hat das Volumen $4/3 \cdot \pi \cdot r^3$. Dabei ist π die Kreiszahl. Lesen Sie r ein und geben Sie das Volumen aus. Berechnen Sie damit das Volumen der Erde. Der Radius der Erde beträgt 6370 km.

Die ersten Ziffern der Dezimaldarstellung der Zahl π kann man sich durch folgenden englischen Merksatz einprägen, in dem die Länge jedes Wortes einer Ziffer von π entspricht:

How I wish I could enumerate Pi easily!

Übung 49. Lesen Sie eine Anzahl von Sekunden ein, und wandeln Sie sie in das Format „Stunden, Minuten, Sekunden" (h/m/s) um.

2.1.7 Benutzung von eingebauten Funktionen

Jede Programmiersprache bietet dem Programmierer mitgelieferte Funktionen zur Benutzung an. Der Reichtum einer Sprache an solchen Funktionen hat einen nicht unerheblichen Einfluss auf ihren Erfolg. Wie wir schon am Beispiel von print gesehen haben, verarbeiten Funktionen *Argumente*, die ihnen beim Aufruf mitgegeben werden.

Rückgabewerte. Viele Funktionen liefern nach Beendigung ihrer Tätigkeit einen *Funktionswert* zurück, der an der Aufrufstelle weiterverarbeitet werden kann. Wie ein Operator wird also auch eine Funktion ausgewertet, wobei ihr Wert von ihren Argumenten abhängt. Das Ergebnis des Aufrufes kann in einer einfachen Zuweisung oder einem komplexeren Ausdruck weiterverarbeitet werden.

Die Funktion length von Perl bestimmt die Anzahl der Zeichen eines Strings, also seine *Länge*. Nach Beendigung gibt sie diesen Wert zurück. Das folgende Programm verdeutlicht den Gebrauch des Funktionswertes, den diese Funktion zurückgibt. Sie berechnet die Gesamtzahl von Zeichen in einem eingegebenen Vor- und Nachnamen.

——————————— length.pl ———————————

```
1  $Name=<STDIN>;
2  chomp $Name;
3
```

```
4  $Vorname=<STDIN>;
5  chomp $Vorname;
6
7  $AnzahlZeichen = length($Name) + length($Vorname);
8
9  print "Ihr Name hat $AnzahlZeichen Buchstaben.\n";
```
———————————————— Programm 16 ————————————————

length wird in Zeile 7 zweimal aufgerufen. An jeder Aufrufstelle wird von length eine Zahl zurückgeliefert, nämlich die Anzahl der Zeichen der entsprechenden Variablen. Diese Rückgabewerte müssen dann noch addiert werden.

Abändern von Argumenten. Manche, aber bei weitem nicht alle Funktionen verändern ihre Argumente dauerhaft, d. h. über das Ende des Funktionsaufrufs hinaus. Das tun weder print noch length.

Die chop-Funktion von Perl dagegen ist ein Beispiel für eine Funktion, die ihr Argument während der Verarbeitung verändert und gleichzeitig einen Wert zurückliefert. Im Gegensatz zu chomp schneidet chop das letzte Zeichen ihres Argumentes immer ab, sei es ein Zeilentrennzeichen oder nicht. Sie liefert dieses abgeschnittene Zeichen zurück. Ihr Argument wird um ein Zeichen kürzer.

———————————————— chop.pl ————————————————
```
1  $laenge="400m";
2
3  $einheit = chop $laenge;
4
5  print "Die Leichtathletik-Bahn im Stadion ist ";
6  print "$laenge $einheit lang.\n";
```
———————————————— Programm 17 ————————————————

Hier entfernt chop das m am Ende der Variablen $laenge und liefert es zurück. Die Variable $einheit speichert das Ergebnis des Funktionsaufrufs, also das m.

Ausdrücke als Argumente von Funktionen. Argumente von Funktionen können nicht nur Konstanten oder einzelne Variablen sein, sondern auch ganze Ausdrücke, die *vor* dem Funktionsaufruf ausgewertet werden. Das Ergebnis der Auswertung wird dann der Funktion zur Bearbeitung übergeben.

Als Beispiel betrachten wir das Abschneiden von Nachkommastellen in Dezimalzahlen. Will man eine Dezimalzahl nach dem Komma abschneiden, so kann man dazu die int-Funktion benutzen, die in fast allen Programmiersprachen unter diesem oder ähnlichem Namen zu finden ist. Sie schneidet von einem numerischen Wert alle Stellen nach dem Komma ab und liefert den ganzzahligen Anteil vor dem Komma zurück.

Manchmal soll eine Zahl *genau zwei* Stellen *hinter* dem Komma abgeschnitten werden. Aus 42, 13672 z. B. soll also 42, 13 gemacht werden. (Man beachte hierbei, dass *Abschneiden* etwas anderes ist als *Runden*; Runden auf die zweite Stelle hinter dem Komma ergibt die Zahl $42,14$.) Obwohl die int-Funktion alle Stellen hinter dem Komma abschneidet, kann sie unter Zuhilfenahme einiger arithmetischer Tricks auch dazu benutzt werden, zwei Stellen hinter dem Komma abzuschneiden.

Das Verfahren arbeitet wie folgt: Zuerst schieben wir das Komma um zwei Stellen nach rechts. Dazu multiplizieren wir die zu bearbeitende Zahl mit $100 = 10^2$ (der Exponent 2 in 10^2 gibt genau die Anzahl der Stellen an, um die das Komma verschoben wird). Das macht z. B. aus der Zahl $42,13672$ die Zahl $4213,672$. Jetzt schneiden wir mittels int die Nachkommastellen ab; das ergibt die (ganze) Zahl 4213. Nun dividieren wir diese wieder durch $100 = 10^2$. Das verschiebt nämlich das Komma wieder um zwei Stellen nach links, und wir erhalten $42,13$, das gewünschte Resultat. Das folgende Programm implementiert dieses Verfahren.

——————— NachkommastellenAbschneiden.pl ———————

```
1  $zahl=<STDIN>;
2  chomp $zahl;
3
4  $abgeschnitten = int($zahl*100)/100;
5
6  print "$zahl nach der 2. Nachkommastelle ";
7  print "abgeschnitten ergibt $abgeschnitten\n";
```
——————————— Programm 18 ———————————

Das Argument von int ist hier der Ausdruck $zahl*100, der *vor* dem Aufruf ausgewertet wird, weil er in Klammern hinter dem Namen der Funktion steht. Die Division /100 gehört nicht mehr zum Argument dazu.

Klammerung von Argumenten. In Abschn. 2.1.1 wurde bezüglich der Klammerung von Funktionsargumenten beim Funktionsaufruf gesagt, dass die Klammern in Perl – im Unterschied zu anderen C-ähnlichen Sprachen[3] – bei eingebauten Funktionen weggelassen werden können. Beispielsweise haben wir print bisher immer ohne Klammern benutzt. In diesem Beispiel ist es aber unbedingt nötig, das Argument von int in Klammern zu setzen, da die Funktion sonst auf den gesamten Ausdruck $zahl*100/100 angewendet wird[4], was nicht das gewünschte Ergebnis liefert. Wir merken uns daher als Grundregel, dass es nie schaden kann, Klammern zu benutzen. Dies gilt vor allem auch im Hinblick auf andere Sprachen, wo sie zwingend sind.

Übungen

Übung 50. Was berechnet obiges Programm, wenn bei int die Klammern um das Argument weggelassen werden? Warum?

---

[3] Dort muss eine Funktion f *immer* in der Form f() aufgerufen werden.

[4] Funktionen wie int gelten in Perl eigentlich als unäre Operatoren, die eine niedrigere Präzedenz als die arithmetischen Operatoren besitzen.

Übung 51. Welcher Aufruf von `length` in Zeile 7 von Programm `length.pl` findet zuerst statt, der linke oder der rechte? Warum? Warum ist es nötig, das Argument von `length` in dieser Zeile zu klammern?

Übung 52. (Wurzelfunktion) Die eingebaute Funktion `sqrt` (engl. „*square root*" = Quadratwurzel) liefert zu einer nicht negativen Zahl die Wurzel zurück. Schreiben Sie ein Programm, das eine Zahl einliest und deren Wurzel ausgibt. Wenden Sie die Wurzelfunktion auf das Quadrat der Zahl an. Berechnen Sie auch das Quadrat der Wurzel.

Übung 53. (Runden) Lesen Sie eine (positive) Dezimalzahl ein und geben Sie sie auf 2 Stellen nach dem Komma *gerundet* wieder aus.

Hinweis: Ändern Sie obiges Programm ab, indem Sie an einer geeigneten Stelle eine geeignete Konstante addieren.

Übung 54. (Ordnungszahl) Die eingebaute Funktionen `ord` liefert zu einem Zeichen die *Ordnungszahl*, das ist die Nummer in der ASCII-Kodierung. Die eingebaute Funktion `chr` („character") macht das Umgekehrte und liefert zu einer Zahl das entsprechende Zeichen. Lesen Sie ein Zeichen ein und geben Sie den entsprechende ASCII-Wert aus und umgekehrt.

Übung[†] **55.** (Autograph) Schreiben Sie ein Programm, das seinen eigenen Quelltext Zeichen für Zeichen ausgibt, kein Zeichen mehr und keines weniger.

Hinweis: Die Lösung besteht aus nur zwei Zeilen. Eine Lösung, die darin besteht, dass das Programm seinen Quelltext aus einer Datei einliest und ausgibt, ist nicht zulässig; außerdem wird das Auslesen von Dateien erst in Abschn. 3.5.2 erläutert werden. Diese Aufgabe ist erfahrungsgemäß auch für erfahrene Informatiker sehr schwer, und es wird nicht erwartet, dass Sie sie lösen können! Daher ist sie auch mit einem † gekennzeichnet. Lassen Sie sich nicht frustrieren, wenn Sie keine Lösung finden!

2.2 Bedingte Anweisungen

Bisher sind alle unsere Programme *linear*, d. h., der Interpreter arbeitet beginnend mit der ersten Zeile alle folgenden Zeilen sukzessive ab, bis er die letzte Zeile erreicht. Danach endet das Programm. Während der Abarbeitung des Programms kommt es zu keinerlei *Verzweigung*. Derartige Programme berechnen letztendlich nichts anderes als *Formeln*, sie sind reine *Formelauswerter*. Im Grunde könnten nach Eingabe der Eingangsvariablen alle Ausdrücke und Zuweisungen in einem einzigen Ausdruck zusammengefasst und der Wert dieses Ausdrucks ausgegeben werden. So ist das folgende Programm

───────────────── `LinearesProgramm.pl` ─────────────────

```
1  $a=<STDIN>;
2  chomp $a;
3
```

```
4    $b=$a/2;
5    $c=$b+3;
6    $d=$c*7;
7    $e=$d-4;
8    $f=int($e);
9
10   print "$f\n";
```
———————————————— Programm 19 ————————————————

äquivalent zu dem viel kürzeren

———————————————— Formel.pl ————————————————
```
1    $a=<STDIN>;
2    chomp $a;
3
4    print int(($a/2+3)*7-4)."\n";
```
———————————————— Programm 20 ————————————————

Der einzige Unterschied besteht darin, dass der Perl-Compiler-Interpreter sich das Anlegen der 5 Variablen $b bis $f ersparen kann. Das macht er übrigens auch im ersten Programm, denn er erkennt in einem Optimierungsschritt, der dem eigentlichen Programmlauf vorausgeht, dass dieses Programm nichts anderes als eine Formel auswertet, in der die 5 Variablen nicht auftreten; jede dieser Variablen hängt letztlich nur von $a und bestimmten Konstanten ab.

Alle linearen Programme berechnen lediglich solche Formeln. Um aber den Kontrollfluss an bestimmten Stellen *verzweigen* zu lassen, um also auf bestimmte Situationen reagieren und unterschiedliche Ereignisse unterschiedlich behandeln zu können, werden *bedingte Anweisungen* benötigt.

2.2.1 Die einfache bedingte Anweisung

Angenommen, wir haben einen Vertrag bei einem Mobilfunkbetreiber, mit dem wir für nur 12 Cents pro Minute mit unserem Handy telefonieren können. Laut Vertrag werden uns aber im Monat mindestens 100 Gesprächsminuten angerechnet. Selbst wenn wir weniger gesprächig sind, müssen wir trotzdem mindestens 100 Gesprächsminuten bezahlen.

Wir wollen nun ein Programm schreiben, das uns bei Eingabe der Anzahl der in einem Monat abtelefonierten Minuten die Kosten dafür berechnet. Wenn wir das Ergebnis in Euro berechnen, lautet der Ausdruck zur Kostenberechnung $minuten*0.12. Dieser ist aber nur dann gültig, wenn die Variable $minuten einen Wert größer gleich 100 hat. Was machen wir aber, wenn die Variable einen kleineren Wert hat? *Wenn* sie einen kleineren Wert hat, *dann* setzen wir sie einfach auf 100, denn das ist ja die Mindestanzahl. (Man achte im vorigen Satz auf die Hervorhebung der Worte „wenn" und „dann".)

Wie führen wir diese *bedingte* Zuweisung von 100 aus? Wir benutzen dazu die *if-Anweisung*, auch *bedingte Anweisung* genannt. Diese existiert in jeder C-ähnlichen Programmiersprache. Sie prüft eine zum Schlüsselwort if (engl. für „wenn") gehörige *Aussage*, und *wenn* diese zutrifft, *dann* führt sie bestimmte Anweisungen aus, sonst nicht. Die in einer if-Anweisung verwendeten Aussagen werden auch *Bedingungen* genannt.

Die if-Anweisung prüft eine Aussage, die hinter dem Schlüsselwort if in *runden* Klammern eingeschlossen ist. Trifft diese Aussage zu (d. h., sie ist wahr), so wird ein Codeteil ausgeführt, der dahinter in *geschweiften* Klammern eingeschlossen ist. Trifft die Aussage dagegen nicht zu, so wird dieser Teil nicht ausgeführt, d. h., das Programm wird sofort mit der ersten Anweisung hinter der schließenden geschweiften Klammer fortgesetzt. Anders gesagt wird der von der Bedingung abhängige Codeteil dann *übersprungen*. Das folgende Programm zeigt eine if-Anweisung zur Berechnung der Handykosten.

––––––––––––––––––––– Handykosten.pl –––––––––––––––––––––

```
1  $minuten=<STDIN>;
2  chomp $minuten;
3
4  if($minuten < 100) {
5      $minuten = 100;
6  }
7
8  $kosten=$minuten * 0.12;
9
10 print "Deine Handykosten für diesen Monat betragen ";
11 print $kosten." Euro.\n";
```
––––––––––––––––––––– Programm 21 –––––––––––––––––––––

Die Bedingung in Zeile 4 prüft mittels des arithmetischen Vergleichsoperators „<", ob die Minutenanzahl kleiner als 100 ist.

In Perl müssen die geschweiften Klammern hinter der Bedingung immer stehen, auch wenn der Codeteil nur aus einer einzigen Anweisung besteht. Im Unterschied dazu dürfen sie in C weggelassen werden, wenn der abhängige Codeteil aus nur einer Anweisung besteht. (Dies ist eine der typischen Fehlerquellen von C. Die Fehler treten beim Erweitern einer abhängigen Anweisung um weitere Anweisungen auf, weil oft vergessen wird, die dann notwendigen Klammern einzufügen.)

Genau wie runde Klammern in arithmetischen Ausdrücken müssen auch geschweifte Klammern immer in Paaren mit je einer öffnenden und einer dazugehörigen schließenden Klammer auftreten. Der zusammengeklammerte Codeteil, auch *Block* genannt, kann durchaus mehrere Anweisungen enthalten, wie das nächste Beispiel zeigt.

––––––––––––––––––––– Handykosten2.pl –––––––––––––––––––––

```
1  $minuten=<STDIN>;
2  chomp $minuten;
3
```

```
4   if($minuten < 100) {
5     print "Du solltest noch mehr mit ";
6     print "Deinem Handy telefonieren!\n";
7     print "Du bezahlst nicht abtelefonierte Minuten!\n";
8     print "Ausserdem wollen Deine Mitmenschen darüber ";
9     print "informiert werden, was du so treibst!";
10    $minuten=100;
11  }
12
13  $kosten=$minuten * 0.12;
14
15  print "Deine Kosten für diesen Monat betragen ";
16  print $kosten." Euro.\n";
```
———————————————— Programm 22 ————————————————

Hier werden mehrere Aufrufe von print und eine Zuweisung zusammenge-klammert. Ist die Bedingung des if wahr, so wird dieser ganze Block ausgeführt, beginnend mit seiner ersten Anweisung. Ansonsten wird er vollständig übersprun-gen. Es dürfen beliebig viele Anweisungen in einem Block zusammengeklammert werden.

Klammerungsstile und Einrücken. Es ist eine Frage des Programmierstils, wohin man die geschweiften Klammern setzt, d. h., ob man jede Klammer in eine eigene Zeile setzt oder nicht und wie weit man sie nach rechts einrückt. Auf jeden Fall sollte man sie so setzen, dass man eine visuelle Hilfe beim Erkennen eines Anwei-sungsblocks erhält. Das ist insbesondere bei längeren, verschachtelten Blöcken sehr wichtig, da man sonst die Bedingungen und die von ihnen abhängigen Anweisungen nicht mehr einander zuordnen kann.

Das folgende Programm berechnet den *Absolutbetrag* einer Zahl. Dies ist der Abstand der Zahl zur Null, also die Zahl selbst, wenn sie positiv ist, sonst ihr Nega-tives (der Absolutbetrag von 42 ist 42 und der Absolutbetrag von -42 ist ebenfalls $-(-42) = 42$). In den meisten Programmiersprachen gibt es dafür eine eigene Funktion namens abs.

———————————————— Betrag.pl ————————————————

```
1   $x=<STDIN>;
2   chomp $x;
3
4   if($x<0)
5     {
6       $x=-$x;
7     }
8
9   print "Der Betrag ist $x.\n";
```
———————————————— Programm 23 ————————————————

Hier sehen wir einen anderen, sehr beliebten Klammerungsstil. Viele Programmierer setzen jede Klammer in eine eigene Zeile, wobei die schließende Klammer in derselben Spalte wie die öffnende zu stehen kommt. Andere Programmierer setzen die öffnende Klammer in dieselbe Zeile wie das if und die schließende auf dieselbe *Einrücktiefe*, in der das if steht. Die schließende Klammer sollte immer in einer eigenen Zeile gesetzt werden.

Äußerst wichtig ist es zudem, den von der Bedingung abhängigen und geklammerten Codeteil nach rechts einzurücken, um eine gute Lesbarkeit des Codes zu erzielen[5]. Bei Quelltexten, die länger als eine Bildschirmseite sind, ist es bei fehlender Einrückung nahezu unmöglich, die Bedingung zu finden, von der ein Block abhängig ist.

2.2.2 Bedingungen

Wie werden nun die Bedingungen formuliert, nach denen in einem if entschieden wird, ob der zugehörige Block ausgeführt wird oder nicht? Eine *Bedingung* ist nichts anderes als eine Aussage, die entweder wahr oder falsch ist und deren Wahrheitsgehalt (man spricht vom *Wahrheitswert*) zur Laufzeit bestimmt werden kann.

Die bisher gezeigten Beispiele waren arithmetische Aussagen: Eine Zahl (eventuell in einer Variablen gespeichert) ist kleiner als eine andere. Die Bedingungen enthalten also *Vergleichsoperatoren*, die zwei Werte miteinander vergleichen und als Wert „wahr" oder „falsch" zurückliefern. Wie die interne Kodierung dieser Wahrheitswerte aussieht und welche Vergleichsoperatoren es gibt, werden wir später in Abschnitt 2.2.7 sehen. Mit diesen Operatoren können beliebig komplexe und verschachtelte Ausdrücke miteinander verglichen werden.

Der arithmetische Gleichheitsoperator. In den meisten C-ähnlichen Programmiersprachen, so auch in Perl, testet der *arithmetische Gleichheitsoperator* „==" zwei numerische Werte auf Gleichheit. Dieser darf nicht mit dem Zuweisungsoperator „=" verwechselt werden, der der Variablen auf der linken Seite den Wert des Ausdrucks auf der rechten zuweist. In diesen Sprachen ist es ein oft schwer zu entdeckender Fehler, wenn wie im folgenden Beispiel aus Versehen eine if-Bedingung mit einem einzigen „=" kodiert wird:

—————————————— ZuweisungStattVergleich.pl ——————————————

```
1  $x=<STDIN>;
2  chomp $x;
3
4  if($x=0) { # gemeint ist: if($x==0) {...}
5    print "Die eingegebene Zahl ist 0.\n";
```

---
[5] Viele Editoren beherrschen die Einrückung sogar automatisch oder rücken eine Zeile gemäß einem voreingestellten Stil bei Drücken einer bestimmten Taste ein. Beim Emacs leistet dies die Tabulator-Taste.

```
6  }
7
8  if($x==0) { print "x ist 0.\n";}
```
—————————————————— Programm 24 ——————————————

In obigem Programm steht die Variable $x am Ende immer auf 0, obwohl das sehr wahrscheinlich gar nicht gewollt ist. Daher wird auch immer ausgegeben x ist 0. Der Perl-Interpreter liefert allerdings eine Warnung, wenn die Option -w gesetzt ist (was während der Programmentwicklungsphase, wie schon gesagt, immer der Fall sein sollte).

Übungen

Übung 56. Lesen Sie eine Zahl ein und geben Sie Zahl ist gerade aus, wenn die Zahl gerade ist. Ist sie ungerade, soll nichts ausgegeben werden. Benutzen Sie den Modulo-Operator %.

Übung 57. Lesen Sie eine Dezimalzahl ein und geben Sie Zahl ist ganz aus, wenn die Zahl keine Nachkommastellen besitzt.

Übung 58. Der Sekundenwandler aus Übung 49 hat noch einen kleinen Schönheitsfehler: bei Eingabe einer Sekundenzahl von 3661 z. B. druckt er aus: 1 Stunden, 1 Minuten, 1 Sekunden. Ändern Sie ihn so ab, dass er in solchen Fällen nur die Einzahl verwendet, also 1 Stunde, 1 Minute, 1 Sekunde.

Hinweis: Hier kann der *arithmetische Ungleichheitsoperator* „!=" von Vorteil sein, muss aber nicht verwendet werden.

Übung 59. Bauen Sie in das Programm aus Übung 52 (Wurzelfunktion) eine Warnmeldung ein. Diese soll warnen, wenn die eingegebene Zahl negativ ist. Machen Sie die Zahl in diesem Falle positiv.

2.2.3 Die bedingte Anweisung mit sonst-Teil

Die bedingte Anweisung, wie wir sie bisher kennen, lässt uns einen Block unter einer bestimmten Bedingung ausführen. Sie lässt uns jedoch nicht die Wahl zwischen zwei Alternativen, so dass wir etwa sagen könnten: „*Wenn* die Bedingung zutrifft, *dann* mache dies, *sonst* mache das".

Das wäre in Übung 58 sehr nützlich, denn dann könnten wir einfach sagen: „Wenn die Sekundenanzahl gleich 1 ist, dann drucke Sekunde, sonst drucke Sekunden".

Genau dies leistet die bedingte Anweisung mit sonst-Teil. In den meisten C-ähnlichen Sprachen ist hierzu das Schlüsselwort else (engl. für „sonst") vorgesehen, das einen alternativen Anweisungsblock hinter dem Anweisungsblock des if einleitet. Daher wird diese Anweisung auch als *if-else-Anweisung* bezeichnet.

Das folgende Programm simuliert einen Anmeldevorgang bei einem Programm. Der Benutzer, der das Programm benutzen möchte, muss zuerst seinen Namen eingeben. Das Programm begrüßt einen bestimmten Benutzer besonders freundlich, alle anderen erhalten eine Standardmeldung.

─────────────────────── else.pl ───────────────────────

```
1  $login=<STDIN>;
2  chomp($login);
3
4  if($login eq "ziegler") {
5    print "Herzlich willkommen, Herr Ziegler, es ist ";
6    print "mir eine Freude, für Sie ";
7    print "arbeiten zu dürfen.\n";
8  }
9  else {
10   print "Hallo $login\n";
11   print "Sie sollten besser Sport treiben, ";
12   print" als am Rechner zu sitzen!\n";
13 }
14
15 # das eigentliche Programm beginnt hier
16 print "Und los geht's...\n";
```
─────────────────────── Programm 25 ───────────────────────

Die if-else-Anweisung verhält sich wie die if-Anweisung, außer dass sie einen zweiten, ebenfalls in geschweiften Klammern eingefassten Anweisungsblock hinter dem Schlüsselwort else erfordert. Dieser zweite Block wird genau dann ausgeführt, wenn der erste nicht ausgeführt wird. Damit kann also auf einfache Art und Weise eine Alternative in ein Programm eingebaut werden.

Obiges Programm behandelt den Benutzer ziegler besonders zuvorkommend, während es allen anderen Benutzern vorlaute Ratschläge gibt. Hier lernen wir den *lexikographischen Gleichheitsoperator* eq (engl. „equal"="gleich") kennen, der zwei Zeichenketten auf Gleichheit testet. Er darf nicht mit dem arithmetischen Gleichheitsoperator == verwechselt werden, der zwei Zahlen auf Gleichheit testet. Mehr zum Unterschied zwischen arithmetischen und lexikographischen Vergleichen werden wir in Abschn. 2.2.8 erfahren.

Übungen

Übung 60. Lesen Sie zwei Zahlen in die Variablen $x und $y ein und prüfen Sie, ob $x größer als $y ist oder nicht.

Übung 61. Vertauschen Sie in obiger Übung die Inhalte von $x und $y, falls $x größer als $y ist. Geben Sie am Ende des Programms die Werte von $x und $y aus. Hinweis: Zwei Variablen vertauscht man in einem so genannten *Dreiertausch*. Warum heißt dieses Verfahren wohl so?

Übung 62. Ändern Sie den Meilen-Kilometer-Wandler aus Übung 47 so ab, dass dieser noch einen zusätzlichen String einliest. Ist dieser gleich km, so soll das Programm von Kilometer nach Meilen umwandeln, ansonsten umgekehrt.

2.2.4 Die bedingte Anweisung mit Mehrfachverzweigung

Die Anweisung mit sonst-Teil unterscheidet zwischen genau zwei Alternativen. Manchmal möchte man aber zwischen mehreren Alternativen unterscheiden. Dies leistet die *bedingte Anweisung mit Mehrfachverzweigung*. Zu jeder Alternative (außer eventuell der letzten) gehört dort eine Bedingung. Trifft diese zu, so wird die entsprechende Alternative ausgeführt. Dabei entspricht die Reihenfolge der Bedingungsauswertung der Reihenfolge der Bedingungen im Quelltext. Die bedingte Anweisung mit Mehrfachverzweigung kann am Ende noch einen allgemeinen sonst-Teil enthalten. Trifft keine der Bedingungen zu, so wird dieser sonst-Teil ausgeführt.

Diese Anweisung existiert nicht in jeder Programmiersprache, unter anderem deshalb, weil sie immer durch eine Kette von geschachtelten if-else-Anweisungen ersetzt werden kann. Oftmals enthalten Programmiersprachen auch ähnliche Sprachkonstrukte, wie z. B. die case-Anweisung von Pascal oder die switch-Anweisung von C. Daher wird diese Anweisung auch oft als *Switch* oder *Auswahl* bezeichnet.

In Perl wird die bedingte Anweisung mit Mehrfachverzweigung durch Erweitern des if-else-Konstruktes um das Schlüsselwort elsif gebildet. Das folgende Programm unterscheidet zwischen vier verschiedenen Benutzern und einer allgemeinen Benutzergruppe.

———————————————— elsif.pl ————————————————

```
1   $login=<STDIN>;
2   chomp $login;
3
4   if($login eq "ziegler") {
5     print "Herzlich willkommen, Herr Ziegler.\n";
6   }
7   elsif($login eq "abel") {
8     print "Sie sind passabel, Herr Abel.\n";
9   }
10  elsif($login eq "merscher") {
11    print "Guten Tag, Herr Merscher.\n";
12  }
13  elsif($login eq "petrowitz") {
14    print "Hallöchen, Frau Petrowitz.\n";
15  }
16  else {
17    print "Sie sind kein eingetragener Benutzer.\n";
18    print "Sie dürfen dieses Programm ";
19    print "leider nicht verwenden.\n";
20    exit(1);
21  }
22
23  # das eigentliche Programm beginnt hier
24  print "Und los geht's...\n";
```
———————————————— Programm 26 ————————————————

Diese *if-elsif-else-Anweisung* ist eine Erweiterung der if-else-Anweisung um beliebig viele Alternativen. Jedes `elsif` verhält sich wie ein `if`, d. h., es hat eine in runde Klammern eingeschlossene Bedingung, gefolgt von einem in geschweifte Klammern eingeschlossenen Codeblock. Trifft diese Bedingung zu, so wird der entsprechende Codeblock ausgeführt und das gesamte Konstrukt danach verlassen, d. h., der Kontrollfluss erreicht unmittelbar die erste Anweisung hinter der letzten Alternative. Trifft sie nicht zu, so wird das jeweils nächste `elsif` ausgewertet. Die Reihenfolge der Auswertung entspricht der Reihenfolge im Quelltext. Es wird höchstens eine Alternative ausgeführt (und zwar die erste), selbst wenn mehrere Bedingungen zutreffen. Wurden alle `elsifs` erfolglos abgearbeitet, so wird der Block des letzten `else` ausgeführt, falls es vorhanden ist. Dieses letzte `else` ist fakultativ, d. h., es muss – wie beim einfachen `if` – nicht verwendet werden.

Explizites Beenden eines Programms. Ein Programm endet, wenn die letzte Zeile abgearbeitet wurde oder wenn es explizit an einer bestimmten Stelle durch einen entsprechenden Beendigungsbefehl verlassen wird. Im Allg. sollte ein Programm *ausschließlich* in der letzten Zeile und nicht vorzeitig verlassen werden, weil sonst die Führung des Kontrollflusses für andere Leser des Quelltextes unübersichtlich sein kann. Anders ausgedrückt sollte der Programmierer immer bemüht sein, alle Kontrollflussmöglichkeiten in der letzten Zeile zusammenzuführen. Nur in begründeten Ausnahmefällen sollte ein Programm explizit vorzeitig verlassen werden, wie dies im obigen Programm im letzten `else`-Teil geschieht.

Das Programm benutzt die `exit`-Funktion von Perl, die ein Programm an der entsprechenden Stelle direkt beendet. Ihr Argument sollte eine ganze Zahl sein, die das Programm an den Prozess weiterreicht, der das Programm ursprünglich gestartet hat. Dies ist meist eine Shell. Unter UNIX ist es Konvention, eine 0 zurückzuliefern, wenn ein Programm ohne Schwierigkeiten bis zum Ende laufen konnte. Das geschieht auch automatisch durch den Interpreter, nachdem er die letzte Zeile bearbeitet hat (daher ist ein `exit` in der letzten Zeile meist überflüssig). Jede andere Zahl als die 0 signalisiert einen Fehler oder eine Ausnahme. So signalisiert in obigem Programm die 1, dass ein nicht berechtigter Benutzer mit dem Programm arbeiten wollte. Mit diesem Rückgabewert kann die aufrufende Shell ihrerseits Anweisungen bedingt ausführen und somit auf Ausnahmesituationen reagieren.

Übungen

Übung 63. Erweitern Sie den Meilen-Kilometer-Wandler aus Übung 62 so, dass eine zusätzliche Eingabe der Einheit `Meilen` von Meilen nach Kilometern wandelt, eine Eingabe von km dagegen von Kilometern nach Meilen, und jede andere Eingabe eine Fehlermeldung erzeugt. Benutzen Sie das `elsif`-Konstrukt.

Übung 64. Ändern Sie den Sekundenwandler aus Übung 58 so ab, dass er z. B. bei einer Eingabe von 3602 Sekunden ausdruckt: `1 Stunde, Null Minuten, 2 Sekunden`. Er soll also die Zahl 0 als Wort `Null` ausgeben. Benutzen Sie das `elsif`-Konstrukt.

2.2.5 Schachtelung von Blöcken

Wie schon gezeigt, werden Anweisungen durch geschweifte Klammern zu *Blöcken*
zusammengesetzt. Innerhalb eines if-Blocks kann durchaus ein weiterer if-Block
auftreten, in diesem wiederum ein weiterer usw. Auf diese Weise kommt es zu einer
Schachtelung (nesting). Allgemein gilt, dass Blöcke beliebig tief ineinander schach-
telbar sind.

Schachtelungen müssen stets eine *korrekte Klammerstruktur* aufweisen, d. h.,
zu jeder öffnenden muss eine entsprechende schließende Klammer existieren. „Entsprechend" bedeutet hier „in der richtigen Reihenfolge". Die exakte Definition des
Begriffes „korrekte Klammerstruktur" geht über diese Einführung hinaus, jedoch
wird Übung 104 mehr Einsicht vermitteln. Ein einfaches Verfahren sorgt dafür, dass
immer eine korrekte Klammerstruktur erzeugt wird: Der Programmierer gibt unmittelbar nach dem Eintippen einer öffnenden Klammer auch eine schließende Klammer ein; den in diese Klammern eingeschlossenen Block gibt er erst danach ein.

Im Quellcode ist stets auf *korrekte Einrücktiefe* von ineinander geschachtelten
Blöcken zu achten, damit der Programmierer selbst oder ein Außenstehender eine
visuelle Hilfestellung beim Lesen des Codes erhält.

Das folgende Programm zeigt ineinander geschachtelte Blöcke. Es schachtelt in
den sonst-Teil einer Fallunterscheidung eine weitere Fallunterscheidung hinein.

─────────────── BlockSchachtelung.pl ───────────────

```
1   $vorname=<STDIN>;   chomp $vorname;
2   $nachname=<STDIN>;  chomp $nachname;
3
4   $berechtigung=1;
5
6   if($nachname ne "Ziegler") {
7     print "Sie haben den falschen Nachnamen!\n";
8     $berechtigung=0;
9   }
10  else {
11    if($vorname ne "Joachim") {
12      print "Sie haben den falschen Vornamen!\n";
13      $berechtigung=0;
14    }
15    else {
16      print "Willkommen Joachim Ziegler\n";
17    }
18  }
19
20  if($berechtigung != 1) {
21    print "Sie dürfen dieses Programm nicht benutzen.\n";
22    exit(1);
```

```
23   }
24
25   # das eigentliche Programm beginnt hier
```
——————————————— Programm 27 ———————————————

In diesem Programm gibt es 3 verschiedene Einrücktiefen. Der äußere Block ist nicht geklammert. Er steht auf Tiefe 1. Zu ihm gehören alle Anweisungen, die in der ersten Spalte beginnen. Der Code in den Blöcken des äußeren `if-else` steht auf Tiefe 2. In das erste `else` ist ein weiteres `if-else` verschachtelt, dessen Code auf Tiefe 3 steht. Dies sind die innersten Blöcke.

Des Weiteren führt das Programm noch den arithmetischen Ungleichheitsoperator „`!=`" und den lexikographischen Ungleichheitsoperator „`ne`" ein (engl. Abk. „not equal" für „nicht gleich").

Flaggen und Boole'sche Variablen. Das Programm benutzt die Variable `$berechtigung`, um nach Prüfung des Vor- und Nachnamens zu wissen, ob der entsprechende Benutzer eine Zugangsberechtigung hat. Vor dem Namenstest wird sie auf „wahr" gesetzt, während des Tests kann sie „falsch" werden. Wir verwenden hier die 1 zur Kodierung von „wahr" und die 0 zur Kodierung von „falsch". Warum wir genau diese Konvention treffen, wird in Abschn. 2.2.7 erläutert werden.

Eine solche Variable, die nur kleine ganzzahlige Werte annimmt und an bestimmten Stellen Auskunft darüber gibt, ob bestimmte Bedingungen erfüllt sind oder nicht, nennt man *Flagge* (*flag variable*). Eine Flagge, die nur zwei Werte annimmt, wird nach dem Mathematiker *George Boole* auch als *Boole'sche Variable* bezeichnet.

Übungen

Übung 65. Lesen Sie eine Zahl ein und prüfen Sie, ob die Zahl kleiner, gleich oder größer 0 ist. Benutzen Sie dazu kein `elsif`.

Übung 66. Wie schon erwähnt, gibt es in vielen Programmiersprachen kein elsif-Konstrukt. Es kann immer durch geeignete if-else-Schachtelungen ersetzt werden. Skizzieren Sie, wie das geht.

Übung 67. Wandeln Sie den Meilen-Kilometer-Wandler aus Übung 63 in ein äquivalentes Programm ohne `elsif` um, d. h., verwenden Sie nur `if` und else.

Übung 68. (Maximum von 3 Zahlen) Lesen Sie 3 Zahlen ein und bestimmen Sie das Maximum, also die größte der Zahlen.

Übung 69. (Maximum von 4 Zahlen) Lesen Sie 4 Zahlen ein und bestimmen Sie das Maximum. Zeichnen Sie vorher einen Programmablaufplan! Machen Sie sich klar, wie aufwändig der Code für das Maximum von 5, 6, 7 Zahlen wohl ist. (Wir werden später eine Datenstruktur, das so genannte *Array*, kennen lernen, die uns diese Aufgabe wesentlich vereinfachen wird.)

Übung 70. (Median) Lesen Sie 3 Zahlen ein und bestimmen Sie den *Median*. Das ist in der arithmetisch sortierten Reihenfolge die mittlere der 3 Zahlen.

2.2.6 Ausdrücke und ihre Auswertung

Bisher waren Ausdrücke in unseren Beispielen aus Operatoren, Konstanten und Variablen aufgebaut. Die eigentliche Definition umfasst aber viel mehr: *Im Prinzip ist alles, was ausgewertet werden kann, ein Ausdruck.* Der *Wert* eines Ausdrucks ergibt sich als Ergebnis eines bestimmten Auswertungsverfahrens, das von der Programmiersprache abhängig ist. In den meisten C-ähnlichen Sprachen gilt informal ungefähr folgende Definition der Begriffe „Ausdruck" und „Auswertung":

- Der *leere Ausdruck* ist ein Ausdruck. Er besteht sozusagen aus „nichts", aus keinem Zeichen. Er hat keinen Wert.
- Eine einzelne Zahl oder Zeichenkette (also ein Literal) oder eine Variable ist schon ein Ausdruck. Ihr Wert ist sozusagen „sie selbst".
- Aus diesen Grundelementen können mit Operatoren und Klammern komplexere Ausdrücke aufgebaut werden, deren Wert sich durch *Auswertung* der Operatoren in der durch *Präzedenz* und *Assoziativität* festgelegten Reihenfolge ergibt. Spezialfälle hiervon sind Vergleiche.
- Eine Zuweisung ist ein Ausdruck. Ihr Wert ist der Wert, der der Variablen auf der linken Seite zugewiesen wird.
- Ein Funktionsaufruf ist ein Ausdruck. Das Argument des Funktionsaufrufs ist selbst ein Ausdruck. Der Wert des Funktionsaufrufs ergibt sich durch den Code der Funktion, der aus den Argumenten einen Wert berechnet und diesen zurückliefert.
- Aus Ausdrücken kann ein komplexerer Ausdruck gebaut werden, in dem sie dann als *Unterausdrücke* vorkommen. Um die Auswertungsreihenfolge in diesem Ausdruck zu steuern, können Klammern benutzt werden.

In C gilt darüber hinaus: Eine *Anweisung* ist ein Ausdruck gefolgt von einem Semikolon. In diesem Sinne sind Bedingungen z. B. in ifs keine Anweisungen, sondern Ausdrücke. In Perl kann das „*;*" hinter der letzten Anweisung eines Blocks weggelassen werden, aber es ist nicht zu empfehlen; das Einfügen dieses Zeichens bei der Erweiterung des Blocks um weitere Anweisungen wird erfahrungsgemäß leicht vergessen.

Das folgende Programm zeigt Beispiele für gültige Ausdrücke, die gemäß den obigen Regeln gebildet wurden.

––––––––––––––––––––– Ausdruecke.pl –––––––––––––––––––––

```
1  ; # leerer Ausdruck
2
3  5; # Ausdruck mit Wert 5
4  "ziegler"; # Ausdruck mit Wert "ziegler"
5
6  ((4+5)*2)/3; # Ausdruck mit Wert 6
7
8  $x=1; # Wert der Zuweisung ist 1
9
```

```
10   $b=($a=$x+2)+1; # Wert 4, Unterausdruck ($a=$x+2)
11
12   $x=$y=$z=1; # Ketteninitialisierung, Wert 1
13
14   sqrt(4); # Wert der Funktion ist 2
15
16   $c=sqrt($a*$a+$b*$b); # Wert der Zuweisung ist 5
17
18   print "Pythagoras sagt: ".$c." hoch 2 gleich ";
19   print $a." hoch 2 plus ".$b. " hoch 2\n";
20
21   $untergrenze = int(sqrt(37));
22   $obergrenze  = int(sqrt(37))+1;
23   print "Die Wurzel von 37 liegt zwischen ";
24   print "$untergrenze und $obergrenze.\n";
```
—————————————————————— Programm 28 ——————————————————————

Auf den ersten Blick sehen die Zeilen 1, 3, 4, 6 und 14 erstaunlich aus, und wir vermuten wahrscheinlich, dass der Interpreter mit einer Fehlermeldung abbricht. Das ist aber nicht der Fall, denn er kann diese Ausdrücke vorschriftsmäßig auswerten, nur werden die erzeugten Werte nicht weiter verwendet und sind somit auch überflüssigerweise erzeugt worden. Die Option -w liefert daher auch entsprechende Warnungen.

Mehrere Variablen in einer Zeile (besser: in einem Ausdruck) zu initialisieren ist möglich, weil eine Zuweisung selbst ein (Unter-)Ausdruck ist, dessen Wert weiterverarbeitet werden kann. Zudem ist der Zuweisungsoperator rechts-assoziativ. Ein solches Konstrukt heißt *Ketteninitialisierung*.

Das Argument von print in Zeile 18 ist ein Ausdruck, dessen Wert sich durch Auswertung zweier Konkatenationen ergibt. Die erste Konkatenation hängt an einen konstanten String einen variablen String an, dessen Wert sich durch Auswertung einer Variablen ergibt. Die zweite Konkatenation hängt an den so erhaltenen String einen konstanten String an. Der insgesamt erhaltene String ist das Argument von print[6].

Auch Funktionsaufrufe können beliebig tief ineinander verschachtelt sein, wie Zeile 21 und 22 zeigen. Sie und ihre Argumente können zudem durch Operatoren mit Variablen und Konstanten verknüpft sein.

★ **Typkonversion.** Wie in Abschn. 2.1.4 schon angesprochen, gibt es in getypten Programmiersprachen verschiedene Typen von Werten, z. B. ganze Zahlen, Fließkommazahlen oder Zeichen.

Im Allg. dürfen in diesen Sprachen Ausdrücke, deren Werte unterschiedlichen Typs sind, nicht einfach zu komplexeren Ausdrücken zusammengebaut werden. So kann man z. B. kein Zeichen zu einer Zahl addieren, obwohl ja jedes Zeichen einer Zahl entspricht, nämlich seiner Nummer im verwendeten Zeichensatz.

---

[6] Der Aufruf von print liefert übrigens selbst wieder einen Wert zurück, und zwar „wahr", wenn die Ausgabe erfolgreich durchgeführt werden konnte.

Manche Programmiersprachen sehen hierfür *explizite Konversionsmöglichkeiten* (auch *Casts* genannt) vor, die Werte in entsprechende Werte eines anderen Typs *konvertieren*.

Daneben gibt es auch *implizite Konversionen*, d. h., Werte werden in Ausdrücken automatisch in andere Werte umgewandelt (*automatischer Cast*). Das kann z. B. sinnvoll sein, wenn ein Wertetyp nur eine Untermenge eines anderen Typs darstellt. So gibt es z. B. in C die Typen `short` und `int` für kleine bzw. große ganze Zahlen („klein" meint hier, dass für die entsprechenden Zahlen intern weniger Bits zur Verfügung stehen und somit insgesamt auch nur kleinere Zahlen dargestellt werden können). Der Typ `short` ist eine Untermenge des Typs `int`. Addiert man nun in C einen `short` zu einem `int`, so wird intern der `short` zuerst implizit in einen `int` umgewandelt und dann addiert. Das Ergebnis der Addition ist dann vom Typ `int`.

In Perl bereiten solche Konversionen in der Regel keine Schwierigkeiten, da es hier, wie bereits mehrfach erwähnt, keine typisierten Variablen gibt und Konversionen immer implizit stattfinden. Wird eine Zahl in ihrer Darstellung als Zeichenkette gebraucht, so wird sie automatisch in eine Zeichenkette umgewandelt. Soll mit einer Zeichenkette, deren Zeichen eine Zahl darstellen, gerechnet werden, so wird sie automatisch in eine Zahl umgewandelt. Umwandlungen zwischen ganzzahligen und nicht ganzzahligen numerischen Werten geschehen ebenfalls automatisch.

2.2.7 Wahrheitswerte

Vergleichsoperatoren liefern *Wahrheitswerte*, die Werte „wahr" oder „falsch". In vielen Programmiersprachen ist dafür ein eigener Wertetyp vorgesehen. Wie schon erwähnt, werden Wahrheitswerte auch als *Boole'sche Werte* bezeichnet, und so gibt es z. B. in Java den Typ `boolean`, der die Werte `true` und `false` umfasst. Andere Programmiersprachen wie C verwenden die ganze Zahl 0 als Kodierung für „falsch" und jede andere ganze Zahl als Kodierung für „wahr". Dort liefern Vergleichsoperatoren je nach Ausgang des Vergleichs eine 0 (falsch) oder eine 1 (wahr) zurück[7]. Das hat zur Folge, dass mit diesen Wahrheitswerten wie mit ganzen Zahlen gerechnet werden kann – sie sind von einem ganzzahligen Typ.

Umgekehrt testet dort die `if`-Anweisung lediglich, ob das Ergebnis der Auswertung ihres Bedingungsausdrucks 0 ist oder nicht. Wenn nicht, wird der zugehörige Block ausgeführt. Das hat zur Folge, dass Bedingungen ganz ohne Vergleichsoperatoren formuliert werden können – sofern ein Ausdruck zu einem Wert ungleich 0 ausgewertet wird, gilt er als wahr.

Wahrheitswerte in Perl. In Perl werden Werte wie folgt als Wahrheitswerte interpretiert: Die Zahl 0, der String 0, der Leerstring und der undefinierte Wert `undef` werden als „falsch" interpretiert, jeder andere Wert als „wahr".

Wahrheitswerte werden von manchen Operatoren und Funktionen geliefert. Meistens liefern sie als Kodierung für „falsch" den Leerstring zurück, der ja als

---

[7] Das steht im Gegensatz zur UNIX-Shell, die 0 als Kodierung für „wahr" und 1 als Kodierung für „falsch" verwendet.

Zahl interpretiert für Perl eine 0 darstellt. Als Kodierung für „wahr" wird meistens die Zahl 1 zurückgeliefert. Der genaue Rückgabewert ist meist nicht wichtig. Das folgende Programm gibt einige Beispiele hierfür.

─────────────── Wahrheitswerte.pl ───────────────

```
1   $a=1;
2   if($a){ print "A";}   # wahr, da ungleich 0
3   else  { print "B";}
4
5   if(0) { print "C";}   # falsch, da 0 falsch
6   else  { print "D";}
7
8   if("0"){ print "E";}  # falsch, da "0" falsch
9   else   { print "F";}
10
11  if(""){ print "G";}   # falsch, da "" falsch
12  else  { print "H";}
13
14  if($x){ print "I";}   # falsch, da $x undefiniert
15  else  { print "J";}
16
17  if(3.1415) { print "K";} # wahr, da ungleich 0
18  else       { print "L";}
19
20  if("abel") { print "M";} # wahr, da nicht leer
21  else       { print "N";} # und nicht "0"
22
```

─────────────── Programm 29 ───────────────

Das Programm druckt „ADFHJKM" aus. Dies zeigt, welche der Alternativen aufgrund der Interpretation der Wahrheitswerte ausgewählt wurden.

Ob (bei numerischen Ausdrücken) ein knapp formulierter Test wie

```
if($a) {...}
```

einem expliziten

```
if( $a != 0 ) {...}
```

vorzuziehen ist, hängt vom zu überprüfenden Ausdruck ab. Ist der zu testende Ausdruck eine Flagge, wie etwa $berechtigung, so ist die erste Formulierung übersichtlicher. Enthält die Variable dagegen einen Wert, der aus einer längeren arithmetischen Berechnung hervorgegangen ist, so kann eine zu knappe Formulierung den Sinn verschleiern.

2.2.8 Arithmetische und lexikographische Vergleiche

Welche Operatoren können nun Wahrheitswerte liefern? Am häufigsten trifft man *Vergleichsoperatoren* an, die zwei Werte miteinander vergleichen und je nach Ausgang des Vergleiches „wahr" oder „falsch" liefern.

Hierbei unterscheidet man hauptsächlich zwischen *arithmetischen* Vergleichsoperatoren, die zwei Zahlenwerte miteinander vergleichen, und *lexikographischen* Vergleichsoperatoren, die zwei Zeichenketten miteinander vergleichen. „Lexikographisch" meint hierbei ein Vergleich Zeichen für Zeichen, beginnend mit dem ersten Zeichen. So ist z. B. die *lexikographische Sortierung* diejenige, die im Telefonbuch angewendet wird.

Alle Programmiersprachen besitzen arithmetische Vergleichsoperatoren. In den C-ähnlichen Sprachen sind dies die Operatoren == (gleich), ! = (ungleich), < (kleiner), <= (kleiner oder gleich), > (größer) und >= (größer oder gleich).

In vielen Sprachen fehlen die lexikographischen Vergleichsoperatoren; meistens stehen dort aber entsprechende Funktionen zum Vergleich von Zeichenketten zur Verfügung.

Arithmetische Vergleichsoperatoren in Perl. Perl besitzt die 6 oben schon genannten arithmetischen Vergleichsoperatoren. Diese liefern eine 1 als Kodierung von „wahr" zurück, wenn der Vergleich positiv ausgeht, sonst den Leerstring " ". Das folgende Programm vergleicht die verschiedenen arithmetischen Vergleichsoperatoren miteinander.

```
——————————— ArithmetischeVergleiche.pl ———————————
1  $x=3.000;
2  $y=3.001;
3  $z="3";
4
5  if($x == $y)   {print "A";} # gleich
6  if($x != $y)   {print "B";} # ungleich
7  if($x < $y)    {print "C";} # kleiner
8  if($x <= $y)   {print "D";} # kleiner oder gleich
9  if($x > $y)    {print "E";} # groesser
10 if($x >= $y)   {print "F";} # groesser oder gleich
11
12 if($x == $z)   {print "G";}
13 if($y != $z)   {print "H";}
————————————————— Programm 30 —————————————————
```

Die Ausgabe des Programms ist BCDGH. Hier gilt es zu beachten, dass die Variable $z in den arithmetischen Vergleichen von Zeile 12 und 13 implizit in eine Zahl, nämlich die 3, umgewandelt wird.

Lexikographische Vergleiche. Perl besitzt analog zu den 6 arithmetischen Vergleichsoperatoren die 6 lexikographischen Vergleichsoperatoren eq („equal" für „gleich"), ne (not equal), lt („less than" für „kleiner als"), le („less or equal" für

„kleiner gleich"), gt („greater than" für „größer als") und ge („greater or equal" für
„größer gleich"). Auch diese liefern eine 1 als Kodierung von „wahr" zurück, wenn
der Vergleich positiv ausgeht, sonst den Leerstring "". Das folgende Programm
vergleicht die verschiedenen lexikographischen Vergleichsoperatoren miteinander.

―――――――――― LexikographischeVergleiche.pl ――――――――

```
1   $s1="abba";
2   $s2="abbb";
3
4   if($s1 eq $s2)  {print "A";} # gleich
5   if($s1 ne $s2)  {print "B";} # ungleich
6   if($s1 lt $s2)  {print "C";} # kleiner
7   if($s1 le $s2)  {print "D";} # kleiner oder gleich
8   if($s1 gt $s2)  {print "E";} # groesser
9   if($s1 ge $s2)  {print "F";} # groesser oder gleich
10
11  $x=24;
12  $y=1111;
13
14  if($x gt $y)  {print "G";} # groesser oder gleich
```
―――――――――――――――― Programm 31 ――――――――――

Die Ausgabe des Programms ist BCDG. Hier ist zu beachten, dass die Variablen
$x und $y in dem lexikographischem Vergleich in Zeile 14 implizit in Zeichenketten umgewandelt werden und dass in dieser Sortierung der String 1111 vor dem
String 24 steht (weil das erste Zeichen lexikographisch kleiner ist)!

Übungen

Übung 71. Das folgende Programmstück druckt aus Sehr seltsam!.

```
if(10/3 != 10*(1/3) ) {
  print "Sehr seltsam!\n";
}
```

Erklären Sie die wahrlich seltsame Ausgabe. Lesen Sie dazu auch Abschn. 1.3.3 auf
Seite 35.

Übung 72. Ein in Perl besonders häufig gemachter Fehler ist von der folgenden
Art:

```
$name="Joachim";
# irgendein Code, der $name nicht verändert
# ...
if($name == "Samar") {
  print "Alter Schwede!";
}
```

Das Programm druckt aus `Alter Schwede!`, obwohl das nicht zu erwarten ist.
Erklären Sie die Ausgabe.

Übung 73. (Elementarer Taschenrechner) Lesen Sie eine Zahl, ein arithmetisches
Operatorzeichen (`+`, `-`, `*`, `/`) und eine weitere Zahl ein. Wenden Sie die entsprechende arithmetische Operation auf die beiden Zahlen an, und geben Sie das Ergebnis aus.

2.2.9 Logische Operatoren

In Abschn. 1.3.5 haben wir gesehen, wie in der Aussagenlogik aus einfachen Aussagen durch logische Verknüpfung komplexere Aussagen aufgebaut werden können.
Diese komplexeren Aussagen können als Bedingungen in bedingten Anweisungen
verwendet werden.

In den meisten Programmiersprachen existieren hierfür *logische Operatoren*. So
wird in den C-ähnlichen Sprachen das logische Oder durch „`||`" kodiert, das logische Und durch „`&&`", und das logische Nicht durch „`!`". Das Oder liefert genau
dann den der Sprache entsprechenden Wert für "wahr", wenn mindestens eine der
beiden Teilaussagen „wahr" ist, das Und, wenn beide „wahr" sind. Das Nicht ist ein
unärer Operator und liefert „wahr" genau dann, wenn die Aussage, vor der es steht,
„falsch" ist.

Diese Operatoren dienen der Vereinfachung von Kontrollstrukturen, indem sie
das Zusammenfassen von bedingten Anweisungen ermöglichen. So ist z. B. der folgende Code

```
if( $Kontostand<=0 ) {
   if( $DispoKredit==0 ) {
      print "Sie dürfen kein Geld mehr abheben";
   }
}
```

äquivalent zu dem viel kürzeren Code

```
if( $Kontostand<0 && $DispoKredit==0 ) {
   print "Sie dürfen kein Geld mehr abheben";
}
```

Ebenso kann

```
if($monat<1) {
   print "Keine gültige Monatszahl";
}
elsif($monat>12) {
   print "Keine gültige Monatszahl";
}
```

zusammengefasst werden zu dem viel kürzeren

```
if($monat<1 || $monat>12) {
  print "Keine gültige Monatszahl";
}
```

bei dem es außerdem zu keiner Codeverdoppelung kommt. (Man stelle sich vor, von dem `if` wären viel mehr Anweisungen als nur ein einziges `print` abhängig; das würde das Programm hinter dem `elsif` durch Codeverdoppelung unnötigerweise aufblähen.)

Wie die Beispiele andeuten, ist die Anwendung dieser Operatoren nicht unbedingt notwendig, aber in vielen Situationen sehr praktisch.

Logische Operatoren in Perl. Perl besitzt ebenfalls die drei Operatoren `||`, `&&` und `!`[8]. Die Präzedenz der ersten beiden Operatoren ist kleiner als die der Vergleichsoperatoren, die Präzedenz des Nicht ist höher. Das Und hat dabei eine höhere Präzedenz als das Oder. (Also hat das Nicht eine höhere Präzedenz als das Und und das Oder.)

Das hat zur Folge, dass in komplexen Bedingungen, die nur aus Und, Oder und Vergleichen bestehen, die Klammern meistens weggelassen werden können, ein Ausdruck, dessen Wahrheitswert durch „!" umgedreht werden soll, aber meistens geklammert werden muss. Im Zweifelsfalle kann man selbstverständlich immer Klammern benutzen. Hilfreich ist bei Fragen der Präzedenz auch Tabelle 2.1 auf Seite 104.

Das folgende Programm gibt Beispiele für die Anwendung der logischen Operatoren in Perl. Seine Ausgabe ist „ADFG".

──────────────── LogischeOperatoren.pl ────────────────

```
1  $x=1;
2  $y=2;
3
4  if($y<$x || $y==2) { print "A"; } # Oder (inklusiv)
5  if($y<$x && $y==2) { print "B"; } # Und
6  if(! ($x<$y) )     { print "C"; } # Nicht
7
8  if(! $x<$y )       { print "D"; }
9  if(! $x )          { print "E"; }
10
11 if(!($y<$x) && $y==2 || $x==3) { print "F"; }
12 if(!($y<$x && $y==2 || $x==3)) { print "G"; }
```

──────────────────── Programm 32 ────────────────────

Aufmerksamkeit verdient hier Zeile 8. Da das „!" eine höhere Präzedenz als das „<" hat, wird der Ausdruck `! $x` zuerst ausgewertet. Er liefert 0, wenn $x einen Wert hat, der „wahr" kodiert, sonst 1. Dieser Zahlenwert (0 bzw. 1) wird dann

─────────

[8] Hier ist darauf zu achten, diese Operatoren nicht mit den Operatoren `|` und `&` für das bitweise Oder bzw. Und zu verwecheln, die in Abschn. 4.2.1 besprochen werden.

mit $y verglichen. Das ist sehr wahrscheinlich nicht das, was der Programmierer beabsichtigte.

Mit derselben Begründung wird die Bedingung von Zeile 9 als „falsch" gewertet. Der Ausdruck ! $x wird zu 0 ausgewertet.

Abgekürzte Auswertung. Es gehört zur Spezifikation dieser Operatoren, dass der Interpreter die Auswertung eines Ausdrucks wie Bedingung1&&Bedingung2 schon dann abbricht, wenn er Bedingung1 als „falsch" erkennt. Der Gesamtausdruck kann dann nämlich nicht mehr „wahr" sein. Diese „abgekürzte Auswertungsstrategie" (*short circuit evaluation*) bricht ebenso die Auswertung von Bedingung1||Bedingung2 ab, wenn Bedingung1 als wahr erkannt wurde (der Gesamtausdruck kann dann nicht mehr „falsch" sein).

Wir werden später Beispiele sehen, in denen diese abgekürzte Auswertung nützlich ist (nämlich immer dann, wenn der zweite Ausdruck nicht mehr ausgewertet werden *soll*).

Übungen

Übung 74. Erklären Sie die Ausgabe „ADFG" des obigen Programms.

Übung 75. (Exklusives logisches Oder) Viele Programmiersprachen besitzen keinen Operator für das exklusive logische Oder. Zeigen Sie, wie dieser Operator stets durch eine Kombination von Und, inklusivem Oder und Nicht simuliert werden kann.

Übung 76. Lesen Sie drei Zahlen x, y und z ein und geben Sie DRINNEN aus, wenn y zwischen x und z liegt. Beachten Sie, dass x kleiner oder größer als z sein kann!

Übung 77. Lesen Sie drei Zahlen x, y und z ein, und geben Sie DRAUSSEN aus, wenn y nicht zwischen x und z liegt. Gibt es eine Möglichkeit, ohne ein „!" auszukommen?

Übung 78. Manchmal ist die abgekürzte Auswertung lästig, nämlich immer dann, wenn beide Teilausdrücke ausgewertet werden *sollen*. Ein Teilausdruck kann durchaus eine Funktion sein, die einen Wahrheitswert liefert. Soll diese auf jeden Fall aufgerufen werden, muss die abgekürzte Auswertung umgangen werden. Beschreiben Sie, wie das geht.

Übung 79. Durch Verwendung des „!" kann ein Codestück wie

```
if(Bedingung) { Block1 }
else          { Block2 }
```

auch ohne das else formuliert werden:

```
if(Bedingung)  { Block1 }
if(!Bedingung) { Block2 }
```

Erklären Sie, warum die erste Variante trotzdem vorzuziehen ist.

2.2.10 Übersicht über die Operatoren von Perl

Tabelle 2.1 zeigt eine Übersicht über die wichtigsten Operatoren von Perl, von oben nach unten gemäß ihrer Auswertungspräzedenz geordnet. Einige davon werden wir erst später kennen lernen.

Tabelle 2.1. Wichtige Operatoren in Perl, nach Präzedenz geordnet

Assoziativität	Operator	Beschreibung
	++	Inkrement
	--	Dekrement
rechts	**	Potenzierung
rechts	\	Referenz auf ein Objekt (unär)
rechts	! ~	Logisches Nicht, Bitweises Komplement (unär)
rechts	+ -	Unäres Plus, unäres Minus
links	=~	Matching-Operator
links	!~	Negierter Matching-Operator
links	* / %	Multiplikation, Division, Modulo
links	+ - .	Addition, Subtraktion, Konkatenation
links	>> <<	Bitweises Schieben nach rechts und links
	< > <= >=	Numerische Relation
	lt gt le ge	Lexikographische Relation
	== !=	Numerisches Gleich, Ungleich
	eq ne	Lexikographisches Gleich, Ungleich
links	&	Bitweises Und
links	| ^	Bitweises Oder (inklusiv, exklusiv)
links	&&	Logisches Und
links	||	Logisches Oder
rechts	? :	Ternärer Bedingungsoperator
rechts	= += -= *= /= .=	Zuweisung
links	, =>	Komma-Operator, Listenelement-Separator

2.2.11 Testen von Variablen auf Definiertheit

Was geschieht, wenn eine Variable, der noch kein Wert zugewiesen wurde, in einem Ausdruck benutzt wird? Die Variable ist dann *nicht initialisiert*. Die Stelle, an der einer Variablen zum ersten Mal ein Wert zugewiesen wird, heißt *Initialisierung* der Variablen.

Versehentliche Verwendung von nicht initialisierten Variablen kann zu schwerwiegenden und schwer zu entdeckenden Fehlern in Programmen führen. In C z. B. enthält eine nicht initialisierte ganzzahlige Variable eine mehr oder weniger zufällige Zahl, weil dort Variablen eine direkte physikalische Darstellung als Speicherzellen haben – die Bits der entsprechenden Speicherzellen sind noch nicht gesetzt worden, stehen also auf einem zufälligen Wert.

Es sei hier nochmals darauf hingewiesen, dass in der C-Nomenklatur der Begriff „Definition" (die Stelle, an der Speicherplatz reserviert wird) etwas anderes bezeichnet als der Begriff „Initialisierung" (die Stelle der ersten Wertzuweisung). Daher sprechen wir hier mit Absicht nicht von „undefinierten" Variablen.

Undefinierte Variablen in Perl. In Perl dagegen sind die Begriffe „Definition" und „Initialisierung" gleichbedeutend. Hier wird daher eine Variable, der noch nie ein Wert zugewiesen wurde, als *undefiniert* bezeichnet. Das folgende Programm zeigt, warum die Verwendung einer undefinierten Variablen gefährlich sein kann.

———————————— Definiertheit.pl ————————————

```
1   $nachname=<STDIN>;
2   chomp $nachname;
3
4   if($nachname eq "Abel") {
5     $vorname="Markus";
6   }
7   elsif($nachname eq "Barra") {
8     $vorname="Carsten";
9   }
10
11  $name1=$vorname." ".$nachname; #ergibt Warnung bei -w
```

———————————— Programm 33 ————————————

In diesem Beispiel ist die Definition von $name1 gefährlich, weil die Variable $vorname an dieser Stelle möglicherweise keinen definierten Wert trägt. Perl ist hier „großzügig" und wertet undefinierte Variablen, die als eine Zeichenkette verwendet werden, als Leerstring, so dass meist nicht viel Schaden entstehen kann. Eine undefinierte Variable wird bei Verwendung in einem numerischen Ausdruck zu 0 ausgewertet.

In Perl hat eine Variable, die nicht initialisiert wurde, den speziellen Wert undef. Dieser Wert unterscheidet sich von allen anderen Werten, die eine Variable annehmen kann. Er sagt aus, dass eben *nichts* über den Wert der Variablen bekannt ist, *weil* ihr noch kein Wert zugewiesen wurde. undef ist nicht dasselbe wie „leer"; ein Leerstring ist sehr wohl ein definierter Wert: In diesem Falle ist eine Information über die Variable bekannt, eben dass sie leer ist. undef bedeutet dagegen, dass keinerlei Information über die entsprechende Variable verfügbar ist.

Die Definiertheit einer Variablen lässt sich mit der Funktion defined abprüfen. Falls eine Variable definiert ist, liefert defined „wahr" zurück. Damit könnte z. B. obige Variable $name1 viel sicherer initialisiert werden:

———————————— Definiertheit.pl ————————————

```
13  if(! defined($vorname) ) {
14    $vorname="Herr/Frau";
15  }
16
17  $name2=$vorname." ".$nachname;
```

———————————— Programm 33 ————————————

Diese Definition von $name2 ist ungefährlich, weil hier die Variable $vorname immer einen definierten Wert enthält: Hat sie keinen, wird dies durch den Test erkannt, und sie erhält einen.

Zwar würde ein Test if ($vorname) ebenfalls erkennen, dass die Variable nicht definiert ist, weil ein undefinierter Wert in einem if wie ein „falsch" gewertet wird, aber dies ist auch der Fall, wenn die Variable den Leerstring enthält, was durchaus so gewollt sein kann. Daher ist der obige Test vorzuziehen.

Eine definierte Variable lässt sich mit der Funktion undef explizit undefiniert machen; es kann also so getan werden, als ob ihr noch nie ein Wert zugewiesen worden wäre.

Übungen

Übung 80. Lassen Sie obiges Programm mit und ohne den Schalter -w laufen. Erklären Sie die unterschiedliche Ausgabe.

Übung 81. Ändern Sie den elementaren Taschenrechner aus Übung 73 so ab, dass eine Division durch 0 oder eine Eingabe eines ungültigen Operators eine Warnmeldung erzeugen. Lassen Sie in diesem Fall das Ergebnis der Berechnung in der Fallunterscheidung einfach *undefiniert* und prüfen Sie dies am Ende ab.

2.3 Schleifen

Ohne eine Schleife hat der Kontrollfluss eines Programms nur eine Richtung: Abgesehen von eventuellen Verzweigungen durch bedingte Anweisungen werden die Anweisungen starr „von oben nach unten" ausgeführt und das Programm endet mit der untersten Anweisung. Der Kontrollfluss ist also *unidirektional*. Erst eine Schleife ermöglicht es, bestimmte Dinge wieder und wieder zu tun, bis ein bestimmtes Ereignis eingetreten ist, das die Schleife zur Beendigung zwingt.

Aus algorithmischer Sicht sind Schleifen eine Möglichkeit des „geregelten Rücksprungs": Das Programm betritt einen Teil, in dem es schon einmal war. Dieses Wiederholen eines bereits ausgeführten Code-Abschnitts heißt *Iteration* (lat. „iterare"=wiederholen). Iteration ist ein grundlegender Bestandteil aller nicht trivialen Algorithmen.

2.3.1 Die kopfgesteuerte Schleife (while-Schleife)

Stellen wir uns nun die Aufgabe, mit einem Programm alle ganzen Zahlen von 1 bis 1000 aufzuzählen. Sicher könnten wir ein Programm schreiben, das aus 1000 einzelnen Druckanweisungen besteht, also etwa

```
print "1\n";
print "2\n";
print "3\n";
...
```

Es wäre nicht nur sehr mühselig, dieses Programm einzugeben, es wäre außerdem ein sehr langes Programm. Der entscheidende Nachteil aber ist, dass ein solches Programm wirklich nur von 1 bis 1000 zählen könnte und sonst nichts. Was, wenn wir die Obergrenze auf 2000 heraufsetzen wollten? Wir müssten wiederum 1000 Zeilen von Hand einfügen. Diese Lösung ist unzumutbar.

Viel besser wäre es doch, eine Variable zum Zählen zu benutzen: Wir initialisieren die Variable mit 1, geben ihren aktuellen Wert aus und erhöhen sie um 1. Jetzt brauchen wir nur noch eine Möglichkeit, die letzten beiden Anweisungen immer wieder und wieder zu tun, *solange* die Variable noch kleiner oder gleich 1000 ist.

Genau dies leistet die *solange*-Schleife, fast immer als *while*-Schleife bezeichnet (engl. „while"=solange). Sie beginnt mit einer *Schleifenbedingung*, auch *Gültigkeitsbedingung* genannt. Nur wenn diese wahr ist, wird der in der Schleife enthaltene Code auch ausgeführt. Durch einfache Änderung der Obergrenze, die als Zahl in die *Schleifenbedingung* der Schleife hineinkodiert ist, können wir unser Programm dann statt bis 1000 bis 2000 zählen lassen. Da die Bedingung einer while-Schleife ganz am Anfang steht und die Ausführung steuert, nennt man diese Schleife auch *kopfgesteuert*.

Diese Schleife gibt es in allen C-ähnlichen und in fast allen anderen imperativen Programmiersprachen. Programme, die solche oder ähnliche Schleifen als einzige Möglichkeit des Rücksprungs benutzen, heißen *strukturierte* Programme, der Programmierstil, der nur solche Schleifen benutzt, *strukturierte Programmierung* (auf die verpönten direkten Sprunganweisungen, die so genannten *Gotos*, werden wir später eingehen).

Das folgende Programm zählt in Perl mit einer while-Schleife von 1 bis 1000.

```
─────────────────────── while.pl ───────────────────────
1  $zahl=1; # Initialisierung
2
3  while($zahl<=1000) {     # Schleifenbedingung
4      print $zahl."\n";    # Schleifenkoerper
5      $zahl=$zahl+1;       # Schleifenkoerper
6  }
7
8  # <- der Kontrollfluss erreicht diese Stelle
9  #      nach Abbruch der Schleife
─────────────────────── Programm 34 ───────────────────────
```

Die while-Schleife von Perl beginnt mit dem Schlüsselwort while. Es folgt eine in runde Klammern eingeschlossene *Schleifenbedingung* und ein in geschweifte Klammern eingeschlossener *Schleifenkörper*, der aus einem Block von zusammengehörigen Anweisungen besteht. Die geschweiften Klammern sind zwingend, auch wenn der Block nur eine einzige Anweisung enthält[9].

---

[9] Die Sprache C erlaubt es, die Klammern wegzulassen, wenn der Block aus nur einer Anweisung besteht. Wird der Block später um eine oder mehrere Anweisungen ergänzt, so

Erreicht der Kontrollfluss das while, wird zunächst die Bedingung ausgewertet. Ist sie wahr, so wird der Schleifenkörper ausgeführt. Danach springt der Kontrollfluss zur Bedingung zurück; die Auswertung der Bedingung und die davon abhängige Ausführung des Schleifenkörpers finden erneut statt. Der Schleifenkörper wird also so lange immer wieder ausgeführt, wie die Schleifenbedingung noch wahr ist. Ist die Bedingung irgendwann einmal bei der Auswertung falsch, springt der Kontrollfluss unmittelbar zur ersten Anweisung hinter dem Schleifenkörper.

Um die Schleife also jemals zu verlassen, d. h., um eine *Endlosschleife* zu vermeiden, muss dafür gesorgt werden, dass der Code des Schleifenrumpfes irgendwann einmal die Schleifenbedingung falsch werden lässt. Das folgende Programm enthält eine Endlosschleife, weil die Schleifenbedingung immer wahr ist, was auch immer der Benutzer an der Tastatur eingibt.

──────────────── Endlosschleife.pl ────────────────
```
1  print "Ihr Passwort: ";
2  $passwort=<STDIN>;
3  while($passwort ne "jumpingjackflash") {
4      print "Ihr Passwort: ";
5      $passwort=<STDIN>;
6  }
7
8  print "Schön, dass Sie da sind!";
```
──────────────── Programm 35 ────────────────

Hier wurde ein in Perl beliebter Programmierfehler gemacht. Können Sie ihn finden und beheben?

Übungen

Übung 82. Zählen Sie mit einer Schleife von 1000 bis 0 rückwärts. Geben Sie die einzelnen Werte aus.

Übung 83. Summieren Sie die ganzen Zahlen von 1 bis 1000. Benutzen Sie dazu eine zweite Variable, auf die Sie in jeder Iteration den aktuellen Stand der Zählvariable aufsummieren, eine so genannte *Summenvariable*.

Übung 84. Summieren Sie nur die geraden Zahlen von 1 bis 1000.

Übung 85. Lesen Sie so lange eine Zahl ein, bis der Benutzer eine nicht negative Zahl eingibt. Ziehen Sie dann daraus die Wurzel und geben Sie sie aus.

Übung 86. Simulieren Sie den Anmeldevorgang an Ihrem System: Drucken Sie aus Passwort eingeben:. Lesen Sie so lange ein Passwort ein, bis rollingstones eingegeben wurde. Nach erfolgreicher Passworteingabe drucken Sie aus: Herzlich willkommen!. Erweitern Sie danach Ihr Programm:

───────────

wird häufig vergessen, die dann notwendigen Klammern nachträglich einzufügen. Dies ist eine typische Fehlerquelle in C.

- Jeder Benutzer hat nur 3 Eingabeversuche. Sind diese erfolglos, so beendet sich das Anmeldeprogramm mit einem Fehlercode. Gesucht ist eine Lösung, die kein `if` in ein `while` schachtelt, sondern in der vielmehr die Abbruchbedingung der Schleife geschickt formuliert ist.
- Lesen Sie zuerst einen Benutzernamen, dann das Passwort ein. Der Benutzer `root` hat (aus Sicherheitsgründen) nur einen einzigen Versuch und ein eigenes Passwort. Alle anderen Benutzer haben wie zuvor 3 Versuche und dasselbe Passwort.

2.3.2 Die Zählschleife (for-Schleife)

Sehr viele Schleifen sind reine *Zählschleifen*, d. h. Schleifen, in denen mit einer *Zählvariablen* von einem Anfangswert bis zu einem Endwert (aufwärts oder abwärts) gezählt wird. Hierfür gibt es in vielen Programmiersprachen ein eigenes Konstrukt, die so genannte for-Schleife (engl. „for"=für). *Für* jeden Wert der Zählvariablen aus einer bestimmten Menge führt diese Schleife bestimmte Anweisungen aus.

Sie verändert dazu in jeder Iteration die Zählvariable, auch *Laufvariable* genannt, um einen bestimmten Wert, die so genannte *Schrittweite*. Im einfachsten Fall ist diese Schrittweite gleich 1 (aufwärts zählen) oder −1 (abwärts zählen), aber es können durchaus auch andere Schrittweiten vorkommen.

Die for-Schleife in Perl. In den C-ähnlichen Sprachen, so auch in Perl, hat die for-Schleife folgende Form:

```
for(Vorinit;Gueltigkeitsbedingung;Nachinit)
{
    Anweisungsblock;
}
```

Dabei sind Vorinitialisierung, Gültigkeitsbedingung und Nachinitialisierung *beliebige* Ausdrücke, insbesondere darf der leere Ausdruck verwendet werden. Wie beim `while` und beim `if` müssen in Perl auch hier Klammern stehen, selbst wenn der Anweisungsblock aus nur einer Anweisung besteht.

Der Vorinitialisierungsausdruck wird einmal ausgewertet, *bevor* die Schleife beginnt. In den meisten Fällen wird dort eine Zählvariable initialisiert[10]. Danach verhält sich die Schleife wie eine while-Schleife: Der Anweisungsblock wird so lange durchlaufen, wie die Gültigkeitsbedingung noch wahr ist. Diese besteht i. d. R.

---

[10] Durch Verwendung des *Komma-Operators* können auch mehrere Variablen initialisiert werden. Durch diesen Operator, den wir in dieser Einführung nicht weiter besprechen und benutzen werden, können in einer Anweisung mehrere Ausdrücke hintereinander ausgewertet werden. Er ermöglicht Anweisungen wie `$i=0,$j=1;`. Hier wird `$i` auf 0 und `$j` auf 1 gesetzt. Der Wert des Gesamtausdrucks ist der Wert des Ausdrucks am rechten Ende, hier also 1. Der Komma-Operator dient hauptsächlich dazu, in der Vor- oder Nachinitialisierung einer for-Schleife mehrere Variablen gleichzeitig zu verändern. Ob und wann das sinnvoll ist, ist eine andere Frage.

aus einem Vergleich. Zusätzlich wird *am Ende* jeder Iteration der Nachinitialisierungausdruck ausgewertet. Meistens wird dort die Zählvariable erhöht.

Das nächste Programm zeigt einige typische for-Schleifen. Die ersten beiden zählen von 1 bis 1000 aufwärts bzw. abwärts, die dritte berechnet die Summe aller dieser Zahlen.

Sie benutzen außerdem dem *Inkrement-Operator* ++: Weil es in einem Programm sehr häufig vorkommt, dass eine ganzzahlige Variable um 1 erhöht wird (z. B. beim Zählen), sehen die meisten C-ähnlichen Programmiersprachen dafür einen eigenen, unären Operator ++ vor, der die Variable, auf die er angewendet wird, um 1 erhöht (*inkrementiert*). Der Ausdruck $i++ ist äquivalent zum Ausdruck $i=$i+1. Analog dazu gibt es auch den *Dekrement-Operator* --, der die entsprechende Variable um 1 vermindert (*dekrementiert*).

—————————————————————— for.pl ——————————————————————

```perl
1  for($i=1;$i<=1000;$i++) {
2    print "$i\n";
3  }
4
5  for($i=1000;$i>0;$i--) {
6    print "$i\n";
7  }
8
9  $summe=0;
10 for($i=1;$i<=1000;$i++) {
11   $summe = $summe + $i;
12 }
13 print "Summe der Zahlen von 1 bis 1000: $summe\n";
```

————————————————————— Programm 36 —————————————————————

Diese for-Schleifen verdeutlichen, wie in Perl mit einer Zählvariablen von einem definierten Anfangswert zu einem definierten Endwert gezählt werden kann. In der Tat wird die for-Schleife vornehmlich in Zählschleifen verwendet, kann aber auch wie eine while-Schleife benutzt werden (s. Übung 87).

Übungen

Übung 87. Skizzieren Sie, wie jede for-Schleife von Perl in eine äquivalente while-Schleife umgewandelt werden kann und umgekehrt. Beachten Sie dabei, dass Vor- und Nachinitialisierung jeden gültigen Ausdruck enthalten dürfen, insbesondere gar keinen (den „leeren Ausdruck").

Übung 88. (Endlosschleife) Manchmal soll mit Absicht eine Endlosschleife konstruiert werden. Das geht z. B. mit einer for-Schleife sehr einfach. Zeigen Sie wie.

Übung 89. Bei der Deutschen Bundesbahn bezahlt ein Reisender pro gefahrenen Kilometer 0, 14 Euro. Geben Sie die Fahrtkosten für alle Entfernungen zwischen 10 und 500 km in Schritten von 10 km tabelliert aus. Benutzen Sie eine for-Schleife.

Übung 90. (Lorentz-Transformation) Nach der Relativitätstheorie nimmt die Masse eines Körpers, der sich mit der Geschwindigkeit v bewegt, gegenüber seiner Masse im Ruhezustand um den Faktor $1/\sqrt{1 - \frac{v^2}{c^2}}$ zu, wobei $c = 300000 km/s$ die Lichtgeschwindigkeit ist. (Diese Formel ist als *Lorentz-Transformation* bekannt.) Tabellieren Sie die Massezunahme für 10 (bzw. 20) verschiedene Werte von v von 0 bis c mit der Schrittweite $c/10$ (bzw. $c/20$).

Historisch gesehen waren solche Tabellierungsaufgaben der ursprüngliche Beweggrund für den Bau der ersten automatischen Rechner. Man wollte sich das mühsame Auswerten von Hand der immer gleichen Formel vereinfachen. Auch die ersten höheren Programmiersprachen (z. B. FORTRAN="Formula Translator") wurden erfunden, damit Ausdrücke wie $1/\sqrt{1 - \frac{v^2}{c^2}}$ mehr oder weniger direkt im Programmtext verwendet werden konnten. Die Übersetzung solcher Ausdrücke in Maschinensprache von Hand ist eine mühsame und fehlerträchtige Angelegenheit.

2.3.3 Bedingte Anweisungen in Schleifen

Viele Algorithmen bestehen aus einer Schleife, in der immer wieder eine oder mehrere Bedingungen abgefragt werden, von denen bestimmte Aktionen abhängig sind. Dazu schachteln sie ein oder mehrere `if`s in ein `while` oder `for`.

Betrachten wir einmal das Problem, eine Binärzahl in die entsprechende Dezimalzahl umzuwandeln. Wie wir in Abschnitt 1.3.1 gesehen haben, entspricht jede Binärziffer einer Potenz von 2. Eine 1 an der i-ten Stelle sagt uns, dass diese Stelle den Betrag 2^i zur dargestellten Zahl beiträgt. Also brauchen wir zur Umwandlung nur die Bits der Zahl von hinten nach vorne in einer Schleife zu extrahieren. Ist das aktuelle Bit 1, so müssen wir auf eine Summenvariable die aktuelle Potenz von 2 aufaddieren. Diese erhalten wir, indem wir in jeder Iteration eine entsprechende Variable immer wieder verdoppeln.

Das folgende Programm implementiert diesen Algorithmus. Es benutzt die Funktion `substr`. Diese extrahiert aus einem String einen *Substring*, also eine Teilzeichenkette. Sie erwartet drei Argumente: den String, die Position, ab der der Teilstring extrahiert werden soll, und die Länge des Teilstrings. Damit treffen wir zum ersten Mal auf eine Funktion, die mehr als ein Argument benötigt. Die Funktion `length` haben wir in Abschn. 2.1.7 auf Seite 81 schon kennen gelernt; sie bestimmt die Anzahl der Zeichen eines Strings, also seine *Länge*.

Das Programm führt weiterhin den *Zuweisungsoperator mit Inkrement* ein: Der Operator += erhöht die Variable auf der linken Seite um den Wert des Ausdrucks auf der rechten Seite. Dies ist eine so häufig vorkommende Operation, dass sie in den meisten C-ähnlichen Programmiersprachen enthalten ist. Entsprechend existieren auch die Operatoren -=, *=, /= und %=. Eine Abkürzung für Zeile 12 im folgenden Programm wäre demnach $potenz*=2.

---------------------- bin2dec.pl ----------------------

```perl
1  $bin=<STDIN>;
2  chomp($bin);
3
```

```
4   $dezimal=0;
5   $potenz=1;
6
7   for($i=length($bin)-1;$i>=0;$i--) {
8     $bit=substr($bin,$i,1); # extrahiere das i-te Bit
9     if($bit eq "1") { # wenn i-tes Bit gesetzt
10      $dezimal+=$potenz; # 2 hoch i aufaddieren
11    }
12    $potenz=$potenz*2; # Potenz aktualisieren
13  }
14
15  print "$bin binär ist $dezimal dezimal\n";
```
———————————————— Programm 37 ————————————————

Wir lesen die Binärzahl, d. h. die Folge bestehend aus 0 und 1, in den String $bin ein. Das erste Zeichen in einem String steht konventionsgemäß an Position 0; daher steht das letzte Zeichen des String $bin an Position length($bin)-1. In einer Schleife zählen wir von dieser Position aus rückwärts und extrahieren jeweils das Bit an Stelle $i mittels der substr-Funktion. Ist dieses Bit gleich 1, so addieren wir zu einer Summenvariable die aktuelle Potenz von 2 dazu[11]. Diese Potenz erhalten wir aus einer Variablen, die wir in jeder Iteration verdoppeln, so dass sie auch wirklich die entsprechende Potenz von 2 enthält.

Übungen Sie werden überrascht sein, wie viele elementare Algorithmen sich mit einer Schleife und einer in ihr enthaltenen bedingten Anweisung formulieren lassen. Die folgenden Übungen geben Beispiele für einige wichtige Algorithmen, die diese Form aufweisen.

Übung 91. Summieren Sie die geraden Zahlen von 1 bis 1000, aber nur die, die durch 7 teilbar sind.

Übung 92. Summieren Sie die geraden Zahlen von 1 bis 1000, die durch 7, jedoch nicht durch 3 teilbar sind.

Übung 93. Berechnen Sie die Summe aller geraden Zahlen zwischen 0 und 1000 und die Summe aller ungeraden und bilden Sie die Differenz. Denken Sie gut nach, *bevor* Sie beginnen.

Übung 94. Ändern Sie den elementaren Taschenrechner aus Übung 81 so ab, dass er in einer Schleife – wie ein echter Taschenrechner – immer wieder Eingaben akzeptiert, bis er sich durch Eingabe des Zeichens # (als Operand oder Operator) abschaltet.

---

[11] Hier wäre es in Perl aufgrund der impliziten Typkonversion auch möglich, das extrahierte Bit direkt als Faktor zu benutzen, etwa durch $dezimal+=$bit*$potenz. Dann könnten wir auf das if verzichten.

Übung 95. Bauen Sie in den Taschenrechner einen Potenzoperator (z. B. „**)ein. Dieser muss nur für ganzzahlige Exponenten funktionieren. Benutzen Sie nicht den in Perl eingebauten Potenzoperator **, sondern rechnen Sie die Potenzen explizit in einer Schleife aus.

Übung 96. Sie leihen sich bei Ihrer Bank einen Kredit von K Euro. Sie vereinbaren, dass Sie jedes Jahr einen Betrag von A Euro (*Annuität*) zurückzahlen und dass Ihre Restschulden jedes Jahr mit dem Prozentsatz p verzinst werden.

Schreiben Sie ein Programm, das K, A und p einliest und dann ausrechnet, wie viele Jahre lang Sie Geld an die Bank zurückzahlen müssen und wie groß der Rückzahlungsbetrag insgesamt ist. Es soll zusätzlich ausgeben, wie groß die Restschuld in jedem Jahr noch ist und wie viele Euro Sie schon an die Bank gezahlt haben.

Übung 97. (Zahlenraten, binäre Suche): Denken Sie sich eine Zahl zwischen 0 und 1000 aus und schreiben Sie ein Programm, das diese Zahl möglichst schnell errät. Das Programm soll Ihnen immer wieder eine Zahl vorschlagen und Sie fragen, ob diese Zahl die richtige ist oder ob sie zu klein oder zu groß ist, bis es die richtige Zahl gefunden hat.

Verwenden Sie dazu die *Binärsuche*: Setzen Sie zunächst zwei Variablen $ug und $og auf die Unter- bzw. Obergrenze des Suchbereiches, d. h. auf 0 bzw. 1000. Danach bestimmen Sie die Mitte des Suchbereiches. Ist die Mitte gleich Ihrer Zahl, so haben Sie sie gefunden und hören auf. Ist Ihre Zahl größer als die Mitte, so setzen Sie die Untergrenze auf die Mitte, weil die Zahl nicht mehr links von der Mitte liegen kann. (Es gibt hier sogar eine kleine Verbesserung. Sehen Sie welche?) Ist Ihre Zahl dagegen kleiner als die Mitte, so setzen Sie die Obergrenze auf die Mitte. Danach gehen Sie in eine neue Iteration. Da sich in jeder Iteration das Suchintervall halbiert, muss die gesuchte Zahl nach endlich vielen Schritten gefunden werden. Abbildung 2.2 verdeutlicht dies.

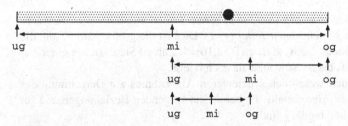

Abbildung 2.2. Zwei Iterationen von binärer Suche

Diesen Algorithmus nennt man *binäre Suche*. Woher kommt dieser Name? In jedem Schritt halbiert sich die Größe des Suchbereiches, bis er nur noch eine einzige Zahl enthält, nämlich die gesuchte Zahl (falls sie nicht schon vorher als eine Intervallmitte erkannt wurde). Wie oft kann man ein Intervall der Größe n halbieren, bis man bei einem Intervall der Größe 1 ankommt? Diese Frage ist äquivalent zu folgender Frage: Wie oft kann man die Zahl n durch 2 (ganzzahlig) teilen, bis man bei der 1 ankommt? Die Antwort liefert die Logarithmusfunktion (zur Basis 2, s. Abb. 2.11 auf Seite 136):

Merksatz: Die Zahl n kann man höchstens $1 + \log_2 n$ Mal durch 2 teilen, bis man bei 1 ankommt. Oder: Die Zahl n hat höchstens $1 + \log_2 n$ Stellen in Binärdarstellung.

Jede Iteration in obigem Verfahren erzeugt implizit eine Ziffer der Binärdarstellung der Intervallbreite n (wenn n eine Potenz von 2 ist). Eine Antwort „kleiner" impliziert eine 0, eine Antwort „größer" impliziert eine 1. (Man mache sich dies an einem Beispiel klar.) Daher stammt der Name *binäre* Suche.

Dieser Algorithmus ist *wesentlich* schneller als ein primitiver Suchalgorithmus, der einfach alle Zahlen von 0 bis 1000 der Reihe nach durchprobiert. Beinhaltet das ursprüngliche Suchintervall z. B. 1.000.000 Zahlen, so braucht man beim primitiven Suchalgorithmus im schlimmsten Fall 1.000.000 Versuche. Im besten Fall braucht man zwar nur einen Versuch (wenn die gesuchte Zahl ganz am Anfang steht), aber im Mittel 500.000. Binäre Suche dagegen benötigt niemals mehr als $1 + \log 1.000.000 \cong 21$ Versuche!

Abbildung 2.11 auf Seite 136 zeigt den gewaltigen Unterschied zwischen den beiden Funktionen $f(n) = n$ und $f(n) = \log_2 n$. Beide wachsen mit steigendem n gegen unendlich, die erste schnell, die zweite nur sehr langsam. Binäre Suche ist daher der Algorithmus der Wahl, um in *geordneten* Mengen nach einem bestimmten Element zu suchen.

Übung 98. Lesen Sie eine (Dezimal-)Zahl ein und geben Sie sie binär aus. Bauen Sie Ihr Programm auf folgenden Beobachtungen auf:

- Die letzte Ziffer einer Zahl in Binärdarstellung ist eine 1 genau dann, wenn die Zahl ungerade ist.
- Die letzte Ziffer einer Zahl in Binärdarstellung kann entfernt werden, indem die Zahl ganzzahlig durch 2 geteilt wird.

Übung 99. Lesen Sie zwei nicht negative, ganze Zahlen a und b ein und berechnen Sie den *größten gemeinsamen Teiler (ggT)*. Dies ist die größte ganze Zahl, die gleichzeitig a und b teilt. So ist z. B. ggT(12,16)=4. Zählen Sie dazu mit einer Variablen $t rückwärts, bis $t sowohl a als auch b teilt.

Es gibt auch einen wesentlich effizienteren Algorithmus zur Berechnung des ggT, den *euklidischen Algorithmus*. Er beruht auf folgenden Beziehungen, die für alle ganzzahligen a und b gültig sind:

- ggT(a,0) = a für alle a.
- ggT(a,b) = ggT(b, a modulo b) für alle a und b. („a modulo b" bezeichnet den Rest der Division von a durch b.)

Dieses Verfahren gilt als der älteste Algorithmus der Menschheit (s. hierzu [GKPa]). Der Algorithmus ist deshalb so schnell, weil sich in jeder zweiten Iteration die Größe der Zahlen halbiert. Haben die beiden Zahlen n Bits in ihrer Binärdarstellung, so braucht das Verfahren daher nur $2 \cdot \log n$ Iterationen.

Übung 100. Bestimmen Sie das *kleinste gemeinsame Vielfache (kgV)* zweier eingelesener Zahlen a und b. Dies ist die kleinste ganze Zahl, die gleichzeitig von a und b geteilt wird. So ist z. B. kgV(12,16)=48. Können Sie neben einem primitiven Verfahren auch ein effizientes finden?

Übung 101. ((3n+1)-Problem) Lesen Sie eine ganze Zahl n ein. Ist n gerade, ersetzen Sie n durch $n/2$ ansonsten durch $3n + 1$. Fahren Sie mit diesem Prozess fort. Sie werden merken, dass Sie immer bei der 1 landen (und dann in den Zyklus $1 - 4 - 2 - 1$ übergehen), egal mit welcher Zahl Sie starten. Warum das so ist, ist mathematisch ungeklärt. Es gibt auch keinen Beweis dafür, aber bisher hat niemand eine Zahl n gefunden, für die es nicht so wäre. Vielleicht finden Sie eine?

Übung 102. (Perfekte Zahl) Eine ganze Zahl heißt *perfekt*, wenn sie die Summe aller ihrer Teiler (außer sich selbst) ist. So ist z. B. 28 perfekt, denn 28=14+7+4+2+1 Schreiben Sie ein Programm, das testet, ob eine eingegebene Zahl perfekt ist.

Übung 103. Lesen Sie eine ganze Zahl ein und berechnen Sie die *Quersumme*. Das ist die Summe aller Ziffern dieser Zahl. Die einzelnen Zeichen eines Strings erhalten Sie wie in Programm 37 mit der Funktion `substr`, die Anzahl der Zeichen mit `length`.

Übung 104. (Wohlgeformtheit von Klammerstrukturen) Lesen Sie eine Klammerstruktur (z. B. {{}{}}) ein und prüfen Sie nach, ob die Struktur korrekt geklammert ist.

Wann ist eine Klammerstruktur korrekt? Er reicht nicht aus, dass zu jeder öffnenden eine schließende Klammer existiert, denn sonst wäre }}{{ auch eine korrekte Klammerung. Vielmehr darf die Anzahl der öffnenden Klammern nie kleiner als die Anzahl der schließenden Klammern sein, während der Eingabestring von links nach rechts gelesen wird, und am Ende müssen die beiden Anzahlen übereinstimmen. Dies legt einen Algorithmus nahe, der Zeichen für Zeichen der Eingabe liest und jedesmal prüft, ob noch eine korrekte Klammerstruktur vorliegen kann.

Übung 105. Lesen Sie eine (Dezimal-)Zahl ein und geben Sie sie hexadezimal aus. Erweitern Sie dazu den Algorithmus von Übung 98 auf das Hexadezimalsystem. Er arbeitet völlig analog.

2.3.4 Schleifen in Schleifen

Durchaus darf in einer Schleife wieder eine Schleife auftauchen. Viele Algorithmen benutzen solche *geschachtelten Schleifen*.

Betrachten wir zur Verdeutlichung die Aufgabe, nach Eingabe einer Zahl n ein Quadrat aus Sternen mit Seitenlänge n auszugeben. Die Ausgabe soll also wie folgt aussehen:

```
n=4
****
****
****
****
```

Dazu schachteln wir zwei for-Schleifen ineinander, die jeweils von 1 bis n zählen:

——————————————————— Quadrat.pl ———————————————————
```
1  $n=<STDIN>; chomp $n;
2
3  for($i=0;$i<$n;$i++) {
4    for($j=0;$j<$n;$j++) {
5      print "*";
6    }
7    print "\n";
8  }
```
————————————————————— Programm 38 —————————————————

Was geschieht hier? Wir benutzen eine äußere Schleife mit Laufvariable $i, um die Zeilen des Quadrats aufzuzählen. Wollen wir das Programm in natürlicher Sprache beschreiben, so können wir sagen: „*Für jede* Zeile tun wir etwas, nämlich Sterne ausdrucken". Allein der Ausdruck „für jede" legt nun schon nahe, eine for-Schleife zu benutzen. Aber was genau machen wir in jeder Zeile? Wir geben, von links nach rechts laufend, Sterne aus. Also brauchen wir noch eine for-Schleife, und zwar eine innere, die in die äußere geschachtelt ist. Diese benutzt eine zweite Laufvariable $j [12].

Es mag verwundern, dass wir von 0 bis $n - 1$ gezählt haben, statt von 1 bis n. Für die Ausgabe ist das unerheblich, es gibt allerdings einen kleinen Unterschied: Für einen Rechner ist es „natürlicher", mit der 0 zu beginnen, weil die Werte von Variablen auf unterster Ebene in Registern abgespeichert werden und der kleinste Wert eines Registers eben die 0 ist (alle Bits stehen auf 0). Die ganzen Zahlen in der Informatik beginnen daher mit der 0, nicht mit der 1.

★ **Komplexität verschachtelter Schleifen.** Während des Programmlaufes nehmen die Variablen $i und $j die Werte aller Zahlenpaare (auch *Tupel* genannt) von $(0,0)$ bis $(n - 1, n - 1)$ an. Dabei durchläuft $i die Zeilen und $j die Spalten. Bildlich gesehen ergibt dies ein Quadrat der Seitenlänge n. Jede Kombination von $i und $j entspricht einer bestimmten Position in diesem Quadrat, deren *Koordinaten* $i und $j sind (s. Abb. 2.3). Die Abbildung verdeutlicht ebenfalls, wie die Indizes laufen: Erst wenn $j am Ende einer Zeile angekommen ist, wird $i um 1 erhöht.

Es gibt insgesamt n^2 Positionen, daher führt das Programm auch insgesamt n^2 innere Iterationen durch. Diese Zahl wird bei großem n sehr groß. Verdoppelt

---
[12] Historisch bedingt ist es üblich, solche ganzzahligen Laufvariablen mit den Buchstaben i, j oder k zu benennen. Das „i" stand ursprünglich einmal für „integer", also „ganzzahlig".

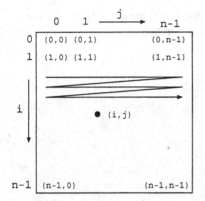

Abbildung 2.3. Zwei geschachtelte for-Schleifen

man n, so vervierfacht sich die Laufzeit. Ineinander geschachtelte Schleifen können also sehr lange Laufzeiten verursachen! Noch schlimmer wird es, wenn drei for-Schleifen ineinander geschachtelt werden. Geometrisch gesehen durchlaufen die Indizes dann einen Würfel mit Rauminhalt n^3. Abbildung 2.12 auf Seite 136 zeigt, wie schnell die Funktion $f(n) = n^2$ anwächst.

Übungen

Übung 106. Schreiben Sie ein Programm, das nach Eingabe einer Zahl n ein Dreieck aus Sternen mit Seitenlänge n wie unten abgebildet ausgibt. Schachteln Sie dazu zwei for-Schleifen ineinander. Verwenden Sie die erste Laufvariable in der Gültigkeitsbedingung der zweiten Schleife.

```
n=5
*
* *
* * *
* * * *
* * * * *
```

Übung 107. Schreiben Sie ein Programm, das nach Eingabe einer Zahl n ein Quadrat aus Sternen und X-en mit Seitenlänge n wie unten abgebildet ausgibt. Schachteln Sie dazu for-Schleifen ineinander. Überlegen Sie sich, wie die Koordinaten der Sterne lauten. Trennen Sie mit einem if-else in der inneren Schleife die Sterne von den X-en.

```
n=5
X****
XX***
XXX**
XXXX*
XXXXX
```

Übung 108. Schreiben Sie ein Programm, das nach Eingabe einer Zahl n ein nach rechts gerichtetes, gleichschenkliges Dreieck aus Sternen (s. u.) ausgibt, das die Höhe n besitzt.

```
n=5
*
* *
* * *
* * * *
* * * * *
* * * *
* * *
* *
*
```

Übung 109. Geben Sie obiges Dreieck mit der Spitze nach unten aus.

Übung 110. (Stringmatching) Lesen Sie zwei Zeichenketten ein, und testen Sie, ob die zweite Zeichenkette als Teilzeichenkette in der ersten Kette vorkommt. Benutzen Sie dabei *nicht* die eingebaute `index`-Funktion, die genau dies leistet, sondern denken Sie sich selbst ein Verfahren aus: „Schieben" Sie die zu suchende Zeichenkette über die erste Zeichenkette, bis sie an allen Stellen übereinstimmt oder bis das Ende erreicht ist.

Die in Perl eingebaute `index`-Funktion sucht bei einem Aufruf `index $a, $b` nach dem String `$b` im String `$a`. Sie liefert die Position des Zeichens, ab der eine Übereinstimmung beginnt, bzw. die `-1`, wenn `$b` in `$a` nicht vorkommt.

2.3.5 Durchforsten der Standardeingabe

Viele Programme bearbeiten Dateien, indem sie sie Zeile für Zeile einlesen und jede Zeile einzeln bearbeiten, um daraus Informationen zu extrahieren oder die Zeilen gemäß einer bestimmten Vorschrift umzuformen und danach wieder auszugeben. In diesem Sinne steht auch der Name „Perl" für „Practical Extracting and Reporting Language", also übersetzt etwa „praktische, (Informationen) extrahierende und (aufgrund dieser Informationen) Berichte erstellende Sprache". Beispiele hierfür sind Programme, die in einer Datei die Anzahl der Worte zählen (d. h. Informationen extrahieren) oder die die Log-Datei eines Servers durchforsten, um herauszufinden, wer wann worauf zugegriffen hat (d. h. Berichte erstellen).

Das folgende Konstrukt – das uns immer wieder begegnen wird – liest Zeile für Zeile aus der Standardeingabe, bis die Standardeingabe leer ist, und druckt jede eingelesene Zeile sofort wieder aus. Es ist somit eine Kurzversion des UNIX-Kommandos `cat`.

———————————— cat.pl ————————————

```
1  #!/usr/bin/perl
2
```

```
3  while($zeile=<STDIN>) {
4    print $zeile;
5  }
```

———————————————— Programm 39 ————————————————

Die Zuweisung innerhalb des while speichert die jeweils nächste Zeile der Standardeingabe in der Variablen $zeile. Als Zeile gilt eine Folge von Zeichen einschließ-
lich eines Zeilentrennzeichens am Ende.

Die Standardeingabe wird leer, wenn alle Zeilen gelesen wurden. Ist die Standard-
eingabe leer, so wird die Variable $zeile in der Schleifenbedingung, die hier eine
Zuweisung ist, auf undef gesetzt. Dieser Wert wird als Wert der Zuweisung in der
Schleifenbedingung als „falsch" interpretiert und die Schleife wird verlassen.

Diese Form einer Schleife ist das Standardkonstrukt von Perl zum zeilenweisen
Durchforsten einer Datei.

Programme mit Daten füttern. Obiges Programm kann auf verschiedene Arten
mit Daten gefüttert werden.

Im Normalfall wird die Standardeingabe von der Tastatur bezogen. Dazu wird
einfach das Programm aufgerufen, und die entsprechenden Zeichen werden auf der
Tastatur eingegeben. Jede einzelne Zeile wird durch Drücken der Return-Taste beendet. Um das Ende der Eingabe festzulegen, muss mit der Tastatur ein End-of-
File-Zeichen (EOF) erzeugt werden. Das geschieht unter UNIX durch Drücken der
Tastenkombination CTRL-D (dieses Zeichen gehört *nicht* mehr zur letzten Zeile
dazu). Unter MS-Windows leistet dies die Tastenkombination CTRL-Z.

Ein Prozess kann seine Standardeingabe auch aus einer Datei beziehen. Dies
geschieht unter UNIX und MS-Windows durch das „<"-Symbol der Shell:

```
$ cat.pl < meine_datei.txt
```

Eine andere Möglichkeit besteht darin, die Datei mittels des cat-Kommandos auszugeben und diese Ausgabe durch den Pipe-Mechanismus umzulenken. Durch ihn
wird die Ausgabe, die ein Prozess erzeugt, statt auf das Terminal in die Eingabe
eines anderen Prozesses umgelenkt. Dazu benutzt UNIX das Pipe-Symbol „|":

```
$ cat meine_datei.txt | cat.pl
```

Unter MS-Windows kann hier das type-Kommando benutzt werden:

```
C:\> type meine_datei.txt | perl cat.pl
```

Übungen

Übung 111. Warum bricht die Schleife im Programm cat.pl nicht ab, wenn gerade eine Leerzeile gelesen wurde? Der leere String wird schließlich als „falsch"
gewertet!

Übung 112. (UNIX-Dienstprogramm wc) Lesen Sie die Standardeingabe und zählen
Sie die Zeilen und die Zeichen.

Übung 113. (Einfache Verschlüsselung) Eine einfache Verschlüsselungstechnik arbeitet wie folgt: In dem zu verschlüsselnden Text (*Klartext* genannt) ersetzt man jeden Buchstaben durch den nächsten im Alphabet, wobei das „z" durch das „a" ersetzt wird. Dies erzeugt einen *Schlüsseltext*. Der *Schlüssel* ist hier die Zahl 1, weil jeder Buchstabe um eine Stelle im Alphabet nach vorne rückt. Allgemein kann als Schlüssel jede ganze Zahl genommen werden, um die die Buchstaben im Alphabet nach vorne geschoben werden. So wird z. B. der Klartext „zucker" bei Verwendung des Schlüssels 2 zum Schlüsseltext „bwemgt,, verschlüsselt.

Schreiben Sie zwei Programme zur Ver- und Entschlüsselung und wenden Sie diese hintereinander auf eine Datei an. Verwenden Sie die eingebauten Funktionen ord und chr, um aus Zeichen Zahlen zu machen und umgekehrt. ord liefert zu einem Zeichen die *Ordnungszahl*, das ist die Nummer in der ASCII-Kodierung; chr macht genau das Umgekehrte.

2.4 Arrays

Bisher haben wir nur skalare Variablen kennen gelernt, d. h. Variablen, die *nur einen* Wert aus einem bestimmten *Wertebereich* beinhalten können. Diese Beschränkung auf nur einen Wert ist für anspruchsvollere Programme zu groß, in denen fast immer ·*Mengen* von gleichartigen Werten verwaltet werden müssen.

Dieser Abschnitt gibt eine Einführung in den wichtigsten *nicht skalaren* Variablentyp, das so genannte *Array*. Das Array ist das erste und einfachste Beispiel für eine *Datenstruktur*.

2.4.1 Arrays im Gegensatz zu Listen

In Übung 69 haben wir ein Programm geschrieben, das das Maximum von 4 Zahlen berechnet. Der Lösungsansatz bestand daraus, jede Zahl in einem eigenen Vergleich mit der bisher größten gefundenen Zahl zu vergleichen. Dadurch hatte das Programm schon recht viele Zeilen. Wie lang muss erst ein Programm sein, das das Maximum von 100 Zahlen berechnet! Wir brauchen dort mindestens 100 Zeilen, eine für jeden Vergleich. Außerdem können wir mit diesem Lösungsansatz immer nur eine vorher festgelegte Anzahl von Zahlen verarbeiten. Was aber, wenn wir im Vorhinein gar nicht wissen, wie viele Zahlen wir durchsuchen müssen?

Unser Lösungsansatz liefert deshalb so lange und unflexible Programme, weil wir mit unseren bisherigen Mitteln nicht sagen können „Dies ist meine erste Variable aus einer bestimmten Menge, dies ist meine zweite usw." oder etwa „lies jetzt den Inhalt der 17. Variablen" oder noch flexibler „lies den Inhalt der Variablen mit der Nummer i (wobei i selbst wieder variabel ist)". Die Reihenfolge, in der wir Variablen in unserem Programm ansprechen, ist durch deren Stellung im Programmtext von vornherein starr festgelegt.

Können wir dagegen die Variablen so nummerieren, dass wir sie über ihre Nummer, auch *Index* genannt, ansprechen können, wird die Aufgabe ganz einfach: Wir laufen alle Zahlen der Reihe nach durch (indem wir den Index laufen lassen) und merken uns jeweils die größte bisher gesehene. Dann haben wir am Ende das Maximum aller Zahlen bestimmt.

Arrays. Es wäre also wünschenswert, Variablen mit einem *Index*, also einer Nummerierung, zu versehen, so dass wir auf sie in beliebiger Reihenfolge zugreifen können. Genau dies leistet ein *Array*.

Ein Array, auch *Feld* oder *Vektor* genannt, ist eine Menge von Variablen, die alle denselben Namen haben und über einen Index angesprochen werden können. In den meisten Programmiersprachen müssen die Indizes nicht negative, ganze Zahlen sein. Die Indizierung der Variablen beginnt also in der Regel bei 0. Arrays dienen zum Abspeichern von Mengen, deren Elemente eine Reihenfolge aufweisen.

In den meisten Programmiersprachen haben Arrays eine direkte physikalische Darstellung im Hauptspeicher, nämlich als ein zusammenhängender Bereich von Bytes. Das macht das Array zu einer extrem schnellen Datenstruktur, denn der Zugriff auf einen bestimmten Eintrag über einen Index erfordert praktisch keine Rechenzeit. Dafür muss aber der Nachteil in Kauf genommen werden, dass Arrays nicht dynamisch erweiterbar sind, d. h., vor Benutzung des Arrays muss angegeben werden, wie viele Bytes es enthalten soll, und es muss peinlich genau darauf geachtet werden, dass nicht auf Werte außerhalb der *Array-Grenzen* zugegriffen wird, weil dort ungültige Daten gelesen oder gültige Daten eines anderen Arrays überschrieben werden könnten.

Das Einfügen bzw. Löschen von Werten in einem Array ist eine aufwändige Operation: Durch Umkopieren muss Platz geschaffen bzw. die übrig gebliebenen Einträge zusammengerückt werden.

Abbildung 2.4 zeigt ein Array mit 6 Einträgen, den 6 kleinsten Primzahlen. Dieses Array beginnt an Speicherstelle 1000.

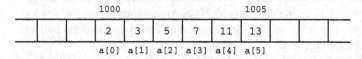

Abbildung 2.4. Ein Array mit 6 Einträgen

★ **Listen.** Im Gegensatz zu einem Array ist eine (verkettete) *Liste* eine dynamische Datenstruktur, die Einfügen und Löschen von Elementen mit konstant vielen Operationen erlaubt, d. h., es ist kein zeitaufwändiges Umkopieren von Einträgen nötig, und alle Einfüge- und Löschoperationen dauern nahezu gleich lang. Das liegt daran, dass die einzelnen Elemente wie in einer *Kette* hintereinander liegen, in der ein einzelnes Glied leicht eingeschoben oder entfernt werden kann.

Listen haben keine direkte physikalische Darstellung im Speicher, sondern müssen durch komplexere Datenstrukturen realisiert werden. Daher verbrauchen sie in der Regel auch mehr Platz als Arrays. Auf einzelne Listenelemente kann in der

Regel nicht durch einen Index zugegriffen werden. Soll ein bestimmtes Listenelement ausgelesen werden, so muss sich das Programm vom Kopf der Liste aus bis zu dem gesuchten Element „durchhangeln".

Abbildung 2.5 zeigt eine Liste mit 6 Elementen. In Abschn. 4.5.4 werden wir mehr über (verkettete) Listen und ihre Implementierung erfahren.

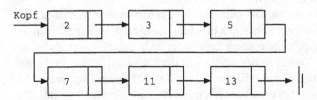

Abbildung 2.5. Eine (verkettete) Liste mit 6 Elementen

★ **Die Begriffe „Array" und „Liste" in Perl.** Leider werden im Sprachgebrauch von Perl die Begriffe „Array" und „Liste" anders benutzt als im Rest der Informatikliteratur. In Perl bezeichnen beide Begriffe denselben, fest in die Sprache eingebauten Typ. Perl definiert jedoch wie folgt einen subtilen Unterschied zwischen „Liste" und „Array":

Eine Perl-Liste ist eine geordnete Menge einer unveränderlichen Anzahl von Werten, die z. B. zur Initialisierung von (Array-)Variablen benutzt werden kann. Eine Perl-Liste ist demnach ein Wert, keine Variable.

Ein Perl-Array dagegen ist eine Variable, deren Wert eine Liste ist. Es kann vergrößert werden, z. B. durch Hinzufügen und Wegnehmen von Elementen am Anfang und am Ende.

Eine Perl-Liste würde also in der üblichen Informatik-Nomenklatur als Array bezeichnet werden, wohingegen ein Perl-Array als Liste bezeichnet würde. Umgekehrt ist jede „normale" Liste in Perl mit Hilfe eines Arrays simulierbar, da, wie wir in Abschn. 4.5.4 sehen werden, in Perl-Arrays auf einfache Weise an einer beliebigen Stelle ein Wert eingefügt oder gelöscht werden kann.

Manchmal jedoch findet sich auch in der üblichen Informatikliteratur der Ausdruck „Liste" für eine feste, geordnete Menge von Werten, was eigentlich als „Array" bezeichnet werden sollte.

Um nicht noch mehr Verwirrung zu stiften, einigen wir uns darauf, dass in Perl die Begriffe „Liste" und „Array" (fast) dasselbe meinen und benutzen im Folgenden den Begriff „Array" in dem in der Programmiersprachen-Literatur üblichen Sinne, also im Sinne von Abb. 2.4. Unter einer „Liste" verstehen wir dagegen eine feste, geordnete Ansammlung von Werten. Sollten wir dennoch den expliziten Unterschied im Sinne von Perl benötigen, werden wir das Präfix „Perl-" benutzen.

2.4.2 Initialisierung von Arrays und Zugriff auf einzelne Elemente

Auf einzelne Array-Variablen wird in den meisten Programmiersprachen mit Hilfe des *Subskript-Operators* [ ] zugegriffen. In den eckigen Klammern steht ein Ausdruck, der zu einer ganzen Zahl, dem so genannten *Index*, ausgewertet wird. Dies muss in der Regel eine ganze, nicht negative Zahl sein, die Nummer des anzusprechenden Array-Elementes. Das erste Element hat somit die Nummer 0.

Meistens gibt es auch eine Möglichkeit, ein Array mit einer ganzen Liste von Elementen auf einmal zu belegen (*Array-Initialisierung*).

Das folgende Programmfragment initialisiert ein Array in Perl mit 4 Benutzernamen. Es könnte z.B. in einer Benutzerverwaltung ein Rolle spielen, bei der dynamisch, d.h. nach Start des Programms, neue Benutzer hinzukommen können. Danach greift es auf einzelne Array-Elemente zu und gibt sie aus.

─────────────── ArrayInitialisierung.pl ───────────────

```
1  @benutzer = ("abel", "paulus", "merscher", "barra");
2
3  print $benutzer[0]."\n"; # druckt 'abel'
4  print $benutzer[1]."\n"; # druckt 'paulus'
5  print $benutzer[2]."\n"; # druckt 'merscher'
6  print $benutzer[3]."\n"; # druckt 'barra'
```

──────────────────── Programm 40 ────────────────────

In Perl beginnen Array-Variablen immer mit einem @. Auf die einzelnen Elemente eines Arrays wird mit einem $ vor dem Array-Namen und einem gültigen Index in eckigen Klammern zugegriffen. Das $ signalisiert, dass die einzelnen Elemente eines Arrays gewöhnliche skalare Perl-Variablen sind. Somit kann ein Array auch Elemente unterschiedlichen Typs speichern, was in anderen Programmiersprachen meist nicht möglich ist.

Das Array wird hier durch Zuweisung einer Perl-Liste mit 4 Elementen initialisiert. Perl-Listen werden durch Einklammern von beliebigen Ausdrücken mit runden Klammern erzeugt. Die Ausdrücke sind dabei durch ein Komma voneinander zu trennen. So erzeugt z.B. der Ausdruck ($a, $b, 'margarete') eine Liste mit 3 Elementen, deren Wert aus den aktuellen Belegungen der Variablen $a und $b und der Konstanten margarete besteht. Perl-Listen werden hauptsächlich dazu benutzt, um Perl-Arrays zu initialisieren. Die Liste in Zeile 1 ist nichts anderes als ein *Array-Literal*, also die Kodierung einer Array-Konstanten.

Als Nächstes nimmt das Programm drei weitere Benutzer auf:

─────────────── ArrayInitialisierung.pl ───────────────

```
8   $benutzer[4]="margarete";
9   $i=4;
10  $benutzer[$i+1]="petrowitz"; # Indexarithmetik
11  $benutzer[4711]="ziegler";
12  $benutzer[1]="breuser";
```

──────────────────── Programm 40 ────────────────────

Der 5. Benutzer wird durch Angabe eines Index spezifiziert, der bisher noch nicht vergeben wurde. Der Index des 6. Benutzers ergibt sich durch Auswertung eines

Ausdrucks. Die Indizes müssen also nicht konstante Zahlen sein, sondern sie dürfen sich durchaus durch *Indexarithmetik* ergeben.

Danach nimmt es einen 7. Benutzer auf, dessen Index weit hinter dem bisher letzten Index liegt, was in anderen Sprachen nicht ohne weiteres möglich wäre. Während nämlich in anderen Programmiersprachen *vor Benutzung* eines Arrays gesagt werden muss, wie viele Elemente es enthält, kann in Perl ein Array-Eintrag zur Laufzeit einfach durch Verwenden eines bestimmten Index definiert werden. Array-Einträge, die noch nie einen Wert erhalten haben, sind *undefiniert.* Dies ist beim Index 4711 zum Zeitpunkt der Zuweisung der Fall. Das Array wird dann automatisch vergrößert; die Elemente zwischen dem Index 5 und 4711 sind dann undefiniert.

Danach überschreibt das Programm den Inhalt des Elementes mit dem Index 1. Es handelt sich bei den einzelnen Elementen wie schon erwähnt um gewöhnliche skalare Variablen [13].

Als Nächstes legt das Programm eine Kopie des Arrays an:

─────────────── ArrayInitialisierung.pl ───────────────

```
14   @benutzerkopie=@benutzer; # Kopie anfertigen
15   $benutzerkopie[0]="lay";
16   # 2 verschiedene Variablen mit 2 verschiedenen Werten:
17   print $benutzerkopie[0]." ".$benutzer[0]."\n";
18
19   $benutzer="nicola"; # hat nichts mit @benutzer zu tun
20   $benutzer0="bela";  # hat nichts mit $benutzer[0] zu tun
```
──────────────── Programm 40 ────────────────

In einer zweiten Array-Variablen liegt nun eine exakte Kopie des ersten Arrays. Die einzelnen Variablen dieser Kopie, d. h. die Array-Elemente des kopierten Arrays, sind völlig unabhängig von den ursprünglichen. Sie werden beim Kopieren lediglich mit den ursprünglichen Werten belegt.

Die letzten beiden Zeilen machen klar, dass zum Array wirklich nur diejenigen Variablen dazugehören, die mit $benutzer beginnen und bei denen dann ein Subskript-Operator [ ] mit einem Index folgt. Die letzten beiden Zuweisungen verändern also das Array @benutzer nicht.

Zulässige Indizes und Elementanzahl. In den meisten Programmiersprachen muss bei Indexarithmetik jeder Index zu einer nicht negativen, ganzen Zahl auswertbar sein. Perl dagegen schneidet bei einem nicht ganzzahligen Index automatisch die Nachkommastellen ab. Das macht die Array-Behandlung in Perl sehr flexibel. Außerdem dürfen negative Indizes verwendet werden. Sie beziehen sich dann auf die Array-Einträge „von hinten" gesehen. So würde z. B. der Ausdruck $primzahl[-1] nach der Zuweisung von Zeile 1 im folgenden Programm zu 13 ausgewertet werden.

─────────────────────

[13] Weil sich auf diese einfache Weise dynamisch Elemente hinzufügen lassen, können Perl-Arrays in Analogie zu anderen Programmiersprachen wie schon erwähnt auch als Listen bezeichnet werden. Dies ist leider recht verwirrend.

Oft ist es wichtig, die Anzahl der Elemente eines Arrays @a zu bestimmen, z. B. um nicht über den größten zulässigen Index hinaus auf ein Element zuzugreifen. In manchen Sprachen gibt es dazu Funktionen, die zu einem Array seine Länge liefern, in anderen muss sich das Programm die Länge in einer eigenen Variablen selbst merken.

In Perl liefert der Ausdruck $#a den größten Index aller Elemente im Array $a. Daraus leitet sich die Anzahl der Elemente ab. Sie ist stets um 1 größer als der größte Index, da die Zählung bei 0 beginnt. Das folgende Programm zeigt, wie diese Konstrukte verwendet werden.

—————————————— ArrayIndizes.pl ——————————————

```
1  @primzahl=(2,3,5,7,11,13);
2
3  $groessterIndex = $#primzahl;
4  $AnzahlElemente = $groessterIndex + 1;
5
6  print "Das Array hat $AnzahlElemente Elemente.\n";
7  print "Der größte Index ist $groessterIndex.\n";
8
9  print "Das letzte Element ist $primzahl[$#primzahl]\n";
0  print "Das letzte Element ist $primzahl[-1]\n";
```

————————————————— Programm 41 —————————————————

Abbildung 2.6 zeigt ein Perl-Array mit seinen Elementen und Indizes.

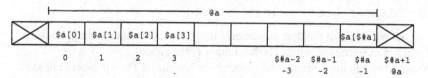

Abbildung 2.6. Die Elemente und Indizes eines Arrays @a in Perl. Die Indizes beginnen bei 0. Der größte Index ist der Index $#a. Der Ausdruck @a liefert im skalaren Kontext die Anzahl der Elemente zurück, ist also um eins größer als der größte Index. In Perl dürfen auch negative Indizes verwendet werden, die sich dann auf die Elemente von hinten beziehen.

★ **Kontext.** In Sprachen, sowohl Programmiersprachen als auch natürlichen Sprachen, spielt der Begriff des *Kontextes* eine große Rolle. Kontext bedeutet „umgebender Text". Abhängig vom Kontext, in dem ein Ausdruck auftritt, beschreibt er unterschiedliche Dinge. So hat z. B. in der deutschen Sprache das Wort „Schloss" je nach Kontext unterschiedliche Bedeutung. Auch in Programmiersprachen kann ein Ausdruck je nach Kontext zu unterschiedlichen Werten ausgewertet werden.

Perl kennt den *skalaren Kontext* und den *Listenkontext*. Jede Auswertung in Perl geschieht in einem dieser beiden Kontexte. Skalarer Kontext bedeutet, dass von der

Auswertung eines Ausdrucks als Ergebnis ein skalarer Wert erwartet wird; im Listenkontext dagegen wird eine Liste erwartet (also ein nicht skalarer Wert). Das folgende Programm gibt einige Beispiele hierfür.

───────────────── Kontexte.pl ─────────────────

```
1  @Kontinente=("Asien","Afrika","Europa",
2            "Amerika","Australien","Antarktis");
3
4  $AnzKont=@Kontinente; # skalarer Kontext wg. $AnzKont
5  print "Es gibt $AnzKont Kontinente.\n";
6
7  print @Kontinente; # Listenkontext
8
9  print @Kontinente."\n"; # skalarer Kontext
```

───────────────── Programm 42 ─────────────────

Zeile 4 ist ein typisches Perl-Konstrukt und sieht zunächst seltsam aus. Wie kann einer skalaren Variablen ein ganzes Array zugewiesen werden? Dies geschieht in der Tat nicht. Vielmehr bedingt eine Zuweisung an eine skalare Variable den skalaren Kontext. Eine Array-Variable, die in einem skalaren Kontext benutzt wird, wird nun nicht etwa zur Liste aller ihrer Werte ausgewertet, sondern zur *Anzahl der Elemente* des Arrays. Somit liefert der Ausdruck @Kontinente in Zeile 4 die Zahl 6.

In Zeile 7 dagegen steht @Kontinente in einem Listenkontext, weil die print-Funktion ihre Argumente in einem Listenkontext auswertet. print kann nämlich auch in der folgenden Form aufgerufen werden:

```
print "Ich"," bin"," eine"," Liste.";
```

Es sind bei print also mehrere Argumente möglich (die nicht unbedingt konkateniert werden müssen, wie wir das bisher immer getan haben).

Wann liegt nun ein Listenkontext vor, und wann nicht? Da wir bisher nur skalare Werte kennen gelernt haben, ist bisher auch in keinem Programm ein Listenkontext aufgetaucht. Die Regeln zur Unterscheidung beider Kontexte vollständig zu erläutern, ginge über diese Einführung hinaus. Im Einzelfall sei auf die umfangreiche Perl-Literatur verwiesen, insbesondere auf die Manualseiten. Wir werden aber immer dann, wenn ein Listenkontext vorliegt, auch darauf aufmerksam machen. Ansonsten gehen wir stillschweigend von einem skalaren Kontext aus.

Zeile 9 z. B. druckt *nicht* das Array und dann ein Zeilentrennzeichen aus, sondern die Anzahl der Elemente des Arrays und ein Zeilentrennzeichen.[14] Der Konkatenations-Operator hat nämlich Präzedenz vor dem Funktionsaufruf und erzwingt den skalaren Kontext. Dieses Beispiel zeigt, dass der Kontext meistens unzweideutig ist. In der Tat ergibt Stringkonkatenation ja auch nur bei Skalaren einen Sinn.

──────────

[14] Dies ist eine häufige Fehlerquelle in Perl-Programmen. Zumal da die nur leicht abgewandelte Anweisung print "@Kontinente\n"; das Array gefolgt von einem Zeilentrennzeichen ausgibt, weil Arrays in Stringliteralen durch ihren Inhalt substituiert werden.

2.4.3 Füllen und Durchwandern von Arrays

Eine Standardaufgabe besteht darin, ein Array mit Werten zu füllen und danach über alle diese Werte in einer bestimmten Reihenfolge zu *iterieren*. Das geht am einfachsten mit einer for-Schleife, in der die Laufvariable über alle Indizes des Arrays läuft.

Gibt es wie in Perl eine Funktion, die am Ende des Arrays ein neues Element anhängt, so kann diese zum Auffüllen mit Werten benutzt werden, wie das folgende Beispiel zeigt. Es ahmt das UNIX-Kommando tac nach, das die Standardeingabe zeilenweise umgedreht wieder ausgibt (cat umgedreht ergibt tac).

─────────────────────── tac.pl ───────────────────────

```
1  #!/usr/bin/perl -w
2
3  while($zeile=<STDIN>) {
4      push @array,$zeile;
5  }
6
7  for($i=$#array;$i>=0;$i--) {
8      print $array[$i];
9  }
```

──────────────────── Programm 43 ────────────────────

Dazu liest es die Standardeingabe Zeile für Zeile und speichert jede Zeile als String in einem Array mittels der eingebauten push-Funktion ab. Diese hängt ihr zweites Argument, eine skalare Variable, ans Ende ihres ersten Argumentes, ein Array, an. Danach durchläuft das Programm das Array mit einer for-Schleife von hinten nach vorne und gibt somit die Elemente in umgekehrter Reihenfolge wieder aus.

Übungen

Übung 114. Initialisieren Sie ein Array mit 10 Benutzern und geben Sie es in einer Schleife von vorne nach hinten und von hinten nach vorne aus.

Übung 115. Legen Sie zusätzlich ein Array an, das für jeden Benutzer ein eigenes Passwort enthält. Dieses Array sollte zum Array der Benutzernamen *parallel* sein, d. h., steht der Benutzername name an Stelle i im ersten Array, so steht das Passwort von name auch an Stelle i im zweiten Array.

Geben Sie die Paare bestehend aus Benutzername und zugehörigem Passwort aus.

2.4.4 Suchen in Arrays

Eine weitere Standardaufgabe besteht darin, in einem Array nach einem bestimmten Element zu suchen.

Suchen, bis ein bestimmtes Element gefunden wurde. Dazu bedient man sich häufig einer *Flagge*, die anzeigt, ob das gesuchte Element schon gefunden wurde oder nicht. Die Schleifenbedingung lautet dann in natürlicher Sprache: „Iteriere, solange die Flagge noch keine Fundstelle signalisiert und das Ende noch nicht erreicht ist".

Das folgende Programm sucht in einem Array nach einer negativen Zahl. Es bricht die Suche ab, sobald eine solche Zahl gefunden ist. Damit unterscheidet es sich von einem Programm, das *alle* negativen Zahlen in einem Array sucht.

———————————— SucheNegativeZahl.pl ————————————

```perl
1  while($zeile=<STDIN>) {
2    chomp $zeile;
3    push @zahl,$zeile;
4  }
5
6  $gefunden=0; # Flagge, initialisiert mit 'false'
7  $i=0;        # Laufindex
8
9  while(!$gefunden && $i<=$#zahl) {
10   if($zahl[$i]<0) {
11     $gefunden=1; # negative Zahl gefunden
12   }
13   $i++;
14 }
15
16 if(!$gefunden) {
17   print "Das Array enthält keine negative Zahl\n";
18 }
19 else {
20   print "Negative Zahl an Indexstelle ".($i-1)."\n";
21 }
```

———————————— Programm 44 ————————————

Zunächst schreibt das Programm die Zahlen von der Standardeingabe in ein Array, in dem es dann nach einer negativen Zahl sucht. Dazu benutzt es die Variable $gefunden als Flagge. Sie zeigt in der Schleifenbedingung an, ob eine negative Zahl gefunden wurde. Wenn ja, bricht die Schleife ab. Die Schleife bricht spätestens dann ab, wenn der letzte Index des Arrays bearbeitet wurde.

Übung 116. Formulieren Sie obiges Programm, ohne eine Flaggenvariable zu benutzen. Achten Sie auf eventuelle Warnungen für den Spezialfall, dass erst die letzte der eingegebenen Zahlen negativ ist.

Beachten Sie dabei, dass der Interpreter die Auswertung eines Ausdrucks der Form bedingung1&&bedingung2 abbricht, wenn bedingung1 schon als falsch erkannt wurde. Diese „abgekürzte Auswertungsstrategie" (*short circuit evaluation*) wurde schon in Abschn. 2.2.9 beschrieben.

Suchen nach einem Element mit einer bestimmten Eigenschaft gegenüber allen anderen Elementen. Hierzu wird über alle Elemente des Arrays iteriert und nach einem gesucht, das sich vor allen anderen durch eine bestimmte Eigenschaft auszeichnet. Als Beispiel hierfür sucht das folgende Programm in einem Array nach der größten Zahl.

────────────────────── SucheMaximum.pl ──────────────────────
```
1   while($zeile=<STDIN>) {
2     chomp $zeile;
3     push @zahl,$zeile;
4   }
5
6   $max=$zahl[0];
7
8   for($i=1;$i<=$#zahl;$i++) {
9     if($zahl[$i]>$max) {
10      $max=$zahl[$i];
11    }
12  }
13
14  print "Das Maximum der Zahlen ist $max\n";
```
───────────────────────── Programm 45 ─────────────────────────

Das Programm merkt sich in der Variablen $max die größte Zahl, die es bisher gefunden hat. Trifft es auf eine größere, so aktualisiert es diese Variable. Am Ende enthält diese Variable dann den größten Wert, der im Array vorkommt.

Wir werden später noch auf den Begriff der *Invarianten* zurückkommen. Das ist eine Aussage, die immer wahr ist und deren Wahrheitsgehalt am Ende die Korrektheit eines Algorithmus beweist. Obiges Programm liefert ein erstes Beispiel hierfür. Es gilt hier nämlich folgende Invariante: Nach Iteration k der Schleife enthält die Variable $max die größte Zahl des Teilarrays ($zahl[0],...,$zahl[k]). Daher enthält sie nach dem Ende der Schleife die größte Zahl insgesamt.

Übungen Mit Arrays und Indexarithmetik lassen sich schon wesentlich anspruchsvollere Algorithmen formulieren, als wir das bisher getan haben. Die folgenden Übungen geben einen Eindruck davon.

Übung 117. Suchen Sie im Benutzer-Array aus Übung 114 nach einem eingegebenen Namen. Geben Sie aus Benutzer nicht vorhanden, wenn der Name nicht im Array zu finden ist. Ansonsten geben Sie aus login ok.

Übung 118. Simulieren Sie das Login-Verfahren mit den beiden Arrays aus Übung 115. Fragen Sie nach Login und Passwort und prüfen Sie, ob das zu einem Benutzer gehörige Passwort richtig ist.

Übung 119. Ermöglichen Sie durch ein drittes Array eine individuelle Anzahl von Login-Versuchen für jeden Benutzer. So sollte z. B. der Benutzer `root` aus Sicherheitsgründen nur einen Versuch haben. Fragen Sie also zuerst nach dem Benutzernamen und dann höchstens so oft nach dem Passwort, wie der Eintrag des dritten Arrays angibt.

Für die nächsten Übungen benötigen Sie die Dateien `pyramide*.txt` aus den Kursunterlagen, die Sie von [Algo] herunterladen können. Entpacken Sie die Datei `Kursunterlagen.tgz` und lesen Sie dann die Datei `README` (s. hierzu auch Anhang C).

In den Dateien `pyramide*.txt` aus den Kursunterlagen befinden sich Zahlen zwischen 0 und 99, je eine pro Zeile. Diese könnten z. B. als Alterszahlen von Personen aus einer statistischen Erhebung hervorgegangen sein. Endet eine Datei auf i, so enthält sie 10^i Zahlen. Die Datei `pyramide2.txt` besteht also aus 100 Zeilen.

Übung 120. Suchen Sie in der Datei `pyramide2.txt` die Zahl 66, d. h., bestimmen Sie die Nummern der Zeilen, die die Zahl 66 enthalten. Benutzen Sie den Pipe-Mechanismus von UNIX und das Konstrukt von Abschnitt 2.3.5, um ihr Programm mit den Zahlen zu füttern. Beachten Sie dabei, dass Sie *nur einmal* über alle Zahlen iterieren müssen! Es ist also nicht unbedingt nötig, zuerst alle Zahlen in einem Array zwischenzuspeichern.

Übung 121. Berechnen Sie den Mittelwert der Zahlen in der Datei `pyramide2.txt`. Müssen Sie die Zahlen erst zwischenspeichern?

Übung 122. Berechnen Sie, wie viel Prozent der Zahlen in den Dateien `pyramide*.txt` kleiner als der Mittelwert aller Zahlen sind.

Ist es auch hier möglich, ohne ein Array zur Zwischenspeicherung auszukommen? Was beobachten Sie, wenn Sie ihr Programm auf die sehr großen Dateien `pyramide6.txt` oder `pyramide7.txt` ansetzen?

Beachten Sie dabei, dass es nicht möglich ist, die Standardeingabe zweimal zu lesen, selbst wenn sie aus einer Datei stammt. Wurde eine Zeile aus der Standardeingabe gelesen, so ist sie sozusagen aus der Eingabe „verschwunden" (s. hierzu auch Übung 176).

Übung 123. Berechnen Sie die *Standardabweichung* σ der Werte $x_0, \dots, x_{n-1}$ aus den Dateien `pyramide*.txt`. Das ist die Wurzel aus der *Varianz* σ^2, also dem Durchschnitt der quadrierten Abweichungen vom Mittelwert μ. In Formeln:

$$\sigma = \sqrt{\frac{\sum_{i=0}^{n-1} (x_i - \mu)^2}{n}}$$

Übung 124. Berechnen Sie, wie viele Zahlen in der Datei `pyramide2.txt` in den Bereich 0 bis 9, wie viele in den Bereich 10 bis 19, ..., wie viele in den Bereich 90 bis 99 fallen. Geben Sie diese 10 Anzahlen auch prozentual zur Gesamtanzahl aus.

Übung 125. (Zyklisches Schieben nach links) Schreiben Sie ein Stück Code, das das Array @a um eine Position *zyklisch nach links* schiebt. Das bedeutet, dass das erste Element zum letzten Element wird und alle anderen Elemente eine Position nach vorne rücken. Diese Operation wird *zyklischer Shift* genannt. Abbildung 2.7 verdeutlicht die Bewegung der Array-Elemente.

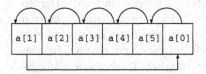

Abbildung 2.7. Ein Array nach einem zyklischen Links-Shift. Die Pfeile deuten die Bewegung der Elemente an.

Übung 126. (Paarungen erzeugen) In einem Boxverein trainieren n Boxer. Es soll beim Sparring jeder Boxer einmal gegen jeden anderen boxen. Schreiben Sie ein Programm, das alle Paarungen erzeugt.

Betrachten Sie dazu Abb. 2.8. Falls n gerade ist, müssen sich die Boxer (außer Boxer 0) nach jeder Runde wie die Glieder einer Kette im Kreis herum bewegen, so dass jeder einmal Boxer 0 gegenübersteht. Jeder Boxer hat in jeder Runde einen Gegner, gegen den er noch nicht gekämpft hat. Daher müssen nach $n - 1$ Runden alle Paarungen erzeugt worden sein.

Ist n ungerade, so müssen alle Boxer rotieren, und es gibt eine ausgewiesene Ruheposition, d. h., immer einer der Boxer setzt aus.

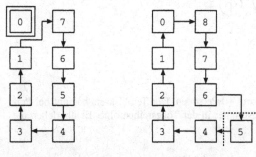

Abbildung 2.8. Erzeugen von Paarungen. Ist n gerade, rotieren alle Elemente bis auf eines. Ist n ungerade, rotieren alle Elemente, und es gibt eine Ruheposition.

Übung 127. (Binärsuche in sortierten Arrays) Ist ein Array sortiert, so kann der Algorithmus aus Übung 97 angewendet werden, um ein bestimmtes Element sehr schnell zu finden. Hat das Array n Elemente, so sind mit Binärsuche höchstens $\log_2 n$ Iterationen nötig, bis entweder das gesuchte Element gefunden ist oder feststeht, dass es nicht im Array enthalten ist.

Schreiben Sie ein Stück Code, das im aufsteigend sortierten Array @zahl nach einer bestimmten Zahl mittels Binärsuche sucht.

Übung 128. (Josephus-Problem, s. [GKPa]) Flavius Josephus war ein berühmter Geschichtsschreiber des ersten Jahrhunderts. Einer Legende zufolge war er während des Jüdisch-Römischen Krieges Mitglied einer 41-köpfigen jüdischen Rebellen-Bande, die von den Römern in einer Höhle gefangen genommen wurde. Die Rebellen, die statt der Gefangenschaft lieber den Freitod wählen wollten, beschlossen, sich in einem Kreis aufzustellen. Danach sollte sich jeder dritte nacheinander im Kreis herum das Leben nehmen. Josephus jedoch, zusammen mit einem unbekannten Mitverschwörer, wollte dieser Freitod-Orgie entgehen. Dank seiner mathematischen Begabung konnte er schnell ausrechnen, wo er und sein Freund im Kreis stehen mussten, um als Letzte übrig zu bleiben und dem Tod zu entkommen.

Simulieren Sie diesen „Teufelskreis" mit einem Programm und rechnen Sie die Positionen der Überlebenden aus. Abbildung 2.9 zeigt den Teufelskreis für 10 Personen.

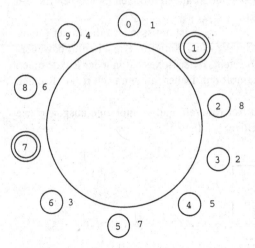

Abbildung 2.9. Das Josephus-Problem mit 10 Personen. Der Teufelskreis beginnt bei Person 0. Neben jeder Person steht deren Nummer in der Todesreihenfolge. Es überleben die Gefangenen 1 und 7.

Übung[†] 129. Zwei Mathematiker, Herr P und Herr S, erhalten die Aufgabe, zwei Zahlen A und B zwischen 2 und 99 (einschließlich) zu bestimmen. P wird nur das Produkt $A \cdot B$ mitgeteilt, S nur die Summe $A + B$. Am nächsten Tag treffen sich die beiden. Es entwickelt sich folgendes Gespräch:

P: „So ein Mist, ich kann die Zahlen nicht bestimmen."
S: „Ha, ha. Das wusste ich doch schon längst."
P: „Wirklich? Na wenn das so ist, dann kenne ich die Zahlen jetzt!"

S: „Ach so! Na, dann kenne ich sie jetzt auch!"
Wie lauten *A* und *B*?

2.4.5 Ein einfacher Sortieralgorithmus

Einen Sortieralgorithmus zu programmieren, ist ein erster Meilenstein in der Ausbildung eines jeden Programmierers, weil dazu die Verknüpfung aller wesentlichen Techniken des imperativen Programmierens nötig ist: geschachtelte Schleifen, bedingte Anweisungen und Arrays. Wir haben nun einen Wissensstand erreicht, mit dem wir schon einen einfachen Sortieralgorithmus formulieren können.

Wozu aber sollten wir überhaupt sortieren? Der einzige Grund, eine Datenmenge zu sortieren, ist das dadurch ermöglichte, schnelle Wiederfinden von gesuchten Elementen, wie dies etwa beim lexikographisch sortierten Telefonbuch der Fall ist. In der Tat funktioniert die schnelle Binärsuche (s. Übung 127) nur dann, wenn die zu durchsuchende Menge eine *Ordnung* aufweist. Ordnung bedeutet hier, dass zwei Elemente stets mit dem Vergleichsoperator < bzw. lt verglichen werden können, dass also je zwei Elemente immer in ein größeres und ein kleineres unterschieden werden können.

Nehmen wir an, wir haben in einem Array Zahlen oder Zeichenketten in mehr oder weniger zufälliger Reihenfolge stehen und wollen diese sortiert ausgeben. Die folgenden Aufgaben führen schrittweise hin zu einem einfachen Sortieralgorithmus, dem *Sortieren durch Minimumsuche*.

Übung 130. (Minimumsuche) Schreiben Sie ein Programm, das in einem Array von Zahlen nach der kleinsten Zahl sucht und diese zusammen mit ihrem Index ausgibt.

Übung 131. (Sortieren durch Minimumsuche) Lesen Sie Zahlen von der Standardeingabe in ein Array, sortieren Sie dieses Array und geben Sie es sortiert wieder aus.

Benutzen Sie eine Schleife: In der 0-ten Iteration suchen Sie das kleinste Element und vertauschen es mit dem Element an Position 0, in der 1-ten Iteration suchen Sie das zweitkleinste Element (dies ist nun das kleinste in dem Restfeld, das an der Position 1 beginnt) und tauschen es an Position 1. Allgemein: In der i-ten Iteration suchen Sie das kleinste Element im Restfeld, das an der Position i beginnt und tauschen es an Position i. Benutzen Sie zur Minimumsuche den Code aus Übung 130, den Sie so abändern, dass er in Iteration i ab Position i zu suchen beginnt. Tabelle 2.2 skizziert die Vertauschungsschritte des Verfahrens für ein Array mit 8 Elementen.

Übung 132. Wenden Sie ihr Sortierverfahren auf die Dateien pyramide*.txt aus den Kursunterlagen an und vergleichen Sie es laufzeitmäßig mit der in Perl eingebauten Funktion sort. Wie Laufzeiten gemessen werden können, wird in Abschn. 4.6 beschrieben.

Vorsicht: sort sortiert lexikographisch, nicht arithmetisch, d. h., es sortiert 11 vor 2 ein. Benutzen Sie zum arithmetischen Sortieren den speziellen Aufruf

Tabelle 2.2. Sortieren eines Arrays von 8 Zahlen durch Minimumsuche. Die oberste Zeile zeigt die ursprüngliche Belegung des Arrays, jede weitere den Zustand nach der jeweils nächsten Iteration. Die unterstrichenen Einträge haben gerade die Plätze getauscht.

Start								
0	**22**	61	72	26	**35**	57	89	82
1	22	**26**	72	**61**	35	57	89	82
2	22	26	**35**	61	**72**	57	89	82
3	22	26	35	**57**	72	**61**	89	82
4	22	26	35	57	**61**	**72**	89	82
5	22	26	35	57	61	**72**	89	82
6	22	26	35	57	61	72	**82**	**89**

Startzeile: 35 61 72 26 22 57 89 82

```
@sortiertes_array = sort { $a <=> $b } @array;
```

Dieser Aufruf teilt der `sort`-Funktion ein Stück Code mit, das ihr sagt, wie zwei Array-Elemente $a und $b miteinander zu vergleichen sind.

Der *Ufo-Operator* `<=>` ist eine Spezialität von Perl. Er liefert -1, 0 bzw. 1, je nach dem, ob sein linker Operand arithmetisch kleiner, gleich oder größer als sein rechter Operand ist. Somit sagt der Code `$a<=>$b` der `sort`-Funktion, dass im Vergleichsschritt zwei Elemente $a und $b zu vertauschen sind, wenn $a größer als $b ist. Dadurch sortiert `sort` arithmetisch aufsteigend.

★ **Überlegungen zur Komplexität von Programmen.** Wie lange läuft dieses Sortierprogramm? Offenbar ist die Laufzeit abhängig von der Anzahl n der zu sortierenden Zahlen. Kann man für die Laufzeit eine Formel angeben? Warum sollte man sich überhaupt die Mühe machen, eine Formel zu finden? Anscheinend dauert es bei großen Dateien sehr lange, bis das Programm mit der Sortierung fertig ist und sich wieder zurückmeldet. Manchmal ist es sinnvoll, vor dem Start schon abschätzen zu können, wie lange das Programm laufen wird. Niemand wird jahrelang auf das Sortieren eines Telefonbuches warten wollen!

Sieht man sich das Programm genau an, so stellt man fest, dass es aus zwei ineinander geschachtelten for-Schleifen besteht. In beiden laufen die Laufvariablen bis n, doch die innere Laufvariable startet erst dort, wo die äußere gerade steht. Im Inneren der beiden Schleifen befinden sich ein `if` mit einem Vergleich und einige eventuell durchgeführte Zuweisungen. Ein gutes Maß für die Laufzeit ist die Anzahl der durchgeführten Vergleiche. Abbildung 2.10 veranschaulicht dies. Die gerasterte Fläche entspricht der Anzahl der durchgeführten Vergleiche. Offenbar entspricht sie der halben Fläche eines Quadrates mit Seitenlänge n. Sie beträgt also $\frac{1}{2}n^2$.

Wie ist dieser Ausdruck zu werten? Ist das gut oder schlecht? Verdoppelt man die Anzahl der zu sortierenden Zahlen, so vervierfacht sich die Rechenzeit! Verzehnfacht man sie, so dauert es sogar 100 Mal länger, bis das Programm terminiert! Dies alles ist durch den Ausdruck n^2 bedingt. Man sagt: Sortieren durch Minimumsuche hat *quadratische Komplexität*. Dies lässt erahnen, dass dieses Verfahren für große Datenmengen ungeeignet ist, weil es einfach viel zu lange dauern würde. Abbildung 2.12 auf Seite 136 zeigt die Funktion $\frac{1}{2}n^2$ im Bild.

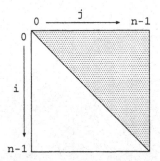

Abbildung 2.10. Sortieren durch Minimumsuche benötigt $1/2n^2$ Vergleiche

Hier wäre es also ein Trugschluss zu sagen „Ich kaufe einfach für viel Geld einen doppelt so schnellen Rechner, dann kann ich auch doppelt so viele Zahlen (in der gleichen Zeit) sortieren". Theoretische Laufzeitüberlegungen schützen vor solchen Trugschlüssen.

Die Anzahl der (Maschinen-)Operationen, die ein Programm während seiner Laufzeit ausführt, bezeichnet man in der Informatik als seine *Zeitkomplexität*. Diese ist hauptsächlich von der Größe seiner Eingabe, d. h. etwa von der Anzahl der zu sortierenden Zahlen (und deren Größe), und dem verwendeten Algorithmus abhängig. So wird etwa die Zeitkomplexität des Verfahrens „Sortieren eines Arrays von n Zahlen durch Minimumsuche" durch den Ausdruck $c \cdot \frac{1}{2}n^2$ beschrieben. Dabei ist c eine Konstante, die abhängig ist von der verwendeten Programmiersprache, von der CPU, von der Güte des Compilers oder Interpreters und nicht zuletzt vom Können des Programmierers. Während man also das c durch Verbesserung äußerer Umstände (und oftmals Investition von viel Geld) kleiner machen kann, bleibt der Term $\frac{1}{2}n^2$ jedoch immer erhalten.

Das bedeutet, dass eine hinreichend große Eingabe das System laufzeitmäßig immer in die Knie zwingen wird. Statt also viel Geld und Mühe in eine Verkleinerung des Faktors c zu investieren, sollte man sich eher auf die Suche nach einem besseren Algorithmus machen. In der Tat werden wir in Abschnitt 3.6.3 einen komplexitätsmäßig besseren Sortieralgorithmus kennen lernen. Er hat die Zeitkomplexität $n \cdot \log n$, was wesentlich besser ist. Abbildung 2.12 vergleicht diese Funktion mit der Funktion $\frac{1}{2}n^2$.

Je besser die Zeitkomplexität eines Algorithmus ist, desto schneller wird der Algorithmus in der Praxis seine Arbeit verrichten.

Neben der Zeitkomplexität ist auch noch die *Platzkomplexität* wichtig. Das ist im Wesentlichen die Anzahl der Speicherzellen, die ein Algorithmus benötigt. Auch diese Zahl ist bei einem guten Algorithmus möglichst klein.

Häufig besteht für ein Problem ein *Zeit-Platz-Tradeoff*, d. h., es kann entweder in wenig Rechenzeit, aber mit viel Speicherverbrauch oder umgekehrt gelöst werden. Beides gleichzeitig ist oft nicht möglich. Man muss sich entscheiden.

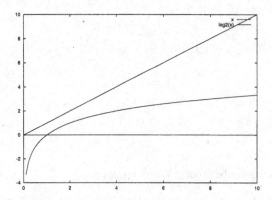

Abbildung 2.11. Identität und Logarithmusfunktion. Die Gerade ist der Graph der Funktion $f(x) = x$, die Kurve der Graph der Funktion $f(x) = \log_2 x$.

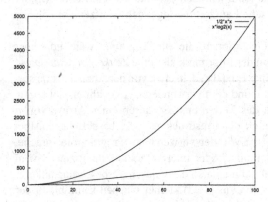

Abbildung 2.12. Zeitkomplexität verschiedener Sortieralgorithmen. Die obere Kurve beschreibt das Laufzeitverhalten von Sortieren durch Minimumsuche ($f(x) = \frac{1}{2}x^2$), die untere das Verhalten von Verfahren wie z. B. Mergesort oder Quicksort ($f(x) = x \log_2 x$).

Übungen

Übung 133. Bestimmen Sie den Faktor c für Ihr Sortierprogramm und Ihr Rechnersystem experimentell, indem Sie die Laufzeit für kleine Werte von n (z. B. $n = 10000$) messen. In Abschn. 4.6 erfahren Sie mehr darüber, wie Laufzeiten gemessen werden können.

Könnten Sie mit Ihrem Programm in angemessener Zeit das Telefonbuch von München (von Deutschland) sortieren? Sortieren von kurzen Strings unterscheidet sich nicht wesentlich vom Sortieren von Zahlen.

Übung 134. (Sortieren durch Vertauschen, Bubblesort) Ein anderes Sortierverfahren arbeitet wie folgt: In der 0-ten Iteration liest es alle Zahlen des Arrays von links nach rechts und „schleift" dabei die größte Zahl, die es findet, durch ständiges Vertauschen nach ganz rechts. Die größte bisher gefundene Zahl befindet sich dabei stets unter dem Laufindex. Am Ende der 0-ten Iteration befindet sich die größte Zahl dann ganz rechts. In der 1-ten Iteration betrachtet es alle Zahlen von links nach rechts bis auf die letzte, die ja schon richtig einsortiert ist, und schleift wieder die größte nach ganz rechts. Diese landet dann an der vorletzten Stelle usw.

Weil dabei die großen Zahlen wie „Blasen" im Array aufsteigen, heißt dieses Verfahren auch *Bubblesort* (engl. „bubble"=Blase). Programmieren Sie dieses Verfahren.

Übung 135. Hat Bubblesort eine bessere Zeitkomplexität als Sortieren durch Minimumsuche?

Übung 136. Um ein einziges Element in einem Array von n Elemente zu suchen, benötigt der triviale Suchalgorithmus im besten Fall eine Iteration, im schlechtesten Fall n Iterationen und im Durchschnitt $n/2$. Die schnelle Binärsuche benötigt nur $\log_2 n$ Iterationen, kann aber nur auf einem sortierten Array arbeiten. Dazu muss Vorarbeit geleistet werden: $1/2 \cdot n^2$ Operationen durch Sortieren durch Minimumsuche und $n \cdot \log_2 n$ Operationen durch das schnelle Sortierverfahren aus Abschn. 3.6.3. Wie viele Suchoperationen sind mindestens nötig, damit sich der Vorverarbeitungsschritt zeitlich auszahlt?

★ 2.4.6 Turing-Maschinen und Berechenbarkeit

Herzlichen Glückwunsch! Sie haben es bis zu einer entscheidenden Stelle beim Erlernen der Programmierkunst geschafft! Sie verfügen jetzt über die Grundtechniken, alles zu programmieren, was überhaupt programmierbar ist. Wie kann das möglich sein?

Turing-Maschinen. So unglaublich es auch klingen mag, aber mit unseren bisherigen sprachlichen Mitteln (Variablen, arithmetische Ausdrücke, bedingte Verzweigungen, Schleifen und Arrays) können wir alles programmieren, was überhaupt programmierbar ist! Wir können nämlich mit diesen Mitteln eine *Turing-Maschine* simulieren. Eine Turing-Maschine ist ein theoretisches, aber sehr mächtiges Konzept einer minimalen Rechenanlage; im Prinzip handelt es sich um eine exakte mathematische Formulierung dessen, was wir „Kopfrechnen" nennen. Die Maschine existiert also nicht physikalisch, obwohl sie leicht realisierbar wäre.

Eine solche Maschine besteht aus einem konzeptionell unendlichen *Rechenband*, das in Kästchen eingeteilt ist. In jedem Kästchen steht entweder eine 0, eine 1 oder das Trennsymbol #. Die Maschine selbst ist immer in einem von endlich vielen *Zuständen*. Ein Schreib-/Lesekopf ist zu jedem Zeitpunkt über genau einem der Kästchen des Rechenbandes positioniert. Mit diesem kann die Maschine den Inhalt des Kästchens lesen oder schreiben. In jedem Rechenschritt macht die Maschine Folgendes: Abhängig von ihrem aktuellen Zustand s und dem gerade unter dem Kopf befindlichen Zeichen a geht die Maschine in einen neuen Zustand s' über und ersetzt das Zeichen a durch ein neues Zeichen a' (s' darf durchaus s und a' darf a sein). Danach darf sie den Kopf um ein Kästchen nach links (L) oder rechts

(R) bewegen, oder ihn auf dem aktuellen Kästchen stehen lassen (N). Diese Übergangsfunktion $\delta(s,a) = (s',a',d)$ ($d = L, R, N$) ist als eine Zeile in der so genannten *Turing-Tafel* kodiert. Die Turing-Tafel beinhaltet also das „Programm" der Maschine. Die Turing-Tafel und der aktuelle Zustand sind in der *endlichen Kontrolle* gespeichert, die die Maschine steuert.

Zu Beginn einer Rechnung befindet sich die Maschine in einem ausgewiesenen *Startzustand* s_0. Auf dem Rechenband findet sie ihre Eingabe vor, etwa zwei Zahlen in Binärkodierung, durch ein # voneinander getrennt. Kästchen, die links oder rechts von der Eingabe stehen, beinhalten ebenfalls ein #. Die Maschine beginnt dann, gemäß der Turing-Tafel zu rechnen, indem sie von Zustand zu Zustand übergeht, dabei Zeichen auf dem Band durch andere ersetzt und den Kopf nach links oder rechts bewegt. Die Maschine besitzt außerdem einen ausgewiesenen *Endzustand* s_E. Kommt sie jemals in diesen Zustand, hält sie an. Ihre Ausgabe ist der Inhalt des Rechenbandes in diesem Endzustand s_E. Abbildung 2.13 zeigt eine einfache Turing-Maschine, die gerade die Zahlen 17 und 4 addiert.

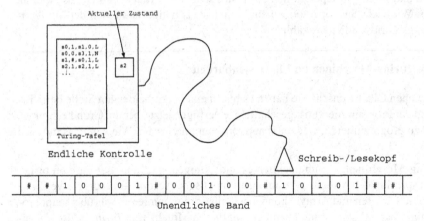

Abbildung 2.13. Eine Turing-Maschine

Turing-Maschinen sind nach ihrem Erfinder, dem großen englischen Mathematiker *Alan Turing* benannt. Er machte sich schon Gedanken über das automatische Rechnen, bevor es überhaupt Rechenautomaten gab.

So einfach das Konzept der Turing-Maschine erscheint, so mächtig ist es: Gemäß der *Church'schen These* ([LePa]) ist jede mathematische Funktion, die berechenbar ist, auf einer Turing-Maschine berechenbar. Mit anderen Worten: *Alles, was programmierbar ist, ist auf einer Turing-Maschine programmierbar.* Jedes Programm, das auf irgendeinem Rechner läuft, kann auf einer Turing-Maschine simuliert werden. Das liegt daran, dass Turing-Maschinen *jeden* Rechner simulieren können. Sie sind ein allumfassendes Rechnerarchitekturmodell.

Da wir mit den bisher erlernten Sprachkonstrukten nun in der Lage sind, eine Turing-Maschine zu simulieren, sind wir folglich auch – zumindest konzeptionell

– in der Lage, jeden Algorithmus mit unseren sprachlichen Mitteln auszudrücken. Mit anderen Worten: *Wir besitzen nun das Handwerkszeug, um jedes theoretisch programmierbare Programm auch wirklich zu programmieren.* Im konkreten Fall bleibt selbstverständlich die Frage, *wie* das geht.

Daraus folgt außerdem, dass sich alle sprachlichen Konstrukte, die wir im weiteren Verlauf dieses Buches kennen lernen werden, auf die schon bekannten zurückführen lassen, und letztendlich nur dazu dienen, Programme schneller erstellen zu können. Im Grunde stellen sie Abkürzungen dar.

Berechenbarkeit. Was heißt nun aber „berechenbar" oder „programmierbar", und gibt es Beispiele für Programme, die gar nicht programmiert werden können? Im Laufe der Zeit haben viele Leute viele unterschiedliche Rechnerarchitekturen und Berechenbarkeitsmodelle vorgestellt und mussten doch immer wieder feststellen, dass keines ihrer Modelle mächtiger als eine einfache Turing-Maschine war. Daher wird heute Berechenbarkeit definiert als *die Eigenschaft, auf einer Turing-Maschine programmiert werden zu können.*

Ein Beispiel für eine nicht berechenbare Funktion, einen nicht zu programmierenden Algorithmus also, ist das so genannte *Halteproblem*: Es ist unmöglich, ein Programm zu schreiben, das, angesetzt auf ein *beliebiges* anderes Programm und dessen Eingabe, selbsttätig entscheidet, ob dieses andere Programm mit dieser Eingabe jemals halten oder in eine Endlosschleife geraten wird. Diese *Unentscheidbarkeit* sagt nicht aus, dass es nicht Situationen geben mag, in denen man sehr wohl von einem Programm und dessen Eingabe beweisen kann, dass es anhalten wird. Sie sagt nur aus, dass es keine allgemeine Methode gibt, die für *jedes* Programm und *jede* Eingabe die Frage nach dem Anhalten beantwortet. Das ist schade, denn ein solcher „Endlosschleifenentdecker" wäre sicherlich eine nützliche Hilfe bei der Fehlersuche.

Übung[†] 137. Schreiben Sie ein Turing-Programm für eine Turing-Maschine, das angesetzt auf eine Binärzahl zwischen zwei #-Trennzeichen diese Binärzahl um 1 erhöht.

Schreiben Sie dann ein Perl-Programm, das eine beliebige Turing-Maschine simuliert (abhängig von ihrer Turing-Tafel). Lassen Sie darauf obiges Turing-Programm simuliert laufen.

Literaturhinweise

Ein Buch, das dem vorliegenden vergleichbar ist, ist [John]. Auch dort werden grundlegende Programmkonstrukte anhand der Sprache Perl vermittelt.

Eine gelungene Einführung in die Programmiersprache Perl bietet [ScCh], worin allerdings grundlegende Programmierkenntnisse vorausgesetzt werden. Das Referenzwerk zu Perl ist [WCOr]. Hierin ist die Sprache selbst definiert. Weitere Hilfe zu Perl enthalten die verschiedenen Manualseiten (s. hierzu auch Anhang B).

Eine moderne Einführung in die Informatik mit ausführlicher Besprechung von Algorithmen und Programmen ist [Goos]. Ein Algorithmen-Buch, das besonders für

Anfänger zu empfehlen ist, ist [Sedg]. Algorithmen mit den zugehörigen Korrektheitsbeweisen werden in [CLRi] abgehandelt.

Turing-Maschinen und Berechenbarkeitstheorie werden in [LePa] und [HoUl] erschöpfend behandelt.

Ein Buch über Verschlüsselungstechnik mit vielen Codebeispielen in C ist [Schn].

Das Josephus-Problem, sowie viele andere interessante mathematische Fragestellungen sind in [GKPa] zu finden.

3. Fortgeschrittenes Programmieren

In Abschn. 2.4.6 haben wir angedeutet, warum wir nun alles programmieren können, was programmierbar ist. Alle Programmkonstrukte, die wir noch kennen lernen werden, können auf die schon bekannten zurückgeführt werden. Wozu sollten wir dann überhaupt noch weitere Konstrukte erlernen? Weil sie uns in vielen Fällen die Arbeit erleichtern; mit ihnen sind bestimmte Aufgabenstellungen einfacher und schneller zu lösen. Dieses Kapitel führt in solche fortgeschrittenen Programmkonstrukte und Programmiertechniken ein.

3.1 Hashes

In Übung 118 hatten wir in zwei Arrays Benutzernamen und zugehörige Passwörter abgespeichert. Um den Anmeldevorgang zu simulieren, haben wir zunächst im ersten Array nach dem eingegebenen Benutzernamen gesucht. War dieser an Stelle i vorhanden, so haben wir im zweiten Array ebenfalls an Stelle i nachgeschaut, um das Passwort dieses Benutzers herauszufinden. Dazu mussten wir voraussetzen, dass je zwei korrespondierende Elemente denselben Index besitzen, dass die Arrays also *parallel* sind.

Im Prinzip haben wir den Benutzernamen indirekt als *Index* in das zweite Array verwendet, um darüber das Passwort herauszufinden. Viel eleganter wäre es doch, wenn wir *direkt* über den Benutzernamen auf das Passwort zugreifen könnten, den Benutzernamen sozusagen als Index in einer geeigneten Datenstruktur verwenden könnten. Genau dies leistet ein Hash.

Ein *Hash*, auch *Wörterbuch* oder *assoziatives Array* genannt, ist eine Datenstruktur, in der Paare aus *Schlüsseln* (keys) und zugehörigen *Werten* (values) abgespeichert werden können. Über einen gültigen Schlüssel kann dann auf den zugehörigen Wert zugegriffen werden.

Im Allg. ist es aber nicht möglich, von einem Wert ausgehend auf den dazugehörigen Schlüssel zuzugreifen, alleine deshalb, weil mehrere Schlüssel durchaus denselben Wert haben können, die Zuordnung also nicht immer umkehrbar ist. Die Paare unterliegen in einem Hash keinerlei Ordnung, d. h., es ist nicht möglich, auf die Paare in einer bestimmten Reihenfolge (wie bei einem Array) zuzugreifen.

Abbildung 3.1 zeigt einen Hash namens deutschwort mit 5 Schlüssel-Werte-Paaren. Sie verdeutlicht, dass es keinerlei Ordnung in dem Hash gibt. Die Schlüssel darin sind englische Vokabeln, die zugehörigen Werte die entsprechenden deutschen

Wörter. Dieser Gebrauch zeigt auch, warum ein Hash oft als Wörterbuch bezeichnet wird: Es ist die Standarddatenstruktur, mit der Wörterbücher realisiert werden. Dabei bezieht sich der Begriff „Wörterbuch" nicht nur auf natürlich-sprachliche Wörterbücher wie ein englisch-deutsches Wörterbuch, sondern vielmehr auf jede Situation, in der ein String mit einem anderen String assoziiert werden soll.

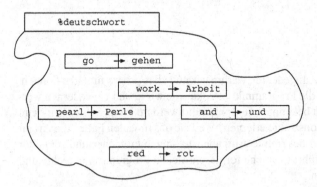

Abbildung 3.1. Ein Hash mit 5 Schlüssel-Werte-Paaren. Die Schlüssel sind Strings. Von einem Schlüssel aus kann auf den assoziierten Wert zugegriffen werden, aber nicht umgekehrt.

Hashes im Unterschied zu Arrays. Hashes sind Arrays von der Funktionalität her sehr ähnlich, aber im Vergleich zu einem Array müssen die Schlüssel keine ganzen Zahlen sein. Wann immer ein Array genügt, d. h., wann immer die Schlüssel kleine, nicht negative Zahlen sind, sollte aus Effizienzgründen auch ein Array – und kein Hash – verwendet werden. Das liegt daran, dass Hashes intern eine komplexe Datenstruktur benötigen, Arrays sich aber unmittelbar auf die darunter liegende Maschinenarchitektur abbilden lassen. Zudem sind Hashes in die meisten Programmiersprachen nicht eingebaut und müssen erst durch Einbinden von externem Code verfügbar gemacht werden.

Sind die Indizes dagegen Strings oder nicht ganzzahlige oder negative Zahlen, so kann ein Array nicht verwendet werden. Hier bieten sich dann Hashes an.

Auch bei großen ganzen Zahlen als Schlüssel kann manchmal ein Hash die Datenstruktur der Wahl sein. Ein Beispiel hierfür ist ein Hash, in dem zu Postleitzahlen die zugehörigen Ortsnamen abgespeichert sind. Die Postleitzahlen sind fünfstellig. In einem Array wären daher die 10000 Elemente mit den Indizes 0 bis 9999 unbelegt[1], eine unnötige Speicherverschwendung.

★ **Interne Darstellung von Hashes.** Um zu verstehen, warum Hashes weniger effizient als Arrays sind, sowohl was den Zugriff auf ein Element als auch den Speicherverbrauch angeht, ist es notwendig, den internen Aufbau dieser Datenstruktur zu kennen.

Zunächst ist es eine wichtige Tatsache, dass Zeichenketten und Zahlen in folgendem Sinne äquivalent sind: Jeder String ist durch Hintereinanderschreiben der

---

[1] Zumindest die meisten davon. Es gibt auch Postleitzahlen, die mit einer 0 beginnen.

ASCII-Codes seiner Zeichen als (möglicherweise sehr große) ganze Zahl darstellbar. So wird z. B. der String „abel" durch die Hexadezimalzahl $6162656C_{16}$ kodiert (vgl. hierzu die ASCII-Tabelle 1.3). Das entspricht der Dezimalzahl 1.633.838.444. Umgekehrt stellt jede Zahl eine Zeichenkette dar, wenn je zwei Ziffern ihrer Hexdezimaldarstellung gemäß der ASCII-Tabelle in das entsprechende Zeichen umgewandelt werden.

Angenommen, wir wollen den String „abel" nun als Schlüssel und das zugehörige Passwort als Wert in einer geeigneten Datenstruktur abspeichern. Hätten wir unendlich viel Speicherplatz, so wäre ein riesig großes Array die ideale Datenstruktur dafür: Wir könnten in einem solchen Array einfach an Stelle 1633838444 das zu „abel" gehörige Passwort abspeichern. Über den String könnten wir jederzeit auf dieses Passwort zugreifen, indem wir ihn zuerst in eine Zahl p umwandeln und dann an Stelle p in diesem Array nachschauen. Das alles scheitert natürlich daran, dass auf realen Rechnern der Speicherplatz und somit die Größe von Arrays begrenzt ist. Wir müssen also irgendwie mit „kleinen" Arrays auskommen.

Hier setzt nun die Idee von *Hashing* an. Das Wort kommt vom englischen Wort für „in Stücke hauen" (vgl. auch „Haché"). Dieses Verfahren unterteilt die unendlich große Menge aller Schlüssel (die Menge aller Strings) in endlich viele Teilmengen oder Steckplätze (*Slots*). Es „haut sie in Stücke", und zwar so, dass jeder Schlüssel in genau einen dieser Steckplätze passt.

Wird nun ein Schlüssel-Werte-Paar in den Hash aufgenommen, so wird zunächst bestimmt, in welchen der Steckplätze der Schlüssel passt. Dann wird er dort in einer (verketteten) Liste gespeichert. Zu jedem Steckplatz gehört genau eine solche Liste von schon gespeicherten Schlüsseln. Die zu den Schlüsseln gehörenden Werte werden mit den Schlüsseln zusammen abgespeichert. Die Gesamtheit aller Listen heißt *Hash-Tafel*, das Verfahren *Hashing mit Verkettung*.

Um die abzuspeichernden Schlüssel zu „hashen", also den passenden Steckplatz zu finden, werden sie zunächst als Zahl x dargestellt; durch Hintereinanderschreiben der ASCII-Codes danach wird mittels einer *Hash-Funktion* aus dieser Zahl x ein Steckplatz p errechnet, das ist die Nummer der Liste, in die der Schlüssel „eingehasht" wird. Eine gebräuchliche Hash-Funktion ist $p = x \bmod m$, wobei m die Größe der Hash-Tafel, also die Anzahl der Steckplätze ist. Bei dieser Funktion fallen alle Zahlen, die bei Division durch m denselben Rest p haben, in denselben Steckplatz mit der Nummer p.

Abbildung 3.2 zeigt eine Hash-Tafel mit 7 Steckplätzen und 11 verschiedenen Schlüsseln. Die verwendete Hash-Funktion ist $p = x \bmod 7$. Der Schlüssel „abel" würde durch diese Funktion auf den Steckplatz 0 gehasht werden (weil 1633838444 durch 7 teilbar ist, die Division also den Rest 0 ergibt).

Die Abbildung macht außerdem klar, dass die interne Datenstruktur kompliziert ist, dass ein Zugriff auf einen Wert über einen Schlüssel zeitaufwändig ist und dass es nicht ohne weiteres möglich ist, die Schlüssel in sortierter Reihenfolge oder in der Reihenfolge ihrer Einfügungszeitpunkte zu durchlaufen. Die zu den Schlüsseln gehörenden Werte sind nicht dargestellt, aber die Abbildung verdeutlicht, warum

i. Allg. nur über die Schlüssel auf die Werte zugegriffen werden kann, nicht aber umgekehrt.

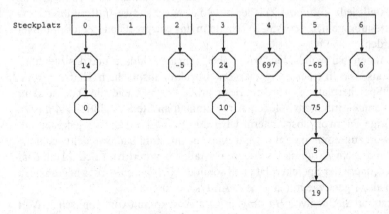

Abbildung 3.2. Eine Hash-Tafel mit 7 Steckplätzen. Es wurden 11 verschiedene Schlüssel über die Hash-Funktion $p = x \bmod 7$ eingehasht. Der Schlüssel 75 wird auf Steckplatz 5 gehasht, weil $75 = 10 \cdot 7 + 5$ ist. Entsprechend ist $-65 = -10 \cdot 7 + 5$, und daher wird auch der Schlüssel -65 auf Steckplatz 5 gehasht.

Hashes in Perl. In Perl sind sehr komfortable Hashes bereits eingebaut. Ohne sich Gedanken über Hash-Funktionen oder Realisierung von Hash-Tafeln machen zu müssen, kann man jedem möglichen String in einem Hash einen beliebigen skalaren Wert zuordnen. Die Zuordnung ist variabel; daher kann ein Hash auch als Ansammlung von skalaren Variablen betrachtet werden. Folglich ist auch ein Hash selbst eine Variable und wird daher auch als *Hash-Variable* bezeichnet.

Das folgende Programm realisiert in einer Hash-Variablen ein einfaches englisch-deutsches Wörterbuch mit interaktiver Abfragemöglichkeit.

──────── Woerterbuch.pl ────────

```
1  %deutschwort= ("go","gehen",
2                 "job","Arbeit",
3                 "work","Arbeit",
4                 "pearl" => "Perle",
5                 "subtract" => "subtrahieren",
6                 "francais" => "französisch");
7
8  $deutschwort{"computer"}="Computer";
9  $deutschwort{"job"}="Stelle";
10 delete $deutschwort{"francais"};
11
12 while (1) { # Endlosschleife
13   print "Enter english word: ";
```

```
14    $englishword=<STDIN>;
15    chomp $englishword;
16    if(exists $deutschwort{$englishword}) {
17      print "$englishword = $deutschwort{$englishword}\n";
18    }
19    else {
20      print "$englishword not in dictionary.\n";
21    }
22  }
```
———————————————— Programm 46 ————————————————

In Perl beginnen Hash-Variablen stets mit einem %, also z. B. %hash. Der Zugriff auf einen Wert über einen Schlüssel geschieht mit Hilfe der Notation $hash{$schluessel}. Dabei darf der Schlüssel ein beliebiger String sein.

Hashes werden wie Arrays durch Listen initialisiert, nur sollte die Liste aus zusammengehörigen Schlüssel-Werte-Paaren bestehen, also insbesondere immer eine gerade Anzahl von Elementen aufweisen. Zur Spezifikation der Paare bietet Perl den Operator „=>" an, der mit dem Komma-Operator gleichbedeutend ist, aber visuell deutlich macht, was der Schlüssel und was der Wert ist. Der Schlüssel steht auf der linken Seite des =>, der Wert auf der rechten. Zeilen 4–6 enthalten diesen Operator. Die Zeilen 1–6 bilden somit ein *Hash-Literal*.

Zur Laufzeit können beliebige Schlüssel-Wert-Paare in den Hash aufgenommen werden, indem einem noch undefinierten Schlüssel der entsprechende Wert zugewiesen wird. Ist der Schlüssel bereits definiert, so wird dadurch einfach sein zugehöriger Wert abgeändert.

Mit der delete-Funktion kann ein Schlüssel-Wert-Paar wieder aus einem Hash entfernt werden. Die exists-Funktion prüft nach, ob ein bestimmter Wert als Schlüssel in einem Hash vorkommt.

Das Wörterbuchprogramm soll beliebig viele Wörter übersetzen und sich nicht beenden. Daher verwendet es eine einfache Möglichkeit, eine Endlosschleife zu konstruieren: Der Ausdruck 1 in einer Schleifenbedingung wird immer als „wahr" gewertet. Eine andere beliebte Möglichkeit, sich eine Endlosschleife zu bauen, ist der Ausdruck for(;;).

Übungen

Übung 138. Legen Sie einen Hash mit 7 Paaren aus Login-Namen und zugehörigem Passwort an und geben Sie die Paare aus. Benutzen Sie dazu die Funktion keys. Diese liefert, angesetzt auf einen Hash, ein Array mit allen Schlüsseln des Hashes zurück:

```
@schluessel = keys %mein_hash;
```

Geben Sie danach die Paare nach Login-Name geordnet aus. Benutzen Sie hierzu die eingebaute sort-Funktion.

Übung 139. Geben Sie statt den Schlüssel-Wert-Paaren aus Übung 138 die Wert-Schlüssel-Paare aus, und zwar so, dass jeder Wert nur einmal ausgegeben wird, gefolgt von allen zu ihm gehörenden Schlüsseln. Sie können dazu z. B. die Funktion `values` benutzen. Sie liefert ein Array mit allen Werten eines Hashes.

Übung 140. Simulieren Sie wie in Übung 118 das Login-Verfahren, diesmal aber mit einem Hash. Der Benutzer `root` soll einen Login-Versuch haben, alle anderen höchstens drei.

Hier sollten Sie den Vorteil von Hashes gegenüber Arrays bemerken: Es ist nun mit Hilfe von `exists` viel einfacher herauszufinden, ob ein bestimmter Benutzer eingetragen ist. Auch auf sein Passwort kann durch den Hash wesentlich einfacher zugegriffen werden.

Übung 141. Ordnen Sie den einzelnen Benutzern eine individuelle Anzahl von Login-Versuchen zu. Benutzen Sie dazu einen zweiten Hash.

Sie ersehen daraus, dass in einem Perl-Hash zu einem Schlüssel nur *ein* Wert abgespeichert werden kann. (In Abschn. 4.1 werden wir sehen, wie durch die Verwendung von Referenzen als Werte trotzdem mehrere Werte assoziiert werden können.)

Übung 142. Lesen Sie beliebig viele Strings von der Standardeingabe. (Jede Zeile zählt als ein String.) Geben Sie danach aus, welche Strings wie oft eingegeben wurden.

Übung 143. Berechnen Sie die statistische Häufigkeit der Buchstaben in der Datei `words.txt` aus den Kursunterlagen. Gehen Sie dazu die Eingabe Zeile für Zeile, Buchstabe für Buchstabe durch und zählen Sie, wie oft welcher Buchstabe vorkommt. Wenn Sie unter UNIX arbeiten, können Sie als Eingabe auch das systemeigene Wörterbuch nehmen, das meist unter `/usr/dict/words` zu finden ist.

Um Großbuchstaben wie Kleinbuchstaben zählen zu können, können Sie die Funktion `lc` („lower case") verwenden, die zu einem Großbuchstaben den entsprechenden Kleinbuchstaben liefert. Diese funktioniert nicht für deutsche Umlaute wie „Ä".

Diese *statistische Buchstabenhäufigkeit* spielt in der *Verschlüsselungstechnik* (*Kryptographie*) und bei Buchstabenspielen wie „Scrabble" eine große Rolle.

Übung 144. Schreiben Sie ein Programm, das eine eingegebene Hexadezimalzahl in Dezimaldarstellung ausgibt. Benutzen Sie einen Hash, um sich zu einer Hexadezimalziffer die zugehörige Dezimalzahl zu merken.

3.2 Weitere Kontrollstrukturen

Dieser Abschnitt führt weitere Kontrollstrukturen zur Beeinflussung des Kontrollflusses ein, die sich in dieser oder einer leicht abgewandelten Form in vielen Programmiersprachen finden lassen.

Es gibt kein Programm, das sich nicht ohne diese Kontrollstrukturen formulieren ließe, da sie sich immer durch die bisher schon bekannten Konstrukte oder eine Kombination dieser ersetzen lassen. Oft aber machen sie die Programmierung eleganter.

3.2.1 Die fußgesteuerte Schleife (do-while-Schleife)

Die while-Schleife prüft ihre Bedingung am Anfang. Ist diese schon bei der ersten Auswertung falsch, so wird der Schleifenkörper nie ausgeführt. In manchen Situationen jedoch muss der Schleifenkörper auf jeden Fall mindestens einmal ausgeführt werden, und erst danach soll die Schleifenbedingung über eine weitere Iteration entscheiden. Die Bedingung steht hier also am Ende oder Fuß der Schleife. Dementsprechend gibt es in vielen Programmiersprachen ein eigenes Schleifenkonstrukt, die so genannte *fußgesteuerte Schleife*. Dies ist eine Schleife, bei der der Schleifenkörper mindestens einmal ausgeführt und die Schleifenbedingung erst am Ende überprüft wird. Die Erfahrung zeigt, dass diese Form der Schleife wesentlich seltener benötigt wird als die while-Schleife.

In den C-ähnlichen Programmiersprachen wird sie gemäß ihren Schlüsselwörtern als *do-while*-Schleife bezeichnet. Sie findet immer dann Verwendung, wenn der Schleifenkörper ganz sicher mindestens einmal ausgeführt werden soll.

Das folgende Programm liest so lange ein Passwort, bis das richtige Passwort eingegeben wurde. Danach liest es so lange eine Zahl, bis die eingegebene Zahl nicht negativ ist, und zieht dann die Wurzel aus dieser Zahl. Hier ist es bei beiden Schleifen gewollt, dass ihr Körper mindestens einmal ausgeführt wird, denn es muss auf jeden Fall mindestens einmal etwas eingegeben werden.

———————————————— dowhile.pl ————————————————

```perl
1  do {
2    print "Ihr Passwort: ";
3    $passwort=<STDIN>;
4    chomp $passwort;
5  }
6  while ($passwort ne "rollingstones");
7
8  print "Bitte nicht negative Zahl eingeben: ";
9  do {
10   $zahl=<STDIN>;
11   chomp $zahl;
12 }
13 while ($zahl<0);
14
15 print "Die Wurzel von $zahl ist ";
16 print sqrt($zahl)."\n";
```

———————————————— Programm 47 ————————————————

Die do-while-Schleife beginnt mit dem Schlüsselwort do. Ihr Block ist wie üblich in geschweifte Klammern eingeschlossen. Nach diesem folgt das Schlüsselwort while, hinter dem die Schleifenbedingung in runde Klammern eingeschlossen ist.

Die Bedingung wird erst am Ende überprüft. Trifft die Bedingung dann noch zu, so springt der Kontrollfluss zum do zurück, ansonsten wird die erste Anweisung hinter der Bedingung ausgeführt.

Übung 145. Skizzieren Sie, wie jede do-while-Schleife durch eine äquivalente while-Schleife ersetzt werden kann. Machen Sie sich klar, warum es dabei zu Verdoppelung von Quellcode kommt.

★ 3.2.2 Die foreach-Schleife

Diese Schleife durchläuft alle Elemente eines Arrays mit einer Laufvariablen. In vielen Sprachen fehlt dieses Konstrukt.

Perl dagegen besitzt eine foreach-Schleife. Hinter dem Schlüsselwort foreach muss eine skalare Variable angegeben werden, dahinter in runden Klammern das Array, dessen Elemente zu durchlaufen sind. Darauf folgt ein in geschweifte Klammern eingeschlossener Block von Anweisungen.

Die Schleife durchläuft alle Elemente des Arrays mit der vorher angegebenen Laufvariablen. Die Reihenfolge der Elemente entspricht ihrer Reihenfolge im Array. Für jedes einzelne Element führt sie den Anweisungsblock aus.

Das folgende Programm zeigt einige typische Anwendungen der foreach-Schleife in Perl.

──────────────── foreach.pl ────────────────

```perl
1  @primzahl=(2,3,5,7,9,11);
2
3  foreach $zahl (@primzahl) {
4    print "$zahl\n";
5  }
6
7  %deutschwort= ("go" => "gehen",
8                 "house" => "Haus",
9                 "pearl" => "Perle",
10                "subtract" => "subtrahieren");
11
12 foreach $word (keys %deutschwort) {
13   print "$word\n";
14 }
15 foreach $wort (values %deutschwort) {
16   print "$wort\n";
17 }
18 foreach $word (keys %deutschwort) {
```

```
19    print "$word auf Deutsch ist $deutschwort{$word}\n";
20  }
```
———————————————— Programm 48 ————————————————

Das Programm gibt die in einem Array abgespeicherten Zahlen aus. Danach legt es einen Hash an, gibt zuerst die Schlüssel, dann die Werte und zuletzt die Schlüssel-Werte-Paare aus.

Dabei ist zu beachten, dass die Laufvariable ein *Alias* ist, d. h., sie ist nur ein anderer Name für das jeweilige Element des Arrays, bei dem sie sich gerade befindet. Es findet also keine Wertzuweisung an die Schleifenvariable statt. Das hat zur Folge, dass Änderungen dieser Variable auch das jeweilige Element des Arrays ändern. Das folgende Programm gibt ein Beispiel für diesen *Alias-Mechanismus*.

———————————————— AliasMechanismus.pl ————————————————

```
1  @benutzer=("merscher","abel","ouharzoune","barra");
2
3  foreach $name (@benutzer) {
4    $name = uc($name);
5  }
```
———————————————— Programm 49 ————————————————

Das Programm ersetzt jeden Benutzernamen in dem Array @benutzer durch die großbuchstabige Version des Namens, ändert also merscher in MERSCHER usw.

Dazu benutzt es die uc-Funktion („upper case"), die in einem String aus jedem Kleinbuchstaben den entsprechenden Großbuchstaben macht. Zu uc gibt es auch noch die umgekehrte Funktion lc („lower case"), die aus jedem Großbuchstaben den entsprechenden Kleinbuchstaben macht.

Übungen

Übung 146. Skizzieren Sie, wie jede foreach-Schleife durch eine äquivalente for-Schleife ersetzt werden kann.

Übung 147. Füllen Sie einen Hash mit 5 Paaren aus Staaten und zugehöriger Hauptstadt, und geben Sie die Paare mit einer foreach-Schleife aus. Geben Sie sie danach in alphabetischer Reihenfolge sortiert aus.

3.2.3 Schleifensprünge und der (nicht zu empfehlende) Gebrauch von Labels

Manchmal kann es sinnvoll sein, eine Schleife vorzeitig (und nicht durch Auswertung der Schleifenbedingung zu „falsch") an einer bestimmten Stelle im Schleifenkörper zu verlassen oder vorzeitig die Schleife neu zu starten (mit oder ohne erneuter Auswertung der Schleifenbedingung). Dafür gibt es in vielen Programmiersprachen entsprechende Anweisungen.

last, redo und next. In Perl gibt es mehrere Anweisungen, um den Kontrollfluss in Schleifen zu steuern:

- `last` verlässt unmittelbar die innerste Schleife, in der es vorkommt, d. h., der Kontrollfluss springt zur ersten Anweisung hinter der Schleife.
- `next` startet die nächste Iteration der Schleife, wobei die Schleifenbedingung erneut ausgewertet wird, d. h., der Kontrollfluss springt zum Schleifenkopf zurück. Bei einer for-Schleife wird vorher noch die Nachinitialisierung durchgeführt.
- `redo` startet den Schleifenblock erneut, ohne die Schleifenbedingung zu überprüfen, d. h., der Kontrollfluss springt zur ersten Anweisung des Schleifenkörpers. Bei einer for-Schleife wird die Nachinitialisierung nicht durchgeführt.

In anderen, C-ähnlichen Programmiersprachen existieren diese Anweisungen zum Teil ebenfalls. Dort heißt `last` meistens `break` und `next` heißt `continue`. `redo` existiert in C nicht.

Das folgende Programm sucht in einem Array nach der ersten negativen Zahl. Es beendet die Suche sofort, wenn eine solche Zahl gefunden wird.

———————————————— last.pl ————————————————

```
1   @array=(3,5,6,8,9,-2,4,45,-5,3,8,5);
2
3   for ($i=0; $i <= $#array; $i++) {
4     if ($array[$i] < 0) {
5       last;
6     }
7   }
8   # <- Sprungziel von last
9   if($i<=$#array) {
10    print "Negative Zahl gefunden ";
11    print "an Position $i.\n";
12  }
13
14  # aequivalent ohne last:
15  $gefunden=0;
16  for($i=0; $i<=$#array && !$gefunden; $i++) {
17    if ($array[$i] < 0) {
18      $such_index=$i;
19      $gefunden=1;
20    }
21  }
22  if($gefunden) {
23    print "Negative Zahl gefunden ";
24    print "an Position $such_index.\n";
25  }
```

———————————————— Programm 50 ————————————————

Sobald das Programm eine negative Zahl gefunden hat, verlässt es die Schleife durch ein last. Die Laufvariable $i zeigt genau dann auf eine negative Zahl im Array, wenn die Schleife durch das last beendet wurde, d. h. wenn $i einen noch gültigen Index beinhaltet.

Die äquivalente Formulierung der Schleife ohne ein last dagegen benötigt eine zusätzliche Variable $such_index, um sich die Position der negativen Zahl zu merken, weil $i am Ende der Schleife immer noch inkrementiert wird.

Das folgende Programm summiert alle nicht negativen Zahlen aus der Standardeingabe und gibt die Summe aus. Es startet dazu die Schleife sofort neu, wenn eine negative Zahl vorliegt.

―――――――――――――――― next.pl ――――――――――――――――

```
1   $summe=0;
2
3   while($zahl=<STDIN>) {
4     chomp $zahl;
5     # ueberspringe negative Zahlen
6     if( $zahl < 0 ) { next; }
7     # Anweisungen zur Bearbeitung nicht-negativer Zahlen
8     $summe += $zahl;
9   }
10
11  print $summe."\n";
12
```

―――――――――――――――― Programm 51 ――――――――――――――――

Sicherlich wäre es hier auch möglich, die Nichtnegativität in einem if zu überprüfen; insofern ist das Beispiel ein wenig künstlich. Der Wert von next zeigt sich erst dann, wenn die logische Umkehrung einer Bedingung kompliziert ist, oder wenn eine weitere Bedingung zu einer unerwünscht großen Schachtelungstiefe führen würde. In obigem Beispiel wäre das der Fall, wenn die Verarbeitung der nicht negativen Zahlen aus sehr vielen Anweisungen bestünde, die der negativen aber aus keiner. Dann würde es sich nicht lohnen, einen abhängigen Block zu erzeugen.

Übungen

Übung 148. Lesen Sie Strings in ein Array ein und überprüfen Sie danach, ob es in diesem Array zwei gleiche Strings gibt. Beenden Sie Ihr Schleifenkonstrukt mit last, sobald Sie das erste Paar gefunden haben. Suchen Sie danach nach drei gleichen Strings.

Übung 149. (UNIX-Dienstprogramm uniq) Lesen Sie Zahlen in ein Array ein und geben Sie danach jede gelesene Zahl genau einmal aus, ohne doppelte Vorkommen doppelt auszugeben. Sortieren Sie dazu das Array zunächst und verwenden Sie ein next in der Schleife.

★ **Labels und Gotos.** Ein *Label* ist eine Sprungmarke, mit der eine bestimmte Anweisung markiert werden kann. Mittels geeigneter *Sprunganweisungen* kann der Kontrollfluss dann direkt an diese Stelle geleitet werden. Solche *unbedingten Sprunganweisungen* heißen auch *Gotos* (engl. „go to" = gehe zu).

Die vor allem in der Sprache BASIC gebräuchlichen Labels und Gotos führen allerdings meistens zu undurchsichtigem „Spaghetti-Code" und sind nur in Ausnahmefällen zu empfehlen. Der Name rührt daher, dass in solchen Programmen mittels Gotos so wild hin- und hergesprungen wird, so dass der Kontrollfluss wie ein Teller Spaghetti unentwirrbar verknäuelt zu sein scheint. Eine der wenigen sinnvollen Anwendungen kann die Beendigung tief ineinander verschachtelter Schleifen und bedingter Anweisungen sein.

In den ursprünglichen Versionen von BASIC gab es keine Möglichkeit der strukturierten Schleifengestaltung, d. h. es fehlten die while-Schleifen. Hier musste der Programmierer seine Schleifen durch Sprünge realisieren, die Programme waren also mehr oder weniger unstrukturiert. Unter *strukturierter Programmierung* versteht man dagegen den Programmierstil, der ganz auf Gotos verzichtet und Schleifen mittels den dafür vorgesehenen Konstrukten aufbaut, was zu wesentlich lesbareren Programmen führt.

Das folgende Programm gibt ein abschreckendes Beispiel für einen solchen Spaghetti-Code. Mit Absicht wird hier nicht beschrieben, was genau es macht. Der Leser möge dies selbst herausfinden und dabei lernen, warum Gotos verpönt sind.

─────────────────── goto.pl ───────────────────

```
1   $user=<STDIN>;
2   chomp $user;
3   if($user ne "ziegler") { goto ENDE;} # grauenhaft!
4
5   @array=(23,341,55,6,343,13,88,55,3,343,12);
6
7   $i=0;
8   LOOP: $j=$#array;
9   VERGLEICH: if($array[$i]==$array[$j]) {
10     print "Position $i und $j ";
11     print "erfüllen die Bedingung\n";
12     goto STOP;
13   }
14   $j--;
15   if($j==$i) {
16     $i++;
17     if($i>$#array) {
18       goto STOP;
19     }
20     goto LOOP;
21   }
22   goto VERGLEICH;
23
```

```
24   STOP: print "Suche beendet.\n";
25   ENDE: print "Tschüß.\n";
```
——————————————————— Programm 52 ———————————————————

Labels werden in Perl definiert, indem der Name der Sprungmarke mit einem Doppelpunkt vor die zu markierende Anweisung geschrieben wird. Es ist Konvention, aber nicht unbedingt notwendig, Großbuchstaben zu verwenden. Dann kann diese Anweisung mit `goto` und diesem Namen angesprungen werden.

Dieses Programm sieht einem in Assembler geschriebenen Programm sehr ähnlich. Wir erinnern uns, dass eine CPU Sprunganweisungen ausführen kann. Sie besitzt aber keine Anweisungen zur strukturierten Schleifenausführung. Im Maschinencode *müssen* daher Schleifen durch Sprünge erzeugt werden. Der wirre Kontrollfluss des obigen Programms lässt dann erahnen, warum höhere Programmiersprachen überhaupt erfunden wurden. In der Tat ist es auch Aufgabe eines Compilers, die strukturierten Schleifen höherer Programmiersprachen in Maschinencode zu übersetzen.

Auch `last`, `next` und `redo` können Labels verwerten, mit denen ganze Schleifen markiert sind. Sie beziehen sich dann bei ihren Sprüngen auf diese Schleife statt – wie ohne Label – auf die innerste, in der sie vorkommen. Im Gegensatz zu `goto` werden sie allerdings meist ohne Label verwendet und führen dann auch zu recht übersichtlichen Schleifenkonstrukten, was aber dennoch viele Programmierer nicht davon abhält, diese Kontrollanweisungen als „verkappte Gotos" gänzlich abzulehnen.

Das folgende Programm sucht in zwei Arrays nach zwei gleichen Elementen. Das erste Array enthält Strings, die als Passwörter verboten sind, weil sie zu einfach sind und für einen Hacker zu leicht zu erraten wären. Das zweite Array enthält die Liste aller aktuellen Benutzer-Passwörter. Diese beiden Mengen müssen *disjunkt* sein, d. h., sie dürfen aus Sicherheitsgründen kein Element gemeinsam haben.

——————————————————— DisjunkteMengen.pl ———————————————————

```
1    @AktuellePasswoerter=
2      ("baby{baby","%jagger%12","&ooh§yeah§","jack!flash");
3
4    @VerbotenePasswoerter=
5      ("hund","katze","maus","anja","gandalf");
6
7    OUTER: foreach $x (@AktuellePasswoerter) {
8      foreach $y (@VerbotenePasswoerter) {
9        if($x eq $y) {
10         $gefunden=$x;
11         last OUTER;
12       }
13     }
14   }
15
```

```
16  if($gefunden) {
17    print "Verbotenes Passwort $gefunden gefunden!\n";
18  }
```
──────────────────── Programm 53 ────────────────────

Sind zwei gleiche Elemente gefunden, so springt das Programm mittels last sofort aus der äußeren Schleife heraus, die mit dem Label OUTER markiert ist.

Die Variable $x kann hier nicht mehr außerhalb der Schleife benutzt werden, weil sie innerhalb des foreach-Konstruktes nur ein Alias ist und somit nur innerhalb der Schleife gültig ist. Sie ist außerhalb nicht mehr *sichtbar*. Daher müssen wir den Inhalt von $x nach $gefunden kopieren. Findet diese Zuweisung in der Schleife nicht statt, so hat $gefunden in Zeile 16 den Wert undef, und der Test geht daher negativ aus. Mehr zu Sichtbarkeit werden wir in Abschn. 3.3.1 erfahren.

Übungen

Übung 150. Was macht das Programm goto.pl? Sind sie verwirrt? Dann wissen Sie jetzt, warum Labels mit Sprüngen nur in Ausnahmefällen gerechtfertigt sind.

Übung 151. Schreiben Sie ein Programm, das die *Schnittmenge* zweier Zahlenmengen berechnet. Die beiden Mengen seien in einem Array abgespeichert. Bedenken Sie, dass in Mengendarstellung kein Element doppelt vorkommen darf. (Daher enthalten die beiden ursprünglichen Arrays auch keine Elemente mehrfach.)

Übung[†] 152. Beweisen Sie, dass jedes last in einem Programm durch geeignete Umformulierung des Codes entfernt werden kann.

3.3 Unterprogramme

Wir haben mittlerweile im Verlauf dieses Buches recht viele eingebaute Funktionen benutzt, allen voran print. Diese Funktionen, die uns die Programmierer des Perl-Systems freundlicherweise zur Verfügung stellen, sind unglaublich nützliche Bausteine in unseren Programmen, weil sie es ermöglichen, komplexe Aufgaben in *Unterprogrammen* erledigen zu lassen. Dabei müssen wir nicht genau verstehen, wie diese Unterprogramme arbeiten. Wir können sie einfach benutzen, an beliebig vielen Stellen, in beliebig vielen Programmen.

Unterprogrammtechnik ist eine Schlüsselkomponente zum Erstellen größerer Programme. *Unterprogramme*, auch *Funktionen* oder *Prozeduren* genannt, erlauben es, mehrfach benötigte Programmteile vom Hauptprogramm abzukapseln. Diese *Kapselung* führt zu lesbarerem Code, der schneller zu entwickeln und zu testen ist, weil Teile separat für sich entwickelt und getestet oder einsatzfertig von einem anderen Programmierer übernommen werden können. Der Programmierstil, alle mehr als einmal benötigten Codeteile in Unterprogrammen zu kapseln, heißt *prozedurales Programmieren*. Teamarbeit von Programmierern wird erst durch prozedurales Programmieren möglich.

Wiederverwendung von Code geschieht prinzipiell auf zwei Arten: In einem Programm benötigt man denselben Code an mehreren Stellen und verlagert diesen Code daher in eine eigene Funktion. Oder man benötigt denselben Code immer wieder in unterschiedlichen Programmen. In diesem Fall lagert man den Code meistens in eine so genannte Bibliothek aus. Eine *Bibliothek* (*library*) ist eine Sammlung von Funktionen.

In diesem Abschnitt werden wir lernen, wie wir eigene Funktionen schreiben und verwenden können.

3.3.1 Eine einfache Funktion

Angenommen, wir müssen in einem Programm an mehreren Stellen das Maximum der beiden Variablen $a und $b berechnen. Statt uns jedesmal wieder neu Gedanken über die Lösung machen zu müssen (und dabei auch Gefahr zu laufen, Fehler zu begehen), bietet es sich an, den entsprechenden Code in eine selbst geschriebene Funktion auszulagern, die wir beliebig oft an beliebigen Stellen benutzen können.

Name und Aufruf. Eine Funktion hat einen Namen, unter dem sie aufgerufen wird. Wie eine Variable sollte auch sie aus mnemotechnischen Gründen nach dem benannt sein, was sie tut. Es bietet sich hier also z. B. der Name max_a_b an.

Ist der Name der Funktion festgelegt, so folgt in den meisten Programmiersprachen der Codeblock der Anweisungen, aus denen die Funktion besteht. Er sollte hier aus einem Vergleich von $a und $b und einer entsprechenden Zuweisung bestehen.

Wird eine Funktion aufgerufen, so springt der Kontrollfluss von der Aufrufstelle zur ersten Anweisung im Codeblock der Funktion. Ist dieser Block abgearbeitet, kehrt der Kontrollfluss an die Aufrufstelle zurück.

Hauptprogramm. Code, der außerhalb von Funktionen steht, gehört zum *Hauptprogramm*. Das Hauptprogramm ist also derjenige Code, der nicht in eine Funktion gekapselt ist. Jedes Programm hat nur ein Hauptprogramm. In diesem Sinne waren alle unsere bisherigen Programme Hauptprogramme.

In C-ähnlichen Sprachen wird das Hauptprogramm als main bezeichnet. Das liegt daran, dass das Hauptprogramm dort selbst eine Funktion mit eben diesem Namen ist, die dann „von außen", also z. B. von der Shell, aufgerufen werden kann. Beim Start des Programms beginnt der Kontrollfluss mit der ersten Anweisung von main.

Rückgabewerte. Wie erhalten wir nun das Resultat der Berechnungen, die die Funktion anstellt? Wie können wir auf das berechnete Maximum von $a und $b im Hauptprogramm zugreifen? Hierzu gibt es zwei Möglichkeiten:

Eine Funktion kann explizit einen Wert zurückgeben, der nach Beendigung des Funktionsaufrufs an der Aufrufstelle weiterverarbeitet wird. Bei der Funktion max_a_b ist dieser Wert das Maximum der beiden Zahlen. In den C-ähnlichen Sprachen ist zur Beendigung mit Wertrückgabe in einer Funktion das Schlüsselwort return vorgesehen. Hinter diesem kann der Rückgabewert der Funktion angegeben werden. Trifft der Kontrollfluss auf ein return, springt er sofort zur Aufrufstelle zurück.

Die andere Möglichkeit der Wertrückgabe liegt in der Verwendung von *globalen Variablen*; das sind Variablen des Hauptprogramms, die an jeder Stelle des Programms, auch in jeder Funktion, *sichtbar* sind. Wird eine solche globale Variable in einer Funktion überschrieben, z. B. mit dem Rückgabewert, so ist ihr Wert auch außerhalb der Funktion nach deren Beendigung abgeändert. Es kann daher fehlerträchtig sein, in Funktionen mit globalen Variablen zu arbeiten.

Es gibt auch Funktionen, die keinen Wert zurückliefern. Solche Funktionen ohne Rückgabewert werden in vielen Programmiersprachen auch *Prozeduren* genannt. Ein anderer gebräuchlicher Name für Funktionen ist *Subroutine*.

Das folgende Programm zeigt eine erste Fassung der Funktion max in Perl. Sie verwendet eine globale Variable $x, um das berechnete Maximum zurückzugeben.

———————————————— max.pl ————————————————

```
1   $a=1; $b=2;
2
3   max_a_b();
4   print "Das Maximum von $a und $b ist $x\n";
5
6   $a=5; $b=6;
7
8   print "x ist vor dem Aufruf $x.\n";
9   max_a_b(); # beliebig oft wiederverwendbar
10  print "Das Maximum von $a und $b ist $x\n";
11  print "x ist nach dem Aufruf  $x.\n";
12
13
14  sub max_a_b {
15    if($a>$b) {
16      $x=$a; # Vorsicht: $x hier global!
17    }
18    else {
19      $x=$b;
20    }
21  }
```

———————————————— Programm 54 ————————————————

In Perl wird die Definition einer Funktion durch das Schlüsselwort sub eingeleitet. Danach folgt, in geschweifte Klammern eingeschlossen, der Codeblock der Funktion.

Alle Funktionsdefinitionen sollten hinter oder vor dem Hauptprogramm stehen, es sei denn, sie werden in Bibliotheken ausgelagert (s. Abschnitt 4.7). Es ist i. Allg. nicht möglich, den Code des Hauptprogramms durch Funktionsdefinitionen zu unterbrechen[2].

---

[2] In Perl ist dies schon möglich, aber sicher kein guter Stil.

Aufruf von Funktionen. Eine selbst geschriebene Funktion wird aufgerufen, indem an der Aufrufstelle ihr Name wie in Zeile 3 mit nachgestellten runden Klammern versehen wird. Die leeren Klammern signalisieren zudem, dass diese Funktion keine Argumente (s. Abschnitt 3.3.3) besitzt.

Dagegen können in die Sprache eingebaute Funktionen ohne Klammern aufgerufen werden, wie wir das die ganze Zeit bei `print` schon getan haben. Dies gilt selbst dann, wenn sie mehrere Argumente haben. Selbst geschriebene Funktionen dagegen können nur dann ohne Klammern aufgerufen werden, wenn sie vor der Aufrufstelle deklariert wurden, d. h., wenn ihr Code vor der Aufrufstelle im Quelltext steht oder sie durch eine Zeile wie

```
sub max_a_b;
```

am Anfang des Programms *vordeklariert* wurden. Am einfachsten ist es, in jedem Funktionsaufruf Klammern zu benutzen, wie dies in den anderen C-ähnlichen Sprachen auch Vorschrift ist. Doch auch hier ist Vorsicht geboten: Die Zeile

```
print (1+2)*4;
```

druckt nicht etwa 12 aus, sondern 3, weil die 4 nicht mehr zum Argument gehört. Dies ist ein in Perl leicht zu begehender Fehler, weil man als Perl-Programmierer daran gewöhnt ist, dass Funktionsargumente nicht geklammert werden müssen, so dass die äußeren Klammern von

```
print((1+2)*4);
```

nicht notwendig erscheinen.

Funktionsnamen in Strings werden nicht durch Aufrufergebnisse substituiert, d. h., eine Anweisung wie

```
print "f()";
```

ruft nicht etwa die Funktion f auf, sondern gibt den String f() aus.

Seiteneffekte. Obiges Programm hat einen unschönen *Seiteneffekt*: Die Funktion ändert den Wert der Variablen $x ab, weil sie diese Variable intern selbst benutzt. $x kommt sowohl im Hauptprogramm vor und ist auch innerhalb der Funktion *sichtbar*, d. h., es handelt sich um ein- und dieselbe Variable. $x ist also eine globale Variable, d. h. eine Variable, die im ganzen Programm an jeder Stelle sichtbar ist.

Eine Anweisung hat einen Seiteneffekt, wenn ihre Ausführung auf nicht direkt ersichtliche Weise Werte ändert, was sehr leicht fehlerträchtig sein kann. Benutzt man z. B. in einem Programm die (globale) Variable $x, um eine bestimmte Zahl zu speichern, und ruft dann irgendwann obige Funktion max_a_b auf, so verändert diese den Wert von $x, weil sie diese globale Variable selbst benutzt. Danach ist der ursprüngliche Wert von $x verschwunden. Das ist vor allem dann ein schwer zu findender Seiteneffekt, wenn man den Funktionscode nicht kennt, weil man ihn nicht selbst geschrieben hat.

Prozedurales Programmierparadigma. In obigem Programm wird eine (selbst geschriebene) Funktion an mehreren Stellen verwendet. Dies verdeutlicht das *prozedurale Programmierparadigma*: Ein Problem wird *einmal* gelöst (in einer Funktion), und diese Lösung immer wieder verwendet, ohne dass sich der Programmierer jedesmal aufs Neue Gedanken über ihre Korrektheit machen muss. Ein komplexes Problem wird in mehrere kleinere, leichter überschaubare Probleme aufgeteilt, die für sich gelöst werden (in einer Funktion). Dabei darf eine Teillösung schon als Funktion in einer anderen Teillösung verwendet werden.

Auf diese Weise entsteht eine Hierarchie von Funktionen, auf deren unterster Stufe Funktionen stehen, in denen selbst kein Funktionsaufruf mehr stattfindet; diese sind also unabhängig von den anderen Funktionen. Auf der obersten Stufe steht die aus den Teillösungen zusammengesetzte Gesamtlösung, das Hauptprogramm.

3.3.2 Lokale Variablen

Wie beheben wir den Seiteneffekt, der das globale $x abändert? Wir könnten einfach eine Variable mit einem anderen Namen nehmen, der nicht als Name einer Variablen im Hauptprogramm vorkommt, etwa $y. Das ist eine unzureichende Lösung, denn wenn wir die Funktion später in einem anderen Programm wiederverwenden wollen, so müssen wir zuerst sicherstellen, dass das dortige Hauptprogramm ebenfalls keine Variable namens $y besitzt.

Es sollte also eine Möglichkeit geben, in Funktionen auftretende Variablen als *lokal* zu deklarieren. Eine *lokale Variable* ist eine Variable, die außerhalb der Funktion, in der sie auftritt und zu der sie lokal ist, nicht sichtbar ist. Sie überdeckt eine *globale Variable* gleichen Namens. Mit anderen Worten: Eine lokale Variable $x hat nicht das Geringste mit einer globalen Variablen gleichen Namens zu tun und ihr Wert ist außerhalb der Funktion, d. h. nach Beendigung des Funktionsaufrufs, auch nicht verfügbar.

Das folgende Programm verwendet eine lokale Variable $x in der Funktion max_a_b und gibt deren Wert am Ende zurück.

```
─────────────────────────── max2.pl ───────────────────────────
1   $a=<STDIN>; chomp $a;
2   $b=<STDIN>; chomp $b;
3
4   $x=42;      # globale Variable x
5   $counter=0; # globale Variable
6
7   print "x ist vor dem Aufruf $x.\n";
8   print "Das Maximum von $a und $b ist ".max_a_b().".\n";
9   print "x ist nach dem Aufruf immer noch $x.\n";
10  print "max_a_b wurde $counter Mal aufgerufen.\n";
11
12  sub max_a_b {
13    my $x;      # lokale Variable x
```

```
14    if($a>$b) {
15       $x=$a;  # a immer noch global
16    }
17    else {
18       $x=$b;  # b immer noch global
19    }
20    $counter++; # global, aber hier absichtlich
21    return $x;
22 }
```

———————————————— Programm 55 ————————————————

Lokale Variablen in Perl. In Perl werden Variablen durch Voranstellen des Schlüsselwortes my als lokal gekennzeichnet. Somit wird obiges $x in Zeile 13 als lokal zur Funktion max_a_b deklariert. Diese Deklaration sollte am Anfang der jeweiligen Funktion erfolgen. Erst ab dann wird die Variable als lokal angesehen, d. h. bis zu dieser Deklaration wird eine eventuell existierende globale Variable gleichen Namens angesprochen und ggf. auch verändert. Diese Deklaration kann einhergehen mit einer gleichzeitigen Initialisierung der lokalen Variablen, also etwa

```
my $x=1;
```

Benötigt eine Funktion mehrere lokale Variablen, so können diese einzeln durch my als lokal deklariert werden oder in einer Liste auf einmal als lokal gekennzeichnet werden, also etwa

```
my ($x,$y,$z);
```

Diese Deklaration macht das $x in der Funktion und das $x im Hauptprogramm zu zwei völlig verschiedenen Variablen. Das $x der Funktion lebt nur so lange, wie die Funktion *aktiv* ist, d. h., wie sich der Kontrollfluss innerhalb eines Aufrufes befindet. Während dieser Zeit *überdeckt* es die globale Variable $x.

Das Schlüsselwort my macht die darauf folgende Variable lokal zum unmittelbar umschließenden Block. Somit hat in dem folgenden Code-Ausschnitt die Zuweisung $z=3 an das innere $z keine Auswirkung auf die äußere Variable gleichen Namens. Der Code-Ausschnitt gibt 3 2 aus.

```
{
    $z=2;
    {
        my $z=3;
        print $z;
    }
    print $z;
}
```

Daraus folgt, dass Variablen ganz am Anfang einer Funktion als lokal deklariert werden sollten, nicht erst in einem inneren, später folgenden Block, weil sie sonst nicht lokal zur ganzen Funktion sind.

Funktionen explizit verlassen. Das Schlüsselwort `return` kennzeichnet eine Rücksprungstelle. Trifft der Kontrollfluss auf eine `return`-Anweisung, wird die Funktion augenblicklich verlassen. Hinter `return` kann ein Rückgabewert der Funktion angegeben werden. Fehlt der Rückgabewert hinter `return`, oder wird die Funktion nach der letzten Zeile ohne `return` automatisch verlassen, so wird der Wert `undef` zurückgeliefert. Würde in obiger Funktion `max_a_b` Zeile 21 fehlen, so würde sie also `undef` zurückliefern, und das Ergebnis ihrer Berechnung wäre verloren.

Wie schon erwähnt, sollen manche Funktionen mit Absicht keinen Wert zurückliefern; dies sind so genannte Prozeduren. In Perl werden diese dadurch realisiert, dass keine der `return`-Anweisungen einen Rückgabewert enthält. Dann wird der Wert `undef` zurückgeliefert. Enthält die Funktion dagegen überhaupt keine `return`-Anweisung, so wird der Wert der letzten Auswertung in der Funktion zurückgeliefert[3].

Sinnvolle globale Variablen. Die oben verwendete globale Variable `$counter` gibt ein Beispiel für den sinnvollen Gebrauch einer globalen Variablen in einer Funktion: Hier wollen wir – etwa aus statistischen Gründen – mitzählen, wie oft eine Funktion aufgerufen wurde. Die Variable soll beim nächsten Aufruf noch ihren alten Wert enthalten. Daher benötigen wir eine Variable, die sowohl innerhalb als auch außerhalb der Funktion sichtbar ist, eine globale eben[4].

3.3.3 Argumentenübergabe an Funktionen

Unsere Funktion `max_a_b` hat noch einen kleinen Schönheitsfehler: Sie kann nur das Maximum der Werte von `$a` und `$b` bestimmen, nicht aber das Maximum von zwei anderslautenden Variablen oder Ausdrücken. Es wäre wünschenswert, wenn wir ihr sagen könnten, *von welchen* Werten sie das Maximum bestimmen soll. Wir sollten ihr also *Argumente* übergeben können.

Argumente sind Werte, die einer Funktion zum Zeitpunkt des Aufrufes übergeben werden. Diese Werte können von einzelnen Variablen oder von komplexeren Ausdrücken stammen. Die Funktion arbeitet dann mit diesen Werten. Innerhalb der Funktion sind diese Argumente dann als *Parameter* sichtbar; das sind Variablen, in denen der Wert der Argumente gespeichert ist.

Im vielen Programmiersprachen ist es üblich, beim Aufruf die Argumente in runden Klammern hinter dem Funktionsnamen anzugeben. Wird eine Funktion ohne Argumente aufgerufen, werden die Klammern leer gelassen.

Das folgende Programm zeigt, wie dieser *Übergabemechanismus* in Perl realisiert ist.

---

[3] Hierin unterscheiden sich Perl-Funktionen von C-Funktionen. Haben letztere kein `return`, so gilt die Funktion als Prozedur und liefert nichts zurück.

[4] Echte *statische* Variablen, d. h. Variablen, die lokal zu einer Funktion sind und ihren Wert zwischen zwei Aufrufen nicht verlieren, sind in Perl nur schwer zu erzeugen.

─────────────── max3.pl ───────────────

```
1   $a=1; $b=2;
2   print "Das Maximum ist ".max($a,$b)."\n";
3
4   $x=2; $y=3;
5   print "Das Maximum ist ".max($x+$y+2,$x*$y)."\n";
6
7
8   sub max {      # @_ ist Array der übergebenen Parameter
9     my $x=$_[0]; # speichere 1. Parameter in lokales x
10    my $y=$_[1]; # speichere 2. Parameter in lokales y
11    # oder kurz: my ($x,$y)=@_;
12    if($x>$y) {
13      return $x;
14    }
15    else {
16      return $y;
17    }
18  }
```

─────────────── Programm 56 ───────────────

Wird in Perl eine Funktion mit Argumenten aufgerufen, so erhält sie diese als Elemente des vordefinierten Arrays @_. Der Interpreter belegt beim Aufruf die einzelnen Elemente dieses Arrays, also $_[0], $_[1] usw., mit den Werten der Argumentausdrücke. Diese kann die Funktion abgreifen und weiterverarbeiten. Sie stellen also die Parameter der Funktion dar[5].

An der Aufrufstelle werden die Argumente als Perl-Liste in runde Klammern hinter dem Funktionsnamen geklammert. Als Argumente dürfen beliebige Ausdrücke, nicht nur Variablen, auftreten.

Jetzt sind die Bezeichner a und b aus dem Funktionsnamen verschwunden. Die Funktion max kann das Maximum zweier *beliebiger* arithmetischer Ausdrücke berechnen; wir müssen ihr beim Aufruf nur sagen, welche das sind.

Call-by-value und Call-by-reference. Manche Funktionen können die ihnen übergebenen Werte dauerhaft abändern. So schneidet z. B. chop das letzte Zeichen einer String-Variablen ab, verändert diese also über den Aufruf hinaus. Wie ist das möglich?

─────────

[5] Die Zuweisung der Parameter in lokale Variablen kann auch in der Kurzform

```
my ($x,$y)=@_;
```

geschehen. Dies ist ein Beispiel einer so genannten *Listenzuweisung*, wie sie in Perl möglich ist. Dabei erhält jede Variable der Liste auf der linken Seite den Wert des entsprechenden Elements der Liste auf der rechten Seite. Es sind sogar Ausdrücke wie

```
($a,$b,@rest)=(1,2,3,4,5);
```

möglich; hier wird $a auf 1, $b auf 2 und @rest auf (3,4,5) gesetzt.

Bei der Argumentübergabe unterscheidet man in allen Programmiersprachen grundsätzlich zwischen *Call-by-value* und *Call-by-reference*.

Bei Aufruf durch Wertübergabe (Call-by-value) wird der Funktion wirklich nur ein Wert übergeben. Sie hat dann keine Ahnung, woher dieser Wert ursprünglich kam, selbst wenn an der Aufrufstelle lediglich der Name einer Variablen stand. Der Wert wird in die Parametervariable *kopiert*. Änderungen an dieser Variablen haben keinen Einfluss auf die Argumente an der Aufrufstelle. Folglich kann sie eine solche Argumentvariable auch nicht dauerhaft, d. h. über das Ende des Funktionsaufrufs hinaus, abändern. Die meisten C-ähnlichen Programmiersprachen sehen ausschließlich diese Übergabemöglichkeit vor.

Dagegen wird beim Aufruf durch Referenzübergabe (Call-by-reference) der Funktion eine Referenz (s. hierzu Abschn. 4.1) auf die Argumentvariable übergeben, über die sie auf diese Variable zugreifen kann. Dadurch wird es der Funktion ermöglicht, die Argumentvariable abzuändern. Call-by-reference ist nur dann möglich, wenn die Argumente einzelne Variablen sind. (Ein komplexer Ausdruck wie $a+$b kann nicht abgeändert werden; es ist dann nicht eindeutig, welche der ursprünglichen Variablen wie zu ändern ist.)

Call-by-reference in Perl. Der Übergabemechanismus in Perl ist Call-by-reference. Das bedeutet, dass die Parametervariablen $_[0] usw. nichts anderes als Aliase, also andere Namen für die Argumente sind, sofern diese selbst Variablen sind. Sonst enthalten sie die Werte der komplexeren Argumentausdrücke.

Die folgende Funktion zeigt einen sinnvollen Gebrauch von Call-by-reference. Sie vertauscht zwei Variablen in einem Dreiertausch.

———————————— swap.pl ————————————
```
1  sub swap {
2    my $temp=$_[1];
3    $_[1]=$_[0];
4    $_[0]=$temp;
5  }
6
7  $x=1; $y=2;
8  swap($x,$y);
```
———————————— Programm 57 ————————————

Die Zuweisungen an $_[0] bzw. $_[1] verändern die Werte der Argumentvariablen $x bzw. $y.

3.3.4 Eine Prozedur

Es folgt ein Beispiel für eine sinnvolle Prozedur, d. h. eine Funktion, die keinen Wert zurückliefert.

Bei der Implementierung eines Sortierverfahrens ist es nützlich, zu manchen Zeitpunkten das gesamte Array auszugeben, um dadurch einen Überblick über die schon vorgenommenen Vertauschungen zu erhalten. Die folgende Prozedur druckeArray gibt ein Array Element für Element durch ein Komma voneinander getrennt aus und berücksichtigt auch den Spezialfall, dass das Array leer ist.

─────────────────────── Prozedur.pl ───────────────────────

```
1   sub druckeArray {
2     my @ar=@_;
3     my $i;
4
5     # Array leer?
6     if(@ar == 0) {
7       print "Array ist leer.\n";
8     }
9     else {
10      # drucke alle Elemente bis auf letztes
11      for( $i=0 ; $i<@ar-1 ; $i++ ) {
12        print "$ar[$i]";
13        # drucke Komma als Separator
14        print ",";
15      }
16      # hinter dem letzten Element kein Komma mehr
17      print "$ar[$i]\n";
18    }
19    return;
20  }
```

─────────────────────── Programm 58 ───────────────────────

Die Funktion endet mit einem return ohne Rückgabewert, was sie zu einer Prozedur macht. Sie liefert undef zurück.

Wie das Programm zeigt, ist es auch möglich, Array-Variablen als lokal zu deklarieren. Der Funktion wird hier ein Array übergeben, das in die lokale Array-Variable @ar kopiert wird. Hier wäre es allerdings aus Gründen der Effizienz besser, direkt die Werte des Arrays @_ auszugeben. Dann entfällt das zeitraubende Umkopieren in das lokale Array @ar.

3.3.5 Verschachtelte Funktionsaufrufe

Eine Funktion kann selbst wieder eine Funktion aufrufen, u. U. sogar sich selbst (s. hierzu Abschn. 3.6 über rekursive Funktionen).

Betrachten wir als Beispiel eine Funktion max3, die das Maximum von drei Zahlen berechnet. Wir können sie wie folgt auf die max-Funktion für zwei Zahlen zurückführen: Zuerst berechnen wir das Maximum der ersten beiden Zahlen, speichern dies in einer temporären Variablen und berechnen dann das Maximum dieser temporären Variablen und der dritten Zahl. Das ist dann das Maximum aller drei Zahlen. Die Funktion max3 ruft also zweimal hintereinander die Funktion max auf.

―――――――――――――――― max3.pl ――――――――――――――――

```
20  sub max3 {
21    my ($temp1,$temp2);
22
23    $temp1 = max($_[0],$_[1]);
24    $temp2 = max($temp1,$_[2]);
25    return $temp2;
26  }
```
―――――――――――――― Programm 59 ――――――――――――――

Wird diese Funktion aufgerufen, so ergibt sich ein *Aufrufbaum*. Die Funktion max3 wird vom Hauptprogramm main aufgerufen und ruft selbst wieder die Funktion max auf. In dem Augenblick, in dem max aufgerufen wird, „leben" die Funktionsaufrufe von main und max3 immer noch; sie warten auf die Beendigung von max (zur Definition von Bäumen s. Abschn. 4.5).

Abbildung 3.3 veranschaulicht dies für den Aufruf max3(5,2,7). Die Funktion max3 liefert letztlich die 7 an das Hauptprogramm zurück.

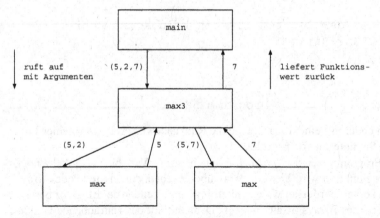

Abbildung 3.3. Der Aufrufbaum der Funktion max3. Ein Aufruf max3(5,2,7) ruft zuerst max(5,2) auf, was 5 zurückliefert. Danach ruft max3 nochmals die Funktion max mit den Argumenten (5,7) auf, was die 7 als Maximum der drei Zahlen zurückliefert. Diese 7 gibt max3 an main zurück.

Übungen

Übung 153. Schreiben Sie eine Funktion min, die das Minimum von 2 Zahlen berechnet.

Übung 154. Schreiben Sie eine Funktion min3, die das Minimum von 3 Zahlen berechnet. Verwenden Sie dazu Ihre Funktion min für das Minimum von 2 Zahlen.

Übung 155. (Potenzfunktion) Schreiben Sie eine Funktion potenz, die zu x und nicht negativem, ganzzahligem Exponenten n die Potenz x^n liefert. Benutzen Sie dabei nicht den eingebauten Potenzoperator **.

Übung 156. (Strings umdrehen) Die eingebaute Funktion reverse liefert im skalaren Kontext ihr erstes Argument zeichenweise umgedreht zurück, im Listenkontext liefert sie ihre Argumentliste elementweise umgedreht zurück. Sie kann also, je nach Kontext, Strings und Listen umdrehen.

Schreiben Sie eine Funktion, die für Strings die eingebaute Funktion reverse simuliert, indem sie einen ihr übergebenen String zeichenweise umgedreht zurückgibt.

Übung 157. (Rundungsfunktion) Schreiben Sie eine Funktion rundung, die eine Dezimalzahl x auf die n-te Stelle hinter dem Komma rundet. Benutzen Sie darin Ihre Funktion potenz als Unterfunktion.

Übung 158. Schreiben Sie den größten gemeinsamen Teiler und das kleinste gemeinsame Vielfache als Funktionen ggT bzw. kgV. Benutzen Sie für die Funktion ggT den effizienten euklidischen Algorithmus von Übung 99. Verwenden Sie dann in der Funktion kgV Ihre Funktion ggT in geeigneter Weise. (Wie hängen Produkt, ggT und kgV zweier Zahlen zusammen?)

Übung 159. (Bruharithmetik) Lesen Sie zwei Brüche ein (jeweils 2 Paare von ganzen Zahlen) und geben Sie Summe, Differenz, Produkt und Quotient vollständig gekürzt aus.

Schreiben Sie dazu Funktionen zur Addition, Subtraktion, Multiplikation und Division von Brüchen. Benutzen Sie in diesen Funktionen Ihre kgV- und ggT-Funktion. Die Funktionen sollten jeweils 4 Argumente und 2 Rückgabewerte haben. Eine Funktion in Perl kann durchaus eine Liste von mehreren Werten zurückgeben, etwa durch die Anweisung

```
return ($zaehler,$nenner);
```

Übung 160. (Einzeiler) Ein *Einzeiler* ist ein Programm oder eine Funktion, die aus nur einer einzigen Anweisung besteht. Programmierer sind oft stolz, wenn sie ein Problem in einer einzigen Zeile lösen können. Es gibt sogar regelmäßig Wettbewerbe um den besten Einzeiler. Aus softwaretechnischer Sicht sind solche Lösungen aber mit Vorsicht zu genießen, weil sie fehlerträchtig und für Außenstehende nur schwer nachvollziehbar sind.

Machen Sie ihre Funktionen min und min3 zu Einzeilern. Benutzen Sie dazu den *ternären Operator* „?". Dieser hat folgende Syntax:

```
Bedingung ? Ausdruck1 : Ausdruck2
```

Ist die Bedingung „wahr", so liefert er den Wert des ersten Ausdrucks zurück, sonst den des zweiten. So liefert z. B. der Ausdruck

```
$x < 0 ? -1 : 1
```

eine -1, wenn $x kleiner als 0 ist, sonst eine 1.

Übung 161. Schreiben Sie eine Funktion, die testet, ob eine ganze Zahl eine Primzahl ist. Berechnen Sie damit alle Primzahlen bis 1.000.000. Finden Sie damit möglichst viele Primzahlzwillinge, d. h. Primzahlen, die sich um 2 unterscheiden, wie z. B. 11 und 13.

Um den Primzahltest zu beschleunigen, also einen *effizienten Algorithmus* zu finden, können Sie folgende Beobachtungen verwenden:

- Hat eine ganze Zahl n überhaupt einen Teiler $p < n$, so hat sie auch einen Teiler $p' \leq \sqrt{n}$.
- Ist 2 kein Teiler von n, so auch kein Vielfaches von 2.
- Ist 3 kein Teiler von n, so auch kein Vielfaches von 3 usw.

Die letzten beiden Punkte machen klar, dass nur Primzahlen als Teiler getestet werden müssen, der erste besagt, dass nur bis zur Wurzel der Zahl getestet werden muss. Um 32-Bit-Zahlen im Bereich von 0 bis 2^{32-1} effizient testen zu können, lohnt es sich also, alle Primzahlen bis $2^{16} = 65536$ einmal vorzuberechnen und in einem Array abzulegen. Diese *Vorberechnung* beschleunigt dann alle nachfolgenden Tests, weil nur noch die Zahlen dieses Arrays als mögliche Teiler getestet werden müssen.

Übung 162. (Goldbach'sche Vermutung) Die *Goldbach'sche Vermutung besagt*, dass jede ganze gerade Zahl (außer der 2) die Summe zweier Primzahlen ist. Prüfen Sie diese Vermutung experimentell.

Übung 163. Lesen Sie zwei Zahlen ein und geben Sie das Ergebnis der Addition in natürlicher Sprache aus. Beispiel: Bei Eingabe von 2 und 3 soll ausgegeben werden

```
zwei plus drei ist fünf.
```

Eingabe und Ergebnis sollen nur bei Ziffern von 0 bis 9 in Worte umgewandelt werden. Größere Zahlen als 9 und kleinere als 0 sollen als Zahl erscheinen. Bei Eingabe von 4 und 11 soll also Folgendes ausgegeben werden:

```
vier plus 11 ist 15.
```

Erweitern Sie danach das Programm so, dass es auch mit negativen Ziffern arbeitet.

Übung 164. Schreiben Sie die Funktion doty („day of the year") die zu einem Datum aus Tag, Monat und Jahr ausrechnet, um den wievielten Tag im Jahr es sich handelt. Beachten Sie die Schaltjahrproblematik, indem Sie zuerst eine Funktion schreiben, die von einer vorgegebenen Jahreszahl entscheidet, ob es sich dabei um ein Schaltjahr handelt.

Übung 165. Schreiben Sie eine Funktion, die die Differenz zweier beliebiger Daten in Tagen berechnet. Rechnen Sie damit aus, wie viele Tage Sie alt sind. Zwischen dem 1. Januar 1900 und dem 2. Oktober 2001 z. B. liegen genau 37164 Tage.

Übung 166. Schreiben Sie eine Funktion, die zu einem Datum den zugehörigen Wochentag berechnet. Das Programm muss nur für Daten nach dem Jahr 1900 funktionieren. Der 1. Januar 1900 war ein Montag.

Übung 167. (UNIX-Dienstprogramm cal) Geben Sie zu Monat und Jahr den entsprechenden Kalender tabellarisch aus. Eine Beispielausgabe von cal finden Sie auf Seite 57.

3.4 Systematische Fehlersuche

Einem Programmierer können grundsätzlich zwei Arten von Fehlern unterlaufen: syntaktische Fehler und semantische Fehler.

Ein *syntaktischer Fehler* liegt vor, wenn der Programmtext nicht gemäß der Grammatik der Programmiersprache *wohlgeformt* ist, d. h., wenn an einer Stelle ein bestimmtes Zeichen zu viel oder zu wenig steht oder dort nicht erlaubt ist. Diese Fehler werden vom Compiler zur Kompilationszeit erkannt und müssen behoben werden, damit das Programm vollständig übersetzt und danach gestartet werden kann.

Im Gegensatz dazu liegt ein *semantischer Fehler* vor, wenn ein Programm zwar syntaktisch korrekt ist, aber nicht das tut, was es soll. Diese Fehler können i. d. R. erst zur Laufzeit entdeckt werden.

Dieser Abschnitt gibt Hinweise darauf, wie die Suche und Behebung solcher Fehler mit einer bestimmten Systematik durchgeführt werden kann.

3.4.1 Syntaktische Fehler

Betrachten wir folgendes Programm zur Lösung von Übung 59, das einen syntaktischen Fehler enthält:

──────────────── SyntaktischerFehler.pl ────────────────

```
1  $x=<STDIN>;
2  chomp $x
3
4  if( $x < 0 ) {
5    print "Vorsicht! Die eingegebene Zahl ist ";
6    print "kleiner als 0!\n";
7    print "Ich mache sie jetzt positiv.\n";
8    $x = -$x;
9  }
10
11 $wurzel = sqrt($x);
12 print "Die Wurzel aus $x ist $wurzel.\n";
```
──────────────── Programm 60 ────────────────

Die Ausgabe des Perl-Compiler-Interpreters beim Starten des Programms lautet folgendermaßen:

```
$ perl SyntaktischerFehler.pl
syntax error at SyntaktischerFehler.pl line 4, near ") {"
syntax error at SyntaktischerFehler.pl line 9, near "}"
Execution of SyntaktischerFehler.pl aborted due to compilation
errors.
```

Offenbar konnte der Compiler das Programm nicht übersetzen, so dass der Interpreter gar nicht erst mit der Ausführung begonnen hat. Wie finden wir nun den Fehler?

Von den vielen Fehlermeldungen, die der Compiler möglicherweise ausgibt, ist nur die allererste wirklich von Bedeutung. Sie gibt die Nummer der Zeile an, in der er den Fehler *bemerkt* hat (line 4); das heißt *nicht*, dass sich der Fehler auch tatsächlich in dieser Zeile befindet, sondern dass er in dieser oder einer der vorhergehenden Zeilen zu suchen ist.

Der Compiler liest beim Übersetzen Zeichen für Zeichen der Datei und übersetzt die erkannten sprachlichen Konstrukte. Er gibt unmittelbar dann eine Fehlermeldung heraus, wenn er in einen Zustand gerät, in dem er erkennt, dass das aktuelle Konstrukt syntaktisch nicht wohlgeformt und daher nicht übersetzbar ist. Er gibt dann einen Hinweis darauf, wo der Fehler zu suchen ist, indem er die letzten Zeichen, die er noch gelesen hat, ausgibt: near ") {". Das letzte Zeichen dieses Hinweises, also das „{", ist entscheidend: Beim Lesen und Verarbeiten genau dieses Zeichens hat der Compiler den Fehler erkannt.

Warum erst an dieser Stelle? Offensichtlich hat der Programmierer doch das „;" am Ende von Zeile 2 vergessen! Aufgrund einer sprachlichen Besonderheit von Perl, die sich in anderen C-ähnlichen Sprachen nicht wiederfindet und auf die wir daher hier auch nicht eingegangen sind, ist es in Perl zulässig, bedingte Anweisungen auch wie folgt mit einem nach hinten gestellten if zu kodieren:

```
Anweisung if(Bedingung);
```

was äquivalent ist zu

```
if(Bedingung) { Anweisung; }
```

Die Zeile

```
chomp $x
```

aus obigem Programm ist durchaus noch syntaktisch korrekt fortsetzbar, etwa durch ein „;" oder eben durch ein if; da beliebig viele Leerzeichen und Zeilentrennzeichen zwischen Tokens erlaubt sind, kann die Fortsezung auch in der nächsten oder übernächsten Zeile geschehen. Ein gültige Fortsetzung wäre demnach

```
chomp $x

if( $x < 0 ) ;
```

auch wenn dies semantisch nicht sonderlich viel hergibt. Statt einem „;" steht aber in obigem Programm ein „{", was den Compiler dann auch dazu veranlasst, eine entsprechende Fehlermeldung auszugeben.

Von der Zeile aus, deren Nummer in der ersten Fehlermeldung ausgegeben wird, muss also rückwärts gesucht werden. Die Fehlermeldung des Compilers gibt nicht unbedingt den tatsächlichen Fehler an.

3.4.2 Semantische Fehler

Wie gehen wir mit einem Programm um, das vom Compiler oder Interpreter beschwerdefrei akzeptiert wird, das aber trotzdem nicht das tut, was wir von ihm erwarten? Wie also finden wir den Fehler in einem Programm, das zwar syntaktisch korrekt, aber semantisch falsch ist? Fehlersuche in einem lauffähigen Programm wird auch *Debugging* genannt. Dieser Abschnitt zeigt einige wichtige Techniken zur systematischen Fehlersuche.

Betrachten wir dazu das folgende Programm zur Berechnung der Summe von 1 bis n. Es ist syntaktisch korrekt, aber semantisch falsch, d. h., der Compiler-Interpreter führt es aus, aber es berechnet nicht das, was wir wollen.

———————————— SemantischerFehler.pl ————————————

```
 1  # Programm mit semantischem Fehler
 2  # Summe von 1 bis n
 3
 4  print "Bitte n eingeben: ";
 5  $n=<STDIN>;
 6  chomp $n;
 7
 8  $summe=0;
 9  $i=0;
10  while($i<=$n) {
11    $i++;
12    $summe += $i;
13  }
14  print "$summe\n";
```

———————————— Programm 61 ————————————

Wenn wir das Programm mit der Eingabe 4 testen, erhalten wir als Ausgabe 15. Das ist falsch, denn $1 + 2 + 3 + 4 = 10$. Was können wir jetzt tun, um den (semantischen) Fehler zu finden?

Zunächst einmal sollten wir unsere Programme immer ausreichend mit Kommentaren versehen, die Variablen nach dem benennen, was sie beinhalten (*Mnemotechnik*) und durch korrektes Einrücken der verschiedenen Blockebenen die Programmstruktur übersichtlicher machen. Dies sind unabdingbare Voraussetzungen, um sich überhaupt im Code zurechtzufinden. Obwohl wir als gute Programmierer diese Grundanforderungen selbstverständlich immer erfüllen, finden wir den Fehler nicht. Was machen wir nun?

Kleine Beispiele und scharfes Nachdenken. Das sollten wir selbstverständlich zuerst tun: Wir probieren unser Programm mit anderen kleinen Eingaben aus, so dass die Berechnung im Kopf nachvollziehbar ist. Geben wir z. B. 5 ein, so erhalten wir als Antwort 21, das sind 6 zu viel. Die 6 als Eingabe ergibt 28, das sind 7 zu viel. Scharfes Nachdenken über diese Beispiele sollte dann ausreichen, um den Fehler zu finden.

Kontrollausgabe von Variablen. Möglicherweise sind wir aber nicht klug genug, oder die Beispiele sind nicht von Hand nachvollziehbar, weil die Berechnungen so umfangreich sind. Dann lohnt es sich, an bestimmten Stellen eine Kontrollausgabe von bestimmten Variablen zu machen, um die Rechenschritte des Programms nachvollziehen zu können. Hier gibt es nur zwei Variablen, und es bietet sich daher an, deren Belegung in jeder Iteration durch ein print auszugeben und darüber nachzudenken. Ein zusätzliches print $i.' '; am Ende der Schleife druckt bei Eingabe 4 aus: 1 2 3 4 5. Jetzt sollte der Fehler offensichtlich sein.

Invarianten und Zusicherungen. Wenn wir damit den Fehler immer noch nicht finden, bietet sich die Verwendung von *Invarianten* an; das sind Ausdrücke, die in jedem Schleifendurchlauf aufgrund der Beschaffenheit des ausgeführten Algorithmus *wahr* sein müssen. Obiges Programm beinhaltet z. B. die Invariante „bei Addition von $i zu $summe ist $i immer kleiner gleich $n". Die codemäßige Überprüfung einer Invariante nennt man *Zusicherung* (*assertion*). Eine Zusicherung hat keine Auswirkungen auf den Lauf des Programms außer den, dass sie das Programm abbricht, sobald die Invariante an der Stelle der Zusicherung *verletzt* ist. Wir könnten z. B. vor Zeile 12 einfügen

```
if($i>$n) { print 'Warnung! $i größer als $n!'; exit 1;}
```

und uns am besten noch den aktuellen Wert von $i ausgeben lassen. Auf diese Weise finden wir gleichzeitig den Wert heraus, durch den die Invariante verletzt wurde.

Geeignete Invarianten hängen natürlich vom Algorithmus ab und sind oft schwer zu finden. Mit ihnen beweist man i. Allg. sogar die Korrektheit von Algorithmen. Beim Sortieren durch Minimumsuche z. B. lautet eine Invariante: „Am Ende von Iteration i sind die ersten i Elemente schon richtig sortiert." Diese Invariante beweist nicht nur die Korrektheit des Algorithmus (nach n Iterationen ist das gesamte Array sortiert), sondern kann auch zur Fehlersuche verwendet werden: Man prüft nach jeder Iteration, ob die Elemente 0 bis $i-1$ in der richtigen Reihenfolge im Array stehen. Das macht das Verfahren zunächst zwar langsamer, aber diese Zusicherung kann nach einer ausgiebigen Testphase auch wieder ausgebaut werden.

Verwenden eines Debuggers. Ist der Fehler wirklich hartnäckig, und helfen alle anderen Mittel nicht, so fahren wir das schwerste Geschütz auf: den Debugger.

Ein *Debugger* ist ein Programm, mit dem ein anderes Programm auf (semantische) Fehler getestet werden kann, indem dieses unter Kontrolle des Debuggers Zeile für Zeile durchlaufen wird und an kritischen Stellen die Werte interessanter Variablen ausgegeben werden. Ein Debugger arbeitet also so, als würden an besonders interessanten Stellen print-Anweisungen eingefügt, nur viel komfortabler, weil es *während* der Ausführung des Programms an *beliebigen* Stellen möglich ist. Während des Debuggens kann der Quelltext der Zeilen, in denen sich das Programm gerade befindet, betrachtet werden.

Ein Debugger bietet auch die Möglichkeit, *Haltepunkte (breakpoints)* zu setzen, bis zu denen man das Programm ohne Unterbrechung laufen lassen kann. Dadurch können uninteressante Zeilen, in denen kein Fehler vermutet wird, einfach übergangen werden.

Die meisten Debugger haben darüber hinaus die Fähigkeit, diese Haltepunkte mit einer Bedingung zu versehen (*conditional breakpoint*), so dass der Debugger an einer bestimmten Stelle nur dann anhält, wenn diese Bedingung wahr ist. Dadurch können Invarianten getestet werden, denn diese *bedingten Haltepunkte* lassen sich als Zusicherungen verwenden.

Der Perl-Debugger. Perl besitzt einen sehr einfachen, kommandozeilenorientierten Debugger, der für die tägliche Arbeit jedoch völlig ausreichend ist. Man startet ihn durch Angabe des Schalters -d auf der Kommandozeile oder in der ersten Zeile des Skripts. Das zu untersuchende Programm steht dann unmittelbar vor der Ausführung der ersten Zeile. Der Debugger zeigt in jedem Schritt den Code der Zeile an, die als Nächstes ausgeführt wird. Durch Eingabe von Debug-Kommandos kann das Programm dann Schritt für Schritt ausgeführt und an bestimmten Stellen Werte ausgegeben oder verändert werden. Tabelle 3.1 zeigt die wichtigsten Kommandos des Perl-Debuggers.

Tabelle 3.1. Die wichtigsten Kommandos des Perl-Debuggers. Manche Kommandos haben ein optionales Argument Z, das für eine Zeilennummer steht. Wird es ausgelassen, verwendet der Debugger die aktuelle Zeile.

Kommando	Auswirkung
h	Drucke Hilfetext aus
n	Führe nächste Anweisung aus (überspringe Funktionen)
s	Führe nächste Anweisung aus (betrete Funktionen)
r	Kehre von aktueller Funktion zurück
c [Z]	Laufe bis zur Zeile Z, oder zum nächsten Haltepunkt, oder bis zum Ende
p expr	Gib Ausdruck expr aus
l	Liste aktuelle Codezeilen zur Orientierung auf
w [Z]	Liste Codezeilen um Zeile Z auf
b [Z] [expr]	Setze Haltepunkt auf Zeile Z, eventuell mit Bedingung
d [Z]	Lösche Haltepunkt in Zeile Z
D	Lösche alle Haltepunkte
L	Liste Zeilen auf, auf die Haltepunkte gesetzt sind
R	Neustart des Debuggers
q	Beenden des Debuggers

Es folgt exemplarisch eine Debug-Sitzung, die den Fehler zu Tage fördert. Die wichtigsten Kommandos sind n zum Ausführen der jeweils nächsten Zeile und p zur Ausgabe von Variablenbelegungen. Das Prompt des Debuggers ist DB<zahl>,

wobei zahl die Nummer des Kommandos ist, das als Nächstes eingegeben werden wird. Dieses Kommando kann später durch Eingabe von !zahl noch einmal
ausgeführt werden.

```
$ perl -d SemantischerFehler.pl
Default die handler restored.

Loading DB routines from perl5db.pl version 1.07
Editor support available.

Enter h or `h h' for help, or `man perldebug' for more help.

main::(SemantischerFehler.pl:4): print "Bitte n eingeben: ";
  DB<1> n
Bitte n eingeben: main::(SemantischerFehler.pl:5): $n=<STDIN>;
  DB<1> n
5
main::(SemantischerFehler.pl:6):            chomp $n;
  DB<1> n
main::(SemantischerFehler.pl:8):            $summe=0;
  DB<1> p $n
5
  DB<2> n
main::(SemantischerFehler.pl:9):            $i=0;
  DB<2> n
main::(SemantischerFehler.pl:10):           while($i<=$n) {
  DB<2> p $i
0
  DB<3> l
10==>    while($i<=$n) {
11:        $i++;
12:          $summe += $i;
13        }
14:      print "$summe\n";
  DB<3> b 12 $i>$n
  DB<4> L
SemantischerFehler.pl:
 12:          $summe += $i;
   break if ($i>$n)
  DB<4> c
main::(SemantischerFehler.pl:12):           $summe += $i;
  DB<4> p $i," ",$n
6 5
  DB<5> q
$
```

Variablen vordeklarieren. Eine häufige Fehlerquelle in Perl-Skripten liegt darin,
dass Variablen nicht unbedingt deklariert werden müssen, bevor sie zum ersten Mal
benutzt werden. Das ist in anderen, *getypten* Sprachen wie C meist anders.

Man spricht dort von der *Deklaration* einer Variablen als der Stelle, an der ein
Name und ein Typ für eine später zu benutzende Variable festgelegt werden, und
der *Definition* einer Variablen als dem Ort, an dem einer Variablen ein Speicher-

platz zugewiesen wird. Aus Gründen der *Typsicherheit* muss die Deklaration vor der Definition erfolgen. Wird in C z. B. eine Variable als vom Typ `int` (ein ganzzahliger Typ) deklariert, so darf ihr im Laufe des Programms nie ein Wert des Typs `float` (ein Fließkommazahl-Typ) zugewiesen werden.

In Perl dagegen kann die Deklaration von Variablen ausgelassen werden. Zwar tritt hier das Problem der Typsicherheit wegen fehlender Typisierung ohnehin nicht auf, aber nicht deklarierte Variablen führen trotzdem oft zu semantisch falschen Programmen, etwa weil man sich an einer Stelle bei einem Variablennamen vertippt hat. Das folgende Programm gibt ein Beispiel.

—————————————— strict.pl ——————————————

```
7  $MeilenZahl=<STDIN>;
8  chomp $MeilenZahl;
9  $KilometerZahl=1.609*$Meilenzahl;
10
11 print "In km umgerechnet: $KilometerZahl\n";
```
—————————————— Programm 62 ——————————————

Hier hat sich der Programmierer beim Variablennamen in Zeile 9 vertippt. Da die Variable `$Meilenzahl` undefiniert (und nicht deklariert) ist, gibt das Programm immer 0 als Ergebnis der Berechnung aus.

Mit dem Schalter `-w` liefert obiges Skript zwar eine Warnung, dass die (falsch geschriebene) Variable `$Meilenzahl` nur einmal benutzt wird, aber es läuft und produziert ein Ergebnis, was in Umgebungen, in denen Skripte automatisch angestoßen und nicht von einem Benutzer überwacht werden, verheerend sein kann [6].

Eine Möglichkeit, in Perl das Vordeklarieren von Variablen zu erzwingen, ist das `strict`-Pragma. Ein *Pragma* ist eine Anweisung für den Compiler. Das `strict`-Pragma sollte in einer der ersten Zeilen in einem Skript stehen, und zwar hinter einer `use`-Anweisung, die das Pragma aktiviert:

—————————————— strict.pl ——————————————

```
1  use strict;
2
3  my $MeilenZahl;
4  my $KilometerZahl;
5  # Kurzform: my ($MeilenZahl,$KilometerZahl);
```
—————————————— Programm 62 ——————————————

Danach weigert sich der Interpreter, das Skript zu starten, wenn auch nur eine einzige Variable nicht vordeklariert ist, z. B. durch `my`. Ein `my` im Hauptprogramm bedeutet, dass die entsprechende Variable lokal zum Hauptprogramm ist, d. h., dass sie nicht in anderen *Modulen* sichtbar ist (mehr dazu in Abschn. 4.7).

---

[6] Ein Beispiel hierfür sind so genannte *CGI-Skripte*. Diese werden auf Servern von einem Client über das World Wide Web aufgerufen, etwa um dynamisch Web-Seiten zu erzeugen oder mitgelieferte Daten in lokale Datenbanken einzutragen.

Übungen

Übung 168. Machen Sie sich mit dem Perl-Debugger vertraut, indem Sie mit ihm ein Programm Ihrer Wahl Zeile für Zeile durchlaufen und sich die Werte der Variablen ansehen, die gerade vom Programm verändert wurden.

Übung 169. Bauen Sie in Ihr Sortierverfahren zum Sortieren eines Arrays eine geeignete Zusicherung ein und prüfen Sie, ob das Programm dann immer noch ohne eine selbsterzeugte Warnung läuft.

3.5 Ein- und Ausgabe

Jedes Programm muss von irgendwo her seine Eingabe erhalten, und seine Ausgabe muss irgendwo sichtbar gemacht werden. Würde ein Programm nur ganz für sich alleine, ohne Auswirkung auf seine Umwelt laufen, wäre es nutzlos.

Diese Umwelt besteht aus der *Peripherie*, das sind die an das Rechnersystem angeschlossenen Ein- und Ausgabegeräte wie Drucker, Tastatur, Monitor, Maus usw., und die nicht flüchtigen Speichermedien wie Festplatte, Diskette usw.

Wie wir in Abschn. 1.6.1 gesehen haben, darf bei allen modernen Betriebssystemen ein Programm aber nicht direkt auf die Peripherie zugreifen, sondern aus Sicherheitsgründen nur über einen Umweg durch das Betriebssystem. So liegt es z.B. in der Obhut des Betriebssystems, dass nie zwei Programme gleichzeitig auf den Drucker ausgeben. Das Ergebnis wäre ein völliges Zeichenchaos. Vielmehr müssen Programme das Betriebssystem darum bitten, etwas Bestimmtes mit der Peripherie zu tun, etwa eine Diskette zu formatieren. Wenn es keine gewichtigen Gegengründe gibt, wird das Betriebssystem einen solchen Wunsch auch ausführen.

Um mit dem Betriebssystem kommunizieren zu können, besitzen alle Programmiersprachen mehr oder weniger ausgefeilte *Schnittstellen* (*interfaces*) zu diesem. Dieser Abschnitt gibt eine Einführung in die wichtigsten, die bei fast jeder Programmiersprache vorhanden sind.

3.5.1 Kommandozeilen-Argumente

Ein *Dienstprogramm* ist ein kleines Programm, das nicht zum eigentlichen Betriebssystemkern gehört, aber dennoch bei der Installation des Betriebssystems standardmäßig mitinstalliert wird. Wie der Name besagt, verrichtet es für den Benutzer auf dessen Wunsch hin einen kleinen Dienst. Es gehört dann sozusagen zum „erweiterten Betriebssystemrahmen" und wird oft als *Betriebssystemkommando* bezeichnet.

Beispiele sind das mv-Kommando unter UNIX, das Dateien an einen anderen Ort im Dateisystem verschiebt, und das cal-Kommando, das den aktuellen Monatskalender ausdruckt. Solche Dienstprogramme erwarten ihre Eingabeparameter meist in der Kommandozeile der Shell hinter dem Kommandonamen, etwa „cal

10 2001" für den Oktober des Jahres 2001. Das hat den Sinn, dass die Kommandos ihre Argumente nicht interaktiv erfragen müssen, so dass sie mit ihren Argumenten selbst wieder in Shell-Skripte oder Pipelines eingebaut werden können, um komplexere Kommandos aufzubauen. Ein anderes Beispiel sind Schalter wie „-w", die das Verhalten von Programmen beeinflussen.

In den meisten C-ähnlichen Sprachen werden diese *Kommandozeilen-Argumente* dem Dienstprogramm in dem vordefinierten Array ARGV bzw. argv zur Verfügung gestellt: Das Betriebssystem kopiert sie von der Kommandozeile beim Start des Dienstprogramms dorthin. Das Programm kann nun dieses Array auslesen und kennt somit die Argumente, mit denen es aufgerufen wurde. Der Name ARGV steht für „Argumentenvektor". Der Begriff „Vektor" bezeichnet dasselbe wie der Begriff „Array".

Das folgende Programm erwartet eine Zahl und eine Längeneinheit auf der Kommandozeile. Ist die Längeneinheit gleich Meilen, so wandelt es in Kilometer um, sonst umgekehrt.

```
─────────────── Meilenwandler.pl ───────────────
1  if(@ARGV != 2) {
2    print "Zu wenig Argumente!\n";
3    print "Syntax: Meilenwandler.pl Strecke Einheit\n";
4    exit 1;
5  }
6
7  if($ARGV[1] eq "Meilen") {
8    $strecke=($ARGV[0]*1.609)." km";
9  }
10 else {
11   $strecke=($ARGV[0]/1.609)." Meilen";
12 }
13
14 print $strecke."\n";
─────────────────── Programm 63 ───────────────────
```

In Perl findet ein Programm seine Kommandzeilen-Argumente in dem vordefinierten Array ARGV. Der Name lautet nicht argv!

Falls das Programm nicht mit genau zwei Argumenten aufgerufen wird, gibt es einen Hinweis auf seinen korrekten Gebrauch aus und beendet sich mit einem Fehlercode für die aufrufende Shell.

Wird der Perl-Interpreter in der Kommandozeile explizit aufgerufen, müssen die Argumente hinter den Programmnamen geschrieben werden:

```
$ perl Meilenwandler.pl 10 Meilen
16.09 km
```

Übung 170. Übergeben Sie Ihrer doty-Funktion die Argumente Tag, Monat und Jahr in der Kommandozeile.

3.5.2 Öffnen von Dateien zum zeilenweisen Lesen und Schreiben

Textdateien und Binärdateien. Aus Sicht des Programmierers ist eine Datei unter einem Betriebssystem wie UNIX oder MS-Windows, das abgespeicherten Daten keine Strukturen auferlegt, eine (endliche) Folge von Zeichen, besser gesagt von Bytes.

Vereinbart man ein *Zeilentrennzeichen*, wie z. B. das ASCII-Zeichen mit der Nummer 10, so wird eine Datei dadurch (konzeptionell) in Zeilen eingeteilt. Eine *Zeile* ist dann eine Folge von Zeichen, die von einem Zeilentrennzeichen beendet wird. Eine *Leerzeile* ist eine Zeile ohne Zeichen. Sind die einzelnen Zeichen einer Zeile allesamt druckbare Zeichen aus dem verwendeten Zeichensatz, so werden Dateien mit einer solchen Zeilenstruktur *Textdateien* genannt.

Diese stehen im Gegensatz zu *Binärdateien*, die durchaus nicht druckbare Zeichen enthalten dürfen und i. Allg. anders, jedenfalls nicht zeichenweise, interpretiert werden. So wird bei Binärdateien ein Byte mit Inhalt 10 nicht als Zeilentrennzeichen interpretiert (s. u.), sondern einfach als die Zahl „10". Es ergibt dort auch keinen Sinn, „eine Zeile lesen" zu wollen.

Zeilentrennzeichen bei verschiedenen Betriebssystemen. Der für das Zeilentrennzeichen verwendete Code ist von System zu System verschieden. Im ASCII-Code unter UNIX ist er 10. Unter MS-Windows werden sogar zwei Zeichen hintereinander benutzt, um das Zeilenende festzulegen: ein *Wagenrücklauf*-Zeichen 13 (*carriage return*), gefolgt von einem *Zeilenvorschub*-Zeichen 10 (*newline*). Unter UNIX wird das Newline-Zeichen so gedeutet, als würde unmittelbar vorher ein Wagenrücklauf erfolgen. Dort wird das Wagenrücklauf-Zeichen also nicht benötigt.

Der Zeilentrenncode kann also aus einem oder mehreren Zeichen bestehen. Verwendet man im Quelltext ein \n zur Kodierung des Zeilentrennzeichens, so werden daher in der Ausgabe unter den Betriebssystemen UNIX und Mac OS ein Byte, unter VMS, MS-DOS und den verschiedenen Varianten von MS-Windows aber zwei Byte erzeugt.

Zeilenweise Bearbeitung von Textdateien. Ein- und Ausgabe in Textdateien erfolgt oft *zeilenweise*, d. h., man liest oder schreibt immer nur eine Zeile auf einmal, also alle Zeichen bis zum nächsten Zeilentrennzeichen.

Bevor mit dem Lesen oder Schreiben begonnen werden kann, muss die entsprechende Datei *geöffnet* werden. Beim Öffnen muss angegeben werden, ob sie zum *Lesen*, *Schreiben* oder *Anhängen* geöffnet werden soll. Lesen bedeutet, dass man Daten aus der Datei in das Programm einliest. Schreiben bedeutet umgekehrt, Daten aus dem Programm über das Programmende hinweg in einer Datei zu speichern; man spricht dann von *persistenten* Daten. Bei vielen Betriebssystemen wird eine Datei, die zum Schreiben geöffnet wird, vor der ersten Schreib-Operation geleert, d. h., eventuell schon darin befindliche Daten gehen verloren. Daher gibt es auch die Möglichkeit, eine Datei zum Anhängen zu öffnen. Neu geschriebene Daten werden dann ans Ende der schon vorhandenen angehängt. In der Regel ist es nicht möglich oder zumindest nicht sinnvoll, diese drei Modi zu mischen, also etwa eine Datei gleichzeitig zum Lesen *und* Schreiben zu öffnen (s. u.).

Filehandles. Das Öffnen liefert unter den meisten Betriebssystemen ein *Filehandle* (engl. „handle" = "Griff") zurück, manchmal auch *File-Deskriptor* oder *File-Zeiger* genannt. Das ist eine Struktur (genauer: ein Zeiger auf eine Struktur), die Informationen über die Datei enthält, wie z. B. die Angabe, ob aus der Datei gelesen oder in die Datei geschrieben wird, ob das Dateiende schon erreicht wurde, oder ob es Fehler beim Zugriff gab. Es enthält außerdem einen Zeiger auf die aktuelle Lese- oder Schreibposition in der Datei. Dieser Zeiger wird beim Lesen oder Schreiben um die Anzahl der gelesenen oder geschriebenen Zeichen weitergerückt.

Abbildung 3.4 zeigt eine Datei mit vier (unterschiedlich langen) Zeilen und den Zustand eines Filehandles vor und nach dem Lesen der ersten Zeile. Es handelt sich um den Ausschnitt aus einer fiktiven Adressverwaltung. Jede Zeile enthält zu einer Person die Daten Vorname, Nachname und Straße, durch Semikola innerhalb einer Zeile voneinander abgetrennt. In einer realen Adressverwaltung sind zu einer bestimmten Person natürlich noch mehr *Datenfelder* wie Ort, Telefonnummer usw. abgespeichert.

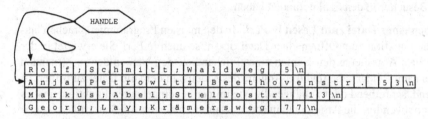

Abbildung 3.4. Eine Textdatei und ein zugehöriges Filehandle

Hier wird offensichtlich, warum gleichzeitiges Lesen und Schreiben bei einer zeilenartigen Struktur mit unterschiedlicher Zeilenlänge im Chaos enden kann: Nachdem die erste Zeile gelesen ist, steht der Zeiger am Beginn der zweiten Zeile. Wird jetzt diese zweite Zeile überschrieben , und hat die neue Zeile weniger Zeichen als die alte, so bleibt ein Rest der alten Zeile übrig, der für sich gesehen immer noch eine – nun verstümmelte – Zeile ist. Ebenso verhält es sich, wenn die neue Zeile mehr Zeichen als die alte hat. Dann wird die darauf folgende Zeile verstümmelt.

Hieraus folgt, dass gleichzeitiges Lesen und Schreiben in Textdateien nur dann einen Sinn ergibt, wenn alle Zeilen dieselbe Länge besitzen, wie z. B. in Datenbanktabellen. Hier müssen durch Einfügen von Leerzeichen (*padding*) oder Abschneiden von Zeichen am Ende (*cutting*) alle Zeilen auf dieselbe Länge gebracht werden.

Puffer und blockorientierte Ein-/Ausgabe. Das Filehandle enthält außerdem einen *Puffer* für soeben gelesene oder weggeschriebene Zeichen. In der Regel erfolgt die Ein- und Ausgabe von Zeichen in Dateien aus Effizienzgründen nämlich *blockorientiert*. Das bedeutet, dass immer ein ganzer Block von Zeichen vom Massenspeicher in den Puffer gelesen wird, selbst wenn nur ein einziges Zeichen angefragt wird. Der Puffer liegt im Hauptspeicher, und auf diese Weise wird der Zugriff auf nachfolgende Zeichen stark beschleunigt. Entsprechend wird bei der Ausgabe von Zeichen in eine Datei zuerst ein ganzer Block von Zeichen im Puffer gesammelt. Ist dieser voll, wird er in einer einzigen Schreib-Operation auf einmal auf den Massenspeicher geschrieben.

In vielen Systemen gibt es eine maximale Anzahl von Dateien, die gleichzeitig offen sein können, weil der für die jeweiligen Puffer zur Verfügung stehende Platz begrenzt ist. Daher sollten Dateien nach dem letzten Lese-, Schreib- oder Anhängezugriff wieder geschlossen werden.

Zudem kann auf manchen Systemen eine Datei, die zum Schreiben geöffnet ist, nicht von einem anderen Prozess gleichzeitig zum Lesen oder Schreiben geöffnet werden. Auch aus diesem Grund sollte eine Datei wieder geschlossen werden, sobald alle Lese- und Schreiboperationen durchgeführt sind.

Keinesfalls sollte aber eine Datei *nach jedem einzelnen* Lese- oder Schreibzugriff geschlossen und wieder geöffnet werden: Der interne Verwaltungsaufwand wäre viel zu groß. Das wäre so, als würde die Tür zu einem Konzertsaal für jeden einzelnen Besucher geöffnet und wieder geschlossen werden. Vielmehr wird die Tür einmal am Beginn der Veranstaltung geöffnet und dann geschlossen, wenn alle Besucher in den Saal gefunden haben.

Öffnen einer Datei zum Lesen in Perl. In den meisten Programmiersprachen lautet die Funktion zum Öffnen einer Datei open, so auch in Perl. Sie erwartet in der Regel als Argumente den Namen eines Filehandles, den Namen der zu öffnenden Datei samt Pfadangabe und die Angabe des Modus, in dem die Datei zu öffnen ist (lesend, schreibend oder anhängend). Wie immer bei eingebauten Funktionen ist es nicht notwendig, die Argumente in runde Klammern einzuschließen. Ist kein spezieller Modus angegeben, öffnet die open-Funktion eine Datei zum Lesen. Sie richtet dann das angegebene Filehandle auf diese Datei ein.

Ist die Datei erfolgreich geöffnet (der nächste Unterabschnitt zeigt, wie ein Fehler beim Öffnen abgefangen werden kann), kann aus dem Filehandle Zeile für Zeile gelesen werden. Dies geschieht über die Syntax $zeile=<FILEHANDLE>. Dies erklärt nun auch die bisher so oft benutzte Konstruktion $eingabe=<STDIN>, in der der Bezeichner STDIN nichts anderes als ein Filehandle ist. Damit wird nämlich eine Zeile aus der immer offenen Standardeingabe gelesen, die die einzelnen Zeichen ihrerseits im Regelfall über die Tastatur bezieht. Die gelesene Zeile, ein String, wird dann in der Variablen $eingabe abgelegt.

Sind alle Lese-Operationen durchgeführt, sollte die Datei durch die close-Funktion wieder geschlossen werden, die als Argument ebenfalls das Filehandle benötigt. Jeglicher Zugriff auf eine Datei, auch das Schließen, geschieht also über das entsprechende Filehandle.

Das folgende Programm öffnet die Datei adressen.txt im Unterverzeichnis Daten des aktuellen Arbeitsverzeichnisses und gibt alle ihre Zeilen aus.

———————————————— DateiLesen.pl ————————————————

```
1  # zum Lesen oeffnen
2  open(INFILE,"Daten/adressen.txt");
3
```

```
4  while($zeile=<INFILE>) {
5    print $zeile;
6  }
7
8  close INFILE;
```
———————————— Programm 64 ————————————

Der Name des Filehandles ist ein beliebiger String, konventionsgemäß aus Großbuchstaben bestehend. Nicht verwendet werden sollten hier die drei vordefinierten und immer existierenden Filehandles STDIN, STDOUT und STDERR. Diese gehören zu den immer offenen Dateien Standardeingabe, Standardausgabe bzw. Standardfehlerausgabe. Eine gute Wahl ist z. B. der Name INFILE, der eine zum Lesen geöffnete Datei signalisiert. Ein Filehandle in Perl ist keine Variable im üblichen Sinne und kann daher auch nicht einem anderen zugewiesen werden. Vielmehr ist es ein Bezeichner für eine geöffnete Datei samt ihrem Zugriffsstatus (Modus, Puffer, Position im Puffer usw.).

Dem eigentlichen Dateinamen darf durchaus eine Pfadangabe vorangehen. Diese wird immer als relativ zum aktuellen Arbeitsverzeichnis des Programms gedeutet; im Normalfall ist das das Verzeichnis, aus dem heraus das Programm gestartet wurde.

Der Pfadangabe darf außerdem der *Modifizierer* „<" vorangestellt werden, was ein Öffnen zum Lesen signalisiert, aber nicht unbedingt notwendig ist. Die entsprechende Zeile lautet dann

```
open (INFILE, "<Daten/adressen.txt");
```

Die while-Schleife in Zeile 4 bricht ab, wenn alle Zeilen der Datei gelesen wurden. Dann nämlich wird die Variable $zeile auf undef gesetzt, was als „falsch" gewertet wird.

Öffnen einer Datei zum Schreiben und Fehlerabfrage. Um eine Datei zum Schreiben zu öffnen, muss der Modifizierer „>" vor dem Dateinamen angegeben werden[7]. Existiert die Datei noch nicht, wird sie neu angelegt. Gibt es sie dagegen bereits, wird sie schon vor dem ersten Schreiben geleert. Ihr Inhalt ist damit unwiederbringlich verloren! Daher sollte Öffnen zum Schreiben mit großer Vorsicht verwendet werden. Am besten arbeitet man mit Sicherheitskopien (s. Abschn. 3.5.5 auf Seite 187).

Die open-Funktion liefert einen Wahrheitswert zurück, der angibt, ob das Öffnen erfolgreich war. Dieser ist „falsch", wenn z. B. die Datei beim Öffnen zum Lesen nicht existiert oder der Benutzer beim Öffnen zum Schreiben nicht die nötigen Berechtigungen besitzt. Der Rückgabewert kann benutzt werden, um Warnmeldungen auszugeben oder Datenverluste zu vermeiden – schließlich sollen keine wertvollen Daten in eine nicht existierende Datei geschrieben werden.

Das Schreiben selbst erfolgt durch die schon bekannte print-Funktion. Dieser kann nämlich als Erstes ein Filehandle mitgeteilt werden, in das sie die Ausgabe hineinschreiben soll. Ist keines angegeben, verwendet sie automatisch STDOUT. Somit

---

[7] Er entspricht der aus der Shell bekannten Umleitung der Standardausgabe durch „>".

waren alle unsere bisherigen Aufrufe wie etwa `print $x` gleichwertig zu `print STDOUT $x`.

Das folgende Programm öffnet die Datei `adressen.txt` zum Schreiben. Es bricht sofort mit einer Fehlermeldung ab, wenn die Datei nicht fehlerfrei geöffnet werden konnte. Ansonsten schreibt es eine Zeile, bestehend aus einer Adresse, in die Datei. Dies ist dann die einzige Zeile in dieser Datei, da sie vorher geleert wurde, falls sie schon existierte.

───────────────── DateiSchreiben.pl ─────────────────

```
1   # zum Ueberschreiben oeffnen
2   $erfolg=open(OUTFILE,">Daten/adressen.txt");
3
4   if(!$erfolg) {
5     print "Kann Daten/adressen.txt nicht öffnen\n";
6     exit 1;
7   }
8
9   print OUTFILE "Markus;Abel;Stellostr. 13\n";
10
11  close OUTFILE;
```
───────────────── Programm 65 ─────────────────

Bei der `print`-Funktion ist unbedingt darauf zu achten, dass zwischen dem Filehandle und dem wegzuschreibenden Ausdruck kein Komma steht, weil Perl sonst darin eine Liste von auf die Standardausgabe auszugebenden Ausdrücken sehen würde, deren erster Eintrag das Filehandle ist, was keinerlei Sinn ergibt – der Interpreter bricht das Programm ab.

Wie bei `print` üblich kann jeder beliebige Ausdruck ausgegeben werden. Daher ist es auch möglich, den Wert von komplexeren Ausdrücken in eine Datei zu schreiben, wie etwa durch

```
print OUTFILE $vorname." ".$nachname."\n";
```

Öffnen einer Datei zum Anhängen. Der Modifizierer „>>" vor dem Dateinamen öffnet eine Datei zum Anhängen, d. h., ein mittels `print` weggeschriebener Ausdruck wird ganz ans Ende der Datei angehängt. Dies ermöglicht es, an eine bestehende Datei beliebig viele Zeilen anzuhängen, ohne die schon vorhandenen zu löschen.

Tritt bei der open-Funktion ein Fehler auf, so enthält die vordefinierte Variable $! eine Fehlermeldung des Betriebssystems, die Aufschluss über die Art und den Grund des Fehlers gibt. Für den Anwender ist es sehr hilfreich, wenn im Fehlerfall der Inhalt dieser Variablen ausgegeben wird.

Das folgende Programm hängt an die Datei `adressen.txt` eine weitere Zeile an. Falls sich die Datei nicht öffnen lässt, gibt es eine detaillierte Fehlermeldung aus.

──────────────── DateiAnhaengen.pl ────────────────

```
1  # zum Anhaengen oeffnen
2  if(!open(OUTFILE,">>Daten/adressen.txt")) {
3    print "Konnte Datei Daten/adressen.txt nicht öffnen.\n";
4    print "Der Fehler war: $!\n";
5    exit 1;
6  }
7
8  print OUTFILE "Anja;Petrowitz;Beethovenstr. 53\n";
9
10 close OUTFILE;
```
──────────────────── Programm 66 ────────────────────

Öffnen im gleichzeitigen Lese-/Schreibmodus. Wird dem Dateinamen der Modifizierer „+<" vorangestellt, so wird die Datei im *gleichzeitigen Lese-/Schreibmodus* geöffnet, d. h., das Programm kann gleichzeitig lesen und schreiben. Hier gilt aber auf jeden Fall oben ausgesprochene Warnung! Der Positionszeiger wandert nach jeder Lese- *und* Schreiboperation nach rechts, und zwar um die Anzahl der gelesenen bzw. geschriebenen Zeichen. Es wird also keinesfalls garantiert, dass er immer hinter einem Zeilentrennzeichen zu stehen kommt. Vielmehr wird er, wenn die Zeilen der Datei unterschiedliche Länge haben, mitten in einer „alten" Zeile stehen bleiben, was diese Zeile verstümmelt. Daher ergibt dieser Modus i. Allg. wenig Sinn, es sei denn, alle Zeilen haben die gleiche Länge oder man weiß genau, was man tut.

Daneben gibt es auch noch den Modifizierer „+>", der die Datei ebenfalls zum gleichzeitigen Lesen und Schreiben öffnet, sie allerdings vorher leert. Dieser Modus ergibt nur einen Sinn, wenn nach einigen Leseoperationen der Positionszeiger wieder mittels seek (s. u.) zurückgeschoben wird, so dass ein schon geschriebener Teil der Zeichen nochmals gelesen werden kann.

Mehrmaliges Lesen einer Datei. Soll eine Datei mehrmals gelesen werden, so tritt das Problem auf, wie der Positionszeiger an den Anfang der Datei zurückgesetzt werden kann. Dies kann durch ein close geschehen, dem unmittelbar ein open folgt, was aber wegen des großen internen Verwaltungsaufwands nicht ratsam ist. Hier bietet sich die Funktion seek an, die in Abschn. 3.5.7 beschrieben wird.

Übungen

Übung 171. Wie kann die Datei adressen.txt durch ein Perl-Programm geleert werden?

Übung 172. Unter UNIX stehen in der Datei /etc/passwd Informationen über die einzelnen Benutzer des Systems. Für jeden eingetragenen Benutzer existiert eine eigene Zeile. Hier ein Ausschnitt aus dieser Datei:

```
...
nobody:x:65534:65534:nobody:/var/lib/nobody:/bin/bash
```

```
zapf:x:500:100:Sascha Zapf:/home/zapf:/bin/bash
gast:x:501:100:Gastbenutzer:/home/gast:/bin/bash
...
```

Dabei ist der erste Eintrag in einer Zeile der Login-Name, der zweite das verschlüsselte Passwort (hier aus Datenschutzgründen nur als „x" zu sehen), der dritte die Benutzer-Identifikationsnummer, der vierte die Gruppen-Identifikationsnummer, der fünfte der vollständige Name des Benutzers, der sechste das Heimatverzeichnis, der siebte das Shell-Programm, mit dem der Benutzer nach erfolgreichem Anmelden am System arbeiten kann.

Öffnen Sie die Datei /etc/passwd und geben Sie sie aus. (Falls diese Datei nicht auf Ihrem System vorhanden ist, können Sie die Datei passwd.txt aus den Kursunterlagen benutzen.) Da dies eine für das Funktionieren eines UNIX-Systems lebenswichtige Datei ist, sollten Sie auf jeden Fall auf einer Kopie dieser Datei arbeiten, obwohl Sie nur lesen (und hoffentlich nicht als Superuser root arbeiten).

Übung 173. Fügen Sie einen neuen Benutzer in /etc/passwd ein, d. h., hängen Sie eine neue Zeile mit den 7 notwendigen Einträgen an, die Sie vorher einlesen. Sie sollten unbedingt auf einer Kopie der Datei arbeiten!

Übung 174. (UNIX-Dienstprogramm cp) Schreiben Sie ein Programm, das eine Datei (zeilenweise) in eine andere kopiert. Lesen Sie die Dateinamen aus der Kommandozeile. Geben Sie eine Fehlermeldung aus, wenn die Namen von Quell- und Zieldatei übereinstimmen.

Übung 175. (UNIX-Dienstprogramm tac) Schreiben Sie ein Programm, das eine Datei zeilenweise umdreht. Die letzte Zeile soll also zur ersten werden und umgekehrt. Lesen Sie den Namen der Quelldatei aus der Kommandozeile.

Übung 176. Das in Übung 122 angefertigte Programm hat für die großen Dateien nicht funktioniert, weil es unmöglich ist, eine solch riesige Anzahl von Zahlen wie in der Datei pyramide7.txt in ein Array zu lesen, das ganz im Hauptspeicher liegt. Lösen Sie das Problem, indem Sie die Datei mehrmals öffnen und schließen und dadurch mehrmals alle darin enthaltenen Zahlen lesen können.

Übung 177. (Interaktives Wörterbuch) Schreiben Sie ein interaktives, menügesteuertes Wörterbuch Englisch-Deutsch. Es soll folgende Funktionen umfassen: Abfrage einer Vokabel, Eingabe einer Vokabel, Löschen einer Vokabel, Abspeichern des gesamten Wörterbuches in eine Datei und Beenden. Geben Sie dazu wie folgt ein Menü aus:

```
Choices: (l)ookup (e)nter (d)elword (s)ave (q)uit
l
English: mouse
German: Maus


Choices: (l)ookup (e)nter (d)elword (s)ave (q)uit
```

```
1
English: stone
'stone' not in dictionary!
```

Die Menüführung sollten Sie in einer Schleife implementieren, die je nach dem von Tastatur eingegebenen Kommando eine entsprechende Funktion aufruft.

Dies ist Ihr erstes größeres Programmierprojekt! Gehen Sie dabei *prozedural* vor und schreiben Sie für jeden Menüpunkt eine eigenes Unterprogramm. Rufen Sie vom Hauptprogramm, das nur aus der Abfrageschleife bestehen sollte, die einzelnen Unterprogramme je nach Eingabe des Benutzers auf. Abbildung 3.5 zeigt, wie die Grobstruktur des Programms aussehen sollte.

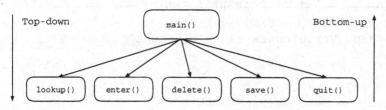

Abbildung 3.5. Top-down- und Bottom-up-Programmierung

Es gibt für Sie dabei grundsätzlich zwei mögliche Vorgehensweisen: Sie können zuerst die benötigten Funktionen schreiben und austesten und sie erst danach in die Menüführung einbauen. Diese Technik nennt man *Bottom-up-Programmierung*, d. h., man implementiert die Funktionen des Baumes von unten nach oben. Die umgekehrte Vorgehensweise bezeichnet man als *Top-down-Programmierung*. Diese hat gegenüber der Bottom-up-Programmierung den Vorteil, dass man sehr schnell zu einem Prototyp des Programms gelangt, in dem die fehlenden Funktionalitäten Stück für Stück nachgereicht werden. Im Gegensatz dazu kann man bei Bottom-up-Programmierung Schwierigkeiten in den Details früher erkennen und zu kompletten, wiederverwendbaren Untereinheiten gelangen.

★ 3.5.3 Lesen von Verzeichnissen

Oft will man die Namen aller Dateien im aktuellen Verzeichnis herausfinden, z. B. um sie in einer Liste darzustellen oder alle Dateien eines Verzeichnisses bearbeiten zu können.

Genau wie beim Lesen von Dateien, muss auch ein Verzeichnis erst zum Lesen geöffnet werden. In Perl geschieht dies durch die Funktion opendir. Diese initialisiert ein *Directory-Handle*, über das auf das Verzeichnis zugegriffen werden kann. Ein Directory-Handle ist für ein Verzeichnis dasselbe, was ein Filehandle für eine Datei ist.

Die einzelnen Einträge eines Verzeichnisses, d. h. die einzelnen Dateinamen, erhält das Programm durch sukzessiven Aufruf der readdir-Funktion. Diese ermöglicht es, über die betriebssysteminterne Verzeichnisstruktur zu iterieren. Bei jedem Aufruf liefert sie den jeweils nächsten Dateinamen in dem Verzeichnis, das durch ihr Argument, ein Directory-Handle, spezifiziert ist. Sie garantiert nicht, dass die Einträge in irgendeiner vordefinierten Ordnung, z. B. lexikographisch sortiert, gelesen werden. Wurden schon alle Einträge gelesen, gibt sie den Wert undef zurück, der in einer Schleifenbedingung als „falsch" gewertet wird.

Nach der letzten Leseoperation sollte wie beim Lesen von Dateien auch hier das Verzeichnis durch closedir wieder geschlossen werden.

Das folgende Programm arbeitet wie das UNIX-Kommando ls oder das MS-DOS-Kommando dir. Es listet alle Dateien in dem Verzeichnis auf, das ihm auf der Kommandozeile übergeben wurde.

──────────────── VerzeichnisAuflisten.pl ────────────────

```
1  if(!opendir(DIRHANDLE,$ARGV[0])) {
2    print "Kann Verzeichnis $ARGV[0] nicht öffnen: $!";
3    exit 1;
4  }
5
6  while($eintrag=readdir(DIRHANDLE)) {
7    print $eintrag."\n";
8  }
9
10 closedir DIRHANDLE;
```

──────────────── Programm 67 ────────────────

Zurückspulen eines Verzeichnisses. Wie liest man ein Verzeichnis ein zweites Mal, ohne es nach dem ersten Lesen zu schließen?

Die Funktion rewinddir (engl. „rewind" = „zurückspulen") ermöglicht es, ein zweites Mal über die Einträge eines Verzeichnisses zu iterieren, ohne dies schließen und wieder öffnen zu müssen. Es setzt den internen Positionszeiger auf den Anfang zurück. Das folgende Programm gibt das in der Kommandozeile spezifizierte Verzeichnis zweimal aus.

──────────────── rewinddir.pl ────────────────

```
1  if(!opendir(DIRHANDLE,$ARGV[0])) {
2    print "Kann Verzeichnis $ARGV[0] nicht öffnen: $!";
3    exit 1;
4  }
5
6  # liste das Verzeichnis auf
7  while($eintrag=readdir(DIRHANDLE)) {
8    print $eintrag."\n";
9  }
10
11 rewinddir DIRHANDLE;
12
13 # liste ein zweites Mal auf
```

```
14   while($eintrag=readdir(DIRHANDLE)) {
15     print $eintrag."\n";
16   }
17
18   closedir DIRHANDLE;
```
————————————————— Programm 68 —————————————————

Auch hier wäre es möglich, das Verzeichnis mit `closedir` zu schließen und sofort wieder mit `opendir` zu öffnen, was aber ebenfalls nicht ratsam ist.

Übung 178. (UNIX-Dienstprogramm `ls`) Erweitern Sie das erste Programm dieses Abschnitts so, dass die Einträge lexikographisch sortiert und mehrspaltig ausgegeben werden. Die Anzahl der Spalten hängt dabei vom längsten auszugebenden Dateinamen ab. Gehen Sie davon aus, dass Sie 80 Zeichen pro Zeile zur Verfügung haben.

⋆ **3.5.4 Dateitest-Operatoren**

Bevor eine Datei angelegt wird, ist es wichtig, zu prüfen, ob sie vielleicht schon existiert. Wenn ja, würden eventuell wertvolle Daten überschrieben werden. Ebenfalls kann es wichtig sein, herauszufinden, ob eine bestimmte Datei verändert oder ausgeführt werden darf oder wie viele Zeichen sie enthält. Um derlei Tests durchzuführen, existieren in vielen Programmiersprachen Funktionen oder Operatoren für *Dateitests*.

Dateitest-Operatoren in Perl. Zum Testen von bestimmten Dateieigenschaften bietet Perl so genannte *Dateitest-Operatoren* an. Dies sind unäre Operatoren, die der `test`-Anweisung der UNIX-Bourne-Shell nachempfunden sind. Sie bestehen aus einem Bindestrich gefolgt von einem Buchstaben. Sie operieren auf Dateinamen und liefern je nach Testergebnis „wahr" oder „falsch". So testet z. B. der Ausdruck

```
if( -e 'adressen.txt' )
```

ob sich eine Datei namens `adressen.txt` im aktuellen Verzeichnis befindet.

Tabelle 3.2 gibt eine Übersicht über die wichtigsten Dateitest-Operatoren von Perl.

Das folgende Programm zeigt eine Lösung zu Übung 174. Vor dem Kopiervorgang macht es eine Sicherheitsabfrage in Zeile 9 mittels des Dateitest-Operators `-e`. Ist die Zieldatei schon vorhanden, muss der Benutzer das Überschreiben bestätigen.

————————————————— cp.pl —————————————————

```
1   $quelle=$ARGV[0];
2   $ziel=$ARGV[1];
3
4   if($quelle eq $ziel) {
5     print "Kann Datei nicht in sich selbst kopieren.\n";
6     exit 1;
```

Tabelle 3.2. Wichtige Dateitest-Operatoren

Operator	Test
-r	Datei ist lesbar
-w	Datei ist schreibbar
-x	Datei ist ausführbar
-o	Benutzer ist Besitzer der Datei
-e	Datei existiert
-z	Datei existiert und ist leer
-s	Datei existiert und ist nicht leer; gibt Dateigröße zurück
-f	Datei ist kein Verzeichnis
-d	Datei ist ein Verzeichnis

```
7  }
8
9  if(-e $ziel) {
10   print "Vorsicht! Datei $ziel existiert bereits.\n";
11   print "Wollen Sie sie wirklich überschreiben (j/n)?";
12   $antwort=<STDIN>;
13   chomp $antwort;
14   if($antwort ne "j" && $antwort ne "J") {
15     exit 1;
16   }
17  }
18
19  if(!open(INFILE,"$quelle")) {
20   print "Kann Datei $quelle nicht öffnen: $!\n";
21   exit 1;
22  }
23
24  if(!open(OUTFILE,">$ziel")) {
25   print "Kann Datei $ziel nicht öffnen: $!\n";
26   exit 1;
27  }
28
29  while($zeile=<INFILE>) {
30   print OUTFILE $zeile;
31  }
32
33  close(INFILE);
34  close(OUTFILE);
```
———————————————— Programm 69 ————————————————

Übung 179. Schreiben Sie ein Programm, dem eine Zahl n auf der Kommandozeile übergeben wird, und das dann alle Dateien im aktuellen Verzeichnis auflistet, die mindestens n Bytes groß sind.

3.5.5 Datei-Operationen

Wenn wir Dateieigenschaften wie Zugriffsrechte oder Besitzer ändern oder Verzeichnisse neu anlegen oder löschen wollen, führen wir normalerweise von einer Shell aus die entsprechenden Betriebssystemkommandos aus. Viele Benutzer verwenden hierzu auch einen *Datei-Manager* oder *Datei-Browser*, der es erlaubt, durch das Dateisystem zu steuern und Veränderungen daran vorzunehmen.

Solche *Datei-Operationen* sind Dienste, die das Betriebssystem anbietet, um Dateien zu verwalten. Auch hierzu besitzen die meisten Programmiersprachen eine Schnittstelle, vorwiegend über entsprechende Funktionsaufrufe. Die Datei-Operationen sind also von einem Programm aus aufrufbar.

Datei-Operationen in Perl. Tabelle 3.3 fasst die wichtigsten Perl-Funktionen zur Dateiverwaltung zusammen. Die genaue Funktionsweise der einzelnen Funktionen ist betriebssystemspezifisch. So bestehen z. B. Zeitangaben unter UNIX meistens aus der Anzahl der seit dem 1.1.1970 verstrichenen Sekunden. Auf jeden Fall sollte hier das Handbuch des jeweiligen Betriebssystems konsultiert werden.

Tabelle 3.3. Wichtige Funktionen zur Dateiverwaltung

Funktion	Beschreibung
`chmod modus,datei`	Ändert die Zugriffsrechte der Datei `datei` auf `modus`
`chown uid,gid,datei`	Ändert Eigentümer der Datei auf den Benutzer `uid` und die Gruppe `gid`
`truncate datei,groesse`	Schneidet Datei nach `groesse` Zeichen ab
`link datei,dateineu`	Erzeugt einen Link namens `dateineu` auf die Datei
`mkdir dir`	Erzeugt das Verzeichnis `dir`
`rename datei,dateineu`	Benennt Datei um
`readlink name`	Gibt den Wert eines symbolischen Links zurück
`rmdir dir`	Löscht Verzeichnis `dir`, falls es leer ist
`symlink datei,dateineu`	Erzeugt einen symbolischen Link namens `dateineu` auf die Datei
`unlink datei`	Löscht die Datei
`utime zzeit,mzeit,datei`	Setzt die Information über Zugriffszeit und Modifikationszeit

Sicherheitskopien. Das folgende Programm gibt ein Beispiel für die Anwendung der Funktion `rename`. Es hängt einige Zeilen an die Adressdatei `adressen.txt` an. Es hängt sie aber nicht direkt an die Originaldatei an, sondern benutzt eine *Sicherheitskopie* der Datei: Zunächst schreibt es alle alten Zeilen in die Kopie, dann fügt es die neuen Zeilen an die Kopie an, danach benennt es die Kopie um, und zwar auf den Namen der ursprünglichen Adressdatei.

Das hat folgenden Grund: Wenn das Programm oder der Rechner während der Schreib-Operation abstürzt, so sind die Daten ohne Sicherheitskopie möglicherweise verloren, weil die ursprüngliche Datei durch das Öffnen im Schreibmodus geleert wurde. Dies gilt umso mehr, je mehr Zeilen angehängt werden, je länger also der Schreibvorgang dauert bzw. je mehr Zeit zwischen Öffnen und Schließen vergeht.

──────────────── AnhaengenMitKopie.pl ────────────────

```
1   # urspr. Datei zum Lesen oeffnen
2   if(!open(INFILE,"Daten/adressen.txt")) {
3     print "Konnte Datei Daten/adressen.txt ";
4     print "nicht öffnen. Fehler war: $!\n";
5     exit 1;
6   }
7
8   # Kopie zum Schreiben oeffnen
9   if(!open(OUTFILE,">Daten/adressen.kopie")) {
10    print "Konnte Datei Daten/adressen.kopie ";
11    print "nicht öffnen. Fehler war: $!\n";
12    exit 1;
13  }
14
15  # umkopieren
16  while($zeile=<INFILE>) {
17    print OUTFILE $zeile;
18  }
19
20  close INFILE;
21
22  # neue Zeile anhaengen
23  print OUTFILE "Carsten;Barra;Rosenstr. 10\n";
24  print OUTFILE "Albrecht;Paulus;Friedastr. 5\n";
25
26  close OUTFILE;
27
28  # umbenennen
29  rename "Daten/adressen.kopie","Daten/adressen.txt";
```

──────────────── Programm 70 ────────────────

Die hier verwendete Funktion rename benennt eine Datei um. Sie ist damit das Perl-Äquivalent zum UNIX-Kommando mv. Durch Umbenennen wird die Sicherheitskopie zur ursprünglichen Datei.

Übung 180. Erweitern Sie Ihr Programm aus Übung 179 so, dass es alle Dateien mit mehr als n Bytes löscht. Lassen Sie jede Lösch-Operation bestätigen.

Übung 181. Schreiben Sie ein Programm, das eine Datei an den Anfang einer anderen Datei einfügt. Die Namen der beiden Dateien sollen in der Kommandozeile übergeben werden.

3.5.6 Formatierte Ausgabe mit `printf`

An mehreren Stellen schon wäre uns eine Möglichkeit der formatierten Ausgabe hilfreich gewesen. So war es z. B. bei dem Meilen-Kilometer-Wandler sehr lästig, dass die Umwandlung immer zu viele Nachkommastellen erzeugt hat. Daher haben wir uns eine eigene Funktion geschrieben, die die Rundung übernimmt und auf zwei Stellen hinter dem Komma gerundet ausgibt. Dies ist ein Beispiel einer *formatierten Ausgabe*: Ein Wert soll in einem bestimmten Format ausgegeben werden.

Es sind noch viele andere Formate denkbar. Es könnte sein, dass wir einige Euro-Beträge in einer Tabelle ausgeben wollen, und zwar so, dass die Dezimalpunkte untereinander zu stehen kommen. Dazu müssten wir die entsprechenden Beträge zeichenmäßig auf die gleiche Länge bringen, d. h., wir müssten sie vorne eventuell mit Leerzeichen stopfen. Ein solches Stopfen eines Strings wird als *Padding* bezeichnet.

Um derartige Formatierungsaufgaben zu behandeln, gibt es in fast allen C-ähnlichen Programmiersprachen die Funktion `printf`. Sie ist recht komplex in ihrer Anwendung, dafür aber ein wahrer Alleskönner, denn mit ihr kann fast jedes Formatierungsproblem gelöst werden.

Der Formatstring. `printf` erwartet als erstes Argument einen so genannten *Formatstring*, dann folgt eine Liste von Ausdrücken. Der Formatstring gibt dabei an, mit welcher Formatierung die darauf folgenden Ausdrücke auszugeben sind. Dazu muss zu jedem auszugebenden Ausdruck im Formatstring eine *Formatierungsanweisung* enthalten sein, die die genaue Art der Formatierung festlegt. So bedeutet z. B. die Formatierungsanweisung `%x`, dass der entsprechende Ausdruck als Hexadezimalzahl ausgegeben werden soll.

Im Formatstring dürfen sich „normale" Zeichen und Formatierungsanweisungen beliebig abwechseln, nur müssen genau so viele Formatierungsanweisungen enthalten sein, wie später auch Ausdrücke angegeben sind. Die Formatierungsanweisung wird nämlich als eine Art Platzhalter betrachtet, an dessen Stelle später bei der Ausgabe der entsprechende Ausdruck im festgelegten Format ausgegeben wird. So geben z. B. die Anweisungen

```
$n=255; $l=17;
printf "n ist %x und l ist %d.\n",$n,$l;
```

die Variable `$n` als Hexadezimalzahl und die Variable `$l` als Dezimalzahl in den String „n ist   und l ist   .\n" an der entsprechenden Stelle eingefügt aus:

```
n ist ff und l ist 17.
```

Formatierungsanweisungen. Jede solche Formatierungsanweisung beginnt mit einem `%` und endet mit einem Umwandlungszeichen, das angibt, in welches Format umgewandelt werden soll. Tabelle 3.4 auf der nächsten Seite listet alle Möglichkeiten auf.

Zwischen dem `%` und dem Umwandlungszeichen können, der Reihe nach, noch folgende Formatspezifikationen stehen.

Tabelle 3.4. Umwandlungszeichen von `printf`

Zeichen	Umwandlung in
%c	Zeichen mit der angegebenen ASCII-Nummer
%s	String
%d	Vorzeichenbehafteter Integer, in Dezimal
%u	Nicht vorzeichenbehafteter Integer, in Dezimal
%o	Nicht vorzeichenbehafteter Integer, in Oktal
%x	Nicht vorzeichenbehafteter Integer, in Hexadezimal
%e	Fließkommazahl, mit Mantisse und Exponent
%f	Fließkommazahl, mit fixer Anzahl von Dezimalstellen
%g	Fließkommazahl, in %e oder %f je nach Zahlengröße
%%	das Zeichen % selbst

- Ein Minuszeichen. Dadurch wird der entsprechende Ausdruck nach links ausgerichtet ausgegeben. Die Voreinstellung ist rechtsbündige Ausgabe.
- Eine Zahl, die eine minimale Feldbreite festlegt. Der entsprechende Ausdruck wird in einem Feld ausgegeben, das mindestens so breit ist, wie diese Zahl angibt. Die Breite des Feldes wird bei Bedarf ausgeweitet. Hat der umgewandelte Ausdruck weniger Zeichen als die so spezifizierte Feldbreite, wird von links (bzw. von rechts, wenn Ausrichtung nach links festgelegt wurde) auf die Feldbreite mit Leerzeichen aufgefüllt.
- Ein Punkt, der die Spezifikation der Feldbreite von der Spezifikation der Genauigkeit trennt.
- Eine Zahl, die die *Genauigkeit* (auch *Präzision* genannt) festlegt. Bei Zeichenketten ist dies die maximale Anzahl von Zeichen, die ausgegeben werden sollen, bei einem Fließkommawert die maximale Anzahl von Ziffern nach dem Dezimalpunkt und bei einem ganzzahligen Wert die minimale Anzahl von Ziffern.
- Ein h, wenn das Argument als `short`, oder ein l, wenn es als `long` ausgegeben werden soll. (Dieser Punkt bezieht sich dabei nur auf die Programmiersprache C.)

Beispiele. Das folgende Programm gibt Beispiele für die wichtigsten Anwendungsfälle der Funktion `printf`.

```
─────────────────────── printf.pl ───────────────────────
1   # Dezimalzahlen
2   $n=255;
3   printf "n dezimal ist %d\n",$n;
4   printf "n oktal    ist %o\n",$n;
5   printf "n hexadezimal ist %x\n",$n;
6   printf "n ist %7d\n",$n;
7   printf "n ist %.7d\n",$n;
8
9   # Einzelzeichen
10  $code=33;
11  printf "Zeichen mit Nummer %d ist '%c'\n",$code,$code;
12
```

```
13  # Fliesskommazahlen
14  $dm=13.7;
15  $euro=$dm/1.95583;
16  printf "%f DM sind %f EURO\n",$dm,$euro;
17  printf "%3.2f DM sind %3.2f EURO\n",$dm,$euro;
18
19  # tabellierte Ausgabe
20  printf "%6.2f DM sind %6.2f EURO\n",$dm,$euro;
21  printf "%6.2f DM sind %6.2f EURO\n",15,15/1.95583;
22
23  $PI=3.1415927;
24  printf "Die Kreiszahl PI ist %e\n",$PI;
25
26  $m_E=5.9734E24;
27  printf "Die Masse der Erde ist %f kg\n",$m_E;
28  printf "Die Masse der Erde ist %e kg\n",$m_E;
29  printf "Die Masse der Erde ist %g kg\n",$m_E;
30
31  #Strings
32  $name="Joachim Ziegler";
33  printf "Die ersten 5 Zeichen sind %.5s\n",$name;
```
———————————————— Programm 71 ————————————————

Das Programm erzeugt folgende Ausgabe:

```
n dezimal ist 255
n oktal    ist 377
n hexadezimal ist ff
n ist      255
n ist 0000255
Zeichen mit Nummer 33 ist '!'
13.700000 DM sind 7.004699 EURO
13.70 DM sind 7.00 EURO
 13.70 DM sind    7.00 EURO
 15.00 DM sind    7.67 EURO
Die Kreiszahl PI ist 3.141593e+00
Die Masse der Erde ist 5973399999999999607832576.000000 kg
Die Masse der Erde ist 5.973400e+24 kg
Die Masse der Erde ist 5.9734e+24 kg
Die ersten 5 Zeichen sind Joach
```

Die printf-Funktion nimmt automatisch eine Rundung auf die letzte von ihr dargestellte Dezimalstelle vor, wie etwa die Ausgabe von π in Zeile 24 zeigt. Die wissenschaftliche Notation der Zahl π stellt diese mit gerundeter Mantisse 3.141593 und Exponent 00 dar, d. h., die Mantisse ist noch mit $10^{00} = 10^0 = 1$ zu multiplizieren. Wie das Beispiel verdeutlicht, ist diese Darstellung nur bei sehr großen oder sehr kleinen Zahlen übersichtlicher als die Ausgabe mit fixer Dezimallänge.

Wie Zeile 20 und 21 zeigen, können Zahlen tabelliert werden, indem sie mittels printf mit gleicher Vor- und Nachkommlänge untereinander ausgegeben werden.

Die Funktion sprintf. Die Funktionen `print` und `printf` liefern in Perl „wahr" zurück, wenn ihre Ausgabe erfolgreich war. Ihren (formatierten) String drucken sie auf die Standardausgabe. Manchmal soll aber mit diesem String im Programm weitergearbeitet werden. Dazu besitzt die Funktion `printf` noch eine nützliche Verwandte, die Funktion `sprintf`. Diese druckt ihre Ausgabe nicht in die Standardausgabe, sondern liefert sie als String zurück, der dann weiterverarbeitet werden kann.

Übung 182. Geben Sie die Tabelle aus Übung 89 mittels `printf` mit untereinanderstehenden Dezimaltrennzeichen sauber formatiert aus.

⋆ 3.5.7 Binärdateien

Angenommen, wir haben mit unserem Primzahltest-Programm alle Primzahlen von 2 bis $2^{16} = 65536$ berechnet und diese in einem Array abgespeichert. Dieses enthält dann genau 6542 verschiedene Primzahlen. Diese Zahlen sind uns eine gute Hilfe beim effizienten Primzahltest von noch größeren Zahlen (s. Übung 161). Eventuell werden wir die 6542 Zahlen später in einem anderen Programm nochmals benötigen. Daher ist es sicher eine gute Idee, diese Primzahlen in einer Datei abzuspeichern, so dass wir sie später einfach einlesen und uns somit die zeitaufwändige Neuberechnung sparen können.

Mit unseren bisherigen Kenntnissen würde das Abspeichern folgendermaßen durchgeführt werden (das Array enthält hier zur Veranschaulichung nur die ersten 4 Primzahlen größer als 10000):

─────────────── PrimzahlenSpeichern.pl ───────────────
```
1  @primzahl=(10007,10009,10037,10039);
2
3  open OUTFILE,">Daten/primzahlen.dat";
4
5  for($i=0;$i<@primzahl;$i++) {
6   print OUTFILE $primzahl[$i];
7  }
8
9  close OUTFILE;
```
───────────────── Programm 72 ─────────────────

Sehen wir uns einmal an, was diese Datei nach der Schreiboperation enthält. Wir wechseln dazu mit dem UNIX-Kommando `cd` in das Unterverzeichnis `Daten` und lassen uns mit dem Kommando `ls` detaillierte Informationen über die entstandene Datei ausgeben. Dann geben wir die Datei mittels `cat` aus:

```
$ perl -w PrimzahlenSpeichern.pl
$ cd Daten
$ ls -l primzahlen.dat
-rw-r--r--   1 ziegler  users  20 Aug  1 10:13 primzahlen.dat
$ cat primzahlen.dat
10007100091003710039
```

Die Datei besteht also aus 20 Bytes, und zwar aus den 20 einzelnen Dezimalziffern der 4 Zahlen. Aber ist das wirklich, was wir wollen? Zunächst einmal sollten wir unbedingt hinter jeder Zahl ein Zeilentrennzeichen ausgeben, denn sonst wird es schwierig werden, die Zahlen wieder einzulesen, weil die Datei dann keine Zeilenstruktur mehr hat. (Genauer gesagt, besteht sie dann aus einer einzigen Zeile, wie oben zu sehen ist.)

Und verschwenden wir hier durch das Abspeichern der einzelnen Dezimalziffern nicht viel zu viel Platz? Jede nicht negative ganze Zahl bis $2^{16} = 65536$ ist schließlich mit 16 Bits, also 2 Bytes, darstellbar. Daher sollten 2 Bytes pro Zahl ausreichen. In C gibt es den Datentyp unsigned short, der auf den meisten Maschinen für Zahlen dieser Größe vorgesehen ist. Würden wir jede der 6542 Primzahlen mit 2 Bytes abspeichern, so kämen wir auf eine Dateigröße von 13084 Bytes. Dagegen benötigt das Abspeichern der Zahlen in Textform mit Zeilentrennzeichen genau 37826 Bytes, wie ein Versuch zeigt. Das sind fast dreimal mehr Bytes.

Wenn wir die Zahlen also mit jeweils 2 Bytes pro Zahl abspeichern, dann entsteht eine Datei, die keine Zeilenstruktur mehr aufweist. Beim Einlesen müssen wir dann immer jeweils 2 aufeinander folgende Bytes zu einer Ganzzahl zusammenfassen. Eine solche Datei, in der die Daten nicht zeilenweise angeordnet und/oder die einzelnen Bytes nicht unbedingt Zeichen eines bestimmten Zeichensatzes kodieren, sondern eben Zahlen oder andere Daten, wird *Binärdatei* genannt.

Beispiele für Binärdateien sind Bild-, Audio- und Videodateien sowie ausführbare, kompilierte Programme (*executables*). Zwar sind Bilddateien auch in Zeilen und Spalten aufgeteilt, aber die einzelnen Einträge einer Zeile sind dort Bits, die Farbwerte kodieren, d. h. keine druckbaren Zeichen.

Selbstverständlich kann jede Textdatei als Binärdatei interpretiert werden, denn auch sie besteht letztendlich nur aus einer Folge von Bytes; auch das Trennzeichen ist ein Byte. Folgerichtig trennen Betriebssysteme wie UNIX und Mac OS nicht zwischen Binär- und Textdateien. Für sie gibt es nur den allgemeinen Begriff der Datei. Es gibt allerdings Betriebssysteme, die hier eine Unterscheidung treffen (s. weiter unten).

Wenn wir also bisher vom „zeilenweisen Lesen von Textdateien" gesprochen haben, dann ist damit gemeint, dass die zu lesende Datei aus Folgen von druckbaren Zeichen besteht, die durch ein Zeilentrennzeichen voneinander abgetrennt sind. Es spricht aber nichts dagegen, auch solche Dateien Byte für Byte zu lesen und jedes Byte nach Belieben zu interpretieren. Es ist letztlich Frage der Interpretation, ob ein Byte „41" in einer Datei eine schließende runde Klammer, die kleinste Primzahl größer als 40 oder der Verkaufspreis eines Buches in Euro bedeuten. Bei Audio- oder Videodateien ist es sogar sehr schwierig zu beschreiben, wie die einzelnen Bytes gedeutet werden sollen. Wir stoßen hier wiederum auf das Problem der Interpretation von Daten, das wir schon in Abschn. 1.3 angesprochen haben.

Beschreiben von Binärdateien. Wir wollen nun also nicht den String 10007 zeichenweise in eine Datei schreiben, sondern 2 Bytes, die als Binärzahl interpretiert genau diese Zahl ergeben, also (in Hexadezimal-Schreibweise) die Bytes 27_{16} und 17_{16}. (Es ist $2716_{16} = 2 \cdot 16^3 + 7 \cdot 16^2 + 1 \cdot 16 + 7 = 10007$.)

In der Programmiersprache C wäre dies sehr einfach, da wir dort die Zahl 10007 vermutlich in einer Variablen vom Typ unsigned short halten würden, die intern schon aus 2 Bytes besteht. Wir müssten also genau diese 2 Bytes in eine Datei schreiben. Dazu bräuchten wir bloß die Funktion fwrite() mit einem Filehandle, einem Zeiger auf diese Variable und dem Argument 2 aufrufen. Dies würde die entsprechenden Bytes in die Datei schreiben.

Das geht bei Perl leider nicht. Hier hält der Interpreter die Werte von Variablen intern in Strukturen, auf die wir keinen Zugriff haben. Perl besitzt daher nicht wie C die Möglichkeit, direkt auf die physikalische Darstellung von Werten im Hauptspeicher zuzugreifen. Hier wird für derlei Aufgaben die pack-Funktion benutzt, die eine Zeichenkette, die eine Zahl darstellt, in die entsprechenden Bytes umwandelt:

——————————— PrimzahlenSpeichernBinaer.pl ———————————

```
1   @primzahl=(10007,10009,10037,10039);
2
3   open OUTFILE, ">Daten/primzahlen.dat";
4
5   binmode OUTFILE;
6
7   for($i=0;$i<@primzahl;$i++) {
8     $bytes=pack "S",$primzahl[$i];
9     print OUTFILE $bytes;
10  }
11
12  close OUTFILE;
```
——————————————— Programm 73 ———————————————

Zunächst benutzen wir die eingebaute Funktion binmode, um die zu dem Filehandle OUTFILE gehörende Datei in den *Binärmodus* zu setzen. Unter den Betriebssystemen UNIX und Mac OS hat dies keinerlei Bedeutung und könnte auch ausgelassen werden, dagegen ist diese Zeile unter VMS, MS-DOS und MS-Windows unerlässlich. Das liegt daran, dass diese Systeme die Kombination der Zeichen 13 und 10 als Zeilentrenner in Textdateien benutzen. Ohne den Aufruf von binmode wäre diese Datei im *Textmodus* geöffnet, und die Betriebssysteme würden ein Byte „10" beim Abspeichern automatisch durch die Bytefolge 13 und 10 ersetzen, was die noch folgenden Daten völlig nutzlos machen würde. Diese Betriebssysteme unterscheiden also zwischen einem Text- und einem Binärmodus.

Danach verwenden wir die eingebaute pack-Funktion, mit der in Perl Umwandlungen von Werten in Bytestrings vorgenommen werden können. Diese Funktion erwartet als erstes Argument ein Buchstabenkürzel, das angibt, in welchen Typ umgewandelt werden soll, dann den umzuwandelnden Ausdruck. Im vorliegenden Fall steht das S für den aus der Sprache C stammenden, oben schon erwähnten Datentyp unsigned short. Er bezeichnet hier einen nicht vorzeichenbehafteten Ganzzahltyp mit 16 Bits. Tabelle 3.5 listet die wichtigsten Umwandlungskürzel der Funktion pack auf.

Der nachfolgende Ausdruck wird also als vorzeichenlose Zahl mit 2 Bytes dargestellt, die dann der Variablen `$bytes` zugewiesen werden. Anders ausgedrückt wird ein String aus ursprünglich 5 Buchstaben in 2 Bytes „gepackt".

Was enthält diese Variable nun? In der ersten Iteration enthält sie die zum String `10007` gehörenden Bytes `0x27` und `0x17`. Anders gesagt ist `$bytes` dann ein String aus den Zeichen mit dem Code `0x27` und `0x17`. Diesen können wir dann wie gewohnt mit der `print`-Funktion in die geöffnete Datei schreiben.

Tabelle 3.5. Umwandlungskürzel von `pack`. Bei den Ganzzahlwerten stehen die Großbuchstaben für den nicht vorzeichenbehafteten Typ. Die Einträge der dritten Spalte sind die den Kürzeln entsprechenden Datentypen der Sprache C. Hier ist zu beachten, dass die Größe dieser Datentypen in C von der jeweiligen Maschinenarchitektur abhängig ist. Ein `unsigned short` muss dort also nicht unbedingt 16 Bits breit sein, wohingegen `pack` mit Kürzel `S` laut Perl-Sprachdefinition *immer* in 16 Bits umwandelt.

Zeichen	Umwandlung in	Datentyp von C
c/C	Ein einzelnes Zeichen	`char`
f	Fließkommazahl, einfache Präzision	`float`
d	Fließkommazahl, doppelte Präzision	`double`
i/I	Ganzzahl, mindestens 32 Bit	`int`
l/L	Ganzzahl, genau 32 Bit	`long`
s/S	Ganzzahl, genau 16 Bit	`short`

Was ist das Ergebnis dieser Umwandlungs- und Schreib-Operationen? Schauen wir uns die entstandene Datei `primzahlen.dat` einmal genauer an:

```
$ perl -w PrimzahlenSpeichernBinaer.pl
$ cd Daten
$ ls -l primzahlen.dat
-rw-r--r--   1 ziegler  users   8 Aug  1 19:47 primzahlen.dat
$ hexdump primzahlen.dat
0000000 2717 2719 2735 2737
0000008
```

Das ist genau das, was wir wollten! Die Datei besteht jetzt aus 8 Bytes, je 2 für jede der 4 Zahlen. Das UNIX-Dienstprogramm `hexdump` gibt den Inhalt einer Datei Byte für Byte in Hexadezimal-Schreibweise aus. Wie wir leicht nachrechnen können, enthält sie genau die 4 Primzahlen 10007, 10009, 10037 und 10039 in nicht vorzeichenbehafteter Binärdarstellung.

Lesen von Binärdateien. Im umgekehrten Fall wollen wir eine Binärdatei Byte für Byte lesen. Es liegt dann in unserer Verantwortung, die gelesenen Bytes richtig, d. h. gemäß ihrer Bedeutung im Moment des Abspeicherns, zu interpretieren. Im Falle der abgespeicherten Primzahlen bedeutet das, jeweils 2 Bytes auf einmal zu lesen, sie als einen höherwertigen und einen niederwertigen Teil zu interpretieren und in einer Ganzzahlvariablen „zusammenzufassen". Wie das im Einzelfall geht, hängt von der Programmiersprache und deren Datentypen ab.

In den meisten C-ähnlichen Programmiersprachen existiert für das Lesen einer bestimmten Anzahl von Bytes eine Funktion namens read oder fread. Dieser kann gesagt werden, wie viele Bytes sie über welches Filehandle lesen soll und wohin sie die gelesenen Bytes schreiben soll. Diese Funktion gibt es auch in Perl:

———————————— PrimzahlenLesenBinaer.pl ————————————

```
1  open INFILE,"Daten/primzahlen.dat";
2
3  binmode INFILE;
4
5  while(read(INFILE,$bytes,2)) {
6    $zahl=unpack "S",$bytes;
7    print $zahl."\n";
8  }
9
10 close INFILE;
```

———————————— Programm 74 ————————————

Zunächst einmal setzen wir mittels binmode die geöffnete Datei in den Binärmodus. Das hat denselben Grund wie beim Beschreiben von Binärdateien: Auf Betriebssystemen, die zwischen Text- und Binärmodus unterscheiden, würde sonst eine Byte-Folge 13 und 10 beim Einlesen durch 10 ersetzt.

Zum Einlesen von jeweils 2 Bytes aus der Datei benutzen wir die Funktion read. Ihr erstes Argument ist das Filehandle, aus dem sie liest, ihr zweites ist eine skalare Variable, in die sie die gelesenen Bytes schreibt und ihr drittes ist die Anzahl der zu lesenden Bytes. Sie gibt die Anzahl der tatsächlich gelesenen Bytes zurück. Diese ist 0, wenn alle Bytes gelesen sind. Somit bricht obige Schleife ab, wenn das Dateiende erreicht ist.

Die Funktion unpack ist die Umkehrfunktion der Funktion pack. Sie macht also die Umwandlungsoperation von pack rückgängig. Wir benutzen sie hier, um die jeweils 2 gelesenen Bytes in den entsprechenden Ziffern-String zurückzuwandeln, und geben diesen aus. Sie „packt" die Bytes sozusagen wieder „aus".

Die Funktion seek. Nachdem wir nun wissen, wie wir eine Datei nicht nur Zeile für Zeile, sondern auch Byte für Byte lesen können, stellt sich die Frage, ob und wie wir den Pufferzeiger auf ein bestimmtes Byte positionieren können, um eine bestimmte Information auszulesen. Eine wenn auch meist unpraktische Lösung besteht darin, die jeweilige Datei erst zu schließen und dann mittels read so viele Bytes zu lesen, bis der Zeiger an der gewünschten Stelle steht. Manchmal wollen wir aber in einer Datei mehrmals hin- und herspringen. Hier würde das ständige Schließen, Öffnen und Lesen einen viel zu großen Aufwand darstellen.

Zu diesem Zweck besitzen viele C-ähnliche Programmiersprachen eine Funktion namens lseek oder seek. In Perl verschiebt ein Aufruf

```
seek HANDLE,$pos,0;
```

den zu dem Filehandle HANDLE gehörenden Positionszeiger an Position $pos. Ersetzt man das dritte Argument 0 durch 1, so wird $pos zu der aktuellen Position hinzuaddiert. Eine 2 hier mit einem negativen Wert von $pos versetzt dagegen den Pufferzeiger auf $pos Bytes vor das Dateiende. Die Funktion gibt bei erfolgreicher Ausführung eine 1 zurück, sonst eine 0.

Übungen

Übung 183. (UNIX-Dos-Konverter) Ein *Filter* ist ein Dienstprogramm, das seine Eingabe aus der Standardeingabe bezieht und seine Ausgabe auf die Standardausgabe schreibt. Mit Hilfe von Filtern und dem unter UNIX und anderen Betriebssystemen gängigen *Pipe-Mechanismus*, der es erlaubt, die Ausgabe eines Programms als Eingabe eines nächsten Programms zu verwenden, kann man aus einfachen Dienstprogrammen durch Verkettung komplexere zusammensetzen.

Schreiben Sie ein Filterprogramm unix2dos.pl, das eine Textdatei im UNIX-Format in eine Textdatei im MS-DOS-Format umwandelt. Ersetzen Sie hierzu jedes Byte mit Inhalt 10 durch 2 Bytes mit Inhalt 13 und 10.

Schreiben Sie außerdem den Filter dos2unix.pl, der diese Umwandlung rückgängig macht.

Übung 184. (UNIX-Dienstprogramm split) Das UNIX-Dienstprogramm split spaltet eine (große) Datei file in mehrere kleine namens file.aa, file.ab usw. auf. Das erste Argument des Programms ist die Größe der Teildateien in Bytes, das zweite der Dateiname der aufzuteilenden Datei.

Schreiben Sie ein entsprechendes Dienstprogramm split.pl. Denken Sie sich ein Namensschema für den Fall aus, dass mehr als $26 \cdot 26 = 676$ Teildateien entstehen.

★ 3.6 Rekursive Funktionen

Dieser Abschnitt behandelt Funktionen, die sich selbst aufrufen. Mit ihnen können viele Programmierprobleme auf besonders elegante Art und Weise gelöst werden.

3.6.1 Rekursive Größen in der Mathematik

Wir alle kennen das Phänomen, dass im Fernsehbild bei einer Nachrichtensendung neben dem Nachrichtensprecher ein Monitor zu sehen ist, in dem wiederum das Bild mit dem Sprecher und dem Monitor zu sehen ist, in dem wiederum das Bild mit dem Sprecher und dem Monitor zu sehen ist, in dem wiederum usw. Betrachten wir uns selbst in einem Spiegel und stellen einen zweiten Spiegel hinter uns auf, so sehen wir eine unendliche Folge von Spiegelbildern von uns selbst, eines jeweils in ein größeres eingebettet.

Dieses Phänomen nennt man *Rekursion*. Rekursion ist ein wichtiges Prinzip in der Mathematik und in der Informatik. Wörtlich bedeutet Rekursion etwa „das

Zurücklaufen auf sich selbst": Eine *rekursive Größe* ist eine Größe, die schon durch einen Teil ihrer selbst beschrieben werden kann. Schon ein kleiner Teil des Monitorbildes z. B. reicht aus, um das Gesamtbild zu beschreiben.

Die Rekursion, die bei den Bildern auftritt, läuft *ad infinitum*, d.h., sie hört nie auf, besitzt also keinen *Rekursionsschluss*: Im Fernsehbild sind unendlich viele Nachrichtensprecher zu sehen und im Spiegel erblicken wir eine unendliche Reihe von Spiegelbildern von uns selbst.

Anders ist es bei bestimmten mathematischen Größen, denen eine rekursive Definition zugrunde liegt oder liegen kann. Bei ihnen muss der Prozess des „auf sich selbst Zurückgreifens" irgendwann beendet sein.

Das Standardbeispiel einer mathematischen Größe, die mit Hilfe einer Rekursion definiert werden kann, ist die *Fakultät*. Die Fakultät der ganzen Zahl n ist das Produkt aller ganzen Zahlen von 1 bis n, also $1 \cdot 2 \cdot 3 \cdot \ldots \cdot n$. Dies ist eine in der Kombinatorik so häufig auftretende Größe, dass man ihr ein eigenes mathematisches Symbol gewidmet hat:

$$n! = 1 \cdot 2 \cdot 3 \cdot \ldots \cdot n$$

Es gibt genau $n!$ Arten, n verschiedene Dinge in eine Reihe nebeneinander zu legen: Für das erste Ding gibt es n Möglichkeiten, für das zweite noch $n - 1$, für das dritte noch $n - 2$ usw.

Die bisher vorgestellte Art der Definition von $n!$ als das Produkt $1 \cdot 2 \cdot 3 \cdot \ldots \cdot n$ ist nicht rekursiv, sondern *iterativ*, d. h., sie legt folgende Funktion nahe, die den entsprechenden Wert mittels einer Schleife ausrechnet:

─────────────── FakultaetIterativ.pl ───────────────

```
1  sub fakultaet {
2    my $fak=1;
3    my $i;
4    for($i=2;$i<=$_[0];$i++) {
5      $fak = $fak * $i;
6    }
7    return $fak;
8  }
```

─────────────── Programm 75 ───────────────

Hier *iteriert* die Schleife über alle Faktoren von 1 bis n und multipliziert sie zusammen. Die Größe $n!$ wird also *iterativ* berechnet, die Berechnung greift nicht auf sich selbst zurück.

Es gibt aber noch eine andere Möglichkeit, diese Größe zu definieren. Zunächst gilt die Gleichung $1! = 1$. Man definiert sogar explizit, dass $0! = 1$ ist, denn das „leere Produkt", bei dem sozusagen gar kein Faktor existiert, wird als 1 angesehen, analog zur „leeren Summe", die als 0 angesehen wird. Darüber hinaus gilt aber die wichtige Beziehung

$$n! = (n - 1)! \cdot n$$

In Worten: Die Fakultät von n erhält man, indem man zuerst die Fakultät von $n-1$ berechnet und diese dann mit n multipliziert. Das sieht ein wenig wie Magie aus (und das ist bei Rekursion fast immer so): Um die Fakultät von n zu berechnen, muss man die Fakultät von $n-1$ schon kennen. Hierbei handelt es sich ganz klar um ein „Zurücklaufen auf sich selbst", also um eine Rekursion.

3.6.2 Rekursive Funktionen in der Informatik

Diese rekursive Definition der mathematischen Größe $n!$ kann nun in einer *rekursiven Funktion* ausgenutzt werden, die die Größe berechnet. Genau so, wie die Definition auf sich selbst zurückgreift, greift die Funktion auf sich selbst zurück, indem sie sich selbst aufruft:

──────────────── FakultaetRekursiv.pl ────────────────

```
1  sub fakultaet {
2    my $n=$_[0];
3    if($n==0) { return 1;}        # Rekursionsschluss
4    else {
5      return fakultaet($n-1)*$n; # rekursiver Aufruf
6    }
7  }
```

──────────────── Programm 76 ────────────────

Obige Funktion `fakultaet` ruft sich selbst auf, es sei denn, sie soll die Fakultät von 0 berechnen. Das ist der einzige Wert, den sie „auswendig" kennt. Für alle anderen Werte greift sie auf die rekursive Definition zurück.

Eine *rekursive Funktion* ist eine Funktion, die sich an mindestens einer Stelle selbst aufruft. Sie muss selbst durch Testen einer geeigneten Bedingung, meist eines Übergabeparameters, der die *Rekursionstiefe* angibt, herausfinden, wann sie den rekursiven Aufrufprozess stoppen soll. Sie muss also explizit Code für den *Rekursionsschluss* bereitstellen.

Es ist hier unbedingt notwendig, dass obige Variable $n lokal zur Funktion `fakultaet` ist. Mit jedem rekursiven Aufruf wird eine neue Variable $n angelegt, die das $n der aufrufenden Funktion kurzzeitig überdeckt. Kehrt dieser Aufruf zurück, enthält $n wieder seinen „alten" Wert.

Rekursion im Vergleich zu Iteration. Ein rekursiver Aufruf erzeugt einen Baum von aktiven Funktionsaufrufen, dessen Blätter die Rekursionsschlüsse darstellen. Ist eine Funktion in einem Rekursionsschluss auf der maximalen Rekursionstiefe angelangt, so reicht sie die von ihr berechneten Werte nach oben im Baum weiter. Auf diese Weise wird der Baum einmal von oben nach unten und dann von unten nach oben durchlaufen. Abbildung 3.6 zeigt dies für den Aufruf `fakultaet(4)`.

Die Abbildung verdeutlicht, warum rekursive Lösungen fast immer langsamer sind als die entsprechenden iterativen. Die iterative Lösung für `fakultaet(4)` läuft nur einmal von unten nach oben (oder von oben nach unten, wenn mit der

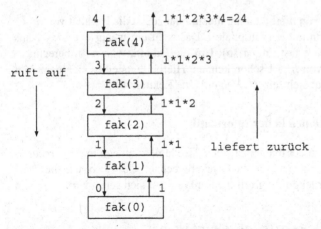

Abbildung 3.6. Rekursive Berechnung von 4!. Die Rekursion startet in der Wurzel des Aufrufbaums `fak(4)`. Der Rekursionsschluss liegt im Blatt `fak(0)`.

Laufvariablen rückwärts gezählt wird). Iterative Lösungen verbrauchen fast immer wesentlich weniger Rechenzeit und/oder Speicherplatz. Das gilt insbesondere dann, wenn sich rekursive Funktionen *mehrmals* selbst aufrufen (s. hierzu auch Übung 185).

Zu jeder rekursiven Formulierung einer Lösung gibt es immer eine entsprechende iterative. Das liegt letztlich daran, dass jeder Algorithmus auf einer Turing-Maschine programmiert werden kann, die selbst wieder durch ein nicht rekursives Programm simuliert werden kann (s. Abschn. 2.4.6). Der exakte Beweis hierfür geht weit über diese Einführung hinaus. Er ist z. B. in [LePa] nachzulesen.

Es stellt sich also die Frage, warum rekursive Lösungen überhaupt verwendet werden sollten, wenn doch immer eine iterative gefunden werden kann, die zudem noch schneller ist. Oftmals kann mit Hilfe von Rekursion ein Problem wesentlich eleganter gelöst werden als durch Iteration, wie der nächste Abschnitt über schnelles Sortieren zeigen wird. Häufig sind iterative Lösungen nämlich aufwändiger zu programmieren, wohingegen bei einer Rekursion mehr oder weniger nur die rekursive Definition der zu berechnenden Größe abgeschrieben werden muss, wie das Beispiel der Fakultät veranschaulicht.

Übung 185. (Fibonacci-Zahlen) Die Fibonacci-Zahlen sind wie folgt rekursiv definiert: $fib_0 = 1$, $fib_1 = 1$ und $fib_n = fib_{n-1} + fib_{n-2}$ falls $n \geq 2$. Die n-te Fibonacci-Zahl ist also die Summe ihrer beiden Vorgänger (für $n \geq 2$).

Diese Zahlenfolge tritt merkwürdigerweise recht häufig in der Natur auf. So hat z. B. eine männliche Biene (Drohne) genau fib_{n+1} männliche und fib_n weibliche Vorfahren (Königinnen) in der n-ten Elterngeneration. Das liegt daran, dass eine Drohne asexuell von einer Königin gezeugt wird, eine Königin aber nur durch Paarung einer Drohne mit einer Königin gezeugt werden kann (s. [GKPa]).

Für große Werte von n strebt das Verhältnis zweier aufeinander folgender Fibonacci-Zahlen gegen $\frac{1+\sqrt{5}}{2}$. Diese Zahl ist in der Kunst und Architektur als die *Zahl des goldenen Schnitts* bekannt und wird meist mit Φ bezeichnet.

Berechnen Sie fib_n rekursiv und iterativ. Welchen Unterschied bemerken Sie in der Laufzeit zwischen der iterativen und der rekursiven Variante für größere Werte von n, z. B. $n = 30$? Wie erklären Sie sich diesen Unterschied? Zeichnen Sie für die rekursive Variante den Aufrufbaum für die Berechnung von fib_4.

Wie Sie sicherlich bemerken, ist es mühsamer, die iterative Lösung korrekt zu formulieren, wohingegen die rekursive direkt offensichtlich ist.

3.6.3 Sortieren durch Mischen (Mergesort)

In Abschn. 2.4.5 haben wir einen einfachen Sortieralgorithmus kennen gelernt und implementiert: Sortieren durch Minimumsuche. In Übung 132 haben wir unser Programm mit der eingebauten `sort`-Funktion verglichen und mussten feststellen, dass diese wesentlich schneller als unser Verfahren ist. Es muss also schnellere Sortieralgorithmen geben.

Ein effizienteres Sortierverfahren als Sortieren durch Minimumsuche arbeitet rekursiv: Man teilt das zu sortierende Array (konzeptionell) in zwei Hälften, sortiert zuerst die beiden Hälften und mischt dann die sortierten Hälften zu einem sortierten Array zusammen.

Was bedeutet „Mischen"? Das Mischen erfolgt durch paarweises Vergleichen der Elemente der beiden schon sortierten Teilfelder. Hierbei arbeitet man mit zwei Indexvariablen, die über die zusammenzumischenden Teilarrays von links nach rechts laufen. Das jeweils kleinere Element (oder größere bei absteigender Sortierung) wird in ein Zwischenarray geschrieben. Der Index, unter der der kleinere Wert gefunden wird, wird um eine Stelle weiter nach rechts gerückt. Abbildung 3.7 verdeutlicht das Mischverfahren.

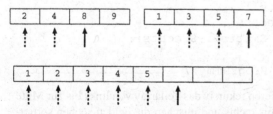

Abbildung 3.7. Mischen zweier Teilarrays. Die sortierten Teilarrays bestehen aus jeweils 4 Zahlen, die zu einem sortierten Array mit 8 Zahlen zusammengemischt werden. Hier wurden schon 5 Elemente in das Zwischenarray geschrieben. Als Nächstes wird das Element 8 (mit Index 2) aus dem linken mit dem Element 7 (mit Index 3) aus dem rechten Teilfeld verglichen.

Wie aber sortiert man die Hälften? Diese sind möglicherweise immer noch sehr groß, wenn nur das Ausgangsarray groß genug ist! Die Antwort ist überraschend: durch Rekursion! Das heißt, um eine Hälfte zu sortieren, teilt man diese wiederum in zwei Hälften, diese wiederum usw., bis die Teilarrays nur noch ein einziges Element oder gar keines mehr enthalten. Dann ist der Rekursionsschluss erreicht: Um ein Teilarray aus höchstens einem Element zu sortieren, muss gar nichts mehr getan werden! Abbildung 3.8 zeigt die Abfolge der Teil- und Mischschritte.

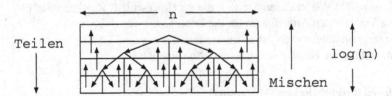

Abbildung 3.8. Teilen und Mischen bei Mergesort

Wir benutzen also eine rekursive Funktion, um die Hälften zu sortieren. Diese Funktion muss wissen, von wo bis wo sich das Teilarray erstreckt, das sie sortieren soll. Daher übergeben wir ihr zwei Zahlen: den kleinsten und den größten Index des zu sortierenden Teilarrays (bezogen auf das ursprünglich zu sortierende Array):

——————————————— Mergesort.pl ———————————————

```
1   sub sortiere {
2     my ($links,$rechts)=@_;
3     my $mitte;
4
5     # Rekursionsschluss
6     if($links>=$rechts) { return;}
7
8     # Rekursion
9     $mitte=int(($links+$rechts)/2);
10    sortiere($links,$mitte);
11    sortiere($mitte+1,$rechts);
12    mische($links,$mitte,$mitte+1,$rechts);
13  }
```

——————————————— Programm 77 ———————————————

Wir berechnen die Mitte, sortieren rekursiv das Teilarray von links bis zur Mitte und das Teilarray von der Mitte bis rechts und mischen die beiden soeben sortierten Teilarrays zusammen. Der Mischschritt wurde dabei in eine eigene Funktion mische ausgelagert. Siehe hierzu Übung 187.

Um das ursprüngliche Array, das aus $n Elementen besteht, zu sortieren, wird obige Rekursion mit dem Aufruf

```
sortiere(0,$n-1);
```

gestartet.

Hier offenbart sich die Eleganz der Rekursion. Obiges Programm sieht auf den ersten Blick erstaunlich aus, und wir müssen einige Zeit darüber nachdenken, was genau nacheinander geschieht und warum es wirklich korrekt ist. Tabelle 3.6 zeigt die Abfolge der Aktionen, d. h. der Funktionsaufrufe, die Mergesort auf einem Array mit 8 Einträgen ausführt.

Tabelle 3.6. Mergesort auf einem Array mit 8 Elementen

Funktionsaufruf	Teilarray
sortiere	[0..7]
sortiere	[0..3]
sortiere	[0..1]
sortiere	[0..0]
sortiere	[1..1]
mische	[0..0] und [1..1] zu [0..1]
sortiere	[2..3]
sortiere	[2..2]
sortiere	[3..3]
mische	[2..2] und [3..3] zu [2..3]
mische	[0..1] und [2..3] zu [0..3]
sortiere	[4..7]
sortiere	[4..5]
sortiere	[4..4]
sortiere	[5..5]
mische	[4..4] und [5..5] zu [4..5]
sortiere	[6..7]
sortiere	[6..6]
sortiere	[7..7]
mische	[6..6] und [7..7] zu [6..7]
mische	[4..5] und [6..7] zu [4..7]
mische	[0..3] und [4..7] zu [0..7]

Effizienz von Mergesort. Warum ist dieses Verfahren nun schneller als Sortieren durch Minimumsuche? Da sich die Länge der zu sortierenden Teilarrays in jeder Rekursion halbiert, gibt es nur $\log_2 n$ Rekursionsstufen. Auf jeder Stufe werden insgesamt n Elemente wieder zusammengemischt. Daher benötigt dieses Sortierverfahren ungefähr $n \cdot \log_2 n$ Vergleichsoperationen, was asymptotisch (d. h. für immer größer werdende Eingaben) viel besser ist als die $1/2n^2$ Vergleiche, die Sortieren durch Minimumsuche erfordert (s. hierzu auch Abb. 3.8 und die Grafik aus Abschn. 2.4.5 auf Seite 135).

Teilen und Beherrschen. Diese Methode, ein größeres Problem in kleinere aufzuteilen, zuerst die kleineren, überschaubareren Probleme zu lösen und dann aus den Teillösungen die Gesamtlösung zusammenzusetzen, ist ein wichtiges Prinzip in der Informatik. Es wird *Divide-and-Conquer* (engl. für „teile und erobere") oder *Divide-et-Impera* (lat. für „teile und beherrsche") genannt.

Rekursion durch Iteration ersetzen. Wie würden wir dieses Verfahren wohl ohne Rekursion programmieren? Wie würden wir vorgehen, wenn sich eine Funktion nicht selbst aufrufen könnte? In diesem Fall müssten wir die Verwaltung der Indizes der jeweiligen Teilarrays selbst übernehmen, und zwar in einer speziellen Datenstruktur, dem so genannten *Stapel* (*stack*). Ein solcher Stapel erlaubt grundsätzlich nur zwei Operationen: *push* und *pop* (s. Abschn. 4.5.5). Statt eine Funktion rekursiv aufzurufen, würden wir die entsprechenden Indizes auf den Stapel legen (push). Solange der Stapel noch nicht leer ist, würden wir in einer Schleife, also *iterativ*, die obersten Indizes vom Stapel herunternehmen (pop) und das zugehörige Teilarray bearbeiten. Dies ist nur eine Skizze, und die Details sind wirklich komplex. Wie gut also, dass wir uns dank Rekursion nicht selbst darum zu kümmern brauchen!

Im Übrigen benutzt auch der Perl-Interpreter intern einen *Laufzeitstapel*, auf dem er die gerade aktiven Funktionsaufrufe verwaltet.

Übungen

Übung 186. Warum funktioniert obige Funktion sortiere für Sortieren durch Mischen auch dann, wenn die Anzahl der Array-Elemente nicht durch 2 teilbar ist?

Übung†187. (Mischschritt von Mergesort) Schreiben Sie den Code für die noch fehlende Funktion mische. Vergleichen Sie dann Ihre Funktion sortiere laufzeitmäßig mit Sortieren durch Minimumsuche.

Übung†188. Schreiben Sie eine Funktion für Sortieren durch Mischen, die ohne Rekursion auskommt. Lesen Sie dazu zuerst Abschnitt 4.5.5. Vergleichen Sie die Laufzeit mit der rekursiven Version.

Übung†189. (Rekursives Durchwandern eines Baumes) Schreiben Sie ein Programm, das auf der Kommandozeile den Pfad zu einem Verzeichnis erhält und dann alle Dateien in diesem Verzeichnis und in allen seinen Unterverzeichnissen ausgibt.

Übung†190. (Türme von Hanoi) Ein altes Kinderspiel besteht aus 3 Stäben, auf die Scheiben unterschiedlichen Durchmessers gesteckt werden. Am Anfang stecken alle Scheiben der Größe nach auf dem ersten Stab, die größte Scheibe ganz unten. Sie bilden also einen „Turm". Die Aufgabe besteht darin, die Scheiben unter Zuhilfenahme des dritten Stabes auf den zweiten Stab umzuschichten. Dabei darf in jedem Schritt immer nur eine Scheibe auf einmal bewegt werden, und niemals darf eine Scheibe mit einem größeren Durchmesser auf eine mit einem kleineren Durchmesser abgelegt werden. Abbildung 3.9 auf der nächsten Seite zeigt das Spiel mit 5 Scheiben.

Schreiben Sie ein Programm, das diese Aufgabe löst, indem es die notwendigen Umschichtungen mittels einer rekursiven Funktion simuliert. Definieren Sie sich dazu 3 Stringvariablen $turm[1], $turm[2] und $turm[3], mit denen Sie die Belegung der Stäbe mit Scheiben kodieren. Bei anfänglich 5 Scheiben könnte die erste Variable z. B. durch $turm[1]='54321', die beiden anderen als Leerstring initialisiert werden. Um eine Scheibe von einem Stab auf einen anderen zu bewegen, schneiden Sie das entsprechende Zeichen am Ende des entsprechenden Strings ab und hängen es an den entsprechenden anderen String wieder an.

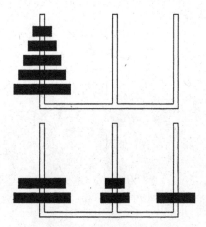

Abbildung 3.9. Die Türme von Hanoi, gespielt mit 5 Scheiben. Oben die Ausgangssituation, darunter die Situation nach 4 Umschichtungen.

Literaturhinweise

Der interne Aufbau von Hashes wird anschaulich und ausführlich in [CLRi] behandelt.

Mehr zum Perl-Debugger findet sich in der Manualseite `perldebug` (s. hierzu auch Anhang B).

Die Ein- und Ausgabemechanismen von Perl sind eng an entsprechende Konzepte von UNIX angelehnt. Ein Klassiker zur Programmierung unter UNIX ist [KePi].

Dieses Kapitel hat einige Aspekte der Programmiersprache C eingeführt. Das Standardwerk zu dieser Sprache ist [KeRi], dessen Nomenklatur in diesem Buch weitgehend übernommen wurde.

Rekursionen von einem mathematischen Standpunkt her werden ausführlich in [GKPa] erörtert.

4. Elemente anspruchsvoller Programme

Dieses Kapitel stellt Programmkonstrukte und Programmiertechniken vor, die oft – aber nicht immer – bei der Entwicklung anspruchsvoller Programme benötigt werden. Solche Programme zeichnen sich meist durch Algorithmen aus, deren Komplexität wesentlich höher ist als die der bisher vorgestellten. Einige Elemente solcher komplexeren Algorithmen lernen wir hier kennen. Zudem erfahren wir mehr darüber, wie wir unsere Programme effizienter machen und bei sehr großen Quelltexten den Überblick behalten können.

4.1 Referenzen und Zeiger

Angenommen, wir wollen ein Abenteuerspiel (*adventure*) schreiben. In einem solchen Spiel übernimmt der Spieler die Rolle eines Abenteurers, der von Ort zu Ort zieht, um eine bestimmte Aufgabe zu lösen. An jedem Ort begegnen ihm Wesen, mit denen er sich auseinandersetzen muss, und Gegenstände, mit denen er etwas Bestimmtes tun kann. Nicht jeder Ort ist unmittelbar von jedem anderen Ort aus erreichbar. Um zu manchen Orte zu gelangen, muss der Spieler zuerst eine Reihe von anderen Orten besuchen. Ein solches Spiel beinhaltet daher eine Landkarte wie in Abb. 4.1. (Für das Verständnis dieses Abschnitts kann es hilfreich sein, zuerst [Tolk] zu lesen, aber die Gefahr ist sehr groß, dass wir uns danach nicht mehr für Programmierung, sondern für phantastische Literatur interessieren.)

Wie würden wir mit unserem bisherigen Wissen diese Landkarte implementieren? Die Eigenschaften eines jeden Ortes, die so genannten *Attribute*, können wir uns z. B. in einem Hash merken. Wie legen also für jeden Ort einen Hash an, der uns sagt, wie der Ort heißt, welche und wie viele Wesen darin wohnen, ob er gefährlich ist oder nicht usw.:

```
──────────────────── HerrDerRinge.pl ────────────────────
1  %Hobbingen=(
2          'Name' => 'Hobbingen',
3          'Einwohnerzahl' => 200,
4          'Bevölkerung' => 'Hobbits',
5          'gefährlich' => 0
6          );
7
```

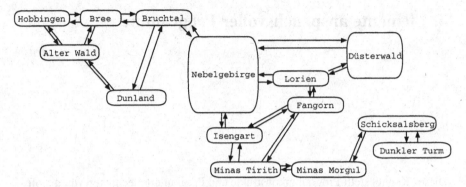

Abbildung 4.1. Eine Landkarte mit Zeigern. Die Zeiger referenzieren einzelne Orte

```
8    %Bree=(
9        'Name' => 'Bree',
10       'Einwohnerzahl' => 1000,
11       'Bevölkerung' => 'Hobbits und Große Leute',
12       'gefährlich' => 0
13       );
```
─────────────────────── Programm 78 ───────────────────────

Wie aber kodieren wir, welche Orte von einem Ort aus unmittelbar erreichbar sind? Wie also können wir die Verweise von einem Ort auf seine Nachbarorte kodieren? Wie kodieren wir die Position des Spielers? Wie kodieren wir die Bewegung eines Spielers von einem Ort zu einem benachbarten?

In Abb. 4.1 sind Pfeile eingezeichnet, die diese Nachbarschaftsbeziehungen kennzeichnen. Sie *zeigen* von einem Ort auf einen anderen. In diesem Abschnitt werden wir uns mit solchen *Zeigern* beschäftigen, also mit Objekten, die auf andere Objekte zeigen.

4.1.1 Referenzwerte

Unsere bisherige Vorstellung von Werten und Variablen war die folgende: Irgendwo im Hauptspeicher befindet sich ein *Wert*, sei es eine ganze Zahl, ein String o. Ä. Umfasst dieser Wert mehr als ein Byte, wie z. B. ein String aus mehreren Zeichen, so liegen diese Bytes als zusammenhängender Speicherbereich hintereinander im Hauptspeicher. Eine Variable ist nichts anderes als ein Bezeichner, unter dem dieser Wert angesprochen, d. h. ausgelesen oder abgeändert werden kann. So zeigt Abbildung 4.2 eine ganzzahlige Variable x mit dem Wert 20. Dieser Wert befindet sich in der Speicherstelle mit der Adresse 18.

Die Variable y in Abbildung 4.2 hat den Inhalt 18. Das ist genau die Adresse, an der der Wert der Variablen x steht. Der Inhalt einer Speicherstelle kann also durchaus die Adresse einer anderen Speicherstelle sein. Somit *zeigt* die Variable y auf die Variable x. Man sagt, x wird durch y *referenziert*. Der Wert von y kann also als *Referenzwert* interpretiert werden.

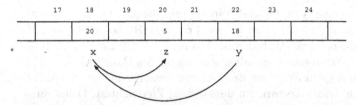

Abbildung 4.2. Eine Variable x und eine darauf verweisende Zeigervariable y. Der Inhalt von y ist 18, und 18 ist auch die Adresse von x. Somit *zeigt* y auf x. Wir bezeichnen hier die Variable absichtlich nicht mit $x, sondern nur mit x, wie dies in der Sprache C geschehen muss. Die hier vorgestellte Sichtweise von ganzzahligen Werten, die aufeinander verweisen, passt nicht ganz auf Perl, weil dort Zwischenschichten zur Speicherung von Variablen verwendet werden.

Referenzen. Eine *Referenz* in einer höheren Programmiersprache ist ein Referenzwert, also ein Wert, der auf einen anderen Wert *zeigt*. In Sprachen wie C, in denen die Werte von Variablen eine direkte physikalische Darstellung als hintereinander liegende Bytes im Hauptspeicher haben, handelt es sich hierbei einfach um die Adresse des ersten dieser Bytes. In interpretativen Sprachen wie Perl, die bei der Speicherung von Werten Zwischenschichten benutzen, muss von der Vorstellung einer „harten" physikalischen Adresse abstrahiert werden: Eine Referenz ist dort ein Wert, der auf nicht näher spezifizierte Weise einen anderen Wert *referenziert*. Das bedeutet, dass über ihn auf den *referenzierten* Wert zugegriffen werden kann.

Zeiger. Eine Variable, deren Inhalt eine Referenz ist, wird *Zeigervariable*, auch kurz *Zeiger* oder *Pointer* genannt. Ein Zeiger *zeigt* somit auf einen anderen Wert. In diesem Sinne ist obiges y ein Zeiger auf x. Über einen Zeiger kann auf den referenzierten Wert zugegriffen werden. Dazu muss die Referenz *dereferenziert* werden. Ein Zeiger bietet somit eine indirekte Möglichkeit, auf einen Wert zuzugreifen oder ihn abzuändern, also eine Art „Umweg".

Dieser Zeigermechanismus lässt sich wie in einer Kette hintereinander schalten. So sind Zeiger auf Zeiger möglich, Zeiger auf Zeiger auf Zeiger usw. In Abb. 4.2 ist die Variable x mit dem Inhalt 20 selbst ein Zeiger auf die Variable z, deren Wert an Adresse 20 steht. Daher ist y nicht nur ein Zeiger, sondern auch ein Zeiger auf einen Zeiger.

Verwendungszweck von Referenzen und Zeigern. Wozu benötigt man solche Referenzen und Zeiger? Man kann mit ihnen *indirekt* auf Werte zugreifen, wohingegen gewöhnliche Variablen einen *direkten* Zugriff erlauben. Sie bilden somit eine *Zwischenschicht* beim Zugriffsmechanismus. Darin liegt auch schon die Antwort: Indirektion wird immer dann benötigt, wenn ein direkter Zugriff auf ein Objekt nicht möglich oder nicht erwünscht ist, sondern nur ein indirekter.

Der Hash %Hobbingen aus vorigem Programm z. B. benötigt noch einen Eintrag, der irgendwie auf die Variable %Bree verweisen muss, um diese als Nachbarort zu kennzeichnen. Das Programm sollte daher über %Hobbingen *indirekt* auf %Bree zugreifen können. Hier ist ein indirekter Zugriff erwünscht. Es liegt also nahe, in den Hash %Hobbingen eine Referenz auf den Hash %Bree einzutragen.

Warum kann das keine „gewöhnliche" Variable sein, die das Objekt %Bree direkt anspricht? Einerseits ist es in Perl gar nicht möglich, Hashes in Hashes aufzunehmen. Andererseits würde das bedeuten, dass der Hash %Bree ganz im Hash %Hobbingen liegt. Dann müsste er selbst aber wieder den Hash %AlterWald ganz enthalten, weil der Alte Wald von Bree aus erreichbar ist, und %AlterWald wiederum den Hash %Hobbingen, ein unmöglicher Zirkelschluss. Daher muss die Definition der einzelnen Hashes hintereinander und getrennt geschehen. Wenn die Variable %Hobbingen angelegt wird, existiert also die Variable %Bree noch gar nicht. Für eine „gewöhnliche" Variable gäbe es also zur Kodierzeit zu wenig Information über das Objekt, das referenziert werden soll. Es ist daher also auch unmöglich, von %Hobbingen aus direkt auf das Objekt %Bree zuzugreifen.

Außerdem benötigt nicht nur %Hobbingen eine Referenz auf %Bree, sondern auch %AlterWald und %Bruchtal. Würde man dafür drei „gewöhnliche" Variablen benutzen, so käme es zu einer Wertverdreifachung. Jede solche Variable enthielte den gesamten Hash %Bree. Bei einer Änderung an %Bree, etwa an der Zahl der Einwohner, müsste auch jede der drei Variablen abgeändert werden, um die Datenkonsistenz zu erhalten.

Zusammenfassend gesagt gilt also: Ein Zeiger wird benötigt, wenn zur Einführung einer „gewöhnlichen" Variablen zu wenig Information zur Verfügung steht, wenn also nur bekannt ist, dass ein bestimmter Wert angesprochen werden wird, aber etwa Typ, Größe oder Speicherort nicht bekannt sind. Das sind nämlich die Voraussetzungen, unter denen ein Variablennamen für das Objekt eingeführt werden darf (der Compiler oder Interpreter benötigt solche Informationen, um Variablen anlegen zu können). Ein Zeiger wird ebenfalls benötigt, wenn eine Wertkopie, wie sie bei einer gewöhnlichen Zuweisung an eine Variable erzeugt wird, nicht erwünscht oder nicht möglich ist.

Konkrete Beispiele werden wir gleich kennen lernen.

4.1.2 Referenzieren und Dereferenzieren in Perl

Referenzen auf Variablen. In Perl werden Referenzen auf eine Variable durch Voranstellen eines „\" vor den Variablennamen gebildet. Referenzen können sowohl auf skalare Variablen als auch auf Arrays und Hashes gebildet werden. Das folgende Programm zeigt, wie Referenzen in Perl gebildet werden, und wie diese in Variablen gespeichert werden können.

```
──────────────────────── Referenzen.pl ────────────────────────
1  $name = "Kühn";
2  @benutzer = ("barra","evangelidis");
3  %woerterbuch = ("go" => "gehen","kick" => "treten");
4
5  $name_ref = \$name;
6  $benutzer_ref = \@benutzer;
7  $woerterbuch_ref = \%woerterbuch;
──────────────────────── Programm 79 ────────────────────────
```

Obiges Programm definiert zunächst drei Variablen, eine skalare, ein Array und einen Hash. Dann bildet es zu jeder dieser Variablen eine Referenz und speichert diese in einer Variablen ab, die dadurch zu einer *Referenzvariablen* wird, also einem Zeiger. Dieses Zeigen von Werten aufeinander wird in Abb. 4.4 auf Seite 215 verdeutlicht.

Nun wissen wir also, wie wir die Nachbarschaft von Hobbingen und Bree kodieren können: Wir müssen in den Hash %Hobbingen eine Referenz auf den Hash %Bree aufnehmen und umgekehrt. Dies geschieht, *nachdem* die Variablen initialisiert wurden. Sie existieren also schon:

──────────────── HerrDerRinge.pl ────────────────

```
33  $Hobbingen{'Nachbarort'} = \%Bree;
34  $Bree{'Nachbarort'} = \%Hobbingen;
```

──────────────── Programm 78 ────────────────

Wir nehmen in jeden Hash einen neuen Schlüssel Nachbarort auf. Der zu diesem Schlüssel gehörende Wert ist eine Referenz auf den jeweils anderen Hash. Abbildung 4.3 verdeutlicht die Situation der beiden Hashes, die durch Zeiger auf sich gegenseitig verweisen.

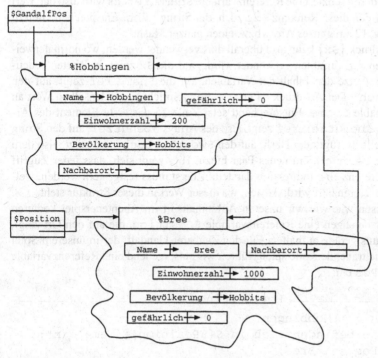

Abbildung 4.3. Zwei Hashes, die sich durch Zeiger gegenseitig referenzieren. Zwei Zeigervariablen, die jeweils einen der Hashes referenzieren.

Dereferenzieren. Wie sprechen wir nun den Wert an, auf den eine Referenz verweist? Anders gefragt: Wie *dereferenzieren* wir eine Referenzvariable? Wie erhalten wir den Wert, auf den ein Zeiger zeigt?

Die Regel zum Dereferenzieren ist recht einfach: Ist der Ausdruck $x eine Referenz auf einen Skalar bzw. ein Array bzw. einen Hash, so darf der Ausdruck {$x} überall dort verwendet werden, wo der Name eines Skalars bzw. Arrays bzw. Hashes verwendet werden darf. Durch weiteres Voranstellen von $, @ bzw. % mit eventueller Index-Subskription (wie in Zeile 15 und 16) wird dann auf den referenzierten Wert zugegriffen, wie die folgenden Zeilen zeigen.

─────────────── Referenzen.pl ───────────────

```
10   print ${$name_ref},"\n";
11   print @{$benutzer_ref},"\n";
12   print %{$woerterbuch_ref},"\n";
13
14   ${$name_ref} = "Kölsch";
15   ${$benutzer_ref}[0] = "thomas";
16   ${$woerterbuch_ref}{"job"} = "Stelle";
```
─────────────── Programm 79 ───────────────

Zeile 10 dereferenziert die Referenzvariable $name_ref. Es wird also der Wert geliefert, auf den diese Referenz zeigt, d. h. der String Kühn. Entsprechend liefern Zeile 11 bzw. 12 ein ganzes Array bzw. einen ganzen Hash.

Der Ausdruck {$x} kann also überall dort verwendet werden, wo normalerweise der Namen der Variablen verwendet würde, auf die $x zeigt. In Worten bedeutet Zeile 14: „Setze den Inhalt der Variablen, auf die $name_ref zeigt, auf den String Kölsch". Der Ausdruck ${$name_ref} spricht somit denselben Wert an wie die Variable $name. Entsprechend setzt Zeile 15 das erste Element des Arrays, auf das $benutzer_ref zeigt, also des Arrays @benutzer, auf den String thomas. Zeile 16 fügt dem Hash, auf den $woerterbuch_ref zeigt, also dem Hash %woerterbuch, ein neues Paar hinzu. Hier zeigt sich, dass jeder Zugriff über eine Referenz eine Indirektion darstellt: Zuerst muss festgestellt werden, welche Struktur referenziert wird, danach, wo dieser Wert in dieser Struktur steht.

Nun wissen wir, wie wir unseren Aufenthaltsort im Abenteuerspiel kodieren können: Wir benutzen eine Referenzvariable $Position, die auf den Ort zeigt, in dem wir uns gerade aufhalten. Für den Zauberer Gandalf, der in unserem Spiel ebenfalls eine tragende Rolle spielt, führen wir entsprechend eine Referenzvariable $GandalfPos ein:

─────────────── HerrDerRinge.pl ───────────────

```
36   $Position = \%Hobbingen;
37   print "Sie befinden sich in ${$Position}{'Name'}\n";
38   $GandalfPos = \%Bree;
39   print "Gandalf ist in ${$GandalfPos}{'Name'}\n";
```
─────────────── Programm 78 ───────────────

Referenzen sind skalare Werte. Eine Referenz ist ein skalarer Wert und kann wie ein solcher benutzt werden. Damit stellen Referenzen die dritte Möglichkeit für einen skalaren Wert dar, wie in Abschnitt 2.1.4 schon angedeutet wurde. Das bedeutet insbesondere, dass Referenzen als Elemente eines Arrays oder Hashes auftreten dürfen.

Selbstverständlich kann eine Referenzvariable einer anderen skalaren Variablen zugewiesen werden. Diese wird dann ebenfalls zu einer Referenzvariablen, die denselben Wert referenziert wie die ursprüngliche Referenzvariable. Somit kann ein Wert von beliebig vielen Referenzen referenziert werden. Die folgenden Zeilen verdeutlichen dies.

```
────────────────────── Referenzen.pl ──────────────────────
18  $name_ref2 = $name_ref;
19  $noch_eine_ref = $name_ref2;
20  $name_kopie = $name;
21  $name_ref_ref = \$name_ref;
22  print $name_ref2,"\n";
────────────────────── Programm 79 ──────────────────────
```

Der Inhalt einer Referenzvariablen ist eine Referenz, während der Inhalt einer skalaren Nicht-Referenzvariablen eine Zahl oder ein String ist. Wird eine solche „gewöhnliche" Variable wie in Zeile 20 kopiert, so wird intern eine Kopie ihres Wertes angelegt. Umfasst dieser Wert viele Bytes, beispielsweise bei einem langen String, so wird auch die Kopie viel Speicherplatz brauchen. Nicht so bei einer Referenzvariablen wie in Zeile 19, bei der lediglich die Referenz kopiert wird, d. h., es kommt nicht etwa zur Verdoppelung des referenzierten Wertes (vgl. hierzu auch Abb. 4.4).

Auf eine Referenzvariable kann wie auf jede andere skalare Variable ebenfalls wieder eine Referenz gebildet werden. Dies geschieht in Zeile 21. Die Variable $name_ref_ref ist somit ein Zeiger auf einen Zeiger. Zweimaliges Dereferenzieren liefert somit den Wert Kölsch.

In Zeile 22 gibt der Perl-Interpreter den recht kryptisch anmutenden Ausdruck SCALAR (0x8100564) aus. Das ist seine interne Darstellung für diese Referenz. Diese Ausgabe lässt erahnen, dass es sich um einen Skalar handelt, der auf etwas verweist. Es folgt offenbar eine Speicheradresse. Die Details hiervon sind Perl-spezifisch und für uns nicht weiter von Bedeutung.

Skalare Referenzwerte können nicht nur dereferenziert, sondern auch miteinander verglichen werden. Es kann also getestet werden, ob zwei Referenzen auf denselben Wert zeigen. Somit lässt sich leicht feststellen, ob wir uns am selben Ort befinden wie Gandalf:

```
────────────────────── HerrDerRinge.pl ──────────────────────
41  if($Position == $GandalfPos) {
42    print "Sie sind am selben Ort wie Gandalf.\n";
43  }
────────────────────── Programm 78 ──────────────────────
```

Vereinfachung der Syntax. Oft ist es möglich, die Dereferenzierungssyntax zu vereinfachen. Die geschweiften Klammern können nämlich oft, aber nicht immer, weggelassen werden.

Da Referenzen skalare Werte sind, können sie selbst aus einem Array oder einem Hash stammen. Es können also komplexere Ausdrücke Referenzen liefern, was die Dereferenzierungssyntax ebenfalls komplex macht. Stammt die Referenz aus einem Array oder einem Hash, so müssen Klammern benutzt werden, um die Dereferenzierungsreihenfolge festzulegen. So ist z. B. ${$aref}[0] etwas völlig anderes als ${$aref[0]}. In letzterem Ausdruck handelt es sich um ein Array von Referenzen, dessen erstes Element dereferenziert wird, in ersterem um das erste Element aus einem über eine Referenz referenzierten Array.

Ist eine Referenz dagegen selbst eine einfache skalare Variable ohne Subskripte (also ohne [ ] bzw. {}), so können die geschweiften Klammern weggelassen werden. Es ist daher $$aref dasselbe wie ${$aref} und $$aref[0] dasselbe wie ${$aref}[0]. Die folgenden Zeilen 24–30 sind somit äquivalent zu den Zeilen 10–16.

———————————————— Referenzen.pl ————————————————

```
24  print $$name_ref,"\n";
25  print @$benutzer_ref,"\n";
26  print %$woerterbuch_ref,"\n";
27
28  $$name_ref = "Kölsch";
29  $$benutzer_ref[0] = "thomas";
30  $$woerterbuch_ref{"job"} = "Stelle";
```
———————————————— Programm 79 ————————————————

Nun können wir auch auf sehr einfache Weise von Hobbingen nach Bree gelangen:

———————————————— HerrDerRinge.pl ————————————————

```
45  $Position=$$Position{'Nachbarort'};
46  print "Sie befinden sich in $$Position{'Name'}\n";
```
———————————————— Programm 78 ————————————————

Referenzen auf anonyme Werte. Neben Referenzen auf Variablen können auch Referenzen auf *anonyme* Werte angelegt werden, wie die folgenden Zeilen zeigen.

———————————————— Referenzen.pl ————————————————

```
32  # Referenzen auf anonyme Werte
33  $PI = \3.1415927;
34  $primzahl = [2,3,5,7,11];
35  $hauptstadt = {"Saarland"=>"Saarbrücken",
36                 "Hessen"=>"Wiesbaden"};
```
———————————————— Programm 79 ————————————————

In Zeile 33 wird intern der numerische Wert 3.1415927 angelegt, aber keine Variable, die diesen Wert benennt. Der Wert ist somit anonym („ohne Namen"). Die Referenz wird hier direkt, d. h. ohne Umweg über eine Variable, auf diesen Wert angelegt. Über diese Referenz, die in einer Referenzvariablen abgelegt ist, kann dieser Wert dann angesprochen werden. Entsprechend zeigen die Zeilen 34 und 35, wie Referenzen auf anonyme Arrays bzw. anonyme Hashes erzeugt werden: durch Bilden eines Array-Literals mit eckigen bzw. eines Hash-Literals mit geschweiften Klammern. Hier fehlt also das Zeichen „\" zur Referenzbildung.

Abbildung 4.4 zeigt die Belegung der Variablen des Programms Referenzen.pl nach allen diesen Zuweisungen.

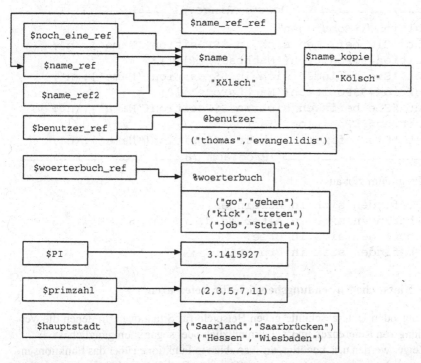

Abbildung 4.4. Die Referenzen des Programms Referenzen.pl nach allen Zuweisungen

Wozu können diese anonymen Referenzen verwendet werden? Wie Abb. 4.1 zeigt, hat Hobbingen zwei Nachbarorte, nämlich Bree und den Alten Wald. Daher sollte im Hash %Hobbingen mit dem Schlüssel Nachbarort nicht ein einzelner Wert, sondern ein Array von Werten assoziiert sein. Das geht aber nicht direkt, da Hashes (und Arrays) nur skalare Werte enthalten dürfen. Eine Referenz jedoch ist ein skalarer Wert, und daher können wir zum Schlüssel Nachbarort als Wert eine Referenz auf ein (anonymes) Array abspeichern, das wiederum Referenzen auf die Nachbarorte enthält. So können wir dann *indirekt* ein Array in einem Hash abspeichern. Hier zeigt sich wieder das Prinzip der Indirektion, das Referenzen stets innewohnt.

```
──────────────── HerrDerRinge.pl ────────────────
49  $Hobbingen{'Nachbarort'}=[\%Bree,\%AlterWald];
50  $AlterWald{'Nachbarort'}=[\%Bree,\%Hobbingen];
51  $Bree{'Nachbarort'}=[\%Hobbingen,\%AlterWald,\%Bruchtal];
──────────────── Programm 78 ────────────────
```

Nun können wir von Hobbingen über den Alten Wald und Bree nach Bruchtal laufen:

```
──────────────── HerrDerRinge.pl ────────────────
53  $Position=\%Hobbingen;
54  print "Sie befinden sich in $$Position{'Name'}.\n";
55  $Position=$$Position{'Nachbarort'}[1];
56  print "Sie befinden sich in $$Position{'Name'}.\n";
57  $Position=$$Position{'Nachbarort'}[0];
58  print "Sie befinden sich in $$Position{'Name'}.\n";
59  $Position=$$Position{'Nachbarort'}[2];
60  print "Sie befinden sich in $$Position{'Name'}.\n";
──────────────── Programm 78 ────────────────
```

Das Programm gibt aus:

```
Sie befinden sich in Hobbingen.
Sie befinden sich in Alter Wald.
Sie befinden sich in Bree.
Sie befinden sich in Bruchtal.
```

4.1.3 Klassische Anwendungsbeispiele für Referenzen

Die folgenden Unterabschnitte geben Beispiele für Situationen, in denen die Verwendung von Referenzen und Zeigern nützlich oder sogar unumgänglich ist.

Zeiger werden u. a. benötigt, um Variablen in Funktionen über das Funktionsende hinaus abzuändern, um Argumente effizient an Funktionen zu übergeben oder um komplexere Datenstrukturen aufzubauen, wie z. B. Beziehungsgraphen oder Arrays von Arrays.

Argumente dauerhaft abändern. In Programmiersprachen, die nur Call-by-value bei der Argumentübergabe an Funktionen kennen, ist es nicht ohne weiteres möglich, diese Argumente in Funktionen dauerhaft, d. h. über das Funktionsende hinaus, abzuändern, weil bei der Übergabe eine Kopie des Wertes und eben nicht, wie bei Call-by-reference, eine Referenz übergeben wird (s. Abschn. 3.3.3).

Soll hier eine Variable durch eine Funktion verändert werden, so muss ihr explizit eine Referenz auf diese Variable übergeben werden, über die sie den Wert der Variablen ansprechen und verändern kann.

Ein Beispiel hierfür ist die swap-Funktion, die zwei Variablen vertauscht. Es nutzt nichts, nur die übergebenen Werte der Variablen innerhalb der Funktion zu tauschen, wenn die Argumente durch Call-by-value übergeben wurden; die Variablen behalten dann außerhalb der Funktion ihren ursprünglichen Wert, innerhalb werden nur nutzlose Kopien vertauscht. Vielmehr braucht die Funktion Referenzen auf die Variablen, anhand derer sie die Variablen selbst abändern kann.

Die folgende Funktion swap_ref erwartet als Argumente zwei Referenzen. Diese dereferenziert die Funktion und kann somit auf die referenzierten Werte zugreifen und sie abändern. In einem gewöhnlichen Dreiertausch kann sie diese dann vertauschen. An der Aufrufstelle müssen ihr die Referenzen auf zwei Variablen übergeben werden.

```
───────────────────── swap.pl ─────────────────────
11  sub swap_ref {
12      my ($a,$b)=@_;
13      my $temp=$$a;
14      $$a=$$b;
15      $$b=$temp;
16  }
17
18  $x=1; $y=2;
19  swap_ref(\$x,\$y);
20  print "x=$x y=$y\n";
───────────────────── Programm 80 ─────────────────────
```

Wie wir in Abschnitt 3.3.3 gesehen haben, gibt es für eine swap-Funktion in Perl noch eine weitere Möglichkeit: Aufgrund der Alias-Eigenschaft der Spezialvariablen @_ sind die Elemente dieses Arrays intern nämlich schon Referenzen auf die übergebenen Parameter, ohne dass der Programmierer das explizit wissen muss. Daher führt eine Veränderung von $_[0] zu einer dauerhaften Veränderung an der entsprechenden Argumentvariablen.

Dies gilt *nicht* für C und die meisten anderen C-ähnlichen Sprachen. Hier kann eine swap-Funktion nur durch Verwendung von Referenzen und Zeigern realisiert werden.

Innerhalb einer Funktion wie swap_ref ist eine solche Referenz wieder ein Wert, der von der Funktion nicht dauerhaft abgeändert werden kann. Soll also eine Referenz abgeändert werden, so wird eine *Referenz auf eine Referenz* benötigt, als Variable betrachtet ein *Zeiger auf einen Zeiger*. Hier kommt es dann zu mehrstufigen Indirektionen.

Schnelle Argumentübergabe an Funktionen. Werden einer Funktion ein oder mehrere speicherintensive Werte übergeben, wie z. B. große Arrays, so ist Call-by-value ein recht rechenzeit- und speicherplatzaufwändiges Verfahren, weil dabei intern eine Kopie aller Werte angelegt werden muss. Je größer das Array, desto länger dauert es, bis die Funktion mit ihrer Arbeit beginnen kann.

Hier bietet es sich an, zur Beschleunigung des Übergabemechanismus der Funktion lediglich eine Referenz auf diese Werte zu übergeben, weil eine Referenz nur ein einziger skalarer Wert ist. Über diesen können dann alle anderen Werte erreicht werden. Allerdings darf die Funktion dann auch keine nicht ausgewiesenen Seiteneffekte haben, wie z. B. einige der übergebenen Werte dauerhaft abzuändern, wozu sie über die Referenz nun in der Lage ist.

Die folgende Funktion Durchschnitt berechnet den Durchschnitt aller Elemente eines Arrays. Sie könnte z. B. in statistischen Programmen Verwendung finden. Ihr wird lediglich eine Referenz auf das Array übergeben, was ein zeitaufwändiges Umkopieren aller einzelnen Array-Elemente (genauer gesagt: der einzelnen Referenzen für den Alias-Mechanismus) in das Array @_ erspart. Somit ist diese Funktion schneller und verbraucht weniger Speicherplatz, als wenn ihr das ganze Array übergeben würde. Sie arbeitet direkt mit den Werten des ihr übergebenen Arrays, nicht mit einer Kopie davon.

———————————————— Durchschnitt.pl ————————————————

```perl
1  sub Durchschnitt {
2    my $array_ref=$_[0];
3
4    # Array leer? Dann Durchschnitt 0
5    if(@$array_ref == 0) { return 0 };
6
7    my $summe=0;
8
9    for(my $i=0;$i<=$#{$array_ref};$i++) {
10     $summe+=$$array_ref[$i];
11   }
12
13   return $summe/@$array_ref;
14 }
15
16
17 @a=(1,2,3,4,5,6,7,8,9,10,11,12,13,14,15);
18 print Durchschnitt(\@a),"\n";
```
———————————————— Programm 81 ————————————————

In den Zeilen 5 und 13 steht der Ausdruck @$array_ref in einem skalaren Kontext und liefert daher die Anzahl der Elemente des Arrays.

Listen als unterscheidbare Argumente und Rückgabewerte in Perl. Perl hat die Eigenschaft, alle Arrays, die einer Funktion übergeben werden, zu einem einzigen Parameter-Array zu verschmelzen. Ein Aufruf funktion(@a,@b) kopiert somit die Elemente des Arrays @b hinter die des Arrays @a in das Array @_. Diese *flache Array-Übergabe* hat den Nachteil, dass die ursprünglichen Arrays innerhalb der Funktion ihre Identitäten verlieren, also nicht mehr voneinander unterscheidbar sind. Sie hat dagegen den Vorteil, dass einer Funktion ohne eine spezielle Deklaration beliebig viele Argumente übergeben werden können (sog. *variadische Funktionen*). Das ist in anderen Sprachen nicht oder nur umständlich zu erzielen. (Berühmtestes Beispiel hierfür ist die printf()-Funktion von C, die eine variable Anzahl von Werten ausdrucken kann.)

Soll in Perl eine Funktion die ursprünglichen Arrays wiedererkennen und verarbeiten, so müssen ihr Referenzen auf diese Arrays übergeben werden.

Die folgende Funktion Schnittmenge berechnet die Schnittmenge zweier Zahlenmengen, die in jeweils zwei Arrays abgelegt sind. Um die beiden Arrays innerhalb der Funktion auseinander halten zu können, werden ihr die jeweiligen Referenzen auf die beiden Arrays übergeben.

———————————— Schnittmenge.pl ————————————

```
1   sub Schnittmenge {
2     my ($array1,$array2)=@_;
3     my @resultat=();
4
5     foreach my $a (@$array1) {
6       foreach my $b (@$array2) {
7         if ($a == $b) {
8           push @resultat,$a;
9           last;
10        }
11      }
12    }
13
14    return @resultat;
15  }
16
17  @ar1=(1,2,3,4,5,6,7,8,9,33,55);
18  @ar2=(-2,0,2,4,6,8,10,12,14);
19
20  @schnittmenge=Schnittmenge(\@ar1,\@ar2);
21
22  print "Schnittmenge: @schnittmenge\n";
```

———————————— Programm 82 ————————————

Die Funktion geht davon aus, dass in jedem der beiden einzelnen Arrays keine Elemente doppelt vorkommen, was von einer Mengendarstellung im mathematischen Sinne gefordert wird.

In der äußeren Schleife durchläuft die Funktion alle Elemente des ersten Arrays und vergleicht sie in der inneren Schleife mit allen Elementen des zweiten Arrays. Findet sie ein doppelt vorkommendes Element, so speichert sie dieses in dem Resultat-Array ab und geht sofort zur nächsten äußeren Iteration über. Das

Resultat-Array enthält dann am Ende alle doppelt vorkommenden Elemente, also die Schnittmenge der beiden Arrays.

Wie wir sehen, ist es auch in Schleifenkonstrukten möglich, eine Variable durch my als lokal zu kennzeichnen.

Wie die Übergabe von Arrays an Funktionen ist in Perl auch jede Array-Rückgabe flach. Funktionen können nur einen Skalar oder eine flache, d. h. nicht in Teillisten unterscheidbare Liste von Skalaren zurückgeben. Sollen aber trotzdem explizit zwei oder mehr unterscheidbare Listen zurückgegeben werden, so muss eine Liste von Referenzen auf diese Teilliste zurückgegeben werden.

Die folgende Funktion TrenneGeradeVonUngerade teilt ein ihr übergebenes Array von ganzen Zahlen in zwei Teilarrays @Gerade und @Ungerade auf, eines mit allen geraden und eines mit allen ungeraden Zahlen. Um diese Teilarrays als unterscheidbare Arrays zurückgeben zu können, gibt sie Referenzen auf diese zurück, die dann an der Aufrufstelle geeignet dereferenziert werden können.

─────────────── GeradeUndUngerade.pl ───────────────
```
1   sub TrenneGeradeVonUngerade {
2     my @Gerade = ();
3     my @Ungerade = ();
4
5     foreach $zahl (@_) {
6       if($zahl % 2 == 0) { push @Gerade,$zahl;}
7       else               { push @Ungerade,$zahl;}
8     }
9
10    return (\@Gerade,\@Ungerade);
11  }
12
13  @zahlen=(1,2,3,4,5,6,7,8,9);
14
15  ($Gerade_ref,$Ungerade_ref) =
16      TrenneGeradeVonUngerade(@zahlen);
```
─────────────── Programm 83 ───────────────

Aufbau von Datenstrukturen. Einer der wichtigsten Verwendungszwecke von Referenzen ist der Aufbau von *komplexen Datenstrukturen*. Damit ist jede Struktur gemeint, deren Komplexität die von schon in die Programmiersprache eingebauten Strukturen wie Arrays oder Hashes überschreitet.

Ein Beispiel ist der Nachbarschaftsgraph aus Abb. 4.1. Ein *Graph* ist in der Informatik ein Gebilde aus Knoten und Kanten. Die Kanten verbinden Knoten miteinander. Die Knoten des Graphen aus Abb. 4.1 sind die einzelnen Orte des Spieles, die Kanten die Pfeile, die angeben, welcher Ort von welchem anderen aus erreichbar ist. Für diesen Graphen haben wir eine entsprechende Datenstruktur durch Hashes und Referenzen auf Hashes aufgebaut. Graphen sind nützliche Strukturen, um

Beziehungen zwischen Objekten auszudrücken. Das Streckennetz der Deutschen Bundesbahn z. B. ist ein Graph.

Ein anderes Beispiel sind *verkettete Listen*. In Abschnitt 2.4.1 haben wir den Unterschied zwischen Listen und Arrays kennen gelernt, wie er in der gängigen Informatikliteratur beschrieben wird. Abbildung 2.5 auf Seite 122 zeigt den Aufbau einer verketteten Liste, wie sie z. B. in der Programmiersprache C implementiert würde, in die Listen nicht wie in Perl von vorneherein eingebaut sind. Dort gibt es im Sprachumfang keine Datenstruktur, in die dynamisch Elemente hinzugefügt oder gelöscht werden können. Benötigt man eine solche Struktur (und das ist oft der Fall), so muss sie durch eigenen oder externen Code zur Verfügung gestellt werden.

Die in der Abbildung vorkommenden Pfeile, die von einem „Listencontainer" auf den nächsten verweisen, würde man typischerweise als Zeiger implementieren. Hier zeigt sich wieder die eingangs erwähnte Grundregel: Zur Zeit der Kodierung dieses Listencontainers, wie immer er auch mit den Sprachmitteln von C ausgedrückt sein mag, ist nicht klar, worauf der Zeiger später zeigen wird, d. h., der Speicherort des referenzierten Listencontainers ist nicht bekannt. Es ist noch nicht einmal bekannt, ob ein Listencontainer überhaupt einen Nachfolger in der Liste haben wird – es könnte der letzte Container der Liste sein. Daher kann für den Verweis keine gewöhnliche Variable, sondern eben nur eine Zeigervariable benutzt werden.

Dieses Beispiel ist typisch für eine ganze Reihe von Datenstrukturen, bei denen die Struktur selbst durch ein Geflecht von einander durch Zeiger referenzierenden *Containern* geschaffen wird. Wichtige Beispiele neben *verketteten Listen* sind *Bäume, mehrdimensionale Arrays* und eben *Graphen*. Auch *Hashes* werden über solche Strukturen realisiert, wenn sie nicht wie in Perl schon in den Sprachschatz eingebaut sind. (Dass die Hashes von Perl intern ebenfalls so aufgebaut sind, haben wir in Abschn. 3.1 gesehen.)

Hashes von Arrays und ähnliche Datenstrukturen in Perl. Ein Beispiel für eine Datenstruktur, die nicht von vorneherein im Sprachumfang von Perl vorhanden ist, aber durch Verwendung von Referenzen in vorhandenen Strukturen aufgebaut werden kann, sind *Hashes von Arrays*.

Das Wörterbuchprogramm aus Abschnitt 3.1 ist in gewisser Weise nicht realistisch: Es erlaubt zu jedem englischen Schlüsselwort nur eine deutsche Übersetzung. Ein englisches Wort kann aber durchaus mehrere, unterschiedliche Bedeutungen im Deutschen haben, wie etwa „kick" mit den Bedeutungen „treten" und „Tritt".

Was wir also benötigen, ist ein Hash, in dem wir zu jedem Schlüssel mehrere Werte ablegen können, d. h. ein Array von Werten. Wie wir schon in Abschn. 79 besprochen haben, ist dies in Perl aber nicht direkt möglich, da die Einträge eines Hashes, also Schlüssel und zugehörige Werte, nur Skalare sein dürfen. Die Lösung liegt aber auf der Hand: Eine Referenz in Perl ist ein Skalar, und statt eines ganzen Arrays wie @a=('treten,'Tritt') legen wir eine Referenz auf ein (anonymes) Array ['treten','Tritt'] als Wert zum Schlüssel 'kick' ab:

```
———————————————— Woerterbuch2.pl ————————————————
1  %deutschwort=( 'kick'  => ['treten', 'Tritt'],
2                 'key'   => ['Schlüssel', 'Taste'],
```

```
3                    'double' =>  ['doppelt', 'verdoppeln',
4                               'Doppelgänger'],
5              'stone' =>  ['Stein']
6          );
7
8    $eng_word='log';
9    @bedeutungen=('Baumstamm', 'Klotz');
10   $deutschwort{$eng_word}=\@bedeutungen;
11
12   push @{$deutschwort{'log'}},"Aufzeichnungen";
13
14   foreach $eng_word (keys %deutschwort) {
15     print $eng_word,': ';
16     foreach $deu_wort ( @{$deutschwort{$eng_word}} ) {
17       print $deu_wort,' ';
18     }
19     print "\n";
20   }
```
———————————— Programm 84 ————————————

Die Schlüssel des Hashes %deutschwort sind Strings und die zugehörigen
Werte Referenzen auf Arrays von Strings. Wie Zeile 5 zeigt, kann jedes Array durchaus aus nur einem Element bestehen. Zwar könnte dieser String hier direkt, also ohne Umweg über ein anonymes Array, als Wert abgespeichert werden, es wäre dann
aber nicht mehr möglich, das Werte-Array wie in Zeile 12 dynamisch zu erweitern.
Die Zeilen 8–10 zeigen, wie dieser Hash dynamisch um ein Schlüssel-Wert-Paar
erweitert werden kann. Der dem Schlüssel log zugeordnete Wert ist eine Referenz
auf ein Array. Die Werte dieses Hashes sind Referenzen auf ein jeweils anderes Array. Wie Zeile 12 zeigt, können diese Arrays nach Dereferenzierung mit den üblichen Array-Funktionen bearbeitet werden. Hier wird eine weitere Übersetzung des
Wortes „log" hinzugefügt. Der letzte Teil des Programms gibt den gesamten Hash
aus. Hierbei ist der Ausdruck @{$deutschwort{$eng_word}} ein Array, das
über eine Referenz angesprochen wird, die als Wert aus dem Hash %deutschwort
stammt.

Weitere Datenstrukturen lassen sich in Perl in analogen Konstruktionen durch
Verwendung von Referenzen aufbauen: Arrays von Arrays (sog. *mehrdimensiona-
le Arrays*), d. h. Arrays, die Arrays enthalten, Arrays von Hashes und Hashes von
Hashes.

Übungen

Übung 191. (Schachbrett, zweidimensionales Array) Abbildung 4.5 zeigt die Grund-
stellung eines Schachspiels. Die Kürzel haben folgende Bedeutung: T = Turm, S =
Springer, L = Läufer, D = Dame, K = König, B = Bauer, w = weiß und s = schwarz.

Speichern Sie die Informationen dieses Brettes in einem *zweidimensionalen Array*. Das ist ein Array, dessen Einträge selbst wieder (Referenzen auf) Arrays sind.

Das Brett besteht aus Zeilen und Spalten. Jede Zeile entspricht einem Element in dem „äußeren" Array @A und ist dort eine Referenz auf ein weiteres, „inneres" Array, das die Spalten dieser Zeile kodiert. Diese Struktur dehnt sich in 2 Dimensionen aus, daher der Name „zweidimensionales Array". Zu jedem Quadrat im Spielfeld gehören 2 Koordinaten, die Zeilen- und die Spaltennummer. Das Quadrat in Zeile 2, Spalte 7 z.B. wird dann durch den Perl-Ausdruck ${$A[2]}[7] angesprochen, der in Anlehnung an andere C-ähnliche Sprachen in Perl zu $A[2][7] vereinfacht werden darf. Es sind hier also insgesamt 9 Arrays abgebildet, 1 äußeres und 8 innere.

Geben Sie das gesamte Brett aus. Wie viele Schleifen brauchen Sie dazu, und in welchem Verhältnis stehen diese zueinander?

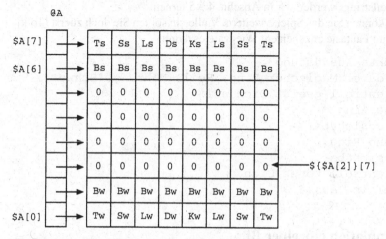

Abbildung 4.5. Ein Schachbrett als zweidimensionales Array

Übung 192. (Interaktives Abenteuerspiel) Erweitern Sie das Programm HerrDer-Ringe.pl zu einem interaktiven Abenteuerspiel. Schreiben Sie zunächst den Teil, der Sie die Umgebung erkunden lässt. Durch elementare Kommandos, die aus Verb und Objekt bestehen, sollen Sie dem Programm sagen können, was Sie als Nächstes tun wollen. Hinter einer Eingabeaufforderung soll das Programm das Verb und das Objekt abfragen. Danach soll es Ihren Befehl ausführen. Das könnte z.B. so aussehen:

```
Du bist in Hobbingen.
> betrachte Hobbingen
Hobbingen ist bewohnt von 200 Hobbits.
Hobbingen ist nicht gefährlich.
Du kannst gehen nach Bree, Alter Wald.
> gehe Bree
Du bist in Bree.
```

```
> gehe Bruchtal
Du bist in Bruchtal.
Gandalf ist hier.
Elrond ist auch hier.
> gehe Hobbingen
Du kannst nicht nach Hobbingen gehen.
Du kannst gehen nach Bree, Dunland, Nebelgebirge.
```

Um den hinter dem > eingegebenen String in Verb und Objekt zu zerlegen, können Sie die Funktion split wie folgt benutzen:

```
($Verb,$Objekt) = split / /,$eingabe;
```

(In den „/" steht ein Leerzeichen.) Mehr über das systematische Zerlegen von Strings in Teilstrings werden wir in Abschn. 4.3.5 lernen.

Danach können Sie das Spiel erweitern. Vielleicht sollten Sie doch zuerst [Tolk] lesen, um Ihre Fantasie anzuheizen! Wie wäre es damit:

```
> betrachte Ausrüstung
Du hast dabei Magischer Ring, Seil, Nahrung, Schwert.
Der Höhlentroll greift Dich an!
> anziehe Ring
Du bist unsichtbar.
> ausziehe Ring
Du bist sichtbar.
Der Höhlentroll tötet Dich.
Das Spiel ist aus.
```

4.2 Manipulation einzelner Bits

Manche Programme sind sehr *maschinennah*, d. h., sie greifen direkt auf die Hardware des Rechners zu, wie z. B. Treiberprogramme zur Steuerung von peripheren Geräten. Hier ist es oft nötig, einzelne Bits in bestimmten Speicherzellen gezielt zu setzen oder zu löschen.

Das explizite Auslesen und Abändern von einzelnen Bits spielt auch bei ganzzahligen arithmetischen Aufgabenstellungen oft eine große Rolle. Daneben lassen sich Problemstellungen, in denen Zugehörigkeitsfragen von Objekten zu bestimmten Mengen modelliert werden müssen, oft elegant durch bitweise Darstellung von Teilmengen lösen.

Für diese Aufgaben halten die meisten Programmiersprachen Operatoren bereit, mit denen einzelne Bits in ganzzahligen Werten direkt beeinflusst werden können.

4.2.1 Bitweise Operatoren

In den meisten C-ähnlichen Sprachen existieren die Operatoren | (bitweises inklusives Oder), & (bitweises Und), ^ (bitweises exklusives Oder) und ~ (bitweises Komplement).

Sie verknüpfen ihre Operanden, die ganze Zahlen sein müssen, *bitweise*, d. h., sie wenden die entsprechende Operation Bit für Bit auf jeweils zwei korrespondierende Bits der beiden Zahlen an.

Setzen von Bits mit dem bitweisen Oder. Das *bitweise Oder* dient dazu, gezielt ein oder mehrere Bits zu setzen. Wie in Abschn. 1.3.5 aufgezeigt wurde, ergibt das logische Oder einer 1 mit einer 0 bzw. einer 1 immer eine 1. (Eine wahre Aussage *oder* irgendeine Aussage ist eine Aussage, die immer wahr ist.) Folglich kann ein bestimmtes Bit in einer ganzen Zahl gesetzt werden, indem diese Zahl mit einem *Bitmuster*, das an genau dieser Stelle eine 1 stehen hat, durch das bitweise Oder verknüpft wird. Sollen alle anderen Bits der Zahl unbeeinflusst bleiben, muss das Bitmuster an den entsprechenden Stellen eine 0 enthalten, denn sonst werden sie ebenfalls gesetzt.

Ein solches Bitmuster, durch dessen logische Verknüpfung in einer Zahl bestimmte Bits gesetzt oder gelöscht werden, wird auch *Maske* genannt.

Abbildung 4.6 zeigt, wie in der Zahl 130 durch ein bitweises Oder mit der Maske 7 das nullte und das zweite Bit gesetzt werden. (Die Zählung der Bits beginnt von rechts mit 0.) Das erste Bit bleibt davon unbeeinflusst, weil es schon auf 1 steht und ein Oder eine 1 nie zu 0 macht; alle anderen bleiben unbeeinflusst, weil die Maske an den entsprechenden Stellen eine 0 stehen hat.

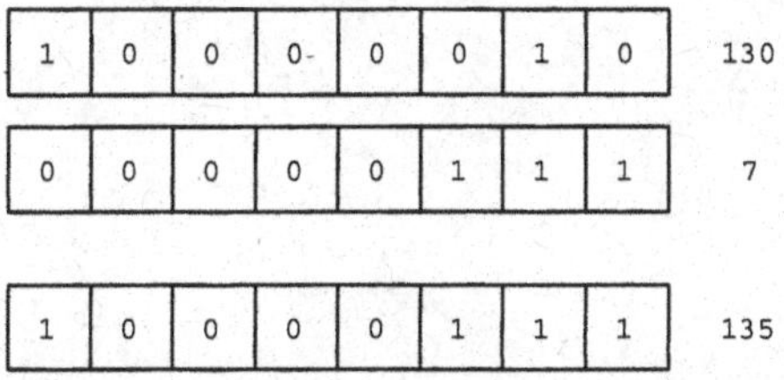

1	0	0	0	0	0	1	0	130

0	0	0	0	0	1	1	1	7

1	0	0	0	0	1	1	1	135

Abbildung 4.6. Bitweises Oder von 130 mit 7

Der Perl-Code für diese Operation lautet:

```
──────────────────── BitweisesOder.pl ────────────────────
1  $zahl   = 0b10000010;  # 130 dezimal
2  $maske  = 0b00000111;  # 7 dezimal
3
4  $verknuepft = $zahl | $maske;
──────────────────── Programm 85 ────────────────────
```

Der Operator | ist der *bitweise (inklusive) Oder-Operator*. Er verknüpft seine beiden Operanden bitweise durch ein Oder gemäß den Regeln von Tabelle 1.4 auf Seite 39.

Es ergibt i. Allg. keinen Sinn, diesen Operator auf nicht ganzzahlige Operanden anzuwenden. Perl jedoch wandelt Fließkommazahlen zuerst automatisch durch

Abschneiden der Nachkommastellen in ganze Zahlen um und verknüpft dann diese. Strings, die Zahlen darstellen, werden bei diesem Operator von Perl Ziffer für Ziffer verknüpft. Dabei werden die jeweils korrespondierende Bits der Ziffern in Binärdarstellung verknüpft.

Wie das Programm außerdem zeigt, können Binärzahlen in Perl durch Voranstellen von 0b vor einen Bitstring kodiert werden.

Löschen von Bits mit dem bitweisen Und. Die zur Oder-Verknüpfung duale Operation ist das *bitweise Und.* Es dient dazu, einzelne Bits zu löschen und beruht auf der aussagenlogischen Beziehung „0 *und* 0 bzw. 1 ist 0". (Eine falsche Aussage *und* irgendeine Aussage ist immer falsch.)

Abbildung 4.7 zeigt, wie in der Zahl 130 durch ein bitweises Und mit der Maske 7 alle Bits außer den ersten 3 gelöscht werden. Nur das zweite Bit bleibt dabei gesetzt, weil nur dieses sowohl in der ursprünglichen Zahl als auch in der Maske auf 1 steht.

Ein bestimmtes Bit in einer ganzen Zahl kann also gelöscht werden, indem diese Zahl mit einer Maske, die an genau dieser Stelle eine 0 stehen hat, durch das bitweise Und verknüpft wird. Sollen alle anderen Bits unbeeinflusst bleiben, müssen diese eine 1 enthalten, denn sonst werden sie ebenfalls gelöscht.

1	0	0	0	0	0	1	0	130

0	0	0	0	0	1	1	1	7

0	0	0	0	0	0	1	0	2

Abbildung 4.7. Bitweises Und von 130 mit 7

Der Perl-Code für diese Operation lautet:

```
                              BitweisesUnd.pl
1  $zahl  = 0b10000010;  # 130 dezimal
2  $maske = 0b00000111;  # 7 dezimal
3
4  $verknuepft = $zahl & $maske;
                              Programm 86
```

Der Operator & ist der *bitweise Und-Operator.* Er verknüpft seine beiden Operanden bitweise durch ein Und gemäß den Regeln von Tabelle 1.4 auf Seite 39.

Kippen von Bits mit dem bitweisen exklusiven Oder. Das *exklusive Oder* zweier Wahrheitswerte ist wahr, wenn genau einer der beiden Wahrheitswerte wahr ist. Daher macht das exklusive Oder mit einer 1 aus einer 0 eine 1, aus einer 1 aber eine

0. Es kann also dazu benutzt werden, Bits zu *kippen*. Exklusives Oder mit einer 0 dagegen lässt eine 0 bzw. 1 unverändert.

Abbildung 4.8 zeigt, wie in der Zahl 130 durch ein bitweises exklusives Oder mit der Maske 7 die ersten 3 Bits gekippt werden. Die anderen Bits bleiben unbeeinflusst, weil die Maske an den entsprechenden Stellen eine 0 stehen hat.

Ein bestimmtes Bit in einer ganzen Zahl kann also gekippt werden, indem diese Zahl mit einer Maske, die an genau dieser Stelle eine 1 stehen hat, durch das bitweise exklusive Oder verknüpft wird. Sollen alle anderen Bits unbeeinflusst bleiben, müssen diese in der Maske eine 0 enthalten, denn sonst werden sie ebenfalls gekippt.

| 1 | 0 | 0 | 0 | 0 | 0 | 1 | 0 | 130 |

| 0 | 0 | 0 | 0 | 0 | 1 | 1 | 1 | 7 |

| 1 | 0 | 0 | 0 | 0 | 1 | 0 | 1 | 133 |

Abbildung 4.8. Bitweises exklusives Oder von 130 mit 7

Der Perl-Code für diese Operation lautet:

```
—————————— BitweisesExklOder.pl ——————————
1  $zahl     = 0b10000010;  # 130 dezimal
2  $maske    = 0b00000111;  # 7 dezimal
3
4  $verknuepft = $zahl ^ $maske;
——————————— Programm 87 ———————————
```

Der Operator ^ ist der *bitweise exklusive Oder-Operator*. Er verknüpft seine beiden Operanden bitweise durch ein exklusives Oder gemäß den Regeln von Tabelle 1.4 auf Seite 39.

Präzedenz der bitweisen Operatoren. Bei Verwendung der Operatoren &, | und ^ muss unbedingt auf deren geringe Präzedenz im Vergleich zu anderen Operatoren geachtet werden! Wie Tabelle 2.1 auf Seite 104 zeigt, haben sie eine niedrigere Präzedenz als z. B. die arithmetischen Vergleichsoperatoren.

Soll daher mit dem bitweisen Und getestet werden, ob das erste Bit einer Variablen $x gesetzt ist, so muss diese Operation in Klammern gesetzt werden:

```
if( ($x & 0x02) != 0)
```

Werden hier die Klammern vergessen, so wird das nullte Bit getestet, weil dann zuerst der Ausdruck 0x02 != 0 in numerischem Kontext zu 1 ausgewertet wird. Dieser liefert 1 als Code für „wahr", und $x wird dann mit dieser 1 verknüpft.

Bitweises Komplementieren. Der Operator ~ ist der *bitweise Komplement-Operator*. Er ist ein unärer Operator, der angewendet auf ein Bitmuster alle Bits dieses Musters kippt: Aus 0 macht er 1, aus 1 macht er 0. Er bildet das *Komplement* einer Zahl. Der Name „Komplement" (lat. „Auffüllung") rührt daher, dass die im Komplement gesetzten Bits zusammen mit den ursprünglichen immer das Bitmuster ergeben, bei dem alle Bits gesetzt sind.

Abbildung 4.9 zeigt das bitweise Komplement der Zahl 7. Hier gilt es zu beachten, mit wie vielen Bits ganze Zahlen in der jeweiligen Programmiersprache und dem dort verwendeten Ganzzahltyp kodiert werden. Je nach Darstellungsart mit 8, 16, 32 oder noch mehr Bits werden nämlich auch entsprechend viele Bits gekippt.

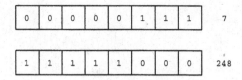

Abbildung 4.9. Bitweises Komplementieren von 7 bei 8-Bit-Arithmetik

Der Perl-Code für diese Operation sieht folgendermaßen aus:

```
——————————————— BitweisesKomplement.pl ———————————————
1  $zahl = 0b00000111;  # 7 dezimal
2
3  $komplement = ~$zahl;
4
5  printf "%b\n",$komplement;
——————————————— Programm 88 ———————————————
```

Die Ausgabe des obigen Programms ist

11111111111111111111111111111000

Die Formatierungsanweisung %b ist dabei eine Perl-spezifische Anweisung für printf zur binären Ausgabe.

Obwohl es zu erwarten wäre, ist die Ausgabe eben nicht 11111000, weil Perl ganze Zahlen intern mit 32 Bits darstellt[1]. Die höherwertigen 24 Bits der Variablen $zahl stehen nach Ausführung von Zeile 1 auf 0 und werden in Zeile 3 ebenfalls gekippt, sind dann also gesetzt.

4.2.2 Bitweise Schiebe-Operatoren

In den meisten C-ähnlichen Sprachen gibt es die Operatoren >> und <<, die ein Bitmuster um eine bestimmte Anzahl von Stellen nach rechts bzw. links schieben.

---

[1] Dies gilt für Maschinen, die eine 32-Bit-CPU besitzen, so auch die des Autors. Es sind aber durchaus größere Bitzahlen wie etwa 64 möglich.

Diese Operatoren heißen *Schiebe-Operatoren*. Sie schieben ihren linken Operanden um so viele Stellen nach rechts bzw. links, wie ihr rechter Operand angibt. Dabei fallen beim *Schieben nach rechts (shift right)* die rechten, niederwertigen Bits weg und beim *Schieben nach links (shift left)* werden von rechts Nullen eingeschoben.

Problematisch ist u. U. das Schieben nach rechts, wenn bei der zu schiebenden Zahl das höchstwertige Bit gesetzt ist. Ist die Maschinenarchitektur so ausgelegt, dass dieses Bit das Vorzeichen einer vorzeichenbehafteten Ganzzahl kodiert, so ist die dargestellte Zahl negativ, und es sollte eine Eins nachgeschoben werden. Dies wird als *arithmetisches Schieben* bezeichnet. Wird dagegen stets eine Null nachgeschoben, so spricht man von *logischem Schieben*. Die Art des Schiebens ist abhängig von der Maschinenarchitektur.

Schieben um eine Stelle nach rechts entspricht einer ganzzahligen Division durch 2, Schieben nach links einer Multiplikation mit 2. Somit kann mit diesen Operatoren eine schnelle Division bzw. Multiplikation durch 2 simuliert werden. Schnell deshalb, weil alle CPUs Maschinenbefehle für genau diesen Zweck besitzen. Diese Maschinenbefehle spielen nämlich für die Arithmetik von langen Zahlen eine große Rolle. Daher auch der Name „arithmetisches Schieben".

Abbildung 4.10 zeigt, wie die Zahl 131 erst um eine Stelle nach rechts und dann wieder um eine Stelle nach links geschoben wird. Das Ergebnis ist 130, weil die ursprüngliche 1 ganz rechts verloren gegangen ist.

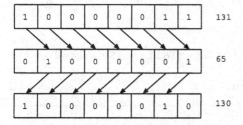

Abbildung 4.10. Bitweises Schieben um eine Stelle nach rechts bzw. links. Bei einer 8-Bit-Architektur ist hier ein logisches Schieben nach rechts dargestellt, denn bei arithmetischem Schieben müsste eine 1 von links nachgeschoben werden. Bei einer 16- oder 32-Bit-Architektur unterscheiden sich logisches und arithmetisches Schieben hier nicht, weil die höherwertigen Bits alle auf 0 stehen, so dass in beiden Fällen eine 0 nachgeschoben wird.

Der Perl-Code für diese Operationen lautet:

```
                      SchiebeOperatoren.pl
1   $bitmuster = 0b10000011;      # 131 dezimal
2
3   $bitmuster = $bitmuster >> 1; # Rechts-Shift
4   $bitmuster = $bitmuster << 1; # Links-Shift
                         Programm 89
```

Neben dem *Rechts-Schiebe-Operator* >> gibt es auch noch den *Rechts-Schiebe-Operator mit Zuweisung* >>=, der die Variable auf der linken Seite um die auf der rechten Seite spezifizierte Anzahl von Bits nach rechts schiebt. Dem entsprechend existieren die Operatoren << bzw. <<= für das Schieben nach links.

Eine Anwendung: Umwandlung von dezimal nach binär. Das folgende Programm benutzt die vorgestellten Möglichkeiten zur Bitmanipulation, um eine eingegebene Dezimalzahl in Binärdarstellung auszugeben:

––––––––––––––––––––– BinaereAusgabe.pl –––––––––––––––––––––
```
1   $zahl=<STDIN>;
2   chomp $zahl;
3
4   $bin="";
5
6   while($zahl != 0) {
7     if($zahl & 1 == 1) {
8       $bin = "1".$bin;
9     }
10    else {
11      $bin = "0".$bin;
12    }
13    $zahl >>= 1;
14  }
15
16  if($bin eq "") { $bin ="0";} # Spezialfall $zahl==0
17
18  print "$zahl binaer ist $bin.\n";
```
––––––––––––––––––––––– Programm 90 –––––––––––––––––––––––

Es extrahiert dazu in einer Schleife nacheinander alle Bits der Zahl, angefangen mit dem niederwertigsten. Dazu verknüpft es die Zahl in Zeile 7 durch bitweises Und mit einem Bitmuster, in dem nur das nullte Bit gesetzt ist. Diese Operation zusammen mit dem nachfolgenden Vergleich testet, ob das niederwertigste Bit der Zahl gesetzt ist. Wenn dies der Fall ist, wird vorne an den String $bin das Zeichen 1 angehängt, sonst das Zeichen 0. Zeile 13 schiebt die Zahl um eins nach rechts, so dass in der nächsten Iteration das nächste Bit (von rechts) extrahiert werden kann.

Es wird also in jeder Iteration immer das nullte Bit extrahiert und durch Schieben wandern alle Bits der Zahl nach rechts, so dass jedes Bit irgendwann zum nullten wird. Ist die Zahl selbst zur Null geworden, enthält sie keine Bits mehr und die Schleife kann beendet werden.

Übungen

Übung 193. Testen Sie mit einem Programm, ob Ihre Maschine arithmetisch oder logisch nach rechts schiebt.

Übung 194. Schreiben Sie ein Stück Code, das in einem Byte die oberen vier Bits (das so genannte *high nibble*) löscht.

Übung 195. (Parität) Die *Parität* einer ganzzahligen Variablen in Binärdarstellung gibt an, ob die Anzahl der Einsen gerade oder ungerade ist. Man unterscheidet demnach zwischen gerader und ungerader Parität. Diese Größe wird oft als Prüfsumme in der Datenfernübertragung verwendet. Schreiben Sie ein Programm, das eine Zahl einliest und deren Parität bestimmt.

Übung[†] **196.** (Rucksackproblem) Sie gehen auf eine Weltreise und besitzen einen Rucksack, der c Kilogramm Gepäck verkraftet. Außerdem haben Sie n wichtige Reiseutensilien, jedes mit einem bestimmten Gewicht $w_1, \ldots, w_n$, das Ihnen ebenfalls bekannt ist. Selbstverständlich würden Sie am liebsten alle Utensilien mitnehmen, aber das würde den Rucksack überlasten. Sie müssen also unter allen möglichen Auswahlen an mitzunehmenden Utensilien eine mit möglichst großem Gesamtgewicht finden, die den Rucksack nicht überlastet. Schreiben Sie ein Programm, das nach Eingabe von c, n und den $w_1, \ldots, w_n$ eine möglichst gute Auswahl berechnet.

Hinweis: Sie stehen vor dem Problem, alle Teilmengen einer Menge von n Dingen systematisch aufzuzählen. Es gibt genau 2^n solcher Teilmengen und jede Binärzahl mit n Bits kodiert genau eine davon.

Das Rucksackproblem ist ein äußerst schwierig zu lösendes Problem, weil sich die Anzahl der Lösungsmöglichkeiten mit jedem neuen Gepäckstück verdoppelt. Die riesige Gesamtanzahl von 2^n Kombinationen übersteigt schon bei kleinem n (etwa $n = 100$) die Leistungsfähigkeit der schnellsten Rechner. Es könnte sein, dass es einen wesentlich effizienteren Algorithmus gibt, als stur alle Möglichkeiten auszuprobieren. Bis heute hat allerdings niemand einen solchen Algorithmus gefunden, und der allgemeine Glaube ist, dass es keinen gibt (obwohl auch das noch nicht bewiesen wurde).

Das Rucksackproblem und das folgende Erbschaftsproblem fallen in die Klasse der so genannten *NP-vollständigen Probleme*[2]. Das ist ein Begriff aus der Komplexitätstheorie. Diese Klasse enthält Probleme mit den folgenden Eigenschaften:

- Sie sind alle sehr schwer zu lösen, weil die Anzahl der Lösungsmöglichkeiten in Abhängigkeit von der Größe der Eingabe exponentiell ist (wie 2^n beim Rucksackproblem) oder sogar noch größer.
- Bisher wurde kein wesentlich besserer Algorithmus gefunden, als alle Kombinationen stur auszuprobieren (*brute force algorithm*).
- Alle NP-vollständigen Probleme sind in dem Sinne äquivalent, dass wenn doch jemals eines effizient gelöst werden kann, dieser effiziente Algorithmus dann auch auf *alle anderen* NP-vollständigen Probleme angewendet werden kann.

---

[2] „NP" steht für „nichtdeterministisch-polynomiell". Eine Erklärung dieser Bezeichnung würde weit über den Rahmen dieser Einführung hinausgehen.

Das große, offene Problem der theoretischen Informatik ist die Frage, ob es für ein NP-vollständiges Problem wie das Rucksackproblem einen *polynomiellen* Algorithmus gibt, d. h. einen Algorithmus, der bei einer Eingabe von n Dingen nur n^c viele Rechenschritte braucht, wobei c eine ganze Zahl ist. (Sortieren durch Minimumsuche z. B. ist ein polynomieller Algorithmus mit n^2 vielen Rechenschritten, aber er löst kein NP-vollständiges Problem, sondern ein viel einfacheres.) Vielleicht können Sie das Problem lösen?

Übung[†] **197.** (Erbschaftsproblem) Eine reiche Frau ist gestorben und hinterlässt ihren gesamten Besitz ihren beiden Töchtern. In ihrem Besitz waren genau n Dinge, wobei von jedem der Wert bekannt ist. Die beiden Töchter fragen sich, ob es möglich ist, die Erbmasse so in zwei Teile aufzuteilen, dass jede genau dieselbe Summe an Werten erhält, bzw. wie eine möglichst gerechte Aufteilung der Erbmasse aussieht.

Helfen Sie durch Ihre Programmierkunst, einen weiteren unnötigen Erbschaftsstreit zu vermeiden!

4.3 Reguläre Ausdrücke

Angenommen, wir wollen in einem bestimmten Verzeichnis auf der Festplatte alle Dateien löschen, die auf die Erweiterung `txt` enden. Unter UNIX würden wir dazu das Shell-Kommando `rm *.txt` benutzen, unter MS-Windows wäre es `del *.txt`. Offenbar erzeugt die Benutzung des * in diesem Ausdruck ein Suchmuster, das die Shell auf alle Dateien des Verzeichnisses anwendet. Die Dateien, deren Namen auf dieses Suchmuster passen, werden dann gelöscht. Dies ist ein einfaches Beispiel eines *regulären Ausdrucks*.

Ein anderes Beispiel für den Gebrauch eines solchen Ausdrucks ist die Überprüfung der Benutzereingabe auf Korrektheit. In professionellen Programmen soll es nicht möglich sein, dass der Benutzer durch eine nicht wohlgeformte Eingabe das Programm zum Absturz bringt. Erwartet das Programm z. B. an einer bestimmten Stelle eine Dezimalzahl, so soll es selbst erkennen, wenn der Benutzer einen String eingibt, der keiner Dezimalzahl entspricht, oder sich einfach vertippt, wie etwa bei der Eingabe -3.-1415. In diesem Falle soll es eine Warnmeldung ausgeben und die Eingabe so lange wiederholen, bis eine korrekt geformte Dezimalzahl eingegeben wurde. Diese Art der Qualitätssicherung nennt man etwas unfein „ein Programm idiotensicher machen".

Wie können korrekt geformte Dezimalzahlen nun spezifiziert werden? In natürlicher Sprache würde man sagen „Zuerst kommt ein Plus oder ein Minus oder auch keines von beiden. Dann kommt eine endliche Folge von Ziffern. Dann kommt ein Dezimalpunkt oder auch keiner. Dann kommt wieder eine endliche Folge von Ziffern". (Die Möglichkeit der wissenschaftlichen Darstellung mit Mantisse und Exponent wurde hier nicht berücksichtigt.) Auch dies ist ein klassisches Beispiel eines regulären Ausdrucks.

Ein regulärer Ausdruck ist ein Muster zur Beschreibung von Zeichenketten, das nach bestimmten Regeln aufgebaut ist. Reguläre Ausdrücke werden zum Suchen (und Ersetzen) von Strings, die einem bestimmten Muster entsprechen, verwendet. Jeder reguläre Ausdruck beschreibt eine ganz bestimmte Menge von Zeichenketten, nämlich genau die, die auf den Ausdruck *passen* (*match*). Eine Übereinstimmung einer Zeichenkette mit einem bestimmten Muster heißt *Match*, das Überprüfen auf eine Übereinstimmung *Matchen*.

4.3.1 Formale Sprachen

Reguläre Ausdrücke stammen aus der *Theorie der formalen Sprachen*, einem wichtigen Teilgebiet der Informatik. Was ist überhaupt eine Sprache, und was ist der Unterschied zwischen natürlichen und formalen Sprachen? Jede Sprache ist eine Menge von Sätzen. Die deutsche Sprache besteht aus allen gemäß der deutschen Grammatik syntaktisch korrekten deutschen Sätzen, die Programmiersprache Perl besteht aus allen gemäß der Sprachdefinition von Perl syntaktisch korrekten Perl-Programmen. Um also genau zu definieren, was eine Sprache ist, muss zunächst der Begriff „Satz" definiert werden.

Alphabete und Wörter. Man geht zunächst von einem bestimmten *Alphabet* $\mathcal{A}$ aus, aus dem die Grundzeichen stammen, mit denen man Zeichenketten aufbauen darf. Dies sind meistens die alphanumerischen Zeichen der Tastatur und die Sonderzeichen oder eine bestimmte Teilmenge dieser Zeichen. Eine aus diesen Zeichen aufgebaute Zeichenkette heißt *Satz über dem Alphabet* $\mathcal{A}$. Da das Alphabet meistens auch das Leerzeichen enthält, unterscheidet man nicht zwischen Sätzen und Wörtern. Ein *Wort über einem Alphabet* $\mathcal{A}$ ist also ebenfalls eine Zeichenkette, die aus den Zeichen des Alphabets aufgebaut ist, selbst wenn sie Leerzeichen enthält. Im Folgenden sind daher die Begriffe „Wort" und „Satz" gleichbedeutend.

Nimmt man als Alphabet etwa die Menge $\mathcal{A} = \{a, b\}$, so kann man mit diesen Zeichen Wörter aus den Zeichen a und b bilden, beispielsweise das Wort *abbab*. Insbesondere kann man damit das *leere Wort* ϵ bauen, das aus keinem Zeichen besteht. Die Gesamtheit aller so zu konstruierenden Wörter ist dann $\{\epsilon, a, b, ab, ba, aaa, aab, aba, baa, bba, bab, abb, bbb, aaaa, \ldots\}$.

Formale Sprachen. Unter einer *formalen Sprache über dem Alphabet* $\mathcal{A}$ versteht man nun eine Teilmenge der Gesamtmenge aller über $\mathcal{A}$ konstruierbaren Wörter. So ist z. B. $\{aa, ab, ba, bb\}$ eine formale Sprache über dem Alphabet $\mathcal{A} = \{a, b\}$, nämlich die Sprache aller Wörter mit zwei Zeichen aus $\mathcal{A}$. Diese Sprache ist endlich, denn sie besteht aus nur 4 Wörtern. Eine andere Sprache ist $\{\epsilon, a, aa, aaa, \ldots\}$, die Sprache aller Wörter, die nur aus *a*s bestehen, oder $\{\epsilon, ab, aabb, aaabbb, \ldots\}$, die Sprache aller Wörter, bei der zuerst *a*s kommen und dann so viele *b*s, wie vorher *a*s. Diese Sprachen sind unendlich. Die Begriffe „Sprache" und „Menge" sind hier also gleichbedeutend. Eine Sprache ist eine Teilmenge der Menge aller Wörter über einem Alphabet.

In diesem Sinne ist die deutsche Sprache auch eine formale Sprache und zwar über dem Alphabet $\mathcal{L}$ der lateinischen Buchstaben und des Leerzeichens. Das Wort

„Ich programmiere gerne" gehört zu $\mathcal{L}$, das Wort „Ich programmierst gerne" dagegen nicht. Es stellt sich natürlich sofort die Frage, wie spezifiziert werden kann, welche der unendlich vielen Wörter über dem Alphabet $\mathcal{L}$ zur deutschen Sprache gehören und welche nicht. Eine Umformulierung führt zu der Fragestellung, ob es ein Verfahren, also einen Algorithmus, gibt, der automatisch entscheiden kann, ob ein Satz zur deutschen Sprache gehört oder nicht.

Entscheidbare Sprachen. Bisher hat niemand einen solchen Algorithmus gefunden, weder für die deutsche noch die englische noch irgendeine andere natürliche Sprache. Das liegt daran, dass die Regeln der Grammatik viel zu komplex sind, als dass man sie je vollständig und konsistent niederschreiben könnte. *Vollständigkeit* bedeutet hier, dass die Grammatik von jedem Wort sagt, ob es zur Sprache hinzugehört oder nicht. *Konsistenz* bedeutet, dass ein Wort gemäß der Grammatik niemals gleichzeitig als zugehörig und nicht zugehörig gelten kann.

Daher ist es auch unmöglich, als Nicht-Muttersprachler selbst unter Benutzung eines umfassenden Grammatikbuches von einem Satz (also einer Folge von Zeichen) zu entscheiden, ob dieser ein korrekter englischer Satz ist oder nicht. Diese Sprachen sind also *nicht entscheidbar*, es gibt keinen Algorithmus, der die Sprache *erkennt*.

Dagegen gibt es sehr wohl *entscheidbare Sprachen*. So ist z. B. die Sprache $\{\epsilon, a, aa, aaa, \ldots\}$ über dem Alphabet $\mathcal{A} = \{a, b\}$ von einem sehr einfachen Algorithmus entscheidbar. Dieser muss nur alle Zeichen eines vorgegebenen Wortes von links nach rechts durchlesen. Trifft er dabei jemals auf ein b, *verwirft* er das Wort als nicht zur Sprache gehörig. So verwirft er z. B. das Wort *aabaaa* nach Lesen des dritten Zeichens. Hat er alle Zeichen gelesen, ohne das Wort verworfen zu haben, *akzeptiert* er es als zur Sprache gehörig. So akzeptiert er z. B. das Wort *aaa*. Er kann also für jedes Wort über $\mathcal{A}$ entscheiden, ob es zur Sprache gehört oder nicht. Ein solcher Algorithmus heißt auch *Entscheider*.

Entscheiden und Übersetzen. Entscheidbare Sprachen sind ein Grundbaustein der Informatik. So ist z. B. die Menge aller syntaktisch korrekten Perl-Programme eine entscheidbare formale Sprache. Die exakte Definition ihrer Grammatik geht über den Rahmen dieses Buches hinaus, es ist aber klar, dass es irgendwo eine konsistente und vollständige Definition der Sprache aller syntaktisch korrekten Perl-Programme geben muss. Diese wird z. B. vom Perl-Compiler beim Start eines Programms benötigt: Er muss zunächst anhand einer Definition nachprüfen, ob das Programm überhaupt korrekt geformt ist. Der Perl-Compiler *ist* somit ein Entscheider für Perl.

Das auszuführende Programm ist für den Perl-Compiler zunächst nur ein einziges langes Wort. Er kennt aber Regeln, die ihm genau sagen, ob ein Wort zu der Sprache der syntaktisch korrekten Perl-Programme gehört oder nicht. Er wendet diese Regeln auf das Wort an und kann somit *entscheiden*, ob überhaupt ein korrektes Perl-Programm vorliegt. Ja sogar noch mehr: Der Prozess des Entscheidens durch Anwendung dieser Regeln versetzt ihn sogar in die Lage, die Struktur des Programms zu erkennen und dieses in eine andere Sprache zu übersetzen, z. B. in die Maschinensprache der verwendeten CPU. Eine Sprache zu entscheiden ist somit oftmals der erste Schritt, die Sprache zu übersetzen!

4.3.2 Reguläre Ausdrücke und reguläre Sprachen

Eine aufgrund ihrer einfachen Struktur häufig vorkommende Klasse von entscheidbaren Sprachen sind die so genannten *regulären Sprachen*. Sie werden von den eingangs angesprochenen *regulären Ausdrücken* beschrieben.

Ein Beispiel eines regulären Ausdrucks ist der Ausdruck $ab*c$ über dem Alphabet $\{a, b, c\}$. Er beschreibt die Sprache aller Wörter, die mit einem a beginnen, mit beliebig vielen bs weitergehen (auch gar keinem), und dann mit einem c enden, also in aufzählender Mengenschreibweise die Sprache $\{ac, abc, abbc, abbbc, \ldots\}$.

Jeder reguläre Ausdruck beschreibt genau eine reguläre Sprache, und umgekehrt gehört zu jeder regulären Sprache ein regulärer Ausdruck. Ein regulärer Ausdruck ist sozusagen die Grammatik für die von ihm definierte Sprache. Die Bezeichnung „regulär" rührt daher, dass die in diesen Sprachen enthaltenen Zeichenketten durch recht einfache Regeln zu beschreiben sind.

Induktive Definition von regulären Ausdrücken. Reguläre Ausdrücke und die zugehörige reguläre Sprache, die sie definieren, können nach folgenden Regeln gebildet werden:

1) (Einzelzeichen) Jedes einzelne Zeichen aus dem Grundalphabet ist ein regulärer Ausdruck. Dieser Ausdruck beschreibt die Zeichenkette, die aus genau diesem einen Zeichen besteht.

2) (Konkatenation) Sind X und Y reguläre Ausdrücke, so ist (XY) ein regulärer Ausdruck. Er beschreibt alle Zeichenketten, die sich in zwei Teile spalten lassen, wobei der erste Teil von X und der zweite Teil von Y beschrieben wird.

3) (Vereinigung) Sind X und Y reguläre Ausdrücke, so ist $(X|Y)$ ein regulärer Ausdruck. Er beschreibt alle Zeichenketten, die von X oder Y beschrieben werden.

4) (Kleene'scher Stern) Ist X ein regulärer Ausdruck, so ist $X*$ ein regulärer Ausdruck. Er beschreibt beliebig viele Konkatenationen von Zeichenketten, die vom Ausdruck X beschrieben werden. Insbesondere gehört der Leerstring ϵ dazu. (Dieser Stern ist nach dem Informatiker *S. C. Kleene* benannt.)

5) Nur was aus 1)–4) herleitbar ist, ist ein regulärer Ausdruck.

Diese Definition ist induktiv, d. h., sie gibt an, wie aus den einzelnen Zeichen von Regel 1) durch sukzessive Anwendung der Regeln 2), 3) und 4) immer komplexere Ausdrücke aufgebaut werden können.

Beispiele für reguläre Ausdrücke. Hier einige Beispiele für die einzelnen Regeln. Als Alphabet liegt ihnen die Menge $\{a, b, c, d\}$ zugrunde.

1) a ist ein regulärer Ausdruck. Er beschreibt die Sprache $\{a\}$, die aus nur einem Wort besteht.

2) (ab) ist ein regulärer Ausdruck. Er beschreibt die Sprache $\{ab\}$, die ebenfalls aus nur einem Wort besteht.

$(((ab)d)(ca))$ ist ein regulärer Ausdruck. Er beschreibt die Sprache $\{abdca\}$, die wiederum aus nur einem Wort besteht. Da Konkatenation von Strings eine assoziative Operation ist, d. h., die Auswertungsreihenfolge der Klammern spielt keine Rolle, können wir vereinbaren, in einem solchen Ausdruck die Klammern gleich ganz wegzulassen. Er lautet dann abgekürzt $abdca$.

3) $(c|d)$ ist ein regulärer Ausdruck. Er beschreibt die Sprache $\{c, d\}$, die aus zwei Wörtern besteht.

$(((ad)|(bd))|c)$ ist ein regulärer Ausdruck. Er beschreibt die Sprache $\{c, ad, bd\}$. Auch hier können wir wegen der Assoziativität der Mengenvereinigung Klammern weglassen. Vereinbaren wir zusätzlich, dass Konkatenation stärker bindet als Vereinigung, so können wir die Klammern sogar ganz weglassen und schreiben: $ad|bd|c$.

Ebenso ist $a|aa|b|ca$ ein regulärer Ausdruck. Er beschreibt die Sprache $\{a, b, aa, ca\}$.

4) $a*$ ist ein regulärer Ausdruck. Er beschreibt die Sprache $\{\epsilon, a, aa, aaa, \ldots\}$.

Ebenso ist $d|aabb*c$ ein regulärer Ausdruck. Er beschreibt die Wörter, die entweder aus einem einzelnen d bestehen oder die mit aa beginnen, bei denen dann mindestens ein b folgt, und die mit einem c enden. Um Klammern zu sparen, vereinbaren wir zusätzlich, dass der Kleene'sche Stern eine höhere Präzedenz als die Konkatenation (und somit auch die Vereinigung) hat.

$ab*$ beschreibt die Sprache $\{a, ab, abb, abbb, abbbb, \ldots\}$.

$(ab)*$ beschreibt die Sprache $\{\epsilon, ab, abab, ababab, abababab, \ldots\}$.

$(a|b)*$ beschreibt alle Zeichenketten, bei denen a und b in beliebiger Kombination beliebig oft (auch gar nicht) vorkommen, aber c und d nicht.

$a*|b*$ beschreibt die Sprache $\{\epsilon, a, aa, aaa, \ldots, b, bb, bbb, \ldots\}$.

$(a|b|c|d)*$ beschreibt alle Zeichenketten, die über dem Grundalphabet insgesamt möglich sind.

5) $*a$ ist kein regulärer Ausdruck. Ebensowenig sind $a|(b$ oder $a|b*)*$ reguläre Ausdrücke.

Übungen

Übung 198. Das Grundalphabet sei $\{a, b\}$. Konstruieren Sie reguläre Ausdrücke, die die folgenden Zeichenketten beschreiben:

a) Alle Strings, die mit einem b anfangen, auf das nur as folgen.

b) Alle Strings mit einer geraden Anzahl von as, in denen keine bs vorkommen.

c) Alle Strings, die mit a anfangen und mit b enden.

d) Alle Strings mit mindestens einem b.

e) Alle Strings mit einer geraden Anzahl von as.

f) Alle Strings mit nicht mehr als 3 as.

g) Alle Strings, bei der die Anzahl der as durch 3 teilbar ist.

h) Alle Strings mit genau einem Vorkommen des Teilstrings aaa.

Übung 199. Das Grundalphabet sei $\{+, -, 0, 1, 2, 3, 4, 5, 6, 7, 8, 9, .\}$. Konstruieren Sie einen regulären Ausdruck für wohlgeformte Dezimalzahlen. Der Punkt soll das Dezimaltrennzeichen sein. Ein Beispiel für eine wohlgeformte Dezimalzahl ist -22.3.

Übung 200. Das Grundalphabet sei $\{0, 1, 2, 3, 4, 5, 6, 7, 8, 9, .\}$. Konstruieren Sie einen regulären Ausdruck für wohlgeformte Währungsangaben. Diese müssen genau zwei Nachkommastellen haben und dürfen keine führenden Nullen besitzen, es sei denn, die 0 ist die einzige Ziffer vor dem Komma. Der Punkt soll das Dezimaltrennzeichen sein. Ein Beispiel für eine wohlgeformte Währungsangabe ist 123.55. Nicht wohlgeformt sind .22 oder 0123.55.

4.3.3 Endliche Automaten

Es stellt sich nun die Frage, wie man bei vorgegebener Zeichenkette und regulärem Ausdruck mechanisch entscheiden kann, ob diese Zeichenkette auf den Ausdruck passt oder nicht.

Hierzu konstruiert man sich zu dem Ausdruck einen *endlichen Automaten*. Das ist eine *mathematische Maschine*, die mit ihrer virtuellen, d. h. nur gedachten, aber in Software existierenden Mechanik entscheidet, ob eine Zeichenkette auf diesen Ausdruck passt oder nicht. Sie kann das also für jede Zeichenkette entscheiden und gehört fest zu einem bestimmten regulären Ausdruck. Ein endlicher Automat ist somit ein Entscheider für eine reguläre Sprache. Seine Vorgehensweise entspricht dem Entscheidungsalgorithmus.

Ein solcher Automat besitzt endlich viele Zustände. (Daher stammt die Bezeichnung „endlich".) Zu jedem Zeitpunkt befindet sich der Automat immer in einem dieser Zustände. Am Anfang ist er in einem ausgewiesenen *Startzustand*. Dann liest der Automat die zu überprüfende Zeichenkette Zeichen für Zeichen. Er geht dabei immer in Abhängigkeit vom aktuellen Zustand und dem gerade gelesenen Zeichen in einen Folgezustand über. Diese Übergangsfunktion, die zu jedem Paar aus Zustand und gelesenem Zeichen den Folgezustand festlegt, ist der eigentliche Algorithmus. Jeder Zustand ist entweder *akzeptierend* oder *verwerfend*, so dass der Automat nach dem Lesen aller Zeichen anhand seines aktuellen Zustandes sagen kann, ob er die Zeichenkette als auf den Ausdruck passend akzeptieren will oder nicht. Man sagt, der Automat *erkennt* eine bestimmte Sprache.

Endliche Automaten können sehr anschaulich als Zustandsübergangsgraphen visualisiert werden. Jeder Zustand entspricht darin einem Knoten des Graphen. Jeder mögliche Übergang von einem Zustand in einen anderen beim Lesen eines bestimmten Zeichens wird als Kante eingetragen, die mit diesem Zeichen beschriftet ist. Abbildung 4.11 zeigt einen endlichen Automaten, der genau die Zeichenketten der von dem Ausdruck $d|aabb*c$ beschriebenen Sprache akzeptiert. Sein Startzustand ist s_0, seine akzeptierenden Zustände sind s_1 und s_5.

Was macht dieser Automat bei der Eingabe $aabbbb$? In s_0 startend liest er a und geht nach s_2 über. Das nächste a bringt ihn nach s_3. Durch Lesen des b kommt er in den Zustand s_4. Diesen Zustand verlässt er nicht mehr, weil die restlichen b

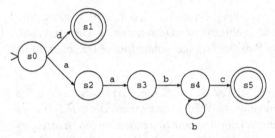

Abbildung 4.11. Ein endlicher Automat zur Entscheidung der Sprache $d|aabb*c$. Startzustand ist s_0. Akzeptierende Zustände sind s_1 und s_5.

ihn immer wieder zu s_4 zurückkehren lassen. Da dies ein verwerfender Zustand ist, verwirft der Automat die Eingabe nach Lesen des letzten b als nicht zur Sprache zugehörig. Würde im Eingabestring noch ein c folgen, so würde der Automat den akzeptierenden Zustand s_5 erreichen.

Wir wollen hier nicht darauf eingehen, durch welches Verfahren aus einem regulären Ausdruck ein entsprechender endlicher Automat gebaut werden kann. Es sei lediglich erwähnt, dass es ein solches Verfahren gibt und dass der Automat sehr groß werden kann, wenn man den regulären Ausdruck nur hinreichend kompliziert macht. Bei in Software realisierten endlichen Automaten kann es daher u. U. Speicherkapazitätsprobleme geben.

Grenzen des Konzeptes von regulären Ausdrücken. Offenbar sind reguläre Ausdrücke und die sie erkennenden endlichen Automaten mächtige Konzepte. Es können damit viele in der Praxis auftauchende formale Sprachen spezifiziert werden, wie z. B. die Sprache aller korrekt geformten Dezimalzahlen. Können damit aber alle formalen Sprachen spezifiziert werden? Gibt es Beispiele für Sprachen, die sich nicht als regulärer Ausdruck beschreiben lassen? Wie mächtig ist dieses Konzept? Lässt sich vielleicht die Sprache Perl selbst als ein großer regulärer Ausdruck beschreiben? Oder gar die deutsche Sprache?

Eine Sprache, die sich nicht als regulärer Ausdruck beschreiben lässt, ist die Sprache K aller Zeichenketten aus den Zeichen a und b, bei denen zuerst as kommen und dann genau so viele bs wie vorher as, also $K = \{ab, aabb, aaabbb, \ldots\}$. Ein formaler Beweis hierfür geht über den Rahmen dieser Einführung hinaus; er ist z. B. in [LePa] nachzulesen. Wir können uns dies aber folgendermaßen veranschaulichen (s. Abbildung 4.12): Ein endlicher Automat, der diese Sprache erkennen könnte, müsste zunächst vom Startzustand in zwei Folgezustände verzweigen, einen für ein gelesenes a und einen verwerfenden für ein gelesenes b. Für den Zustand für a müsste er wieder zwei Folgezustände besitzen: Einen für noch ein a und einen akzeptierenden für ein b usw. Wir sehen leicht ein, dass ein solcher Automat unendlich viele Zustände haben müsste. Er wäre damit nicht mehr endlich. Also kann es keinen solchen Automaten und daher auch keinen entsprechenden regulären Ausdruck geben.

Dies bedeutet insbesondere, dass es keinen regulären Ausdruck für Klammerstrukturen geben kann. Die Sprache K beschreibt Wörter über $\{a, b\}$, die eine ein-

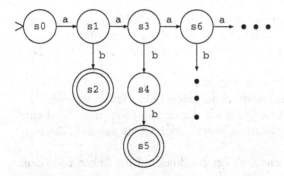

Abbildung 4.12. Ein unendlicher Automat für die Sprache $\{ab, aabb, aaabbb, \ldots\}$. Zustände, aus denen heraus der Automat nicht mehr in einen akzeptierenden Zustand gelangen kann, sind nicht dargestellt.

fache Klammerung aufweisen, und schon diese ist nicht durch einen regulären Ausdruck beschreibbar. Allgemeinere Klammerstrukturen wie $\{\{\}\}\{\}$ können also erst recht nicht durch einen regulären Ausdruck beschrieben werden. Daraus folgt, dass Programmiersprachen, die eine sehr strikte Klammerstruktur aufweisen, nicht durch reguläre Ausdrücke beschreibbar sind. Hierfür ist das Konzept einfach nicht mächtig genug.

Vielmehr wird hier das Konzept der *kontextfreien Grammatik* benötigt, auf das wir aber nicht näher eingehen werden.

Übung 201. Ein *Mealy-Automat* ist ein endlicher Automat, der bei jedem Zustandsübergang zusätzlich ein oder mehrere Zeichen ausgeben oder Aktionen anstoßen kann.

Konstruieren Sie einen Mealy-Automaten zur Steuerung eines Zigarettenautomaten. Der Zigarettenautomat soll Münzen von 50 Cent, 1 Euro und 2 Euro akzeptieren. Eine Schachtel Zigaretten kostet 3 Euro. Das Guthaben im Automaten des überdurchschnittlich krebsgefährdeten Benutzers beträgt am Anfang 0 Cent. Hat er nacheinander insgesamt 3 oder mehr Euro eingeworfen, so erhält er eine Schachtel Zigaretten und sein aktuelles Guthaben wird um 3 Euro vermindert.

Zur Vereinfachung soll der Automat nur eine Zigarettenmarke verkaufen und das Restgeld nicht zurückgeben, sondern dem nächsten Benutzer gutschreiben.

4.3.4 Reguläre Ausdrücke in Perl

Perl ist eine der wenigen Programmiersprachen, in die reguläre Ausdrücke und Mustererkennung schon von vorneherein eingebaut sind. Bei den meisten anderen Programmiersprachen muss erst zusätzlicher Code eingebunden oder selbst geschrieben werden, um mit regulären Ausdrücken umgehen zu können.

Konstruktion von regulären Ausdrücken und deren Verwendung bei der Mustererkennung sind in Perl sehr einfach. Ein regulärer Ausdruck in Perl muss innerhalb des Codes in Schrägstriche eingeschlossen werden. Die einfachsten regulären Ausdrücke sind diejenigen, die eine einzige, feste Zeichenkette beschreiben. Somit ist für Perl der Ausdruck /ziegler/ ein regulärer Ausdruck, der das Wort ziegler beschreibt (und sonst nichts).

Ein solcher Ausdruck wird meistens zusammen mit dem *Matching-Operator* =~ verwendet. Dieser durchsucht den Ausdruck auf seiner linken Seite nach einer Zeichenkette, die auf den regulären Ausdruck auf der rechten Seite passt. Wird eine solche gefunden, liefert er „wahr" zurück, sonst „falsch". Eine passende Zeichenkette wird als *Match* bezeichnet.

Der Operator =~ prüft also *nicht*, ob der Ausdruck auf der linken Seite dem regulären Ausdruck auf der rechten entspricht, sondern nur, ob es einen derartigen Teilstring gibt. Daher „matcht" der Ausdruck $zeile =~ /ziegler/ alle Zeilen, die den Teilstring ziegler enthalten. Das folgende Programm filtert alle solchen Zeilen aus der Standardeingabe heraus.

─────────────── SucheZiegler.pl ───────────────

```
1  while($zeile=<STDIN>) {
2    if($zeile =~ /ziegler/) {
3      print $zeile;
4    }
5  }
```

─────────────── Programm 91 ───────────────

Konstruktion von regulären Ausdrücken in Perl. Zur Spezifikation von regulären Ausdrücken besitzt Perl die schon aus Abschn. 4.3.2 bekannten Konstruktionselemente Konkatenation (durch Hintereinanderschreiben von Unterausdrücken), Vereinigung (durch ein „|") und Kleene'scher Stern (durch ein „*"). Daneben bietet es viele weitere Vereinfachungen zur Konstruktion von regulären Ausdrücken an.

„+" ist eine Abkürzung für „mindestens einmal". Es bezieht sich unmittelbar auf das vorangehende Zeichen, es sei denn, es wurde mit runden Klammern ein Unterausdruck zusammengeklammert (s. u.). „?" ist eine Abkürzung für „null oder eins". Es bezieht sich ebenfalls auf das unmittelbar vorangehende Zeichen.

Das eingebaute Matching-Verfahren matcht immer den ersten möglichen Teilstring von links. Welcher Teilstring genau gematcht wird, spielt erst bei Mustererkennung und -ersetzung eine Rolle. Das folgende Programm gibt Beispiele für diese Konstruktionselemente und gibt an, welcher Teilstring gematcht wird.

─────────────── RegulaereAusdruecke1.pl ───────────────

```
1  #        01234567890123456789012345678901233 (Position)
2  $s = "aabbbbbcccccabbcdbbbabbabc9cbababb";
3
4  $s =~ /aa/;           # matcht 'aa' an Position 0
5  $s =~ /aaa/;          # matcht nicht
6  $s =~ /bbb/;          # matcht 'bbb' an Position 2
7  $s =~ /bc/;           # matcht 'bc' an Position 6
```

```
 8   $s =~ /bcd/;          # matcht 'bcd' an Position 14
 9
10   $s =~ /xyz|c9/;        # matcht 'c9' an Position 25
11
12
13   $s =~ /ab*c/;          # matcht 'abbbbbc' an Position 1
14   $s =~ /ac*b/;          # matcht 'ab' an Position 1
15
16   $s =~ /ac+b/;          # matcht nicht (mindestens ein c)
17
18   $s =~ /ca?/;           # matcht 'c' an Position 7 (0 od. 1 a)
19   $s =~ /ca?b/;          # matcht 'cab' an Position 11
20   $s =~ /caa?b/;         # matcht 'cab' an Position 11
21   $s =~ /cax*aa?b/;      # matcht nicht
```
──────────────────────── Programm 92 ────────────────────────

Aufgrund des Matching-Verfahrens matcht der Ausdruck von Zeile 18 das c an Position 7, und nicht ca an Position 11. Dies wird, wie gesagt, erst später Bedeutung erlangen, wenn wir den gematchten Teilstring extrahieren und weiterverarbeiten werden.

Weitere Konstruktionsmöglichkeiten. Runde Klammern gruppieren eine Reihe von Unterausdrücken. Ein nachfolgender Operator bezieht sich dann auf die gesamte Gruppe.

Ein Punkt steht für jedes beliebige Zeichen innerhalb eines Strings, außer dem Zeilentrennzeichen.

Der Ausdruck \d steht für eine ganze Klasse von Zeichen, nämlich für Dezimalziffern. Komplementär dazu steht \D für alles, was keine Ziffer ist. Analog stehen \w und \W für alphanumerische Zeichen, \s und \S für „Space", also u. a. Leerzeichen, Tabulator und Zeilentrennzeichen.

Eckige Klammern erlauben die Konstruktion von eigenen Zeichenklassen. Alle Zeichen, die sie einschließen, werden als Klasse betrachtet. Dabei dürfen Teilfolgen der Folge 0 bis 9 bzw. a bis z oder A bis Z durch ein „-" spezifiziert werden. Der Ausdruck [7-9x-z] beschreibt somit die Klasse {7,8,9,x,y,z}. Ein ^ am Beginn einer Klassendefinition negiert die Klasse, d. h., die Klasse matcht alle Zeichen, die *nicht* in der Klassendefinition enthalten sind.

Ein ^ am Anfang des regulären Ausdrucks matcht den Anfang des zu matchenden Strings. Damit kann spezifiziert werden, dass der String mit einem bestimmten Zeichen beginnen muss. Entsprechend matcht ein $ das Ende des Strings.

Ein *Metazeichen* ist ein Zeichen wie etwa + oder *, das zur Beschreibung von regulären Ausdrücken benutzt wird. Soll es selbst im Muster vorkommen, muss es durch ein „\" entwertet werden.

──────────────────────── RegulaereAusdruecke2.pl ────────────────────────
```
1   #     012345678901234567890123456789012 3 (Position)
2   $s = "aabbbbbcccccabbcdbbbabbabc9cbababb";
3
```

```
 4  $s =~ /d(a|b)bb/; # matcht 'dbbb' an Posititon 16
 5  $s =~ /b(ab)+b/; # matcht 'babb' an Position 19
 6
 7  $s =~ /c.b/; # matcht 'cab' an Position 11
 8  $s =~ /c..b/; # matcht 'cabb' an Position 11
 9
10  $s =~ /\dc+/; # matcht '9c' an Position 26
11
12  $s =~ /[abc]\d/; # matcht 'c9' an Position 25
13  $s =~ /[ad]+\d/; # matcht nicht
14  $s =~ /[7-9x-z]/; # matcht '9' an Position 26
15  $s =~ /b[^ad]d/; # matcht 'bcc' an Position 6
16
17
18  $s =~ /^..b/; # matcht 'aab' an Position 0
19  $s =~ /^b.b/; # matcht nicht
20  $s =~ /abb$/; # matcht 'abb' an Position 31
21  $s =~ /aabb$/;# matcht nicht
22
23  $s =~ /\++/; # matcht nicht
24
25  $s =~ /[bc]\d+x*[bc]?/; # matcht 'c9c' an Position 25
```

———————————————— Programm 93 ————————————————

Das Matching-Verfahren matcht immer so viele Zeichen wie möglich. Es ist *gierig*. Daher matcht der Ausdruck von Zeile 25 den Teilstring c9c, obwohl er vorher schon dessen Teilstring c9 matcht.

Noch mehr Konstruktionsmöglichkeiten. Eine Zahl innerhalb von geschweiften Klammern quantifiziert das unmittelbar vorangehende Teilmuster, d. h., sie gibt an, wie oft genau dieses Muster hintereinander vorkommen soll. Zwei Zahlen {min, max} in geschweiften Klammern dagegen geben an, wie oft das Muster mindestens und wie oft es höchstens vorkommen soll.

In Suchmustern auftauchende skalare Variablen werden substituiert. Dies bietet die Möglichkeit, reguläre Ausdrücke dynamisch zur Laufzeit aufzubauen.

Mit den Spezialvariablen \1 bis \9 können *Rückwärtsreferenzen* gebildet werden. Die Variable \1 bezieht sich dabei auf die erste Klammer innerhalb des gesamten Ausdrucks. Sie steht beim Matching-Prozess für den String, der vorher beim Matchen des Ausdrucks in der ersten Klammer erkannt wurde. Sie ermöglicht es daher, an einer bestimmten Stelle etwas zu matchen, was genau so vorher schon einmal gematcht wurde. Analog steht \i für die i-te Klammer. Diese Klammerungen können verschachtelt sein; \i bezieht sich immer auf die i-te Klammer von links. Es sei noch angemerkt, dass diese Rückwärtsreferenzen nicht mehr dem theoretischen Konzept des regulären Ausdrucks entsprechen, sie erweitern es: Um Rückwärtsreferenzen zu matchen, reicht ein endlicher Automat nicht mehr aus. Sie erlauben es,

Sprachen der Form $\{aba, aabaa, aaabaaa, \ldots\}$ zu erkennen. Diese sind aber nicht regulär.

```
                    ———————— RegulaereAusdruecke3.pl ————————
1  #    012345678901234567890123456789 0123 (Position)
2  $s="aabbbbbccccabbcdbbbabbabc9cbababb";
3
4  $s=~ /(ab){2}/;        # matcht 'abab' an Position 29
5  $s=~ /(ab){1,3}/;      # matcht 'ab' an Position 1
6
7  # Substitution:
8  $suchstring="bc";
9  $s=~ /$suchstring/;    # matcht 'bc' an Position 6
10
11 # Rueckwaertsreferenz mit den Variablen \1,\2,...
12 $s=~ /db(b*)a\1a/;     # matcht 'dbbbabba' an Position 16
                    ———————————— Programm 94 ————————————
```

Modifizierer. So genannte *Modifizierer* erlauben es, das Verhalten des Matching-Operators zu beeinflussen. Sie müssen hinter dem Muster angegeben werden.

Der Modifizierer i veranlasst den Matching-Operator, den Unterschied zwischen Groß- und Kleinschreibung zu ignorieren. Mit dem Modifizierer s matcht der Punkt auch Zeilentrennzeichen innerhalb des Suchstrings (was er sonst nicht tut).

```
                    ———————— RegulaereAusdruecke4.pl ————————
1  #    0123456 789 (Position)
2  $s="abbccc\nxx"
3
4  $s=~ /BbCCc/i;         # matcht 'bbccc' an Position 1
5
6  $s=~ /c.x/s;           # matcht "c\nx" an Position 5
                    ———————————— Programm 95 ————————————
```

Übungen

Übung 202. Die Elemente +, ?, {}, [] und \d, die Perl zur Vereinfachung der Konstruktion von regulären Ausdrücken anbietet, sind nicht unbedingt notwendig, aber oft sehr nützlich. Mit ihnen gebildete Ausdrücke können immer durch äquivalente Ausdrücke ersetzt werden, in denen nur die grundlegenden Elemente Konkatenation, Vereinigung und Kleene'scher Stern auftreten. Skizzieren Sie, wie die oben aufgeführten Elemente durch diese ersetzt werden können.

Übung 203. Konstruieren Sie reguläre Perl-Ausdrücke, die folgende Muster beschreiben:

a) Mindestens ein a gefolgt von beliebig vielen b.

b) Ein a, gefolgt von beliebig vielen b oder c, abgeschlossen durch dd.

c) Beliebig viele \ gefolgt von beliebig vielen Sternen.

d) Drei aufeinander folgende Kopien des aktuellen Inhalts der Variablen $word.

e) 5 beliebige Zeichen, ausschließlich (einschließlich) des Zeilentrenners.

f) Die nicht reguläre Sprache {aba, aabaa, aaabaaa, . . . }.

Übung 204. Konstruieren Sie einen regulären Perl-Ausdruck, der testet, ob ein String eine korrekt geformte Dezimalzahl ist. Erweitern Sie ihren Ausdruck so, dass auch die wissenschaftliche Notation mit Mantisse und Exponent erkannt wird. Schreiben Sie einen Entscheider für diese Ausdrücke.

Übung 205. Unter UNIX existiert standardmäßig eine Textdatei mit den geläufigsten Wörtern der englischen Sprache. Meist ist diese unter /usr/dict/words zu finden. Sie wird z. B. von einigen Programmen zur Rechtschreibprüfung benutzt. Wenn Sie diese Datei nicht besitzen, können Sie auch die Datei words.txt aus den Kursunterlagen verwenden.

Schreiben Sie ein Programm, das nachzählt, wie viele Wörter in dieser Datei ein „e" enthalten. Ignorieren Sie Groß-/Kleinschreibung. Benutzen Sie dazu einen regulären Ausdruck, nicht die substr-Funktion!

Übung 206.

a) Schreiben Sie ein Programm, das die Standardeingabe Zeile für Zeile liest und alle Zeilen ausgibt, die alle 5 Vokale (a, e, i, o, u) enthalten. Nehmen Sie die Wörterdatei /usr/dict/words als Eingabe.

b) Ändern Sie das Programm so ab, dass alle 5 Vokale in der Reihenfolge „a, e, i, o, u" auftreten müssen, aber davor und dazwischen beliebige Zeichen (also auch Vokale) liegen dürfen.

c) Ändern Sie das Programm so ab, dass immer noch alle 5 Vokale in obiger Reihenfolge auftreten müssen aber kein anderer Vokal vor einem „a", kein „i", „o", „u" vor einem „e", kein „o", „u" vor einem „i", kein „o" vor einem „u" und kein anderer Vokal hinter einem „u" vorkommen darf. (Hier war es für den Autor einfacher, den regulären Ausdruck hinzuschreiben, als die ihm entsprechende Formulierung in Prosa zu finden.)

4.3.5 Mustererkennung und Musterersetzung

Mustererkennung. Reguläre Ausdrücke dienen nicht nur dazu, eine Zeichenkette auf das Vorkommen eines bestimmten Musters zu testen, sondern auch dazu, dieses gefundene Muster zu extrahieren und weiterzuverarbeiten.

Angenommen, wir haben eine Datei erhalten, die uns in folgender Form Auskunft über die an einer Wertpapierbörse an einem bestimmten Tag gehandelten Wertpapiere gibt:

```
WKN555750 E41,62 S41,77 V17900
WKN300017 E22,8  S20,6  V5000
```

```
WKN980031 E23,05 S25,4  V700
WKN501244 E33,1  S35,17 V9039
(...beliebig viele weitere Zeilen folgen...)
```

Dabei ist die erste, sechsstellige Zahl die Wertpapier-Kennnummer, die zweite Zahl der Eröffnungskurs, die dritte Zahl der Schlusskurs und die vierte Zahl die Anzahl der gehandelten Stücke.

Wir möchten nun, z. B. aus statistischen Gründen, alle Wertpapier-Kennnummern mit zugehörigen Schlusskursen extrahieren. Dazu können wir einen regulären Ausdruck verwenden, der die Struktur der Zeilen beschreibt. In diesem Ausdruck sind die Teile des Musters, die bei erfolgreichem Matchen extrahiert werden sollen, in runde Klammern einzuschließen. Die vordefinierten Variablen $1 bis $9 enthalten dann nach dem Matchen die erkannten Teilmuster. Das folgende Programm extrahiert auf diese Weise aus jeder Zeile die Wertpapier-Kennnummer und den Schlusskurs.

──────────────── ExtrahiereKurse.pl ────────────────

```
1  while($zeile=<STDIN>) {
2    chomp $zeile;
3    $zeile =~ /WKN(\d{6}).*S(.*)\s/;
4    print "WKN: $1    Schlusskurs: $2\n";
5  }
```

──────────────── Programm 96 ────────────────

Obiges Muster arbeitet wie folgt: Zuerst wird der Teilstring WKN gematcht, danach eine Folge von 6 Ziffern. Diese wird aufgrund der Klammerung später in der Variablen $1 nachzulesen sein. Danach folgt eine beliebige Anzahl von beliebigen Zeichen, bis ein S erkannt wird. Daran anschließend folgt wieder eine beliebige Anzahl von Zeichen (und zwar der Schlusskurs), bis ein Leerzeichen erkannt wird. Das Teilmuster für den Schlusskurs ist wieder geklammert. Somit kann dieser Kurs später aus der Variablen $2 gelesen werden.

Mustersetzung. Ersetzt man die bei der Mustererkennung extrahierten Teilzeichenketten durch andere, so spricht man von *Mustersetzung*.

Angenommen, unsere E-Mail-Adresse hat sich von fred@fred.org auf heinz@heinz.net geändert, und wir möchten im HTML-Quelltext unserer Homepage alle Vorkommen der ursprünglichen Mailadresse durch unsere neue Adresse ersetzen. Dazu benutzen wir den *Substitutions-Operator*, ein Spezialfall des Matching-Operators:

```
$string =~ s/was/wodurch/;
```

Vor dem Suchmuster /was/ ist ein s anzugeben. Hinter dem Suchmuster folgt eine Zeichenkette wodurch, die den Ersetzungsstring spezifiziert. Diese darf die Variablen $1, $2 usw. enthalten. Das Konstrukt muss wieder von einem Schrägstrich beendet werden. Der Operator =~ sucht nun in dem Ausdruck auf seiner linken Seite nach dem Suchmuster und ersetzt dieses durch den angegebenen Ersetzungsstring.

```
————————————— MailadressenErsetzung.pl —————————————
1  while($zeile=<STDIN>) {
2    $zeile =~ s/fred\@fred.org/heinz\@heinz.net/i;
3    print $zeile;
4  }
————————————————— Programm 97 —————————————————
```

In obigem Programm muss dem @ ein Fluchtsymbol vorangestellt werden, damit es nicht als Kennzeichnung einer Array-Variablen interpretiert wird.

Übungen

Übung 207. Die Datei boersenkurse.txt aus den Kursunterlagen enthält Informationen über aktuelle Aktienkurse in der folgenden Form:

```
                                   Vortag   Aktuell   Aktuell
Aktie                     WKN  Börse (Euro)   (Euro)   (Stück)
----------------------------------------------------------------
[52]3U Telekommunikation  516790 Xe   14,45    14,20      300
[53]4MBO                   548780 Fr   35,30    35,50     7723
[54]A.A.A. Allg. Anlageverw. 722800 Fr  6,50     6,50       -
[55]A.S. Création Tapeten  507990 Fr   11,00    11,00      100
[56]Aachener Straßenb.u.En. 820000 Bl 295,00   295,00       -
[57]Aachener u. Münch. LV  845392 Fr  291,00   291,01       -
...
```

Der erste Eintrag in jeder Zeile ist eine fortlaufende Nummerierung, der zweite der Name der Aktiengesellschaft, der dritte die Wertpapier-Kennnummer, der vierte das Kürzel des Handelsplatzes. Dann folgen Vortageskurs, aktueller Kurs und die Anzahl der an diesem Tage gehandelten Aktien. Sie könnten diese Datei z. B. aus dem Internet erhalten haben.

Schreiben Sie ein Programm, das mittels eines regulären Ausdrucks alle diese Informationen extrahiert. Beachten Sie, dass manche Aktien an manchen Tagen nicht gehandelt werden (in der letzten Spalte steht dann ein „–").

Übung 208. (UNIX-Dienstprogramm chsh) Schreiben Sie ein Dienstprogramm, das für einen bestimmten Benutzer die Shell in /etc/passwd abändert. Es darf sie durch eine in der Datei /etc/shells gelistete Shell ersetzen. Verwenden Sie reguläre Musterersetzung. Es gibt auch eine Lösung, die die split-Funktion benutzt.

Übung 209. (UNIX-Dienstprogramm grep) Schreiben Sie ein Programm, das aus der Kommandozeile einen regulären Ausdruck liest und alle Dateien im aktuellen Verzeichnis ausgibt, die eine Zeile enthalten, in denen dieses Muster vorkommt.

Übung 210. Ändern Sie das grep-Programm so ab, dass es statt in allen Dateien nur in denen nachschaut, deren Name auf ein Muster passt, das Sie ebenfalls aus der Kommandozeile beziehen.

4.4 Zufallszahlen

Häufig wird in Programmen, vor allem in Simulationen oder Spielen, eine Folge von *Zufallszahlen* verwendet. Daneben gibt es auch Algorithmen, die in bestimmten Situationen ihre weitere Vorgehensweise von einer zufällig gewürfelten Zahl abhängig machen, so genannte *randomisierte Algorithmen* (engl. „random"=Zufall). Diese Zahlen sollen nicht vorhersagbar sein und bestimmte statistische Kriterien erfüllen.

Zufälligkeit. Um solche Zahlen zu erzeugen, ist in die meisten Programmiersprachen ein *Zufallszahlengenerator* eingebaut, der bei jedem Aufruf die jeweils nächste zufällige Zahl liefert.

Es ist allerdings mathematisch sehr schwierig, den Begriff der *Zufälligkeit* exakt zu definieren. Es hat viele Versuche gegeben und die meisten davon sind fehlgeschlagen. Wir werden daher im Folgenden von einem intuitiven Verständnis des Begriffs *Zufall* ausgehen. Der interessierte Leser findet in [Nels] mehr zur Definition des Begriffes „Zufälligkeit".

Determinismus und Pseudozufälligkeit. Die von diesem Generator erzeugten Zahlen sind nicht wirklich zufällig. Abgesehen davon, dass sie bestimmte statistische Tests nicht bestehen, worauf wir im Einzelnen nicht eingehen wollen, sind sie immer *periodisch*, d. h., ab einer bestimmten Anzahl von Aufrufen wiederholt sich die Folge der vom Generator erzeugten Zahlen.

Das liegt letztlich daran, dass ein Rechnersystem eine Maschine mit nur endlich vielen Bits und somit nur endlich vielen Zuständen ist, auch wenn es sehr viele sind. Damit ist Folgendes gemeint: Schreibt man alle Bits der Register, des Hauptspeichers und der externen Speicher wie Festplatte, angeschlossene Floppy usw. hintereinander, so erhält man einen zwar sehr langen, aber dennoch endlichen Bitstring. Dieser String kodiert exakt den augenblicklichen Zustand des Rechnersystems. Der nächste Zustand, d. h. der nächste Bitstring, hängt nur von diesem String ab (und eventuell von der nächsten Eingabe des Benutzers, der durch Drücken von einer von endlich vielen Tasten diesem String eine endliche Anzahl von Bits hinzufügen kann).

Rechner, wie wir sie kennen, sind alle *deterministisch*, d. h., ausgehend von einem bestimmten Zustand ist es vollkommen klar, was der nächste Zustand sein wird. Erinnern wir uns hierzu an die Funktionsweise von CPU und Speicher. Die Bits des jeweils nächsten Befehls zusammen mit der internen Registerbelegung der CPU bestimmen in eindeutiger, deterministischer Weise den nächsten Zustand der CPU und des Speichers.

Da ein solcher Zustand aufgrund des begrenzten Speichers durch eine bestimmte Höchstzahl von Bits beschrieben werden kann, kann es nur endlich viele solcher Zustände geben. Daher muss diese Maschine irgendwann wieder in einen Zustand kommen, in dem sie schon einmal war, auch wenn sie sehr lange rechnet; ab dann wiederholt sich ihre Berechnung und somit auch ihre Ausgabe. Das bedeutet, jeder Rechner ist ebenfalls *periodisch*. Alle Algorithmen, die nicht enden und denen nur begrenzt viel Speicherplatz zur Verfügung steht, sind periodisch und beginnen irgendwann, ihre Ausgabe zu wiederholen.

Hier zeigt sich übrigens, dass auch die modernste Rechenmaschine im Prinzip wie eine Turing-Maschine aus Abschnitt 2.4.6 arbeitet, und zwar wie eine, deren Rechenband nur eine endliche Anzahl von Kästchen enthält.

Eine deterministische, periodische Maschine kann keine zufällige Ausgabe erzeugen. Dies stünde ja schon im Widerspruch zu ihrer *Determiniertheit*. Daher bezeichnet man diese eingebauten Generatoren besser als *Pseudozufallsgeneratoren* und die von ihnen generierten Zahlen als *Pseudozufallszahlen*.

Der Pseudozufallszahlengenerator. Dieser Pseudozufallszahlengenerator ist in den meisten Programmiersprachen als Funktion implementiert, die bei jedem Aufruf die nächste Pseudozufallszahl liefert. Häufig heißt diese Funktion `rand` oder `random`.

Mehrmaliges Aufrufen der Funktion erzeugt eine (pseudo-)zufällige Folge von Zahlen aus einem bestimmten Bereich. Hier kann bei den meisten Implementierungen über ein Argument x der Funktion das Intervall von 0 bis x ausgewählt werden. Ob eine ganze oder eine Fließkommazahl erzeugt wird, ist implementierungsabhängig.

Zusätzlich kann noch der Startwert der Folge, die so genannte *Saat* (*seed*), durch Aufrufen einer speziellen Funktion festgelegt werden. Meistens ist diese Saat-Funktion `srand` oder `srandom` benannt. Durch Verwenden derselben Saat kann immer wieder dieselbe Pseudozufallsfolge erzeugt werden, weil der Generator intern die nächste Zufallszahl aus der oder den vorhergegangenen erzeugt. Dies ist z. B. beim Debuggen sehr nützlich.

Es stellt sich offenbar die Frage, wie eine *zufällige Saat* erzeugt werden kann, wenn doch jede Ausgabe eines Algorithmus deterministisch ist. Eine oft praktizierte Lösung ist es, die Systemzeit abzufragen und als Saat zu benutzen, weil sie als mehr oder weniger zufällig angesehen wird. So benutzt die in Perl eingebaute `srand`-Funktion, wenn sie ohne Argument aufgerufen wird, u. a. die aktuelle Systemzeit und die Identifikationsnummer des aktuellen Prozesses, um eine zufällige Saat zu berechnen. Ihr kann aber auch explizit ein Startwert übergeben werden.

Die Funktion `rand` von Perl liefert eine Pseudozufallszahl zwischen 0 (eingeschlossen) und 1 (ausgeschlossen). Wird ihr ein Argument x übergeben, so wird eine Zahl größer gleich 0 und kleiner als x erzeugt.

Die folgende Funktion simuliert das Würfeln mit zwei Würfeln, bei dem am Ende die Ergebnisse zusammengezählt werden, wie das bei vielen Brettspielen der Fall ist.

—————————————— Wuerfeln.pl ——————————————

```
1  sub WuerfelnMitZweiWuerfeln {
2    my ($wuerfel1,$wuerfel2);
3
4    $wuerfel1=int(1+rand(6));
5    $wuerfel2=int(1+rand(6));
6
7    return $wuerfel1+$wuerfel2;
8  }
```

————————————— Programm 98 —————————————

Zeile 4 erzeugt eine ganze, pseudozufällige Zahl zwischen 1 und 6 einschließlich, Zeile 5 ebenso. Diese beiden Zahlen werden addiert und bilden somit eine pseudozufällige Zahl zwischen 2 und 12.

Übungen

Übung 211. Erzeugen Sie 10.000 Zufallszahlen zwischen 0 und 1. Berechnen Sie den Mittelwert. Was stellen Sie fest? Wiederholen Sie das Experiment, wobei Sie immer wieder dieselbe Saat verwenden. Dabei können Sie beobachten, dass immer wieder dieselbe Folge (und daher derselbe Mittelwert) erzeugt wird.

Übung 212. (Würfeln mit zwei Würfeln) Schreiben Sie ein Programm, das 10.000 Mal mit 2 Würfeln würfelt, und zählen Sie mit, welche Zahl wie oft gewürfelt wird. Was stellen Sie fest? Merken Sie sich dieses Resultat gut, wenn Sie passionierter Monopoly-Spieler sind! Wenn Ihr Mitspieler auf „Frei Parken" steht, wohin sollten Sie dann Ihr Hotel bauen, auf die Lessing- oder auf die Schillerstraße?

Übung 213. Schreiben Sie ein Programm, das zufällig den Namen eines Teilnehmers Ihres Kurses (oder eines Ihrer Verwandten) bestimmt.

Übung 214. (Nicht uniforme Verteilung) Bei einem gezinkten Würfel ist die Wahrscheinlichkeit, gewürfelt zu werden, nicht für jede Zahl gleich $1/6$. Die Wahrscheinlichkeitsverteilung für die Elementarereignisse „1" bis „6" könnte z. B. wie folgt lauten: Die „6" fällt mit Wahrscheinlichkeit $1/5 = 0,2$, alle anderen Zahlen mit einer Wahrscheinlichkeit von nur $4/25 = 0,16$.

Schreiben Sie eine Funktion, die einen solchen gezinkten Würfel simuliert, d. h. die Zahlen 1 bis 6 nach dieser Wahrscheinlichkeitsverteilung erzeugt und zurückliefert.

4.5 Elementare Datenstrukturen

In fast allen größeren Programmen ist es notwendig, die Daten, die das Programm verarbeiten soll, in einer bestimmten Weise zu strukturieren. Viele Algorithmen benötigen spezielle *Datenstrukturen*, um ihre Arbeit verrichten zu können. So haben wir z. B. schon gesehen, dass Sortieralgorithmen ein Array brauchen, damit sie auf die zu sortierenden Elemente über einen Index zugreifen können. Das englisch-deutsche Wörterbuch benötigt dagegen eine andere Datenstruktur, den Hash, um sich zu einem String einen weiteren String merken zu können. Algorithmen und die von ihnen benötigten Datenstrukturen gehören oft untrennbar zusammen.

Eine Datenstruktur ist nichts anderes als eine bestimmte Art und Weise, Daten strukturiert abzulegen, um das Auffinden und Abändern von Informationen effizient zu machen.

Mathematisch gesehen verwalten diese Strukturen *Mengen*. Oft sind mit den einzelnen Elementen dieser Mengen noch weitere Informationen assoziiert. Die Elemente heißen dann auch *Schlüssel*. Bei einem Hash z. B. ist zu jedem Schlüssel zusätzlich ein Wert abgespeichert.

Die einzelnen Datenstrukturen unterscheiden sich voneinander durch die Operationen, die sie auf den von ihnen verwalteten Mengen erlauben und durch die Geschwindigkeit und den Speicherverbrauch, mit denen diese Operationen durchgeführt werden können. Zu den wichtigsten Operationen gehören das Einfügen eines neuen Elementes, das Löschen eines Elementes und der Zugriff auf ein Element oder die mit ihm assoziierten Daten.

Dieser Abschnitt behandelt oft benötigte Datenstrukturen und die wichtigsten auf ihnen operierenden Algorithmen.

4.5.1 Arrays und Hashes im Vergleich

In die meisten C-ähnlichen Sprachen ist nur eine Datenstruktur von vorneherein eingebaut, nämlich das Array. Die skalare Variable als Spezialfall eines Arrays mit nur einem Element soll hier nicht mitgezählt werden. In diesen Sprachen müssen komplexere Strukturen wie Hashes erst aus einfacheren aufgebaut werden, meist durch Verwendung von Zeigern und Verbundtypen (s. Abschn. 4.5.2).

In Perl sind zusätzlich Hashes eingebaut. Es hat sich nämlich gezeigt, dass das Problem, sich Werte zu beliebigen, nicht notwendigerweise ganzzahligen Schlüsseln zu merken, bei der Formulierung von Algorithmen sehr häufig auftaucht.

Arrays. Das Array ist die schnellste Datenstruktur, was den Zugriff auf einzelne Elemente über einen Index angeht, weil es eine direkte physikalische Darstellung als Block von hinter einanderliegenden Bytes im Hauptspeicher hat. Das Abändern eines einzelnen Elementes geschieht ebenso schnell wie der Zugriff.

Langsam dagegen ist bei einem Array das Löschen eines bestimmten Elementes, weil dann die übrigen Elemente rechts davon um eine Stelle nach links verschoben werden müssen (s. hierzu auch Übung 125).

Einfügen eines Elementes ist ebenso zeitaufwändig. Die Elemente rechts vom einzufügenden, neuen Element müssen um eine Stelle nach rechts verschoben werden.

Ein besonderes Problem ergibt sich in Sprachen wie C, in denen die Größe des Arrays als eine bestimmte Anzahl von Bytes im Hauptspeicher vor der ersten Benutzung festgelegt werden muss, wenn die rechte Grenze des festgelegten Bereiches beim Einfügen überschritten wird. Da nicht über die Array-Grenzen im Hauptspeicher hinaus geschrieben werden darf, muss dann ein völlig neues, größeres Array angelegt und alle Elemente vom alten Array in das neue umkopiert werden. Hier lohnt es sich, stets einen größeren Bereich anzufordern, als zunächst benötigt wird, um noch Platz zum Einfügen zu haben. Ist der Bereich erschöpft, so sollte das Umkopieren gleich in ein Array der doppelten Größe geschehen, damit sich die Kopierkosten auf lange Sicht amortisieren.

In Perl geschieht dies alles automatisch. Der Perl-Interpreter legt immer Arrays an, die etwas größer sind, als der größte bisher verwendete Index angibt, um nicht bei jedem Einfügen ein völlig neues Array anlegen zu müssen und so noch etwas Platz für eventuelle Einfügungen zu haben. Das praktische, dynamische Erweitern von Arrays in Perl hat also versteckte interne Kosten.

Hashes. Wie in Abschn. 3.1 dargelegt wurde, liegt hinter einem Hash eine recht komplexe Datenstruktur, von der bei den in Perl eingebauten Hashes nichts zu sehen ist. Dort ist Einfügen, Löschen und Zugriff auf ein Schlüssel-Wert-Paar so einfach, dass man leicht zu dem Trugschluss gelangt, diese Operationen würden intern mit konstant vielen Maschinenoperationen durchgeführt. Das ist aber keineswegs so! Wie Abb. 3.2 zeigt, dauert es u. U. recht lange, bis die richtige Position des Schlüssels gefunden ist. Daher (und weil es wesentlich platzeffizienter ist) ist ein Array einem Hash immer vorzuziehen, wenn die Schlüssel ganze Zahlen aus einem überschaubar kleinen Bereich sind.

Aussagen über die genaue Dauer einer Operation auf einem Hash gehen über diese Einführung hinaus und sind z. B. in [CLRi] nachzulesen. Als Faustregel gilt, dass bei vielen Zugriffen die durchschnittliche Zugriffszeit um einen kleinen Faktor länger als die Zugriffszeit auf ein Array-Element ist. Auf dem Rechner des Autors sind Hashes um den Faktor 5 langsamer als Arrays, wie ein Experiment zeigt.

Übung 215. Führen Sie obiges Experiment durch: Speichern Sie die Zahlen 1 bis n in einem Array und einem Hash ab, und greifen Sie n Mal auf diese Elemente zu, erst in der Reihenfolge 1 bis n, dann n Mal auf eine zufällige Position. Messen Sie die Laufzeiten und vergleichen Sie (s. hierzu Abschn. 4.6). Variieren Sie die Werte für n.

4.5.2 Verbundtypen

Angenommen, in einem größeren Betrieb soll eine Gehaltsliste aller Angestellten mit Hilfe eines Programms verwaltet werden. Darin soll jeder Angestellte in einem *Datensatz* mit Namen, Vornamen und Gehalt aufgelistet sein. Der Betrieb hat einige hundert Angestellte, so dass diese Liste recht lang ist. Das Programm soll es ermöglichen, der Liste neue Angestellte hinzuzufügen, Angestellte zu löschen und nach dem Gehalt von bestimmten Angestellten zu suchen.

Wie würden wir diese Daten mit unseren bisherigen Kenntnissen strukturiert vorhalten? Eine erste Idee ist es, drei „parallele" Arrays zu benutzen, eines für den Namen, eines für den Vornamen und eines für das Gehalt. Parallel bedeutet hier, dass in jedem Array an Stelle i die zur i-ten Person gehörigen Daten stehen.

Das ist durchaus eine Möglichkeit, die Daten zu verwalten, aber aus Sicht des Programmierers keine besonders sichere. Er muss an jeder Stelle, an der er einen Datensatz löscht, einfügt oder verschiebt, daran denken, dass er diese Operation immer auf drei Arrays gleichzeitig ausführen muss. Noch schlimmer wird es, wenn die Datensätze mehr als drei solcher *Datenfelder* besitzen. Das gleichzeitige Verwalten von 10 oder 20 Arrays ist höchst fehlerträchtig. Der Programmierer könnte an einer Stelle im Programm eines dieser Arrays versehentlich vergessen, und schon käme bei einem Einfügen oder Löschen die Struktur heillos durcheinander.

Stellen wir uns zudem vor, dass zu einem späteren Zeitpunkt das Programm so erweitert werden soll, dass es zu jedem Angestellten weitere Datenfelder wie Anzahl der Urlaubstage, Krankheitstage, Sozialversicherungsnummer usw. verwaltet. Dann müssen an allen Stellen, an denen die einzelnen Arrays manipuliert werden, die zusätzlichen Arrays in den Quellcode eingefügt werden.

Um diese Schwierigkeiten zu umgehen, sehen viele höhere Programmiersprachen die Möglichkeit vor, eine Ansammlung von Werten in so genannten *Verbundtypen* (*records*), auch *Strukturen* (*structs*) genannt, zusammenzufassen. Die in diesen Strukturen enthaltenen Werte dürfen durchaus unterschiedlichen Typs sein.

So gibt es z. B. in der Sprache C die Möglichkeit, sich aus den Grunddatentypen (ganze Zahlen, Fließkommazahlen, Zeichen und Zeichenketten) Strukturen aufzubauen und als selbst definierten Datentyp zu vereinbaren. Diese können dann im Programm wie ein eigenständiger Typ behandelt werden, d. h., es können Variablen dieses Typs angelegt und z. B. in Arrays abgespeichert werden. Das Praktische daran ist, dass jede solche Struktur aus Komponenten besteht (wie etwa Name, Vorname und Gehalt), die als „Untervariable" einer Strukturvariablen sehr einfach durch Angabe des Komponentennamens erreichbar sind. Statt drei Arrays unterschiedlichen Typs würde dort also *ein* Array mit Elementen *eines* Verbundtyps verwendet werden, wobei der Verbundtyp selbst aus drei Komponenten unterschiedlichen Typs aufgebaut ist.

Verbundtypen in Perl. Perl sieht keine direkte Möglichkeit vor, sich aus den vorhandenen Typen (Skalare, Arrays und Hashes) neue aufzubauen. Dennoch können unter Zuhilfenahme von Referenzen Verbundtypen leicht simuliert werden, wie das folgende Programm für die Datenstrukturierung der Gehaltsliste zeigt. Die Gehaltsliste ist hier ein Array von Referenzen auf anonyme Hashes (s. Abschn. 4.1.2). Die Werte in den Hashes sind unterschiedlichen skalaren Typs (Strings und Zahlen), die Schlüssel tragen die Namen der Komponenten.

—————————————— ArrayVonHashes.pl ——————————————

```
 1  @Gehaltsliste=(
 2              {
 3                  'Name'  => 'Winzig',
 4                  'Vorname'=> 'Willi',
 5                  'Gehalt' => 2700
 6              },
 7              {
 8                  'Name'  => 'Neureich',
 9                  'Vorname'=> 'Norbert',
10                  'Gehalt' => 9950
11              }
12          );
13
14  $record={'Name'=>'Meisenkaiser', 'Vorname'=>'Dietrich',
15                  'Gehalt'=>4000};
16
17  push @Gehaltsliste, $record;
18
19  for($i=0;$i<@Gehaltsliste;$i++) {
```

```
20    print "Nachname: ";
21    print ${$Gehaltsliste[$i]}{'Name'};
22    print "  Gehalt: ";
23    print $Gehaltsliste[$i]{'Gehalt'};
24    print "\n";
25  }
```
———————————————— Programm 99 ————————————————

Die Zeilen 14–17 zeigen, wie eine neue Struktur in einer Variablen abgelegt, und diese dann der Gehaltsliste hinzugefügt wird. Die Schleife am Ende zeigt, wie auf die einzelnen Einträge der Strukturen in dem Array zugegriffen werden kann. Sie gibt alle Nachnamen von Angestellten zusammen mit deren Gehalt aus. Der Ausdruck von Zeile 21 wurde in Abschnitt 4.1.2 erläutert: Eine aus einem Array stammende Referenz auf einen Hash wird dereferenziert, und anschließend wird in dem so referenzierten Hash über einen Schlüssel auf einen Wert zugegriffen. Zeile 23 zeigt eine in Perl zulässige Abkürzung für die Schreibweise von Zeile 21.

Die hier vorliegende Datenstruktur ist ein *Array von Hashes*. Sie stellt eine in Perl praktikable, wenn auch speicherintensive Simulation von Verbundtypen dar. Der Grund für den hohen Speicherplatzverbrauch liegt darin, dass in *jedem* Hash des Arrays die Komponentennamen als Schlüssel abgespeichert werden müssen. Auch der Zugriff auf die Werte der Komponenten ist langsam, da zuerst in einem Hash nach dem Schlüssel gesucht werden muss. Bei echten Verbundtypen wie in C dagegen werden die Komponenten einer Struktur wie jede andere Variable direkt angesprochen.

Übung 216. Schreiben Sie, ausgehend von der obigen Darstellung der Gehaltsliste, die fehlenden Funktionen, um einen neuen Angestellten in die Gehaltsliste aufzunehmen, um einen bestimmten Angestellten daraus wieder zu löschen und um zu einem bestimmten Angestellten das Gehalt nachzuschlagen. Bauen Sie die Funktionen in eine Menüführung ein.

4.5.3 Zwei- und mehrdimensionale Arrays

In Übung 191 haben wir bereits ein Beispiel für ein zweidimensionales Array kennen gelernt. Dort sollte jedem der insgesamt 64 Felder eines Schachbretts eine Variable so zugeordnet werden, dass jede Variable über ihren Zeilen- *und* Spaltenindex anzusprechen war. Die Belegung der Variablen mit Kürzeln wie „Ts" für „Turm schwarz" oder „0" für „leeres Feld" kodierte dann eine mögliche Spielsituation.

Die Arrays, die wir bis dahin benutzt hatten, waren alle *eindimensional*, d. h., jede Array-Variable hatte genau einen Index, über den sie anzusprechen war. Bildlich können wir uns die einzelnen Variablen eines eindimensionalen Arrays als den natürlichen Zahlen 0, 1, 2 usw. zugeordnete Werte vorstellen. Zeichnen wir diese Werte über die Indizes auf den Zahlenstrahl, so ergibt sich ein eindimensionales Bild – das Array hat eine Ausdehnung in nur eine *Dimension*. Oftmals ist es aber notwendig, Variablen mit zwei oder sogar noch mehr Indizes zu versehen, wenn diese wie beim Schachbrett in Zeilen und Spalten eingeteilt sind. Man spricht dann von *zweidimensionalen* bzw. *mehrdimensionalen* Arrays.

Abbildung 4.13 zeigt ein eindimensionales und ein zweidimensionales Array mit jeweils 9 Elementen und deren zugehörigen Indizes.

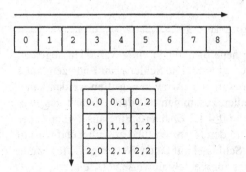

Abbildung 4.13. Ein eindimensionales und ein zweidimensionales Array mit jeweils 9 Elementen. Die Indizierung beginnt in jeder Dimension mit 0.

Die meisten Programmiersprachen besitzen mehrdimensionale Arrays. In den C-ähnlichen Sprachen ist es üblich, bei der Variablenindizierung die zur Dimension 2, 3 usw. gehörenden Indizes in dieser Reihenfolge in eckige Klammern hinter den ersten Index zu schreiben.

Die folgende Funktion testet, ob ein Turm, der auf einem Schachbrett in Zeile z und Spalte s steht, eine gegnerische Figur auf dem Brett bedroht. Im Schachspiel bedroht ein Turm die (von ihm aus gesehen) ersten gegnerischen Figuren in seiner Reihe und Spalte, es sei denn, diese sind durch eine eigene Figur verdeckt. Dazu schaut sich die Funktion alle anderen Felder in Zeile z und Spalte s an, bis sie auf eine eigene oder gegnerische Figur trifft. Sie verwendet dabei die Spielbrettkodierung von Aufgabe 191.

──────────── TurmBedrohtFigur.pl ────────────

```perl
sub TurmBedrohtFigur{
    my ($z,$s)=@_; # Zeile und Spalte des Turms
    my $turmfarbe = substr($Brett[$z][$s],1,1);

    # In Zeile $z nach links suchen
    for(my $j=$s-1;$j>=0;$j--) {
        if($Brett[$z][$j] ne "0") { # Feld nicht leer?
            if(substr($Brett[$z][$j],1,1) ne $turmfarbe)
                {return 1;} # gegnerische Figur bedroht
            else {last;} # eigene Figur versperrt Weg
        }
    }
```

```
14    # In Zeile $z nach rechts suchen
15    for(my $j=$s+1;$j<8;$j++) {
16      if($Brett[$z][$j] ne "0") { # Feld nicht leer?
17        if(substr($Brett[$z][$j],1,1) ne $turmfarbe)
18          {return 1;}
19        else {last;}
20      }
21    }
22
23    # in Spalte $s nach unten suchen
24    for(my $i=$z-1;$i>=0;$i--) {
25      if($Brett[$i][$s] ne "0") {
26        if(substr($Brett[$i][$s],1,1) ne $turmfarbe)
27          {return 1;}
28        else {last;}
29      }
30    }
31
32    # in Spalte $s nach oben suchen
33    for(my $i=$z+1;$i<8;$i++) {
34      if($Brett[$i][$s] ne "0") {
35        if(substr($Brett[$i][$s],1,1) ne $turmfarbe)
36          {return 1;}
37        else {last;}
38      }
39    }
40
41    # keine bedrohte gegnerische Figur gefunden
42    return 0;
43  }
```

———————————————— Programm 100 ————————————————

Die Funktion berechnet zunächst die Farbe des Turmes. Dazu greift sie mit der
substr-Funktion auf das zweite Zeichen des Kürzels zu. Dieses ist entweder w
(für „weiß") oder s (für „schwarz"). Danach sucht sie in vier Richtungen vom Turm
aus die jeweils erste Figur und vergleicht deren Farbe mit der Farbe des Turmes.
Findet sie eine gegnerische Farbe, so liefert sie sofort „wahr" zurück. Findet sie
eine eigene Figur, so bricht sie die Suche in diese Richtung mit einem last ab. Hat
sie alle Positionen in der jeweiligen Zeile und Spalte erfolglos durchsucht, liefert
sie „falsch" zurück.

In Perl werden mehrdimensionale Array-Variablen durch Hinzunahme eines in
eckigen Klammern geklammerten Index pro Dimension gekennzeichnet. Der Ausdruck $x[1][2] bezeichnet also die Variable in Zeile 1 und Spalte 2 der Array-
Variablen x. Intern ist ein Ausdruck wie $x[1][2] nur eine Abkürzung für den
Ausdruck ${$x[1]}[2], was zeigt, dass mehrdimensionale Arrays in Perl nichts

anderes als Arrays von Arrays sind, die über Referenzen realisiert sind (s. hierzu auch Abschn. 4.1.2 und Übung 191).

Übungen

Übung 217. In manchen Sprachen gibt es keine mehrdimensionalen Arrays. Sie können immer durch eindimensionale simuliert werden. Wie würde in Perl ein Zugriff `$zd[$i][$j]` auf ein zweidimensionales Array `zd`, dessen Zeilen aus jeweils `$S` Spalten besteht, durch einen Zugriff `$ed[$x]` auf ein eindimensionales Array `ed` ersetzt werden?

Übung 218. Schreiben Sie eine Funktion, die testet, ob eine Dame auf einem Schachbrett an einer bestimmten Position eine andere Figur auf dem Brett bedroht oder nicht.

Übung[†] 219. (Acht-Damen-Problem) Stellen Sie acht Damen (derselben Farbe) so auf einem Schachbrett auf, dass sie sich nicht gegenseitig bedrohen. Benutzen Sie dazu eine rekursive Funktion, die bei jedem Aufruf eine weitere Dame auf das Brett stellt. Die Funktion soll unmögliche Kombinationen so früh wie möglich erkennen und gar nicht erst weiterverfolgen, sondern bei der nächsten noch nicht ausprobierten Kombination weitermachen. Diese Vorgehensweise wird *Backtracking* genannt.

Übung 220. (Conways Spiel des Lebens) In einer zweidimensionalen Welt, die in Parzellen eingeteilt ist, z. B. 40 Zeilen und 80 Spalten, leben Tiere einer bestimmten Gattung, z. B. Tiger. In jeder Parzelle lebt höchstens ein Tier. Jede Parzelle hat 8 Nachbarparzellen (s. Abb. 4.14).

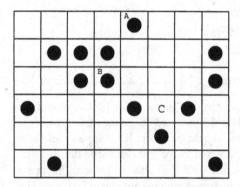

Abbildung 4.14. Conways Spiel des Lebens

Betrachten wir die Population von Monat zu Monat. Ein Tier, das nur einen oder gar keinen Nachbarn hat, stirbt an Vereinsamung (s. Parzelle A in Abb. 4.14). Ein Tier, das mehr als 3 Nachbarn hat, stirbt wegen Überbevölkerung an Nahrungsmangel (Parzelle B). Auf einer freien Parzelle entsteht neues Leben, d. h. ein neues Tier, wenn diese Parzelle an genau 3 bewohnte Parzellen angrenzt (Parzelle C).

Simulieren Sie die Evolution dieser Population Monat für Monat. Bevölkern Sie das Modell anfangs mit dem Zufallsgenerator. Denken Sie sich neue Sterbe- und Geburtsparameter aus. Erweitern Sie das Modell auf mehrere Tierarten, z. B. Räuber- und Beutetiere.

Eine solche zelluläre Anordnung von Variablen, deren Werte sich diskret von Zeitpunkt zu Zeitpunkt ändern, wobei der neue Zustand einer Variablen vom vorherigen Zustand bestimmter anderer zellulärer Variablen abhängt, wird *zellulärer Automat* genannt.

Übung[†] **221.** (Problem des Handlungsreisenden, Traveling Salesman Problem) Ein Handlungsreisender will eine Tour durch n Städte machen und zu seinem Ausgangspunkt zurückkehren. Er kennt die Distanz von jeder Stadt zu jeder anderen und will seine Tour so planen, dass er einen möglichst geringen Gesamtweg zurücklegen muss. Helfen Sie ihm!

Die Abstände $d_{i,j}$ von Stadt i zu Stadt j seien in einem zweidimensionalen Array abgespeichert. Es sollte $d_{i,i} = 0$ gelten für alle i, aber es muss nicht unbedingt $d_{i,j} = d_{j,i}$ sein, denn Hin- und Rückweg können durchaus verschieden lang sein. Ein solches Array wird auch *Abstandsmatrix* genannt.

Sie stehen dann vor dem Problem, systematisch alle *Permutationen* von n Elementen aufzuzählen, also alle Möglichkeiten, n Dinge in einer Reihe anzuordnen. Wie wir in Abschnitt 3.6.1 gesehen haben, gibt es davon genau $n!$ viele. Dort haben wir u. a. diese Größe mit einer rekursiven Funktion berechnet. Das legt nahe, zur Erzeugung von Permutationen eine rekursive Funktion zu schreiben, die auf jeder Rekursionsstufe eine weitere, bisher noch nicht besuchte Stadt in die Tour aufnimmt.

4.5.4 Verkettete Listen

Eine *verkettete Liste* (*linked list*), oft auch *lineare Liste* oder einfach *Liste* genannt, ist eine Datenstruktur, in der die in ihr enthaltenen Elemente *linear* hintereinander angeordnet sind (s. Abb. 4.15). Die Verkettung entsteht dadurch, dass jedes Element in einem Verbund (also einer Struktur eines Verbundtyps, s. Abschn. 4.5.2) abgespeichert wird, der zusätzlich eine Referenz auf den Verbund des nächsten Elements, den *Nachfolger* (*successor*) enthält. Beginnend mit der ersten Referenz, dem *Kopf* (*head*) der Liste, kann die Liste Element für Element den Referenzen folgend durchwandert werden, bis das letzte Element (*tail*) erreicht ist.

Ist eine Referenz auf ein bestimmtes Element vorhanden, so kann hinter diesem sehr schnell, d. h. mit konstant vielen Operationen und somit schneller als in einem Array, ein weiteres Element eingefügt werden. Dazu müssen nur die entsprechenden Referenzen „umgebogen" werden, wie Abbildung 4.15 zeigt. Dort wird in einer Zahlenliste hinter dem Element 11, auf das Referenz p zeigt, ein neues Element 7 eingefügt, indem die Referenz von 11 auf 7 und die Referenz von 7 auf den ursprünglichen Nachfolger von 11 umgebogen wird.

Durch eine Referenz auf ein bestimmtes Element kann somit auf dieses und alle folgenden Elemente bis zum Ende der Liste zugegriffen werden.

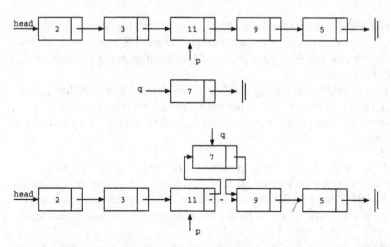

Abbildung 4.15. Einfügen in eine einfach verkettete Liste. Hier wird ein Element mit Inhalt 7 zwischen die Elemente 11 und 9 eingefügt. Dazu wird der Nachfolger von 11 auf 7 gesetzt und der Nachfolger von 7 auf 9. Das Element 7 wird also in die verkettete Liste *eingehängt*.

Doppelt verkettete und zirkuläre Listen. In einer *doppelt verketteten Liste* (*doubly linked list*) kennt jedes Element über eine zusätzliche Referenz auch seinen *Vorgänger* (*predecessor*), wie in Abb. 4.16 zu sehen ist. Indem die Referenz des nun leicht zu findenden Vorgängers auf den Nachfolger umgebogen wird, kann ein Element auch in konstanter Zeit gelöscht werden.

In einer *zirkulären* Liste gibt es kein ausgewiesenes Ende. Dort sind die Elemente in einem Kreis angeordnet, weil der Zeiger des letzten Elementes wieder auf das erste zeigt.

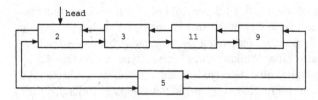

Abbildung 4.16. Eine doppelt verkettete, zirkuläre Liste

Unterschiede zu Arrays. Der Unterschied zwischen einer Liste und einem Array besteht darin, dass das Löschen eines Elementes in einem Array eine zeitaufwändige Operation ist: Alle nachfolgenden Elemente müssen explizit eine Stelle nach links verschoben werden. Ebenso muss beim Einfügen durch Umkopieren aller betroffenen Elemente ab der Einfügestelle um eine Stelle nach rechts Platz geschaffen werden. In einer Liste dagegen werden die Elemente durch das Umbiegen der Zeiger implizit um eine Stelle nach links bzw. rechts verschoben.

Allerdings kann in einer Liste nicht einfach durch einen Index auf ein bestimmtes Element zugegriffen werden, sondern nur durch eine Referenz. Um diese zu erhalten, muss i. d. R. die Liste von links nach rechts (oder umgekehrt) Element für Element durchwandert werden, bis das gesuchte Element gefunden ist. Arrays sind also schnell beim direkten Zugriff auf ein bestimmtes Element, aber langsam beim Einfügen und Löschen; bei Listen verhält es sich umgekehrt.

Verkettete Listen in Perl. Verkettete Listen sind in Perl recht umständlich aufzubauen, weil hier der Verbundtyp-Mechanismus fehlt. Dennoch können, wie in Abschnitt 4.5.2 gezeigt, solche Strukturen durch Verwendung von Referenzen auf (anonyme) Arrays oder Hashes simuliert werden.

Statt echte verkettete Listen aufzubauen, können diese in Perl leicht simuliert werden. Hierzu bieten sich Perls dynamisch erweiterbare Arrays mit den eingebauten Array-Funktionen an. Das folgende Programm löscht in einem Array an einer bestimmten Stelle einige Einträge und fügt an einer anderen neue Einträge hinzu. Dazu benutzt es die eingebaute Funktion `splice`.

——————————— VerketteteListeDurchArray.pl ———————————

```
1  @benutzer=("lay","barra","merscher","ziegler","abel");
2
3  # Loeschen von "barra" und "merscher"
4  @geloescht=splice @benutzer,1,2;
5
6  print "Die Benutzer @geloescht wurden entfernt\n";
7
8  @neu=("petrowitz","bakri"),
9
10 # Einfuegen von @neu hinter "ziegler"
11 splice @benutzer,2,0,@neu;
12
13 print "Aktuelle Benutzer: @benutzer\n";
```
——————————— Programm 101 ———————————

Die Funktion `splice` löscht Elemente eines Arrays und ersetzt sie ggf. durch andere. Wie in Zeile 4 gezeigt, gibt ihr zweites Argument an, an welcher Indexstelle gelöscht werden soll, ihr drittes, wie viele Elemente gelöscht werden sollen. Die Funktion gibt die Liste der gelöschten Elemente zurück. Hier verlassen die Benutzer barra und merscher das Array.

Wie Zeile 11 zeigt, kann `splice` zusätzlich mit einem vierten Argument, einer Liste von Werten, aufgerufen werden. Dann ersetzt es die gelöschten Elemente durch diese Liste. Ist das dritte Argument dann eine 0, so werden überhaupt keine Elemente gelöscht, sondern nur neue eingefügt. Diese Zeile fügt hinter dem Benutzer ziegler zwei neue Benutzer in das Array ein.

Die hier gezeigte Verwendung eines Arrays stellt allerdings keinen echten Ersatz für eine verkettete Liste dar! Intern muss `splice` nämlich sehr wohl Werte umkopieren, so dass bei den so durchgeführten Einfüge- oder Löschoperationen nicht von einer konstanten Laufzeit gesprochen werden kann, was das Hauptmerkmal von verketteten Listen ist.

Bei dieser Simulation von echten verketteten Listen durch Arrays können anstelle der Referenzen auf einzelne Listenelemente (ganzzahlige) Indizes verwendet werden, um auf die Elemente zuzugreifen. Dabei gilt es aber zu beachten, dass diese nach Anwendung von `splice` eventuell ungültig werden, weil die Liste kürzer oder länger geworden sein kann, und die Indizes somit nicht mehr auf die „richtigen" Elemente zeigen. Das kann bei Referenzen auf „echt" verkettete Listenelemente nicht geschehen.

Übungen

Übung 222. Erzeugen Sie eine zufällige Vertauschung (*Permutation*) der Zahlen von 0 bis 99, indem Sie eine verkettete Liste mit diesen Zahlen füllen. Danach erzeugen Sie eine Zufallszahl zwischen 0 und 99, löschen das Element an dieser Stelle und fügen es in eine zweite Liste wieder ein. Danach bestimmen Sie eine Zufallszahl zwischen 0 und 98, löschen das Element an dieser Stelle und fügen es in die zweite Liste ein usw. Führen Sie das Verfahren fort, bis die erste Liste leer ist.

Übung 223. Lösen Sie das Josephus-Problem aus Übung 128 durch Verwendung einer zirkulären Liste, aus der Sie die entsprechenden Personen im Todesfall herauslöschen.

4.5.5 Stapel

Ein *Stapel* (*stack*) ist ein Spezialfall einer Liste, bei der Einfügen und Löschen von Elementen nur an einem Ende möglich ist. Diese Operationen werden als *push* bzw. *pop* bezeichnet. Außerdem besitzen Stapel eine Operation *top*, die das Element am Ende des Stapels liefert, ohne es zu löschen.

Diese Datenstruktur arbeitet nach dem *LIFO*-Prinzip (*last-in-first-out*), d. h., das jeweils zuletzt eingefügte Element wird als erstes wieder entnommen, wie bei einem Stapel von Tellern in einem Küchenschrank. Das oberste Element wird *Top-of-Stack* genannt. Ein Index oder eine Referenz auf diesen Top-of-Stack heißt *Stapelzeiger* (*stack pointer*). Abbildung 4.17 zeigt einen Stapel von Zahlen, der in Übung 224 Verwendung finden wird.

Stapel werden überall dort benötigt, wo *Klammerstrukturen* überprüft und ausgewertet werden müssen. Sie spielen beim Bau von Compilern und Interpretern eine große Rolle, da mit ihrer Hilfe Ausdrücke ausgewertet werden. Die Übungen 224 und 225 skizzieren dies am Beispiel von arithmetischen Ausdrücken.

Wie wir schon oft genug durch entsprechende Fehlermeldungen des Interpreters haben feststellen müssen, ist korrekte Klammerung nicht nur bei arithmetischen Ausdrücken, sondern bei jeder Blockbildung im Programmtext unbedingt notwendig. Zu jeder öffnenden geschweiften Klammer muss eine entsprechende schließende existieren, damit der Compiler oder Interpreter die Struktur des Programms erkennen (*parsen*) und dieses übersetzen kann.

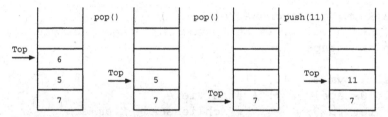

Abbildung 4.17. Ein Stapel zur Auswertung von Postfix-Ausdrücken. pop nimmt den obersten Wert vom Stapel und liefert ihn zurück, push legt einen neuen Wert oben auf den Stapel. Hier werden 6 und 5 durch ihre Summe 11 ersetzt, s. Übung 224.

Stapel in Perl. Ein Stapel kann in Perl sehr einfach mittels Arrays und den eingebauten Funktionen push und pop realisiert werden. Die Anweisung

```
push @stapel,$x;
```

hängt $x an das Array @stapel an, die Anweisung

```
pop @stapel;
```

löscht das letzte Element aus dem Array @stapel und liefert es zurück. Die Funktion top wird durch den Ausdruck

```
$top=$stapel[$#stapel];
```

implementiert. Wie bei der Realisierung von verketteten Listen durch Arrays gilt auch hier, dass diese Operationen wegen eventuellen internen Umkopierens bei push keine konstante Laufzeit haben.

Das folgende Programm zeigt eine Lösung von Übung 104 mit Hilfe eines Stapels. Dazu prüft es nach, ob eine bestimmte Zeichenfolge, deren einzelne Zeichen nacheinander von HoleNaechstesZeichen geliefert werden, eine korrekte Klammerstruktur bezüglich der geschweiften Klammern aufweist. Die Zeichen könnten z. B. die Zeichen eines Perl-Quelltextes sein. HoleNaechstesZeichen liefert undef, wenn alle Zeichen der Eingabe gelesen wurden.

Dazu legt das Programm jede öffnende geschweifte Klammer auf den Stapel. Eine schließende Klammer verarbeitet es mit der letzten öffnenden, die ganz oben auf dem Stapel liegt, indem es diese löscht. Andere Zeichen überliest es einfach. Ist der Stapel leer und muss eine schließende Klammer verarbeitet werden, so ist die Klammerstruktur nicht korrekt, ebenso wenn am Ende noch öffnende Klammern auf dem Stapel liegen. Dann nämlich gab es zu wenig schließende Klammern. Nur wenn am Ende des Verarbeitungsprozesses der Stapel leer ist, ist die Klammerstruktur korrekt.

——————————————— Klammercheck.pl ———————————————

```
1   sub Klammercheck {
2       my @stapel;
3       my $sym;
4
```

```
5    while($sym=HoleNaechstesZeichen()) {
6      if($sym eq '{') { # oeffnende auf Stapel ablegen
7        push @stapel,$sym;
8      }
9      elsif($sym eq '}') {
10       if(@stapel == 0) { # zu viele
11         return 0;        # schliessende Klammern
12       }
13       else {             # letzte schliessende gegen
14         pop @stapel;     # entsprechende oeffnende matchen
15       }
16     }
17   }
18   # alle Zeichen gelesen:
19   if(@stapel == 0) { # Struktur korrekt
20     return 1;
21   }
22   # zu viele oeffnende Klammern
23   return 0;
24 }
```

———————————————— Programm 102 ————————————————

Übungen

Übung 224. (Postfix-Notation, Umgekehrt Polnische Notation) Die *Postfix-Notation* ist eine sehr effiziente Darstellung von arithmetischen Ausdrücken, die z. B. von einigen Taschenrechnern unterstützt wird. Bei dieser Darstellung wird ganz auf Klammern verzichtet. In ihr folgt ein Operator stets seinen Operanden nach, statt wie bei der *Infix-Notation* zwischen ihnen eingebettet zu sein. So wird z. B. der Infix-Ausdruck (3+4)*(5+6) als 3 4 + 5 6 + * dargestellt und 3/((7+8)*4) als 3 7 8 + 4 * /.

Werten Sie solche Ausdrücke auf einem Stapel aus, indem Sie Operanden auf dem Stapel „kellern" und für jeden Operator die beiden obersten Operanden auf dem Stapel durch das Ergebnis der jeweiligen arithmetischen Operation ersetzen. Zur Vereinfachung sollen als Operanden in der Eingabe nur Ziffern auftreten. Abbildung 4.17 zeigt die Operationen auf dem Stapel bei der Auswertung von 3 4 + 5 6 + *, die bei der Verarbeitung des zweiten + durchgeführt werden.

Eine solche „mathematische Auswertungmaschine", die auf einem Stapel operiert, wird auch *Kellerautomat* genannt.

Übung 225. (Auswertung von Ausdrücken auf einem Stapel) Ein *vollständig geklammerter arithmetischer Ausdruck* ist ein arithmetischer Ausdruck, bei dem jeder Unterausdruck – bestehend aus 2 Operanden und einem Operator – in runde Klammern eingeschlossen ist, wie z. B. (((3+4)*(6+8))-(6*2)).

Werten Sie solche vollständig geklammerten arithmetischen Ausdrücke mit einem Programm aus. Benutzen Sie dazu 2 Stacks, einen für Operanden und einen für öffnende Klammern und Operatoren. Zur Vereinfachung sollen als Operanden in der Eingabe nur Ziffern auftreten. Konzipieren Sie damit einen Algorithmus zur Auswertung und implementieren Sie ihn.

Übung[†] **226.** Erweitern Sie Ihr Verfahren so, dass es auch unvollständig geklammerte Ausdrücke mit beliebigen ganzen Zahlen als Operanden auswerten kann.

Übung[†] **227.** Schreiben Sie sich für Ihre Programmiertätigkeit ein nützliches Hilfsprogramm, das eine Quelltextdatei auf korrekte Klammerung von geschweiften, runden und eckigen Klammern hin überprüft. Bei fehlerhaften Klammerungen soll es die Zeilennummer der Zeile ausgeben, in der eine Klammer steht, zu der es keine entsprechende öffnende bzw. schließende Klammer gibt.

4.5.6 Schlangen

Eine *Schlange* (*queue*) ist als Datenstruktur dem Stapel sehr ähnlich, außer dass das Einfügen von Elementen nur an der anderen Seite als das Löschen geschehen kann. Sie arbeitet somit nach dem *FIFO*-Prinzip (*first-in-first-out*): Das zuerst eingefügte Element kommt auch als erstes wieder heraus. Eine Schlange besitzt somit zwei ausgewiesene Enden, den *Kopf* (*head*) und den *Schwanz* (*tail*). Einfügen ist nur am Schwanz möglich, Entnahme nur am Kopf.

Schlangen werden häufig benutzt, um *Warteschlangen* von zu erledigenden Aufgaben zu simulieren: Wer zuerst kommt, wird zuerst bedient (*first-come-first-served*).

Abbildung 4.18 zeigt eine Schlange von Zahlen zusammen mit einigen Operationen.

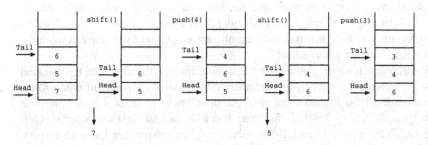

Abbildung 4.18. Eine Schlange. Elemente werden stets am Ende eingefügt und am Anfang entnommen.

Schlangen in Perl. In Perl bieten sich wie beim Stapel Arrays zur Realisierung von Schlangen an. Die eingebaute Funktion shift löscht das erste Element eines Arrays und liefert dieses zurück. Damit ist es möglich, an der einen Seite mit push einen Wert in die Schlange zu stellen und an der anderen Seite mit shift einen Wert zu entnehmen.

Das folgende Programm benutzt eine Schlange, um eine Warteliste etwa bei einer Behörde zu simulieren. Kommt ein neuer Kunde herein, wird er zuerst durch die Funktion stelleKundeInWarteliste an das Ende der Warteliste eingereiht. Hat ein Behördenmitarbeiter irgendwann gnädigerweise Zeit für den nächsten Kunden, so ruft er bedieneKunde auf; diese Funktion entfernt den nächsten zu bedienenden Kunden aus der Warteliste[3]. Wer zuerst kommt, mahlt (zahlt) zuerst!

──────────────── Schlange.pl ────────────────

```
1   sub stelleKundeInWarteliste {
2       my $Kunde=$_[0];
3       push @queue,$Kunde;
4       print "Kunde mit Nummer $Kunde ";
5       print "steht an Stelle ".($#queue+1);
6       print " in der Warteliste.\n";
7   }
8
9
10  sub bedieneKunde {
11      my $Kunde = shift @queue;
12      print "Kunde mit Nummer $Kunde ";
13      print "bitte eintreten!\n";
14  }
```

──────────────── Programm 103 ────────────────

4.5.7 Bäume

Ein *Baum* (*tree*) ist eine Struktur aus *Knoten* (*nodes*) und *Kanten* (*edges*) wie in Abb. 4.19 dargestellt. Hier hat Joachim voller Stolz all seine Abkömmlinge (Kinder, Enkel, Urenkel) in die Knoten eines Stammbaums eingetragen und durch Kanten die Elter-Kind-Beziehung dargestellt.

Die Knoten in einem Baum sind durch die Kanten verbunden. Die Kanten sind meist *gerichtet*, d. h., sie zeigen von einem *Elternknoten* (*parent*) auf einen *Kindknoten* (*child*). Ist u Elternknoten eines Kindknotens v, so heißt u auch *Vater* von v. So ist in Abb. 4.19 Joachim der Vater von Markus und Anja der Vater von Nicola, auch wenn das nicht natürlichen Gegebenheiten entsprechen kann. Ist v von u aus über Kanten erreichbar, so heißt v ein *Nachfahre* (*descendant*) von u und u ein *Vorfahre* (*ancestor*) von v. Im Beispiel ist Bettina ein Nachfahre von Markus und

---

[3] Wir übergehen hier das klassische Synchronisationsproblem „Leser gegen Schreiber" (reader-writer-problem): Wenn beide Funktionen, etwa in einer Multithreading-Umgebung, exakt gleichzeitig aufgerufen werden, kann die interne Struktur der Schlange in einen inkonsistenten Zustand geraten.

Nicole ein Vorfahre von Ron. Haben u und v denselben Vater, so heißen u und v
Geschwister (*sibling*). Patrick und Muna sind Geschwister im Beispiel.

Jeder Knoten in einem Baum hat höchstens einen Vater. Das unterscheidet
Bäume von Graphen, bei denen in einen Knoten beliebig viele Kanten einmünden
dürfen (s. Abschn. 4.1.3 auf Seite 220). Ein Knoten ohne Vater heißt *Wurzel* (*root*)
des Baumes. So ist Joachim die Wurzel des Baumes im Beispiel. Ein Knoten ohne
Kinder heißt *Blatt* (*leaf*). Maria und Ron sind Blätter im Beispiel. Ein Knoten, der
weder Wurzel noch Blatt ist, heißt *innerer Knoten*. Im Beispiel ist Patrick ein innerer Knoten. Jeder Knoten ist auf einem eindeutigen *Pfad* (*path*) von der Wurzel aus
erreichbar. Aus historischen Gründen wachsen in der Informatik Bäume immer von
oben nach unten, d. h., die Wurzel wird oben gezeichnet, die Blätter unten.

Die *Tiefe* (*depth*) eines Knotens ist sein Abstand zur Wurzel. Die Tiefe der Wurzel ist stets 0. Die Tiefe von Nicola im Beispiel ist 2. Die *Tiefe des Baumes* ist die
maximale Tiefe eines Blattes des Baumes. Der Baum im Beispiel hat also Tiefe 3.

Jeder Knoten eines Baumes mit allen seinen Nachfahren stellt einen *Unterbaum*
des Baumes dar.

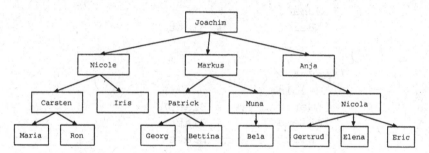

Abbildung 4.19. Ein Baum

Verwendung von Bäumen. Bäume treten in der Informatik sehr häufig auf, sei
es explizit, wie etwa bei der baumartigen Struktur von Dateiverzeichnissen (s.
Abb. 1.11 auf Seite 55), oder implizit, wie etwa bei Aufrufbäumen von Funktionen (s. Abb. 3.3 auf Seite 164). Man benötigt Bäume immer dort, wo Daten *hier-
archisch* verwaltet werden müssen, wo es also Ebenen, Unterebenen, Unteruntere-
benen usw. von Daten gibt. Auch der Quellcode dieses Textdokumentes ist in eine
solche Hierarchie von Kapiteln, Abschnitten, Unterabschnitten und Unterunterab-
schnitten eingeteilt. Wenn das Textverarbeitungssystem Latex, mit dem dieses Buch
verfasst wurde, diesen Quellcode in eine auf Papier ausdruckbare Form übersetzt,
baut es intern einen Baum auf, dessen Knoten eben gerade die einzelnen Kapitel,
Abschnitte usw. darstellen.

Darstellung von Bäumen in Perl. Eine Möglichkeit, Bäume in Perl darzustellen,
liegt wieder einmal in der Verwendung von Arrays und Referenzen auf Arrays. Das
folgende Programm kodiert obigen Stammbaum als eine Referenz auf ein (anonymes) Array. Das Array selbst enthält zuerst den Namen des Knotens, dann eine Liste

von Referenzen auf (anonyme) Arrays; diese Arrays stellen die Kinder des Knotens dar und haben dieselbe Struktur wie ihr Vaterknoten.

───────────────────── Baum.pl ─────────────────────

```
1   $Stammbaum=["Joachim",      # Wurzel
2               ["Nicole",
3                ["Carsten",
4                 ["Maria"],     # Blatt
5                 ["Ron"]        # Blatt
6                ],
7                ["Iris"],       # Blatt
8               ],
9               ["Markus",
10               ["Patrick",
11                ["Georg"],     # Blatt
12                ["Bettina"]    # Blatt
13               ],
14               ["Muna",
15                ["Bela"]       # Blatt
16               ]
17              ],
18              ["Anja",
19               ["Nicola",
20                ["Gertrud"],   # Blatt
21                ["Elena"],     # Blatt
22                ["Eric"]       # Blatt
23               ]
24              ]
25             ];
```

───────────────────── Programm 104 ─────────────────────

Offenbar handelt es sich bei der Definition dieser Referenzstruktur um eine rekursive Definition: Ein Knoten wird dargestellt als Referenz auf ein Array bestehend aus einem Namen und weiteren (Unter-)Knoten. Wo liegt der Rekursionsschluss? Das Ende der Rekursion ist bei den Blättern erreicht, die zwar einen Namen, aber keine weiteren Referenzen mehr haben.

Wollen wir nun diesen Baum Knoten für Knoten durchwandern, so liegt es nahe, gemäß dieser rekursiven Definition mit einer rekursiven Funktion vorzugehen: Einen Knoten zu besuchen heißt, seinen Namen auszugeben und dann (rekursiv) alle seine Kinder zu besuchen:

───────────────────── Baum.pl ─────────────────────

```
28  sub besucheRekursiv {
29    my $knoten=$_[0];
30
```

```
31    # drucke Name des Knotens aus
32    print $$knoten[0]." ";
33    # besuche alle Kinder
34    for(my $i=1;$i<=$#$knoten;$i++) {
35      besucheRekursiv($$knoten[$i]);
36    }
37  }
38
39  # Start der Rekursion
40  besucheRekursiv($Stammbaum);
```
———————————— Programm 104 ————————————

Ein Aufruf von besucheRekursiv besucht die Knoten in folgender Reihenfolge: Joachim, Nicole, Carsten, Maria, Ron, Iris, Markus, Patrick, Georg, Bettina, Muna, Bela, Anja, Nicola, Gertrud, Elena, Eric. Diese Besuchsreihenfolge wird *Präorder* genannt, weil für jeden Unterbaum zuerst dessen Wurzel und erst dann seine restlichen Knoten ausgegeben werden. Die umgekehrte Besuchsreihenfolge heißt *Postorder*.

Binäre Bäume. Ein *binärer Baum* ist ein Spezialfall eines Baumes, bei dem jeder Knoten höchstens zwei Kinder hat und bei dem die Kinder eines Knotens in ein *linkes* und ein *rechtes* Kind unterschieden werden können. In einem *vollständigen binären Baum* ist jeder Knoten entweder ein Blatt oder hat genau zwei Kinder, und alle Blätter haben die gleiche Tiefe. Der Baum aus Abb. 4.20 ist somit ein vollständiger binärer Baum.

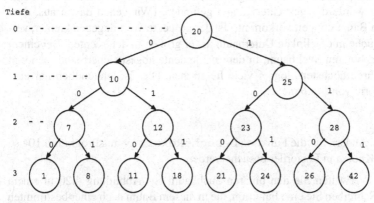

Abbildung 4.20. Ein vollständiger binärer Baum. Der Baum ist gleichzeitig ein binärer Suchbaum.

Die Bezeichnung „binär" rührt daher, dass in einem solchen Baum jede Kante implizit mit einer 0 oder 1 beschriftet ist, je nach dem, ob sie zu einem linken oder einem rechten Kind führt. Dadurch erhält jeder Knoten im Baum eine eindeutige binäre Nummerierung, die angibt, auf welchem Weg er von der Wurzel zu erreichen ist. So hat z. B. der Knoten 18 in Abb. 4.20 die binäre Nummer 011. Diese entspricht dem Pfad „gehe von der Wurzel aus einmal nach links, dann einmal nach rechts, dann noch einmal nach rechts".

Durch diese Beziehung zum Binärsystem besitzen binäre Bäume folgende wichtige Eigenschaften:

- In einem vollständigen binären Baum liegt auf jeder Tiefe genau ein Knoten mehr als auf allen vorhergehenden Tiefen zusammen.
- In einem vollständigen binären Baum der Tiefe t gibt es genau 2^t Blätter, $2^t - 1$ innere Knoten und somit $2^{t+1} - 1$ Knoten insgesamt.
- In einem vollständigen binären Baum mit n Blättern ist die Baumtiefe genau $\log_2 n$. Die Tiefe ist also *logarithmisch*.
- In einem vollständigen binären Baum mit n Knoten insgesamt ist jeder Knoten von der Wurzel aus in höchstens $\log_2 n$ vielen Schritten erreichbar.

Binäre Suchbäume. Wegen ihrer nur logarithmischen Tiefe lassen sich binäre Bäume besonders gut zum Abspeichern von Daten verwenden, die sehr schnell wiedergefunden werden müssen. Ein *binärer Suchbaum* ist ein binärer Baum mit folgender Eigenschaft, die das Suchen von der Wurzel aus besonders einfach macht: Ist x ein Knoten des Baumes, so haben alle Knoten im linken Unterbaum von x einen kleineren Wert als x, alle Knoten im rechten Unterbaum von x aber einen größeren. Der Größenvergleich bezieht sich hierbei auf den jeweils abgespeicherten Datentyp. Zahlen werden also arithmetisch verglichen und Strings lexikographisch. Abbildung 4.20 zeigt einen binären Suchbaum.

Um einen bestimmten Knoten zu finden, muss von der Wurzel aus beginnend der Wert des aktuellen Knotens mit dem gesuchten Wert verglichen werden. Bei Übereinstimmung wurde der gesuchte Knoten gefunden. (Wir gehen davon aus, dass kein Wert im Baum doppelt vorkommt.) Ist der gesuchte Wert dagegen kleiner, verzweigt die Suche in den linken Unterbaum, ist er größer, in den rechten. Bei einem vollständigen binären Suchbaum, in dem n Elemente abgespeichert sind, benötigt dieses Verfahren höchstens $\log_2 n$ viele Iterationen. Dies ist letztendlich nur eine besondere Form von *Binärsuche*.

Übungen

Übung 228. Ändern Sie die Funktion `besucheRekursiv` aus Programm 104 so ab, dass die Knoten in Postorder besucht werden.

Übung 229. Verwalten Sie den binären Suchbaum aus Abbildung 4.20 in einem Programm. Schreiben Sie eine Funktion, die in diesem Baum nach einer bestimmten Zahl sucht. Schreiben Sie Funktionen zum Löschen und Einfügen einer Zahl.

4.6 Benchmarking und Profiling

Bei der Implementierung zeitkritischer Anwendungen ist es oft nötig, die Zeit zu messen, die ein Programm oder ein bestimmter Abschnitt eines Programms verbraucht, z. B. um innere Schleifen optimieren oder zwei verschiedene Algorithmen oder Datenstrukturen hinsichtlich ihrer Performanz vergleichen zu können. Solche Messtechniken werden *Benchmarks* genannt.

Benchmarking eines gesamten Prozesses. Unter der UNIX-Bash gibt es hierzu eine sehr einfache Möglichkeit. Das eingebaute Kommando t ime hat als Argument ein weiteres Kommando. Dieses Kommando wird von t ime ausgeführt; t ime gibt danach eine Zusammenfassung über die verbrauchte Zeit aus[4]:

```
$ time perl -w SortierenDurchMinimumsuche.pl \
> < pyramide4.txt


real    2m14.199s
user    2m13.200s
sys     0m0.040s
```

Diese Ausgabe liest sich wie folgt: Jeder Prozess rechnet zu jedem Zeitpunkt entweder im *System-Space*, d. h., er hat eine Funktion des Betriebssystems aufgerufen, die besondere Berechtigungen hat, oder (und das ist der Normalfall) im User-Space, in dem er keine besonderen Rechte genießt. Die Zeit im System-Space ist gewöhnlich vernachlässigbar, es sei denn, der Prozess macht langwierige Ein- oder Ausgaben oder verbraucht sehr viel (virtuellen) Speicher. (Dann nämlich hat das Betriebssystem viel Arbeit.) In der Ausgabe des t ime-Kommandos ist daher die Summe aus Systemzeit (sys) und User-Zeit (user) die Zeit, die der Prozessor insgesamt auf diesen Prozess verwendet hat. Da aber der Prozessor neben diesem Prozess noch andere Prozesse zu bedienen hatte, ist die tatsächlich vergangene Zeit (real) größer als diese Summe.

Benchmarking von bestimmten Codeteilen. Oft ist es aber notwendig, nur von einem bestimmten Teil eines Programms die Laufzeit zu messen. Die einfachste Möglichkeit hierzu besteht darin, in zwei verschiedenen Zeilen, die den zu untersuchenden Code umschließen, die Systemzeit abzufragen und die so erhaltenen Zeitwerte später voneinander zu subtrahieren. Dies liefert ungefähr die Zeit, die das Programm im eingeschlossenen Code verbraucht hat.

Darüber hinaus gibt es für genau diese Zwecke spezielle Programme, so genannte *Profiler*. Diese messen, angesetzt auf ein Programm, so genau wie möglich, wie viel Zeit dieses Programm in welchen Funktionen verbraucht hat, wie oft eine bestimmte Funktion aufgerufen wurde, wie oft eine bestimmte Schleife durchlaufen wurde usw. *Profiling* ist eine Technik für Programmierprofis, die damit die Implementierung ihres Algorithmus laufzeitmäßig optimieren können. Unter Perl bietet sich das Modul Devel::DProf als Profiler an (zu Modulen und ihrer Benutzung s. Abschn. 4.7).

---

[4] Die lange Kommandozeile wurde hier durch Eingabe eines „\" in der Shell am Ende der ersten Zeile in zwei Zeilen aufgeteilt. Die Shell gibt in der zweiten Zeile ein „>" als Prompt aus.

Eine einfache Möglichkeit zum Benchmarking bestimmter Codeteile in Perl bietet die times-Funktion, die eine Liste mit mehreren zum jeweiligen Prozess gehörenden Zeitwerten liefert.

Der erste Wert der von times gelieferten Liste ist die Zeit in Sekunden, die der Prozess im User-Space verbraucht hat. Der zweite Wert ist die Zeit, die der Prozess im System-Space verbraucht hat. Das folgende Programm zeigt, wie mittels times eine Zeitmessung vorgenommen werden kann.

──────────────────── Benchmark.pl ────────────────────

```
1   @StartZeit=times();
2
3   MacheLangwierigeBerechnung();
4
5   @StopZeit=times();
6
7   $VerstricheneZeit=$StopZeit[0]+$StopZeit[1]
8       - ($StartZeit[0]+$StartZeit[1]);
9
10  print "Verstrichene Zeit in Sekunden : ";
11  print "$VerstricheneZeit\n";
```

──────────────────── Programm 105 ────────────────────

times liefert im skalaren Kontext direkt die im User-Space verbrauchte Zeit, so dass die Zeilen 1 und 5 auch einfach

```
$StartZeit=times();
$StopZeit=times();
```

lauten können, wenn wir nicht an der Zeit im System-Space interessiert sind oder diese vernachlässigbar ist.

4.7 Bibliotheken

Wir haben mittlerweile recht viele Programme geschrieben. Einige dieser Programme waren schon recht groß und anspruchsvoll. Um uns die Programmierarbeit zu erleichtern, haben wir sie gemäß dem prozeduralen Programmierparadigma aus Funktionen aufgebaut. So sind viele nützliche Funktionen entstanden, die wir mit großer Wahrscheinlichkeit in anderen Programmen später wiederverwenden können. Wie können wir eine einmal geschriebene und ausgetestete Funktion wiederverwendbar machen?

4.7.1 Wiederverwendung von Code

Grundsätzlich gibt es zwei Möglichkeiten der Wiederverwendung von Code, buchstabengetreues Einfügen und das Einbinden aus einer Bibliothek.

Kopieren und Einfügen. Die einfachste Möglichkeit der Wiederverwendung liegt darin, den Quelltext einer Funktion wörtlich in das Programm einzufügen, das die Funktion benötigt. Diese Vorgehensweise nennt sich *Kopieren und Einfügen* (*copy and paste*). Die meisten Editoren unterstützen diese Technik, indem sie es erlauben, den Inhalt einer Datei an einer bestimmten Stelle in eine andere Datei einzufügen. Sie hat allerdings einige schwerwiegende Nachteile:

- Wir müssen die Funktion zuerst suchen. Wenn wir schon einige hundert nützliche Funktionen geschrieben haben, die zudem in allen möglichen Quelltextdateien über das gesamte Dateisystem hinweg verteilt sind, dürfte das eine recht mühsame Aufgabe sein.

- Möglicherweise fällt uns nach einiger Zeit ein Fehler in einer der wiederverwendeten Funktionen auf. Dann müssen wir alle unsere Programme durchsuchen, um in allen wörtlichen Kopien des Funktionstextes den Fehler zu bereinigen. Oder uns fällt nachträglich ein, wie wir eine Funktion verbessern können. Dann stehen wir vor dem gleichen Problem.

- Unsere Quelltexte blähen sich auf, weil wir Code einfügen. Das macht unsere Programme schwerer überschaubar.

- Wir können diese Funktionen anderen Programmierern nicht zur Benutzung anbieten. Diese haben i. d. R. keinen Zugriff auf unsere Dateien, und wenn doch, dann wissen sie noch viel weniger als wir, wo wir unsere Funktionen versteckt haben.

- Umgekehrt stehen wir vor demselben Problem: Möglicherweise hat ein anderer Programmierer genau die Funktion geschrieben, die wir gerade jetzt so dringend benötigen, aber er hat keine Zeit, in allen seinen Quelltexten für uns nach dieser Funktion zu suchen.

Die Technik des Kopierens und Einfügens sollte daher allenfalls bei kleineren Programmierprojekten Verwendung finden, bei denen von vornherein klar ist, dass keine Teile wiederverwendet werden. Viele erfahrene Programmierer lehnen diese Technik sogar gänzlich als zu fehlerträchtig ab.

In der Praxis zeigt es sich aber sehr oft, dass anfänglich kleine Projekte mit der Zeit zu unerwartet großen Projekten heranwachsen, bei denen eine ganze Menge von nützlichen, wiederverwendbaren Funktionen entstehen. Dann sollten diese Funktionen in einer Bibliothek gesammelt werden.

Bibliotheken. Eine *Bibliothek* (*library*) ist eine Sammlung nützlicher Funktionen und Werte, die deren Wiederverwendung besonders einfach macht. Eine Bibliothek beinhaltet i. d. R. nur Funktionen und Werte aus einem bestimmten Themengebiet. So gibt es z. B. Bibliotheken zur grafischen Darstellung von Objekten auf dem Bildschirm, Bibliotheken zum Rechnen mit sehr langen Zahlen, Bibliotheken zum Verschlüsseln geheim zu haltender Daten usw.

In den meisten Fällen sind Bibliotheken von Spezialisten entworfen und geschrieben, die sich mit ihrem Themengebiet besonders gut auskennen. Durch Bibliotheken können auch nicht spezialisierte Programmierer komplexe, von Spezialisten für spezielle Zwecke erschaffene Funktionen in eigenen Programmen verwenden, ohne genau verstehen zu müssen, wie diese intern ihre Arbeit verrichten.

Ein Programm benutzt eine Bibliothek, indem es sich von ihr eine oder mehrere Funktionen „ausleiht". Wie das im Einzelnen geht, hängt von der Programmiersprache und vom Betriebssystem ab. Auf keinen Fall jedoch kommt es dabei zu einer Codeverdoppelung. Das Programm ruft nur die in den Bibliotheken benutzten Funktionen auf. Die Funktionen werden also in das Programm *eingebunden* (*linked*).

Bibliotheken im klassischen Sinne enthalten *vorübersetzten Code* (*precompiled code*), d. h. Maschinencode, der von einem Compiler aus einem Quelltext übersetzt wurde. Daher ist es i. d. R. nicht möglich, diesen Code einzusehen. Das Einbinden dieses Codes geschieht meist durch ein eigens dafür vorgesehenes Programm, den so genannten *Linker*. Nachdem der Compiler ein Programm übersetzt hat, fehlen im Kompilat eventuell noch einige Funktionen, die in Bibliotheken zu finden sind. Der Linker führt dann das Kompilat des Programms und den vorübersetzten Code aus den Bibliotheken zusammen.

Erfolgt das Binden erst zur Laufzeit des Programms, spricht man von *dynamischem Binden* (*dynamic linking*). So steht die unter MS-Windows gebräuchliche Abkürzung DLL für *dynamic link library*.

4.7.2 Selbst geschriebene Module in Perl

In Perl werden Bibliotheken als *Module* bezeichnet. Jedes Modul besteht aus einer Datei mit der Endung pm (für „Perl module"). Diese Module enthalten reinen Perl-Quelltext, keinen vorübersetzten Code. Sie sind daher für den Programmierer einsehbar.

Eine Standardinstallation von Perl enthält hunderte von Modulen mit wiederverwendbarem Code zu fast allen vorstellbaren Themengebieten. Um die Syntax zur Einbindung dieser Module zu verstehen, werden wir uns zuerst anschauen, wie wir einfache Module selbst bauen und benutzen können.

Schreiben und Benutzen eigener Module. Angenommen, wir haben zwei Funktionen geschrieben, die zu einem vorgegebenen Radius den Umfang bzw. den Inhalt eines Kreises berechnen. Solche Funktionen werden in geometrischen Aufgabenstellungen sehr häufig benötigt. Es bietet sich daher an, sie in einem Modul `Geometrie.pm` verfügbar zu machen. Das Modul könnte noch viele weitere Funktionen enthalten, z. B. Funktionen, die den Umfang und Inhalt anderer geometrischer Objekte wie Dreiecke, Quadrate oder Ellipsen ausrechnen, oder Funktionen zur Schnittpunktberechnung zweier Geraden oder zweier Kreise usw. Im einfachsten Falle sieht ein Modul so aus:

```
─────────────── Geometrie.pm ───────────────
1  $pi=3.1415927;
2
3  sub Kreisumfang {
4    return 2*$pi*$_[0]; # 2*pi*radius
5  }
6
```

```
7  sub Kreisinhalt {
8    return $pi*$_[0]*$_[0]; # pi*radius^2
9  }
```
————————————— Programm 106 —————————————

Wir haben die beiden Funktionen, zusammen mit der von ihnen benötigten Kreiszahl $pi, in einer Datei zusammengefasst. Wenn wir die Funktionen hier nicht verstehen, so macht das nichts. Im Gegenteil: In der Praxis werden wir uns kaum die Mühe machen, den Programmtext eines Moduls zu lesen. Das ist ja gerade der Sinn eines Moduls: Es wurde von einem Spezialisten für uns geschrieben, und wir brauchen uns nicht um die interne Funktionsweise zu kümmern.

Ein anderer Programmierer (oder auch wir selbst) kann dieses Modul nun mit Hilfe der use-Funktion in sein Programm einbinden. Diese Funktion weist den Perl-Compiler an, das hinter ihr spezifizierte Modul zu benutzen und die darin befindlichen Funktionen und Variablen zur Verfügung zu stellen.

Es könnte z. B. sein, dass unsere Tochter mit diesem Modul ihre Mathematik-Hausaufgaben lösen möchte. Sie will sich keine Gedanken darüber machen, wie Kreisumfang und Kreisinhalt berechnet werden; sie bevorzugt vielmehr vorgefertigte Lösungen durch „Abschreiben", was nicht nur im täglichen Leben, sondern auch beim Programmieren eine sehr effektive Art der Problemlösung ist. Sie würde die Funktionen dann wie folgt benutzen:

————————————— Hausaufgaben.pl —————————————

```
1  use Geometrie;
2
3  $radius=<STDIN>;
4  chomp $radius;
5
6  $inhalt=Kreisinhalt($radius);
7  $umfang=Kreisumfang($radius);
8
9  print "Der Inhalt beträgt $inhalt.\n";
10 print "Der Umfang beträgt $umfang.\n";
```
————————————— Programm 107 —————————————

Zeile 1 in obigem Programm hat dieselbe Auswirkung, als wenn der Quelltext der Datei Geometrie.pm wörtlich an diese Stelle kopiert würde.

Namensräume. Diese Lösung beinhaltet eine große Gefahr. Was geschieht, wenn unsere Tochter versehentlich die Variable $pi in ihrem Programm benutzt und abändert? Dann liefern die Funktionen von Geometrie.pm keine korrekten Ergebnisse mehr! Weil unsere Tochter den Quelltext des Moduls nicht gelesen hat, weiß sie nicht, dass wir eine Variable dieses Namens in dem Modul verwenden und dass von dieser Variablen die Rückgabewerte der Funktionen abhängen.

Daher ist ein *Kapselungsmechanismus* nötig, um die kritischen Daten eines Moduls, die auf keinen Fall abgeändert werden dürfen, vor dem Anwender des Moduls zu verbergen.

Wir können nun einwenden, dass unsere Tochter sich gefälligst den Quelltext des Moduls anschauen solle, da sie ja auch lernen müsse, wie eigentlich ein Kreisumfang und -inhalt ausgerechnet wird. Dann werde sie schon sehen, dass sie die Variable $pi nicht abändern darf. Das aber widerspricht dem grundlegenden Prinzip von Bibliotheken. Diese sind mit Absicht von Spezialisten für nicht spezialisierte Programmierer gemacht, damit letztere komplexe Funktionen benutzen können, *ohne* wissen zu müssen, wie diese intern arbeiten.

Es ist gar nicht so abwegig zu denken, dass ein Benutzer von Geometrie.pm, der in aller Regel nicht den Quelltext studiert, eine Variable namens $pi aus Versehen benutzt. In einem Programm, das mit vielen geometrischen Objekten umgeht, könnte er pi als Abkürzung für „Polygon-Inhalt" benutzen. (Ein Polygon ist ein Vieleck). In der Tat kommt es oft zu solchen *Namenskonflikten*, wenn Programmteile von verschiedenen Programmierern zusammengeführt werden. Welcher Programmierer hat wohl noch nie eine Variable namens Euro oder counter benutzt?

Der in Perl verwendete Kapselungsmechanismus beruht auf *Namensräumen* (*namespaces*). Dieser Mechanismus löst das Problem von doppelt auftretenden Bezeichnern wie $pi, indem er Namen von Funktionen und Variablen durch *implizites* Voranstellen eines Bezeichners in einen Namensraum einordnet. Ein neuer Namensraum wird in Perl durch die Funktion package eingeleitet. Diese hat ein Argument, den Namen des Namensraumes. Nach einem Aufruf

```
package meinpack;
```

stellt der Compiler-Interpreter allen Bezeichnern von Variablen und Funktionen *implizit*, d. h., ohne dass wir es sehen, den Bezeichner meinpack voran. Verwenden wir dann den Bezeichner $pi in unserem Programm, so ist dieser nur eine Abkürzung für den *vollständig qualifizierten* Bezeichner $meinpack::pi. Die Variable $pi wurde also in den Namensraum meinpack eingeordnet.

Durch Verwenden von eindeutigen Namensräumen können daher die Bezeichner, die in einem Modul auftreten, eindeutig gemacht werden. Meistens lautet der Namensraum genau so wie das Modul selbst:

―――――――――――――――― Geometrie2.pm ――――――――――――――

```
1   package Geometrie2;
2
3   $pi=3.1415927;
4
5   sub Kreisumfang {
6     return 2*$pi*$_[0];
7   }
8
9   sub Kreisinhalt {
10    return $pi*$_[0]*$_[0];
11  }
```
―――――――――――――――― Programm 108 ――――――――――――――

Das Modul Geometrie2.pm unterscheidet sich von Geometrie.pm nur durch die erste Zeile. Diese sorgt dafür, dass die Variablen und Funktionen alle implizit mit dem String Geometrie2:: beginnen. Das Modul besitzt also keine Variable namens $pi mehr, sondern die Variable $Geometrie2::pi, und auch keine Funktion namens Kreisinhalt mehr, sondern eine Funktion namens Geometrie2::Kreisinhalt.

Der durch package eröffnete Namensraum gilt so lange, bis eine weiteres package einen anderen Namensraum einläutet. In den allermeisten Fällen tritt ein package aber nur einmal auf, und zwar in der ersten Zeile eines Moduls, danach nicht mehr. Tritt kein package in einer Programm auf, so wie es bei unseren bisherigen Programmen immer der Fall war, so gehören alle Variablen und Funktionen automatisch zum Namensraum main, also zum „Haupt"-Programm.

Sollen nun solche in einen Namensraum eingeordneten Funktionen und Variablen benutzt werden, so müssen sie *vollständig qualifiziert* angegeben werden, d. h., sie müssen mit ihrem vollständigen Namen bezeichnet werden, bestehend aus der Bezeichnung des Namensraums und dem eigentlichen Variablennnamen, durch ein :: voneinander getrennt:

―――――――――――――― Hausaufgaben2.pl ――――――――――――――

```
1  use Geometrie2;
2
3  $radius=<STDIN>;
4  chomp $radius;
5
6  $pi=0;   # dasselbe wie $main::pi=0
7
8  $inhalt  = Geometrie2::Kreisinhalt($radius);
9  $umfang  = Geometrie2::Kreisumfang($radius);
10
11 print "Der Inhalt beträgt $inhalt.\n";
12 print "Der Umfang beträgt $umfang.\n";
13 print "Die Kreiszahl beträgt $Geometrie2::pi.\n";
```

―――――――――――――― Programm 109 ――――――――――――――

Zeile 8 und 9 zeigen, wie die vollständig qualifizierten Namen von Kreisinhalt und Kreisumfang benutzt werden, um die Funktionen aus Geometrie2. pm aufzurufen. In Zeile 6 wird eine Variable $pi auf 0 gesetzt, die nicht das Geringste mit der Variablen $Geometrie2::pi zu tun hat. Daher liefern die Zeilen 8 und 9 auch weiterhin korrekte Ergebnisse, und Zeile 13 druckt die Kreiszahl so aus, wie sie in Geometrie2.pm festgelegt wurde. Die Variable $pi von Zeile 6 lautet vollständig qualifiziert $main::pi.

Eine recht gute Idee ist es, der Definition von $pi in Zeile 3 von Geometrie2. pm ein my voranzustellen:

```
my $pi=3.1415927;
```

Dadurch wird $pi *lokal* zu Geometrie2.pm, und ein Programm, das dieses Modul benutzt, kann den Wert auch durch Angabe des vollständig qualifizierten Namens $Geometrie2::pi nicht mehr abändern.

Exportieren von Bezeichnern in andere Namensräume. Namensräume sind also eine elegante Möglichkeit, um Variablen und Funktionen hinsichtlich ihrer Namensgebung eindeutig zu machen. Ein Nachteil, den der Programmierer in Kauf nehmen muss, sind die länglichen, vollständig qualifizierten Namen. Eigentlich will er sich nicht um die interne Namensgebung eines Moduls kümmern; vielmehr erwartet er, dass er nach einem use die Funktionen eines Moduls einfach unter ihrem (unqualifizierten) Namen aufrufen kann. Er möchte also eigentlich sein Programm wie folgt schreiben:

──────────────── Hausaufgaben3.pl ────────────────

```
1  use Geometrie3;
2
3  $radius=<STDIN>;
4  chomp $radius;
5
6  $inhalt = Kreisinhalt($radius);
7  $umfang = Kreisumfang($radius);
8
9  print "Der Inhalt beträgt $inhalt.\n";
10 print "Der Umfang beträgt $umfang.\n";
```

──────────────── Programm 110 ────────────────

Er möchte sich also das Präfix Geometrie3:: vor Kreisinhalt und Kreisumfang ersparen. Das ist in Perl auch tatsächlich möglich. Dazu muss das Modul Geometrie3.pm folgende zusätzliche Anweisungen enthalten:

──────────────── Geometrie3.pm ────────────────

```
1  package Geometrie3;
2  require Exporter;
3
4  our @ISA=('Exporter');
5  our @EXPORT=('Kreisinhalt','Kreisumfang');
6  our @EXPORT_OK=('$pi','Quadratinhalt','Quadratumfang');
7  our %EXPORT_TAGS= (
8      KreisZeugs => ['Kreisinhalt','Kreisumfang','$pi'],
9      QuadratZeugs => ['Quadratinhalt','Quadratumfang'],
10     );
11
12 $pi=3.1415927;
13 sub Kreisumfang { return 2*$pi*$_[0]; }
14 sub Kreisinhalt { return $pi*$_[0]*$_[0]; }
15
```

```
16  sub Quadratumfang { return 4*$_[0]; }
17  sub Quadratinhalt { return $_[0]*$_[0]; }
18
19  return 1;
```
───────────────── Programm 111 ─────────────────

Eine genaue Erklärung der Zeilen 2–10 und 19 würde den Rahmen dieser Einführung sprengen. Der interessierte Leser kann die Details in [WCOr] nachlesen. Hilfreich sind auch die Manualseiten perlmod, perlmodlib und die Dokumentation zur Funktion require. Hier sei nur so viel gesagt: Zeile 5 sorgt dafür, dass nach einem

```
use Geometrie3;
```

die Bezeichner Kreisinhalt bzw. Kreisumfang als Geometrie3::Kreisinhalt bzw. Geometrie3::Kreisumfang erkannt werden. Hier werden also die Namen der Funktionen aus dem Namensraum Geometrie3 in den Namensraum an der Aufrufstelle von use *exportiert*. Dagegen werden die Bezeichner $pi, Quadratumfang und Quadratinhalt nicht exportiert und müssen weiterhin vollständig qualifiziert werden. Zeile 6 sorgt dafür, dass es trotzdem möglich ist, diese Bezeichner auf Wunsch zu exportieren. So werden z. B. $pi und Quadratinhalt durch folgenden Aufruf von use exportiert:

```
use Geometrie3 ('$pi','Quadratinhalt');
```

Dann wird allerdings kein anderer Bezeichner exportiert, auch nicht Kreisumfang und Kreisinhalt.

Die *Tags* (engl. für „Markierung") in Zeile 8 und 9 fassen Bezeichner in Gruppen zusammen, um sie zusammen exportieren zu können[5]. Dazu muss der entsprechende Tag als Argument von use angegeben werden. Ein Aufruf

```
use Geometrie3 (':KreisZeugs');
```

exportiert somit alle Bezeichner, die etwas mit der Berechnung von Kreisen zu tun haben. Hierbei ist unbedingt das „:" vor dem Tag zu beachten. In vielen Perl-Programmen taucht in diesem Zusammenhang die qw-Funktion auf, die einen String an seinen Leerzeichen auftrennt und eine Liste der so erhaltenen Teilstrings zurückliefert. Um alle Bezeichner zu exportieren, die etwas mit Kreisen und Quadraten zu tun haben, würde in einem typischen Perl-Programm die Zeile

```
use Geometrie3 qw(:KreisZeugs :QuadratZeugs);
```

verwendet werden.

Der Code des Moduls selbst muss als letzte Anweisung „wahr" zurückliefern (Zeile 19), um anzuzeigen, dass alle vorherigen Initialisierungsanweisungen erfolgreich ausgeführt wurden.

───────────────

[5] Dies ist hier nur deshalb erläutert, weil beim Einbinden von Standardmodulen solche Tags oft angegeben werden müssen.

4.7.3 Vordefinierte Module in Perl

Die vordefinierten Module, die mit Perl mitgeliefert werden, gliedern sich in Pragmata und Standardmodule.

Pragmata. Im Allg. versteht man unter einem *Pragma* eine Anweisung oder einen Hinweis für den Compiler. In Perl ist ein Pragma ein spezielles Modul, dessen Einbindung die Kompilations- und/oder Ausführungsphase eines Programms beeinflusst. Einige Pragmata haben wir schon kennen gelernt, wie z. B. das `strict`-Pragma, nach dessen Einbindung alle Variablen vordefiniert werden müssen.

Namen von Pragmata werden konventionsgemäß kleingeschrieben. Namen von eigenen Modulen sollten wenn möglich mit einem Großbuchstaben beginnen, um sie von Pragmata unterscheiden zu können.

Tabelle 4.1 listet einige wichtige Pragmata auf. Eine Auflistung aller verfügbaren Pragmata enthält die Manualseite `perlmodlib` (s. Anhang B.1.1).

Tabelle 4.1. Nützliche Pragmata von Perl

Pragma	Beschreibung
autouse	Lade ein Modul erst dann, wenn eine Funktion daraus aufgerufen wird
charnames	Definiere Namen für Zeichen in der `\N{name}`-Notation
constant	Deklariere Konstanten
diagnostics	Schalte ausführliche Warnmeldungen ein
filetest	Passe das Verhalten der Dateitest-Operatoren auf Dateisysteme mit Access-Control-Lists an
integer	Rechne mit ganzzahliger Arithmetik
re	Verändere das Verhalten von regulären Ausdrücken
strict	Mache einige unsichere syntaktische Konstrukte unmöglich
subs	Deklariere Namen von Funktionen vor
warnings	Kontrolliere optionale Warnmeldungen, ähnlich dem Schalter `-w`

Standardmodule. Wie schon erwähnt, umfasst eine Standardinstallation von Perl bereits hunderte von nützlichen Modulen. Tabelle 4.2 listet nur eine kleine Auswahl davon auf. Wiederum gibt die Manualseite `perlmodlib` genauere Auskunft.

Noch mehr Module für fast jede Problemstellung finden sich im *Comprehensive Perl Archive Network* (*CPAN*) [CPAN]. Ist ein bestimmtes Problem in Perl zu lösen, so ist die Wahrscheinlichkeit sehr groß, dass dieses oder ein ähnliches schon einmal von einem anderen Programmierer gelöst wurde, der danach seine Lösung als Modul im CPAN abgelegt hat. Man sollte das Rad also nicht jedes Mal neu erfinden, sondern zuerst im CPAN nachschauen, ob es nicht schon eine entsprechende Lösung gibt. Der Erfolg der Sprache Perl ist nicht zuletzt auf die Bereitschaft der Perl-Gemeinde zurückzuführen, hilfreichen Code dort kostenlos zur Verfügung zu stellen. Umgekehrt sollte jeder einen Beitrag zu dieser Gemeinschaft leisten und gute Lösungen für spezielle Problemstellungen als Modul im CPAN ablegen.

Tabelle 4.2. Nützliche Standardmodule von Perl

Standardmodul	Beschreibung
Benchmark	Vereinfachtes Benchmarking
Cwd	Finde aktuelles Arbeitsverzeichnis heraus
CGI	Common Gateway Interface
Data::Dumper	Serialisierung von Daten
Devel::DProf	Profiling
File::Basename	Spalte Pfadangabe in Teile
File::Compare	Vergleiche Dateien oder Filehandles
File::Copy	Kopiere Dateien oder Filehandles
File::Find	Durchlaufe einen Dateibaum
Math::BigFloat	Beliebig präzise Fließkommazahlen
Math::BigInt	Beliebig große Ganzzahlen
Math::Complex	Komplexe Zahlen
Shell	Führe Shell-Kommandos aus
Text::ParseWords	Zerlege Text in eine Reihe von Tokens
Text::Wrap	Formatiere Text in Absätzen

Das folgende Programm zeigt als Beispiel eine Anwendung des Standardmoduls Text::Wrap. Dieses Modul stellt eine Funktion wrap zur Verfügung, die aus einzelnen Strings einen formatierten Absatz erzeugt. Das ist dann nützlich, wenn Text auf eine bestimmte Breite formatiert ausgegeben werden soll. Die Funktion erwartet als Eingabe ein Präfix, das sie vor die erste formatierte Zeile schreibt, ein zweites Präfix für alle folgenden Zeilen und schließlich ein Array von in einen Absatz zu formatierenden Strings.

Das im Modulname auftretende :: hat nichts mit dem Trenner :: von Namensraum und Bezeichner in einem Variablenname zu tun. So heißt im Folgenden Programm das Modul (und dessen Namensraum) Text::Wrap. Die Variable $column, die dieses Modul bereitstellt, lautet vollständig qualifiziert $Text::Wrap::column. Mit dieser Variablen lässt sich die Anzahl der Spalten des zu erzeugenden Absatzes einstellen.

─────────────── ZeilenWrap.pl ───────────────

```
1  use Text::Wrap;
2
3  @Textfetzen=
4    ("Wir sind jetzt","fast am","Ende",
5     "des Buches angekommen.","Der Autor",
6     "bedankt sich bei Ihnen","und","hofft,",
7     "dass","Ihnen das Lesen","viel","Spass",
8     "gemacht hat.","Außerdem ist er","selbst froh,",
9     "dass diese Arbeit","nun endlich ein Ende","hat."
10   );
11
12 $Text::Wrap::columns=30;
13
```

```
14  $Praefix1="      "; # 4 Leerzeichen
15  $Praefix2="  ";     # 2 Leerzeichen
16  $Absatz=wrap($Praefix1,$Praefix2,@Textfetzen);
17
18  print $Absatz."\n";
```
———————————————— Programm 112 ————————————

Die Ausgabe des Programms lautet (zu beachten sind die 4 bzw. 2 Leerzeichen am Anfang jeder Zeile):

```
    Wir sind jetzt fast am
Ende des Buches angekommen.
Der Autor bedankt sich bei
Ihnen und hofft, dass Ihnen
das Lesen viel Spass
gemacht hat. Außerdem ist
er selbst froh, dass diese
Arbeit nun endlich ein Ende
hat.
```

Dem ist nichts mehr hinzuzufügen.

Übung 230. Stellen Sie Ihre Funktionen zur Brucharithmetik aus Übung 159 in einem Modul `Rational.pm` zur Verfügung.

Literaturhinweise

Ein sehr empfehlenswertes Buch, das die Fantasie eines jeden Programmierers fördert, ist [Tolk]. Darin spielen die in Abb. 4.1 aufgezeichneten Orte eine große Rolle.

Das Standardbuch zur Programmiersprache C ist [KeRi]. Dort werden auch Zeiger und Verbundtypen (Strukturen), die ein wesentliches Element der Sprache C sind, genauer erläutert.

Eine sehr umfangreiche Einführung in die Theorie der formalen Sprachen und der Automaten findet sich in [LePa] und [HoUl]. Dort werden auch die hier nur kurz erwähnten kontextfreien Grammatiken besprochen. Konstruktion und Verwendung von regulären Ausdrücken werden in [Frie] erschöpfend behandelt.

Die Begriffe der Zufälligkeit und Wahrscheinlichkeit sind in [Nels] ausführlich erläutert. Eine für Schüler geschriebene und sehr verständliche Einführung ist [HeFe].

Hervorragende Einführungen in Algorithmen und Datenstrukturen sind [CLRi] und [Sedg], wobei die erste strenge Korrektheitsbeweise aller Algorithmen beinhaltet, während in der zweiten zu Gunsten von einfacher nachzuvollziehenden Plausibilitätsargumenten darauf verzichtet wird. In diesen Büchern findet sich auch mehr zu Bäumen und Graphen und den auf ihnen operierenden Algorithmen. Ein Buch, das zeigt, wie Algorithmen in Perl implementiert werden können, ist [OHMa].

Mehr zum Aufbau und zur Verwendung von Modulen in Perl ist in der definitiven Sprachreferenz [WCOr] nachzulesen.

5. Lösungen zu ausgewählten Übungen

Dieses Kapitel enthält Lösungen zu ausgewählten Übungen. Die Programme der Programmierübungen sind getestet; wo es zum Verständnis nötig ist, sind sie mit einem einleitenden Kommentar versehen. Die vor den Zeilen der Programme angegebenen Zeilennummern beziehen sich auf die Originaldateien des Autors. An manchen Stellen beginnt die Nummerierung nicht mit 1 oder macht einen Sprung zwischen zwei verschiedenen Programmteilen, weil Kommentare und/oder Leerraum aus den Originaldateien weggelassen wurden.

5.1 Lösungen zu Übungen aus Kapitel 1

Lösung zu Übung 6:

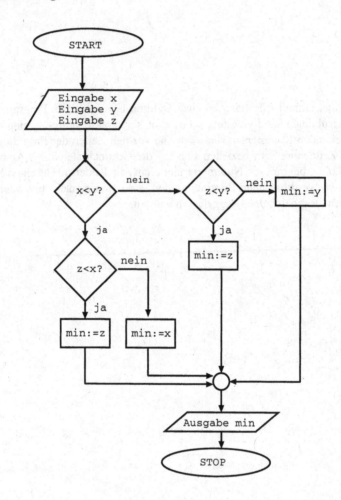

Lösung zu Übung 9: Wir verwenden eine Laufvariable n, mit der wir von 1 bis 1000 zählen und eine Summenvariable Summe, auf die wir alle von n erreichten Werte aufaddieren.

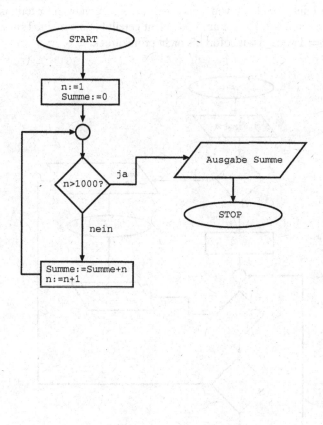

Lösung zu Übung 11: Um von einer eingegebenen Zahl x zu bestimmen, ob sie eine Primzahl ist oder nicht, testen wir alle Zahlen von 2 bis $x-1$, ob sie x teilen. (Es ist sogar nur nötig, alle Zahlen bis zur Wurzel von x auszuprobieren.) Dazu laufen wir mit einer Laufvariablen t von 1 bis $x-1$. Falls t irgendwann x teilt, ist x nicht prim und wir hören auf. Falls t am Ende nicht geteilt hat, ist x eine Primzahl. Den Sonderfall $x = 1$ weisen wir sofort als nicht prim zurück.

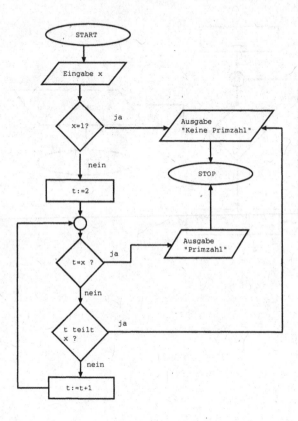

Wir beachten hier den Unterschied zwischen einer Zuweisung mit „: =" und einer Gleichung mit „=".

Lösung zu Übung 16: Wie die folgende Abbildung zeigt, arbeitet das Verfahren zur schriftlichen Addition von Binärzahlen analog zum Verfahren für Dezimalzahlen. Es entsteht ein Übertrag, sobald die Summe zweier Ziffern und des alten Übertrags größer als 1 ist:

```
  01011001
+ 10011011
    11  11
----------
  11110100
```

Lösung zu Übung 17: Auch das Verfahren zur schriftlichen Multiplikation von Binärzahlen arbeitet analog zum Verfahren für Dezimalzahlen.

```
1111*1111
  1111
  1111
  1111
  1111
11100001
```

Hierbei ist zu beachten, dass bei der Addition mehrerer 1en ein Übertrag größer als 1 entstehen kann, der sich dann um mehr als eine Stelle fortsetzt. So entsteht hier z. B. in der dritten Stelle (von hinten) der Übertrag $2 = 10_2$, der sich dann in die fünfte Stelle fortsetzt.

Wie das Beispiel zeigt, besteht das Produkt zweier n-ziffriger Binärzahlen aus höchstens $2n$ vielen Ziffern. (Das gilt für jedes Zahlensystem.)

Lösung zu Übung 19: Der Rest bei Division durch 2 ist immer 0 oder 1. Eine Zahl ist genau dann gerade, wenn sie bei der Division durch 2 den Rest 0 lässt.

Lösung zu Übung 20: $11010011_2 + 10101011_2 = 101111110_2$. Die letzten 8 Binärziffern dieser Zahl sind $01111110_2 = 126$. Dies ist das Ergebnis der 8-Bit-Addition.

Lösung zu Übung 21: Die kleinste Zahl ist trivialerweise die Zahl 0, bei der alle Bits gelöscht sind. Die größte Zahl ist die Zahl $1\ldots1_2$ mit 32 binären Einsen. Diese Zahl ist um 1 kleiner als die Zahl $10\ldots0_2$ mit 32 binären Nullen. Daher ist die größte darstellbare Zahl die Zahl $2^{32} - 1 = 4.294.967.295$.

Lösung zu Übung 22: $128\,M = 2^7 \cdot 2^{20} = 2^{20+7} = 2^{27}$. 1 Byte besteht aus $8 = 2^3$ Bits. Dies sind also insgesamt $2^{27} \cdot 2^3 = 2^{27+3} = 2^{30}$ Bits. Das sind $1.073.741.824$ Bits. Entsprechend ist $1\,GB = 2^{30} \cdot 2^3 = 2^{33} = 8.589.934.592$ Bits.

Lösung zu Übung 25: Die zu einer im Zweierkomplement dargestellten, negativen Zahl x entsprechende positive Zahl $-x$ erhält man, indem man alle Bits von x kippt und dann 1 addiert.

Die kleinste Zahl, die auf einer 32-Bit-CPU im Zweierkomplement darstellbar ist, ist die Zahl $-2^{31} = 2.147.483.648$.

Lösung zu Übung 26: Hier wird die Dezimalzahl

$$(-1)^1 \cdot (1 + 0 \cdot 2^{-1} + 1 \cdot 2^{-2} + 0 \cdot \ldots) \cdot 2^{128-127} = -1{,}25 \cdot 2 = -2{,}5$$

dargestellt.

Lösung zu Übung 27:

$$3{,}25 = +1{,}625 \cdot 2$$
$$= +(1 + 0{,}5 + 0{,}125) \cdot 2$$
$$= (-1)^0 \cdot (1 + 1 \cdot 2^{-1} + 0 \cdot 2^{-2} + 1 \cdot 2^{-3} + 0 \cdot \ldots) \cdot 2^{128-127}$$

Daraus ergibt sich das Vorzeichen-Bit 0, der Exponent 10000000 und der Signifikand 10100000000000000000000.

Lösung zu Übung 28: Wir versuchen, die Zahl 0,1 im Zweiersystem darzustellen. Daraus ergibt sich die Darstellung im IEEE-Format. Es ist

$$0,1 = 0,2 \cdot 2^{-1} = \ldots = 1,6 \cdot 2^{-4}$$
$$= (1,5 + 0,1) \cdot 2^{-4}$$
$$= 1,5 \cdot 2^{-4} + 0,1 \cdot 2^{-4}$$

Für $1,5$ ist die Darstellung im Zweiersystem einfach $1 \cdot 2^0 + 1 \cdot 2^{-1}$. Beim Rest $0,1$ stoßen wird aber wieder auf das ursprüngliche Problem! Daraus folgt, dass die Zahl $0,1$ nicht mit endlich vielen Nachkommastellen im Zweiersystem dargestellt werden kann, weil die Entwicklung nicht abbricht. Daher kann es im IEEE-Format nur eine Näherung für diese Zahl geben. (Um diese zu erhalten, können wir z. B. Potenzen der Form 2^{-i} nacheinander, d. h. $i = 1, 2, \ldots$, aufaddieren, wobei ein bestimmtes 2^{-i} zur Darstellung dazugehört, wenn sein Aufaddieren die Gesamtsumme nicht größer als 0,1 werden lässt.)

Lösung zu Übung 29: Der Ausdruck $(x + y) + z$ ergibt 1, da $y = -x$ und somit $x + y = 0$ ist. Dagegen ergibt der Ausdruck $x + (y + z)$ eine 0! Das liegt daran, dass $y + z$ zu y ausgewertet wird, weil die Mantisse von $z = 0,0\ldots01 \cdot 10^{20}$ bei der Addition zur Mantisse von y aufgrund der geringen Präzision durch Rundung verschwindet.

Lösung zu Übung 31: 42 61 6c 64 20 77 65 72 64 65 6e 20 77 69 72 20 50 72 6f 67 72 61 6d 6d 65 20 73 63 68 72 65 69 62 65 6e 21

Lösung zu Übung 32:

    a) wahr (weil Juli ein Sommermonat ist).
    b) falsch (weil „4 ist ungerade" falsch ist).
    c) wahr (die erste Teilaussage ist falsch, die zweite wahr).
    d) wahr (beide Teilaussagen sind wahr).
    e) falsch (weil „4 ist gerade" wahr ist).
    f) wahr (weil die erste Teilaussage wahr ist).
    g) falsch (weil die letzte Teilaussage falsch ist).
    h) falsch (weil die Aussage in Klammern wahr ist).
    i) wahr (weil „Nicht 4 ist ungerade" wahr ist und Juli ein Sommermonat ist).

Lösung zu Übung 33: „Entweder A oder B" ist dasselbe wie „A und Nicht B oder Nicht A und B". Das entspricht der schraffierten Fläche in Abb. 5.1.

Lösung zu Übung 34: Es muss jeweils „und" durch „oder" ersetzt werden und umgekehrt. Die Übung zeigt, dass in der Umgangssprache die Bedeutung des logischen Und und des logischen Oder leicht verwechselt wird. Jeder Programmierer

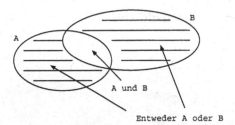

A und B

Entweder A oder B

Abbildung 5.1. Das exklusive Oder

muss daher bei der Formulierung von Bedingungen in Programmen scharf auf seinen eigenen Gebrauch von „Und" und „Oder" achten!

5.2 Lösungen zu Übungen aus Kapitel 2

Lösung zu Übung 38:

———————————— HalloWeltWoertlich.pl ————————————

```
1  print "Hallo Welt!\\n";
2  print "\n"; # neue Zeile
3  print "Mein Name ist \"HalloWelt.pl\"\n";
```

Lösung zu Übung 39:

———————————— Namensausgabe.pl ————————————

```
1  # 1. Version
2  print "Joachim\n";
3  print "Ziegler\n";
4
5  # 2. Version
6  print "Joachim\nZiegler\n";
```

Lösung zu Übung 41:

———————————— Namenskonkatenation.pl ————————————

```
1  $vorname1="Joachim";
2  $vorname2="Rudolf";
3  $nachname="Ziegler";
4
```

```
5  $name=$vorname1." ".$vorname2." ".$nachname;
6
7  print $name."\n";
```

Lösung zu Übung 42:

———————————— Namenssubstitution.pl ————————————

```
1  $vorname1="Joachim";
2  $vorname2="Rudolf";
3  $nachname="Ziegler";
4
5  $name="$vorname1 $vorname2 $nachname";
6
7  print $name."\n";
```

Lösung zu Übung 43:

———————————— Donaudampf.pl ————————————

```
1   $s1="Donau";
2   $s2="dampf";
3   $s3="schiff";
4   $s4="fahrt";
5   $s5="s";
6   $s6="gesellschaft";
7   $s7="kapitän";
8
9   $langer_string=$s1.$s2.$s3.$s4.$s5.$s6.$s5.$s7;
10
11  print $langer_string."\n";
```

Lösung zu Übung 44: Zeile 10 zeigt eine Lösung, die ohne eine zusätzliche Variable auskommt. Dort müssen Klammern um den Gesamtausdruck stehen, weil print sonst nur den Ausdruck $a+$b+$c+$d als sein Argument ansieht. Der Restausdruck /4 würde dann ignoriert werden. Das ist ein leicht zu begehender Fehler in Perl. Daher sollten bei mathematischen Funktionen immer Klammern um den Argumentausdruck gesetzt werden.

———————————— Durchschnitt4.pl ————————————

```
1  # Beispielzahlen
2  $a=42;
3  $b=666;
4  $c=7;
```

```
5  $d=4711;
6
7  $durchschnitt=($a+$b+$c+$d)/4;
8  print $durchschnitt."\n";
9
10 # oder: (Die Klammern muessen stehen!)
11 print (($a+$b+$c+$d)/4);
12 print "\n";
```

Lösung zu Übung 46:
──────────────── Namenseingabe.pl ────────────────

```
1  print "Vorname: ";
2  $vorname=<STDIN>;
3  chomp $vorname;
4
5  print "Nachname: ";
6  $nachname=<STDIN>;
7  chomp $nachname;
8
9  print "Hallo $vorname $nachname, ";
10 print "schön, dass Sie da sind!\n";
```

Lösung zu Übung 47:
──────────────── Meilenwandler.pl ────────────────

```
1  print "Meilen: ";
2  $Meilen=<STDIN>;
3  chomp $Meilen;
4
5  $Kilometer=$Meilen*1.609;
6
7  print "$Meilen Meilen sind $Kilometer Kilometer.\n";
```

Lösung zu Übung 48:
──────────────── Kugelvolumen.pl ────────────────

```
1  $PI=3.1415926;
2
3  print "Radius: ";
4  $radius=<STDIN>;
5  chomp $radius;
6
```

```
7  $volumen=4/3*$PI*$radius*$radius*$radius;
8
9  print "Kugel-Volumen: $volumen\n";
```

Lösung zu Übung 49: Die erste Lösung berechnet zuerst die Sekunden, dann daraus die Minuten und schließlich die Stunden. Der Modulo-Operator in Zeile 5 liefert die Sekundenanzahl als Rest der Division der Gesamtsekundenanzahl durch 60. Diese ziehen wir von der Gesamtsekundenanzahl ab und erhalten somit eine Restanzahl, die durch 60 teilbar ist. Division durch 60 liefert die Anzahl der Minuten, die noch in Minuten und Stunden aufzuteilen sind. Dies geschieht nach demselben Verfahren.

———————————— SekundenwandlerEinfach.pl ————————————
```
1   print "Sekunden: ";
2   $sek=<STDIN>;
3   chomp $sek;
4
5   $s = $sek % 60;
6   $s_rest = $sek - $s;
7   $m_rest = $s_rest / 60; # Division geht auf
8   $m = $m_rest % 60;
9   $m_rest = $m_rest - $m;
10  $h = $m_rest / 60; # Division geht auf
11
12  print "$sek Sekunden sind ";
13  print "$h Stunden, $m Minuten, $s Sekunden\n";
```

In einer zweiten Lösung berechnen wir zuerst die Anzahl der Stunden, dann daraus die Minuten und zum Schluss die Sekunden. Dazu benutzen wir die eingebaute int-Funktion, die den ganzzahligen Anteil einer Dezimalzahl liefert.

Wir berechnen zunächst in Zeile 5, wie viele Stunden in der Sekundenanzahl enthalten sind. Es bleiben dann Sekunden übrig (Zeile 6). Diese ergeben sich dadurch, dass von den eingegebenen Sekunden die Anzahl der in den errechneten Stunden enthaltene Sekundenanzahl subtrahiert wird. (Sie könnten auch direkt als Rest einer ganzzahliger Division durch 3600 berechnet werden.) In diesen Restsekunden sind Minuten enthalten, die wir in Zeile 7 berechnen. Was dann übrig bleibt, ist die restliche Sekundenanzahl (Zeile 8).

———————————— Sekundenwandler.pl ————————————
```
1   print "Sekunden: ";
2   $sek=<STDIN>;
3   chomp $sek;
4
```

```
5   $h = int($sek/3600);
6   $s_rest = $sek - $h * 3600;  # $s_rest = $sek % 3600
7   $m = int($s_rest / 60);
8   $s = $s_rest - $m * 60;      # $s = $s_rest % 60
9
10  print "$sek Sekunden sind ";
11  print "$h Stunden, $m Minuten, $s Sekunden\n";
```

Lösung zu Übung 53: Der Trick besteht darin, nach dem Verschieben des Kommas um zwei Stellen nach rechts die Konstante 0,5 zu addieren, dann die Nachkommastellen abzuschneiden und dann das Komma wieder um zwei Stellen nach links zu schieben.

Das macht z. B. aus 1, 234 die 123, 4, dann die 123, 9, dann die 123 und dann die 1, 23. Aus 1, 235 dagegen wird 123, 5, dann 124, 0, dann 124 und dann 1, 24.

──────────────────── Runden.pl ────────────────────

```
1   $x=<STDIN>;
2   chomp $x;
3
4   $gerundet = int($x*100+0.5)/100;
5
6   print "$x gerundet ist $gerundet\n";
```

Lösung zu Übung 54: Da die Funktionen ord und chr *Umkehrfunktionen* sind, gibt folgendes Programm am Ende wieder das eingegebene Zeichen aus:

──────────────────── ZeichenInZahl.pl ────────────────────

```
1   $Zeichen=<STDIN>; chomp $Zeichen;
2   $ASCIIWert = ord $Zeichen;
3   print "Der ASCII-Wert von $Zeichen ist $ASCIIWert.\n";
4
5   $Zeichen2 = chr $ASCIIWert;
6   print "Das ASCII-Zeichen mit Nummer $ASCIIWert ";
7   print "ist $Zeichen2.\n";
```

Lösung zu Übung 55: Ausprobieren, staunen und nachdenken! (Aus drucktechnischen Gründen besteht das Programm aus 4 Zeilen und gibt auch 4 Zeilen aus, was aber an der Korrektheit der Lösung nichts ändert.)

─────────────────────── Autograph.pl ───────────────────────

```
1  $a='print chr(36).chr(97).chr(61).chr(39)
2  .$a.chr(39).chr(59).chr(10).$a;';
3  print chr(36).chr(97).chr(61).chr(39)
4  .$a.chr(39).chr(59).chr(10).$a;
```

Lösung zu Übung 56:

─────────────────────── GeradeZahl.pl ───────────────────────

```
1  $zahl=<STDIN>;
2  chomp($zahl);
3
4  if($zahl % 2 == 0)
5    {
6      print "Zahl ist gerade.\n";
7    }
```

Lösung zu Übung 57:

─────────────────────── GanzheitsTest.pl ───────────────────────

```
1  $zahl=<STDIN>;
2  chomp $zahl;
3
4  if( $zahl == int($zahl) ) {
5    print "Zahl ist ganz.\n",
6  }
```

Lösung zu Übung 58: Wir kommen hier mit einem if aus, wenn wir zuerst den String Stunde ausgeben und in allen Fällen, in denen die Stundenanzahl verschieden von 1 ist, ein n anhängen. Bei den Minuten und Sekunden verhält es sich ebenso.

─────────────────────── SekundenwandlerIf.pl ───────────────────────

```
1  print "Sekunden: ";
2  $sek=<STDIN>;
3  chomp $sek;
4
5  $h = int($sek / 3600);
6  $s_rest = $sek % 3600;
7  $m = int($s_rest / 60);
8  $s = $sek % 60;
9
```

```
10   print "$sek Sekunden sind ";
11
12   print "$h Stunde";
13   if($h != 1) {
14     print "n";
15   }
16
17   print ", $m Minute";
18   if($m != 1) {
19     print "n";
20   }
21
22   print ", $s Sekunde";
23   if($s != 1) {
24     print "n";
25   }
26
27   print "\n";
```

Eine alternative Lösung verwendet == und vorbelegte Stringvariablen statt ! =:

———————————— SekundenwandlerIf2.pl ————————————
```
10   $h_einheit="Stunden";
11   if($h == 1) { $h_einheit="Stunde"; }
12   $m_einheit="Minuten";
13   if($m == 1) { $m_einheit="Minute"; }
14   $s_einheit="Sekunden";
15   if($s == 1) { $s_einheit="Sekunde"; }
16
17   print "$sek Sekunden sind ";
18
19   print $h." ".$h_einheit.", ";
20   print $m." ".$m_einheit.", ";
21   print $s." ".$s_einheit;
```

Lösung zu Übung 59:
———————————— Wurzelziehen2.pl ————————————
```
1   $x=<STDIN>;
2   chomp $x;
3
4   if( $x < 0 ) {
5     print "Vorsicht! Die eingegebene Zahl ist ";
6     print "kleiner als 0!\n";
```

```
7   print "Ich mache sie jetzt positiv.\n";
8     $x = -$x;
9   }
10
11  $wurzel = sqrt($x);
12  print "Die Wurzel aus $x ist $wurzel.\n";
```

Lösung zu Übung 60:

────────────────── VergleicheXmitY.pl ──────────────────
```
1   $x=<STDIN>;
2   chomp($x);
3
4   $y=<STDIN>;
5   chomp($y);
6
7   if($x>$y)
8     {
9       print "x ist größer als y."
10    }
11
12  else
13    {
14      print "x ist nicht größer als y."
15    }
16
17  print "\n";
```

Lösung zu Übung 61:

────────────────── Dreiertausch.pl ──────────────────
```
1   $x=<STDIN>;
2   chomp($x);
3
4   $y=<STDIN>;
5   chomp($y);
6
7   if($x>$y)
8     {
9       print "x ist größer als y. ";
10
11      # Dreier-Tausch
12      print "Ich vertausche jetzt!";
```

```
13       $tmp=$x;
14       $x=$y;
15       $y=$tmp;
16    }
17
18  else
19    {
20       print "x ist nicht größer als y.";
21    }
22
23  print "\nJetzt ist x $x, und y ist $y.\n";
```

Lösung zu Übung 62:

──────────────── Meilenwandler2.pl ────────────────

```
1   print "Längenzahl: ";
2   $Laenge=<STDIN>;
3   chomp $Laenge;
4
5   print "Einheit: ";
6   $EinheitOrig=<STDIN>;
7   chomp $EinheitOrig;
8
9   if($EinheitOrig eq "km") {
10    $gewandelt = $Laenge / 1.609;
11    $EinheitZiel = "Meilen";
12  }
13  else {
14    $gewandelt = $Laenge * 1.609;
15    $EinheitZiel = "km";
16  }
17
18  print "$Laenge $EinheitOrig sind ";
19  print "$gewandelt $EinheitZiel.\n";
```

Lösung zu Übung 63:

──────────────── Meilenwandler3.pl ────────────────

```
1   print "Längenzahl: ";
2   $Laenge=<STDIN>;
3   chomp $Laenge;
4
5   print "Einheit: ";
```

```
 6  $Einheit=<STDIN>;
 7  chomp $Einheit;
 8
 9  if($Einheit eq "km") {
10    $gewandelt = $Laenge / 1.609;
11    print "$Laenge km sind $gewandelt Meilen.\n";
12  }
13  elsif($Einheit eq "Meilen") {
14    $gewandelt = $Laenge * 1.609;
15    print "$Laenge Meilen sind $gewandelt km.\n";
16  }
17  else {
18    print "$Einheit ist keine gültige Einheit.\n";
19  }
```

Lösung zu Übung 64:

──────────────── SekundenwandlerElsif.pl ────────────────

```
 1  print "Sekunden: ";
 2  $sek=<STDIN>;
 3  chomp $sek;
 4
 5  $h=int($sek/3600);
 6  $s_rest=$sek%3600;
 7  $m=int($s_rest/60);
 8  $s=$sek%60;
 9
10  print "$sek Sekunden sind ";
11
12  if($h==0)    { print "Null Stunden";}
13  elsif($h==1) { print "1 Stunde";}
14  else         { print "$h Stunden";}
15  print ", ";
16
17  if($m==0)    { print "Null Minuten";}
18  elsif($m==1) { print "1 Minute";}
19  else         { print "$m Minuten";}
20  print ", ";
21
22  if($s==0)    { print "Null Sekunden";}
23  elsif($s==1) { print "1 Sekunde";}
24  else         { print "$s Sekunden";}
25
26  print ".\n";
```

Lösung zu Übung 65:

──────────── VergleicheMitNull.pl ────────────

```
1   $x=<STDIN>;
2   chomp $x;
3
4   if($x<0)
5     {
6       print "$x ist kleiner null.\n";
7     }
8   else
9     {
10      if($x==0)
11        {
12          print "$x ist gleich null.\n";
13        }
14      else
15        {
16          print "$x ist groesser null.\n";
17        }
18    }
```

Lösung zu Übung 66: Das elsif-Konstrukt besteht immer wie folgt aus Bedingungen und Blöcken:

```
if(Bedingung1)       { Block1 }
elsif(Bedingung2)    { Block2 }
else                 { Block3 }
```

Diese Konstruktion kann immer durch folgende, semantisch gleichwertige Konstruktion, ersetzt werden:

```
if(Bedingung1)       { Block1 }
else {
  if(Bedingung2)     { Block2 }
  else               { Block3 }
  }
```

Jedes weitere elsif in einer Kette erhöht dann die Schachtelungstiefe der Ersatzkonstruktion um 1.

Lösung zu Übung 68: Die erste Lösung macht eine vollständige Fallunterscheidung:

──────────── MaximumVon3.pl ────────────

```
1   $x=<STDIN>; chomp($x);
2   $y=<STDIN>; chomp($y);
```

```
3   $z=<STDIN>; chomp($z);
4
5   if($x>$y) {
6     if($x>$z) {
7       print "$x ist das Maximum.\n";
8     }
9     else {
10      print "$z ist das Maximum.\n";
11    }
12  }
13  else {
14    if($y>$z) {
15      print "$y ist das Maximum.\n";
16    }
17    else {
18      print "$z ist das Maximum.\n";
19    }
20  }
```

Die zweite Lösung vergleicht zunächst $x und $y miteinander und merkt sich die größere der beiden Zahlen als vorläufiges Maximum in der Variablen $max. Diese vergleicht sie dann mit $z. Ist $z größer, so wird es zum Maximum. Am Ende enthält die Variable $max dann das Maximum.

───────────────── MaximumVon3Alternativ.pl ─────────────────

```
1   $x=<STDIN>; chomp($x);
2   $y=<STDIN>; chomp($y);
3   $z=<STDIN>; chomp($z);
4
5   $max=$x;
6
7   if($y>$max) {
8     $max=$y;
9   }
10
11  if($z>$max) {
12    $max=$z;
13  }
14
15  print "$max ist das Maximum.\n";
```

Lösung zu Übung 69: Hier bietet es sich an, das Verfahren der zweiten Lösung von Übung 68 auf 4 Zahlen zu erweitern, indem noch ein Vergleichsschritt mehr gemacht wird.

Lösung zu Übúng 70: Wir stellen zunächst durch eventuelle Vertauschung von x und y sicher, dass x kleiner als y ist. Dann schauen wir nach, ob z links von dem von x und y gebildeten Intervall liegt oder innerhalb oder rechts davon.

———————————————— Median.pl ————————————————

```
1  $x=<STDIN>; chomp($x);
2  $y=<STDIN>; chomp($y);
3  $z=<STDIN>; chomp($z);
4
5  if($x>$y) {
6    # Dreiertausch
7    $tmp=$x;
8    $x=$y;
9    $y=$tmp;
10 }
11
12 # jetzt gilt: $x <= $y
13
14 if($z<$x)     { print "Der Median ist $x.\n"; }
15 elsif($z>$y)  { print "Der Median ist $y.\n"; }
16 else          { print "Der Median ist $z.\n"; }
```

In einem größeren Programm sollten wir mit Kopien von x und y arbeiten, da wir diese eventuell vertauschen und somit die Berechnung des Medians die Ausgangswerte abändern kann. Das wäre ein so genannter *Seiteneffekt*.

Der Median kann auch durch eine erschöpfende Fallunterscheidung berechnet werden. Es ergeben sich dann 6 Unterfälle:

———————————————— MedianAlternativ.pl ————————————————

```
1  $x=<STDIN>; chomp $x;
2  $y=<STDIN>; chomp $y;
3  $z=<STDIN>; chomp $z;
4
5  if($x<$y) {
6    if($z<$x)     { print "Der Median ist $x.\n"; }
7    elsif($z<$y)  { print "Der Median ist $z.\n"; }
8    else          { print "Der Median ist $y.\n"; }
9  }
10 else { # hier gilt $x>=$y
11   if($z<$y)     { print "Der Median ist $y.\n"; }
12   elsif($z<$x)  { print "Der Median ist $z.\n"; }
13   else          { print "Der Median ist $x.\n"; }
14 }
```

Lösung zu Übung 71: Der Ausdruck $10/3$ wird zu einem anderen IEEE-Wert ausgewertet als der Ausdruck $10*(1/3)$. (Die Differenz beträgt $4{,}44089209850063 \cdot 10^{-16}$.) Das liegt daran, dass die Zahl $1/3$ nicht exakt im IEEE-Format darstellbar ist, und es somit zu einem Präzisionsverlust durch Rundung kommt. Dieser setzt sich bei der Multiplikation mit 10 fort. Diese liefert daher ein anderes Ergebnis als die Division $10/3$.

Es ist daher immer sehr gefährlich, zwei Fließkommazahlen, die aus Berechnungen hervorgegangen sind, auf Gleichheit zu testen. Besser ist es, sie dann als gleich anzusehen, wenn sie sich nur um einen kleinen Betrag unterscheiden. Der Code dafür lautet

```
if( abs($x-$y) < $epsilon ) {...}
```

wobei $epsilon einen „kleinen" positiven Wert enthalten sollte. Wie klein dieser Wert sein muss, hängt von den vorausgegangenen Berechnungen ab. Es gibt hier kein allgemein gültiges Verfahren. Fragestellungen dieser Art werden in der mathematischen Disziplin der *Numerik* betrachtet.

Lösung zu Übung 72: Hier wird statt dem lexikographischen Vergleichsoperator eq der arithmetische Vergleichsoperator == verwendet, um Strings zu vergleichen. Dieser Vergleich geht fast immer positiv aus, weil Perl die beiden zu vergleichenden Strings als Zahlen auswertet. Beginnen die Strings nicht mit einer Zahl (wie im Beispiel Joachim und Samar), so werden sie zu 0 ausgewertet und es gilt natürllich 0==0!

Lösung zu Übung 73:

——————————— Taschenrechner.pl ———————————

```
1   $x=<STDIN>;   chomp $x;
2   $op=<STDIN>;  chomp $op;
3   $y=<STDIN>;   chomp $y;
4
5   if($op eq "+") {
6       $erg = $x+$y;
7   }
8   elsif($op eq "-") {
9       $erg = $x-$y;
10  }
11  elsif($op eq "*") {
12      $erg = $x*$y;
13  }
14  elsif($op eq "/") {
15      $erg = $x/$y;
16  }
17
18  print "$x$op$y=$erg\n";
```

Lösung zu Übung 75: „Entweder A oder B" ist dasselbe wie „A und nicht B oder B und nicht A" und dasselbe wie „(A oder B) und nicht (A und B)". (Siehe hierzu auch die Lösung zu Übung 33.) Das lässt sich in Perl-Code so ausdrücken:

```
$A && !($B) || $B && !($A)
($A || $B) && !($A && $B)
```

Hier wurden in der ersten Lösung die Ausdrücke hinter dem Nicht zusätzlich geklammert; sind diese nämlich selbst zusammengesetzt, so hat das ! davor eine höhere Präzedenz als die darin vorkommenden Operatoren || und &&, was die Auswertungsreihenfolge verfälscht.

Lösung zu Übung 76:

```
─────────────────── VergleicheXYZ.pl ───────────────
1  $x=<STDIN>; chomp($x);
2  $y=<STDIN>; chomp($y);
3  $z=<STDIN>; chomp($z);
4
5  if($x<$y && $y<$z || $z<$y && $y < $x)
6     {
7        print "DRINNEN\n"
8     }
```

Eine andere Lösung stellt durch eventuelles Vertauschen sicher, dass immer $x<=$z gilt, um die Fallunterscheidung zu erleichtern:

```
if($x>$z) { $tmp=$x; $x=$z; $z=$tmp; }
if($x<$y && $y<$z) {
    print "DRINNEN";
}
```

Lösung zu Übung 77: Hier ist es wichtig, das logische Und vor der Negation mit Klammern einzuschließen.

```
─────────────────── VergleicheXYZ2.pl ───────────────
1  $x=<STDIN>; chomp($x);
2  $y=<STDIN>; chomp($y);
3  $z=<STDIN>; chomp($z);
4
5  if(! ($x<$y && $y<$z || $z<$y && $y < $x) )
6     {
7        print "DRAUSSEN\n"
8     }
```

Das Nicht in Zeile 5 kann folgendermaßen aufgelöst werden:

```
if( ($x>=$y || $y>=$z) && ($z>=$y || $y>=$x ) )
{ ... }
```

Lösung zu Übung 81: Falls der Divisior 0 ist, lassen wir einfach das Ergebnis undefiniert. Ebenso verfahren wir, wenn kein gültiger Operator eingegeben wurde. Wir können dann am Ende abprüfen, ob wir ein definiertes, also gültiges Ergebnis haben oder nicht. Daher ersetzen wir in der Lösung von Übung 73 die Zeilen 14–18 wie folgt:

———————————— Taschenrechner2.pl ————————————

```
16  elsif($op eq "/") {
17    if( $y != 0 ) {
18      $erg = $x/$y;
19    }
20    else {
21      print "Vorsicht! Keine Division durch Null!\n";
22    }
23  }
24  else {
25    print "Operator $op nicht zulässig.\n";
26  }
27
28  if(defined($erg)) {
29    print "$x$op$y=$erg\n";
30  }
```

Lösung zu Übung 82:

———————————— Rueckwaertszaehlen.pl ————————————

```
1  $zaehler=1000;
2
3  while($zaehler>=0) {
4    print "$zaehler\n";
5    $zaehler = $zaehler - 1;
6  }
```

Lösung zu Übung 83: Die Summenvariable ist vor Beginn der Schleife auf 0 zu setzen, weil sie sonst bei der ersten Addition undefiniert ist. In Perl wäre das nicht so schlimm, denn der Interpreter würde zwar eine Warnmeldung liefern, aber die Variable zu 0 auswerten. In einer Sprache wie C aber steht die Variable in diesem Fall auf einem zufälligen Wert und die berechnete Summe ist unbrauchbar.

─────────────── Summe1Bis1000.pl ───────────────

```
1  $summe=0;
2  $i=1;
3
4  while($i<=1000) {
5      $summe=$summe+$i;
6      $i=$i+1;
7  }
8
9  print $summe."\n";
```

Lösung zu Übung 84: Wir könnten in jeder Iteration mit dem Modulo-Operator testen, ob die Laufvariable gerade ist, und sie in diesem Fall auf die Summenvariable aufaddieren. Einfacher ist es jedoch, von 2 bis 1000 zu zählen und die Laufvariable immer um 2 zu erhöhen. Dadurch durchlaufen wir nur die geraden Zahlen. Diese Lösung ist mehr als doppelt so schnell.

─────────────── Summe1Bis1000Gerade.pl ───────────────

```
1  $summe=0;
2  $i=2;
3
4  while($i<=1000) {
5      $summe=$summe+$i;
6      $i=$i+2;
7  }
8
9  print $summe."\n";
```

Lösung zu Übung 85: Wir lesen x ein. Solange dieses kleiner als 0 ist, lesen wir es immer wieder neu ein. Die Schleife endet somit erst, wenn $x \geq 0$ gilt.

─────────────── Wurzelziehen3.pl ───────────────

```
1  print "Bitte nicht negative Zahl eingeben: ";
2  $x=<STDIN>;
3  chomp $x;
4
5  while($x<0) {
6      print "Zahl ist negativ!\n";
7      print "Bitte nicht negative Zahl eingeben: ";
8      $x=<STDIN>;
9      chomp $x;
```

```
10  }
11
12  print sqrt($x)."\n";
```

Lösung zu Übung 86: Wir lesen in einer Schleife so lange ein Passwort ein, wie das eingegebene Passwort falsch ist. Um beim ersten Vergleich keine Warnmeldung vom Interpreter zu erhalten, setzen wir $passwort ganz zu Anfang auf den Leerstring (weil sonst die Variable noch undefiniert wäre).

―――――――――――――――――― Login.pl ――――――――――――――――――
```
1  $passwort="";
2
3  while($passwort ne "rollingstones") {
4    print "Passwort eingeben: ";
5    $passwort=<STDIN>;
6    chomp $passwort;
7  }
8
9  print "Herzlich willkommen!\n";
```
―――

Wir zählen nun zusätzlich mit, wie oft wir das Passwort schon eingelesen haben, und gehen nur dann in eine neue Iteration, wenn dieser Zähler noch kleiner als 3 ist. Die Schleife endet, wenn das richtige Passwort eingegeben wurde oder (und dies ist ein inklusives Oder) der Zähler auf 3 steht. Ist also nach Beendigung der Schleife das Passwort immer noch falsch, so wurden schon 3 vergebliche Versuche gemacht. (Der Zähler steht dann auf 3.) Das Passwort kann aber auch beim dritten Versuch richtig eingegeben worden sein. Daher müssen wir nach der Schleife nur noch testen, ob das letzte eingegebene Passwort das richtige war.

―――――――――――――――――― Login2.pl ――――――――――――――――――
```
1  $zaehler=0;
2  $passwort="";
3
4  while($passwort ne "rollingstones" && $zaehler<3) {
5    print "Passwort eingeben: ";
6    $passwort=<STDIN>;
7    chomp $passwort;
8    $zaehler=$zaehler+1;
9  }
10
11  if($passwort ne "rollingstones") {
12    print "Sie haben Ihre 3 Versuche aufgebraucht.\n";
13    print "Anmeldung nicht möglich.\n";
```

```
14    exit 1;
15  }
16
17  print "Herzlich willkommen!\n";
```

Wir trennen nun das Programm in zwei große Fälle auf. Der erste Fall behandelt den Benutzer root, der zweite alle anderen Benutzer.

──────────────── LoginRoot.pl ────────────────

```
1   print "Benutzername: ";
2   $username=<STDIN>;
3   chomp $username;
4
5   if($username eq "root") {
6     print "Passwort eingeben: ";
7     $passwort=<STDIN>;
8     chomp $passwort;
9     if($passwort ne "ac/dc") {
10       print "Anmeldung fehlgeschlagen.\n";
11       exit 1;
12     }
13  }
14  else { # Benutzer ist nicht 'root'
15    $zaehler=0;
16    $passwort="";
17    while($passwort ne "rollingstones" && $zaehler<3) {
18      print "Passwort eingeben: ";
19      $passwort=<STDIN>;
20      chomp $passwort;
21      $zaehler=$zaehler+1;
22    }
23    if($passwort ne "rollingstones") {
24      print "Sie haben Ihre 3 Versuche aufgebraucht.\n";
25      print "Anmeldung nicht möglich.\n";
26      exit 1;
27    }
28  }
29
30  print "Herzlich willkommen!\n";
```

Ein alternative Lösung verzichtet auf die Trennung in zwei große Fälle. Hier wird am Anfang – je nach Benutzer – die maximale Anzahl von Versuchen und das erwünschte Passwort festgesetzt.

———————————————————— LoginRoot2.pl ————————————————

```
1   print "Benutzername: ";
2   $username=<STDIN>;
3   chomp $username;
4
5   $maxanzahl=3;
6   $systempw="rollingstones";
7   if($username eq "root") {
8     $maxanzahl=1;
9     $systempw="ac/dc";
10  }
11
12  $zaehler=0;
13  $passwort="";
14  while($passwort ne $systempw && $zaehler<$maxanzahl) {
15    print "Passwort eingeben: ";
16    $passwort=<STDIN>;
17    chomp $passwort;
18    $zaehler=$zaehler+1;
19  }
20
21  if($passwort ne $systempw) {
22    print "Sie haben Ihre $maxanzahl ";
23    print "Versuche aufgebraucht.\n";
24    print "Anmeldung nicht möglich.\n";
25    exit 1;
26  }
27
28
29  print "Herzlich willkommen!\n";
```

———

Lösung zu Übung 87: Die Grobstruktur einer for-Schleife lautet:

```
for(Vorinitialisierung;Bedingung;Nachinitialisierung)
  {
     Block;
  }
```

Dies ist semantisch gleichbedeutend mit folgender while-Schleife:

```
Vorinitialisierung;
while(Bedingung) {
  Block;
  Nachinitialisierung;
}
```

Lösung zu Übung 88: Wir lassen einfach die Vorinitialisierung und die Nachinitialisierung leer. Eine leere Gültigkeitsbedingung gilt immer als „wahr", weil Aussagen über die leere Menge in der Mathematik immer als wahr gelten. Anders gesagt ist eine leere Bedingung immer wahr. Daher wird folgende Schleife ewig durchlaufen:

```
for(;;) {
  Block;
}
```

Eine ähnliche Lösung mit einer while-Schleife lautet wie folgt:

```
while(1) {
  Block;
}
```

Lösung zu Übung 89: Oft schreibt man Konstanten ganz in Großbuchstaben, um sie von Variablen zu unterscheiden. Die Variable $KMPAUSCHALE ist im folgenden Programm eigentlich eine Konstante.

```
——————————————— BundesbahnPreise.pl ———————————————
1  $KMPAUSCHALE=0.14;
2
3  for($km=10;$km<=500;$km=$km+10) {
4    $preis=$km*$KMPAUSCHALE;
5    print "$km km kosten $preis Euro.\n";
6  }
```

Perl bietet daneben auch noch folgende Konstantendeklaration an:

```
use constant KMPAUSCHALE => 0.14;
```

Danach kann der Bezeichner KMPAUSCHALE (ohne ein führendes $) als Konstante im Programm benutzt werden. Sollte an einer anderen Stelle versucht werden, dieser Konstanten nochmals einen Wert zuzuweisen, bricht der Compiler mit einer Fehlermeldung ab.

Lösung zu Übung 90:

```
——————————————— LorentzTransformation.pl ———————————————
1  $c=300000;
2
3  $AnzIntervalle=20; # Anzahl Teilintervalle
4
5  $Schrittweite=$c/$AnzIntervalle;
6
7  for( $v=0 ; $v<$c ; $v=$v+$Schrittweite ) {
8    $Faktor = 1 / sqrt(1-$v*$v/($c*$c));
```

```
 9    print "v=$v    faktor(v)=$Faktor\n";
10    }
```

Lösung zu Übung 91: Hier bietet es sich an, alle ganzen Zahlen von 0 bis 1000 in einer Schrittweite von 14 aufzusummieren. Dadurch kann auf ein if innerhalb der Schleife verzichtet werden.

Lösung zu Übung 92: Hier ist es wesentlich einfacher, die Teilbarkeitsbedingung in der Schleife mit einem if zu prüfen.

──────────────── Summe1Bis1000MitBed.pl ────────────────

```
1    $summe=0;
2
3    for( $zahl=0; $zahl<=1000; $zahl+=2) {
4      if($zahl%7==0 && !($zahl%3==0)) {
5        $summe=$summe+$zahl;
6      }
7    }
8
9    print "Die Summe ist $summe\n";
```

Lösung zu Übung 93: Die Summe ist 500, weil die Differenz einer geraden und einer vorhergehenden ungeraden Zahl immer 1 ist, und es 500 Paare zwischen 0 und 1000 gibt. Man benötigt also nicht immer ein Programm! Als Programmierer ist man mit der Zeit leicht versucht, für jedes Problem voreilig ein Programm zu schreiben, obwohl es sich möglicherweise auch durch Nachdenken lösen lässt.

Lösung zu Übung 95: Wir konstruieren eine Endlosschleife. Falls der Benutzer ein # eingibt, verlassen wir das Programm mit exit. Die Berechnung der Summe, der Differenz, des Produktes und des Quotienten geschieht wie in der bisherigen Version des Taschenrechners (s. Übung 81). Zum Potenzieren multiplizieren wir die Basis x so oft in einer Schleife mit sich selbst, wie der Exponent y angibt. Dazu multiplizieren wir eine *Produktvariable* $potenz, die wir mit 1 initialisieren, immer wieder mit x, und zwar genau y Mal.

In dem Falle, dass wir durch 0 dividieren würden oder dass ein ungültiger Operator eingegeben wurde, machen wir das Ergebnis mit undef explizit undefiniert. (In Lösung zu Übung 81 haben wir die Variable in diesem Fall einfach nicht definiert.) Aus der vorhergehenden Iteration könnte dieses Variable nämlich noch einen definierten Wert haben, so dass am Ende dann dieser alte Wert ausgegeben würde.

──────────────── Taschenrechner3.pl ────────────────

```
1    while(1) { # Endlosschleife
2
```

```
3    $x=<STDIN>;       chomp $x;
4    if($x eq "#")   { exit(0); }
5    $op=<STDIN>;      chomp $op;
6    if($op eq "#") { exit(0); }
7    $y=<STDIN>;       chomp $y;
8    if($y eq "#")   { exit(0); }
9
10   if($op eq "+") {
11      $erg=$x+$y;
12   }
13   elsif($op eq "-") {
14      $erg=$x-$y;
15   }
16   elsif($op eq "*") {
17      $erg=$x*$y;
18   }
19   elsif($op eq "/") {
20      if($y == 0) { undef($erg);}
21      else        { $erg=$x/$y;}
22   }
23   elsif($op eq "**") {
24      $potenz=1;
25      for($i=1;$i<=$y;$i++) {
26         $potenz *= $x;  # wie $potenz=$potenz*$x;
27      }
28      $erg=$potenz;
29   }
30   else { # kein zulaessiger Operator
31      undef($erg);
32   }
33
34   if(defined($erg)) {
35      print "$x$op$y=$erg\n";
36   }
37   else {
38      print "Operation nicht zulässig!\n";
39   }
40
41   }
```

Lösung zu Übung 96:

―――――――――――― KreditRueckzahlung.pl ――――――――――

```
1   print "Kredit in Euro: ";
2   $Kredit=<STDIN>; chomp $Kredit;
3
4   print "Zinssatz in %: ";
5   $Zinssatz=<STDIN>; chomp $Zinssatz;
6
7   print "Annuitaet in Euro: ";
8   $Annuitaet=<STDIN>; chomp $Annuitaet;
9
10  $Restschuld=$Kredit;
11  $JahrNr=0;
12  $Rueckzahlung=0;
13
14  while($Restschuld>0) { # neues Jahr
15    # Zins in diesem Jahr
16    $Zins=$Restschuld*$Zinssatz/100;
17    # letzte Annuitaet erreicht?
18    if($Restschuld+$Zins-$Annuitaet>=0) { # nein
19      $Restschuld=$Restschuld+$Zins-$Annuitaet;
20      $Rueckzahlung+=$Annuitaet;
21    }
22    else { # ja
23      $letzte_Annuitaet=$Restschuld+$Zins;
24      $Rueckzahlung+=$letzte_Annuitaet;
25      $Restschuld=0;
26    }
27    $JahrNr++;
28    printf "Nach %2d Jahren: ",$JahrNr;
29    printf "noch %8.2f Euro Restschuld. ",$Restschuld;
30    printf "Bisher %8.2f Euro bezahlt.\n",$Rueckzahlung;
31  }
```

Zur formatierten Ausgabe der monetären Beträge verwenden wir die printf-Funktion, die wir in Abschn. 3.5.6 kennen lernen werden. Ein Beispiellauf sieht wie folgt aus:

```
Kredit in Euro: 100000
Zinssatz in %: 5
Annuitaet in Euro: 10000
Nach  1 Jahren: noch 95000.00 Euro Restschuld. Bisher 10000.00 Euro bezahlt.
Nach  2 Jahren: noch 89750.00 Euro Restschuld. Bisher 20000.00 Euro bezahlt.
Nach  3 Jahren: noch 84237.50 Euro Restschuld. Bisher 30000.00 Euro bezahlt.
Nach  4 Jahren: noch 78449.38 Euro Restschuld. Bisher 40000.00 Euro bezahlt.
Nach  5 Jahren: noch 72371.84 Euro Restschuld. Bisher 50000.00 Euro bezahlt.
Nach  6 Jahren: noch 65990.44 Euro Restschuld. Bisher 60000.00 Euro bezahlt.
Nach  7 Jahren: noch 59289.96 Euro Restschuld. Bisher 70000.00 Euro bezahlt.
```

```
Nach  8 Jahren: noch 52254.46 Euro Restschuld. Bisher  80000.00 Euro bezahlt.
Nach  9 Jahren: noch 44867.18 Euro Restschuld. Bisher  90000.00 Euro bezahlt.
Nach 10 Jahren: noch 37110.54 Euro Restschuld. Bisher 100000.00 Euro bezahlt.
Nach 11 Jahren: noch 28966.06 Euro Restschuld. Bisher 110000.00 Euro bezahlt.
Nach 12 Jahren: noch 20414.37 Euro Restschuld. Bisher 120000.00 Euro bezahlt.
Nach 13 Jahren: noch 11435.09 Euro Restschuld. Bisher 130000.00 Euro bezahlt.
Nach 14 Jahren: noch  2006.84 Euro Restschuld. Bisher 140000.00 Euro bezahlt.
Nach 15 Jahren: noch     0.00 Euro Restschuld. Bisher 142107.18 Euro bezahlt.
```

Zinsen sind eine miserable Erfindung!

Lösung zu Übung 97: Ist die gesuchte Zahl kleiner als die geratene Zahl, so kann die Obergrenze sogar auf eins links von der Mitte gesetzt werden, da die Mitte nicht mehr in Frage kommt. Ebenso verhält es sich mit der Untergrenze, wenn die gesuchte Zahl größer ist. Dies garantiert, dass das Verfahren immer terminiert, da dadurch der Suchbereich in jeder Iteration um mindestens 1 kleiner wird.

──────────────────── Binaersuche.pl ────────────────────

```perl
1  print "Untergenze: ";
2  $ug=<STDIN>; chomp $ug;
3
4  print "Obergenze: ";
5  $og=<STDIN>; chomp $og;
6
7  $AnzahlVersuche=0;
8
9  while( $ug<=$og ) {
10    $AnzahlVersuche++;
11
12    $mitte=int(($ug+$og)/2);
13
14    print "Mein Tipp: $mitte\n";
15    print"(r)ichtig (k)leiner (g)rösser? ";
16    $antwort=<STDIN>;  chomp $antwort;
17
18    if($antwort eq "r") {
19      print "Na also. Das waren nur ";
20      print "$AnzahlVersuche Versuche!\n";
21      exit 0;
22    }
23    elsif($antwort eq "k") {$og=$mitte-1;}
24    else                   {$ug=$mitte+1;}
25  }
26
27  print "Das kann nicht sein! Sie lügen!\n";
28  exit 1;
```

Wird das Programm nicht durch exit verlassen, so wird zwangsläufig die Untergrenze irgendwann größer als die Obergrenze. Dann ist der Suchbereich leer, ohne dass die gesuchte Zahl gefunden worden ist. Das bedeutet, dass der Benutzer falsche Angaben gemacht haben muss, da die von ihm bestimmte Zahl im ursprünglichen Suchbereich gelegen hatte und somit auch hätte gefunden werden müssen.

Lösung zu Übung 98: Die erhaltenen Bits sammeln wir in einem Bitstring auf. Da sie in umgekehrter Reihenfolge ausgegeben werden sollen, müssen wir den String noch umdrehen. Das geht z. B. mit der eingebauten reverse-Funktion, die einen String zeichenweise umgedreht zurückliefert. Eine einfachere Möglichkeit besteht darin, das jeweils neu berechnete Bit vorne statt hinten an den String anzuhängen.

—————————————————— dec2bin.pl ——————————————————

```perl
1  $n=<STDIN>; chomp $n;
2
3  $bin="";
4
5  while($n > 0) {
6    if($n % 2 == 0) { $bin = "0".$bin; }
7    else           { $bin = "1".$bin; }
8
9    $n = int($n/2);
10  }
11
12  if($bin eq "") { $bin="0"; } # Fall n == 0
13
14  print $bin."\n";
```

Lösung zu Übung 99: Ein primitiver Algorithmus zur Berechnung des größten gemeinsamen Teilers von a und b zählt eine Variable von einer der beiden Zahlen aus rückwärts (von welcher aus, ist gleichgültig), bis diese Variable beide Zahlen teilt. Das ist spätestens bei der 1 der Fall:

—————————————————— ggT.pl ——————————————————

```perl
1  $a=<STDIN>; chomp($a);
2  $b=<STDIN>; chomp($b);
3
4  $ggT=$a;
5
6  while(!($a % $ggT == 0 && $b % $ggT == 0)) {
7    $ggT--;
8  }
9
10  print "Der ggT ist ".$ggT."\n";
```

Der euklidische Algorithmus kann wie folgt implementiert werden:

——————————————— ggTEuklid.pl ———————————————

```
1  $a=<STDIN>; chomp($a);
2  $b=<STDIN>; chomp($b);
3
4  while($b!=0) {
5    $tmp = $a;
6    $a = $b;
7    $b = $tmp % $b;
8  }
9
10 print "Der ggT ist ".$a."\n";
```

Er ist wesentlich schneller als der primitive Algorithmus, weil sich bei ihm nach jeder zweiten Iteration die Zahlen halbiert haben. Bestehen a und b aus n binären Ziffern, so braucht der euklidische Algorithmus also nur $2 \cdot \log_2 n$ Iterationen.

Ein Vergleich der Laufzeit beider Verfahren bei der Eingabe von sehr großen Zahlen, etwa im Bereich von 8–10 Dezimalstellen, macht den Unterschied deutlich:

```
$ time perl -w ggT.pl
12345678
87654321
Der ggT ist 9

real    0m26.502s
user    0m20.060s
sys     0m0.020s

$ time perl -w ggTEuklid.pl
12345678
87654321
Der ggT ist 9

real    0m7.408s
user    0m0.010s
sys     0m0.000s
```

Entscheidend ist hier die Zeitangabe hinter user. Der euklidische Algorithmus benötigt hier nur eine zehntel Sekunde, der primitive dagegen zwanzig Sekunden (zu Zeitmessungen s. Abschn. 4.6).

Lösung zu Übung 103: Wir extrahieren mit substr nacheinander alle Ziffern der Zahl und summieren sie.

——————————————— Quersumme.pl ———————————————

```
1  $zahl=<STDIN>; chomp($zahl);
2
3  $n=length($zahl);
```

```
 4   $summe=0;
 5
 6   for($i=0;$i<$n;$i++) {
 7       $ziffer=substr($zahl,$i,1);
 8       $summe+=$ziffer;
 9   }
10
11   print "Die Quersumme ist: $summe\n";
```

Eine alternative Lösung kommt ohne die substr-Funktion aus. Wir erhalten die letzte Ziffer durch Division mit Rest durch 10. Dann schneiden wir die letzte Ziffer durch ganzahlige Division durch 10 ab.

──────────── QuersummeDurchDivision.pl ────────────

```
 1   $zahl=<STDIN>;chomp $zahl;
 2
 3   $summe=0;
 4
 5   while($zahl != 0)
 6     {
 7       $summe += ($zahl % 10);
 8       $zahl=int($zahl/10);
 9     }
10
11   print "Quersumme ist $summe.\n";
```

Lösung zu Übung 104: Wir lesen den Eingabestring Zeichen für Zeichen. Bei einer öffnenden Klammer erhöhen wir eine Zählvariable um 1, bei einer schließenden vermindern wir sie um 1. Wird die Zählvariable negativ, liegen zu viele schließende Klammern vor. Ist die Zählvariable am Ende größer als 0, lagen zu viele öffnende Klammern vor. Nur wenn am Ende die Zählvariable auf 0 steht, ist die Klammerstruktur korrekt.

──────────── Klammerstruktur.pl ────────────

```
 1   $zeile=<STDIN>; chomp $zeile;
 2
 3   $KlammerZaehler=0;
 4
 5   for($i=0;$i<length($zeile);$i++) {
 6       $zeichen=substr($zeile,$i,1);
 7       if($zeichen eq "{") {
 8           $KlammerZaehler++;
 9       }
```

```
10    elsif($zeichen eq "}") {
11       $KlammerZaehler--;
12       if($KlammerZaehler<0) {
13          print "Zu viele schließende Klammern.\n";
14          exit 1;
15       }
16    }
17  }
18
19  if($KlammerZaehler>0) {
20    print "Zu viele öffnende Klammern.\n";
21    exit 1;
22  }
23
24  print "Die Klammerstruktur ist korrekt.\n";
```

Lösung zu Übung 105:

────────────── dec2hex.pl ──────────────
```
1   @Tabelle=("0","1","2","3","4","5","6","7",
2             "8","9","A","B","C","D","E","F",
3            );
4
5   $n=<STDIN>; chomp $n;
6
7   $dec="";
8
9   while($n > 0) {
10    $rest = $n % 16;
11    $dec = $Tabelle[$rest] . $dec;
12    $n =  int($n/16);
13  }
14
15  if($dec eq "") { $dec="0"; } # Fall n == 0
16
17  print $dec."\n";
```

Lösung zu Übung 106: In der i-ten Zeile stehen genau $i+1$ viele Sterne. Daher lassen wir in der inneren Schleife j von 0 bis i laufen und geben in jeder inneren Iteration einen Stern aus. Nach jeder äußeren Iteration drucken wir ein Zeilentrennzeichen aus.

─────────────────── DreieckFor.pl ───────────────────

```
1   print "n=";
2   $n=<STDIN>; chomp $n;
3
4   # erzeuge insgesamt n Zeilen
5   for($i=0;$i<$n;$i++) {
6     # erzeuge jeweils i+1 Sterne
7     for($j=0;$j<=$i;$j++) {
8       print "*";
9     }
10    # schliesse Zeile ab
11    print " \n";
12  }
```

Lösung zu Übung 107: Wir schachteln zwei Schleifen ineinander, deren Laufvariablen $i und $j beide von 0 bis $n-1 laufen. Die Variablen durchlaufen somit ein Quadrat. Der untere Teil mit den Kreuzen besteht aus allen Koordinatenpaaren, bei denen $i>=$j gilt. Dort geben wir dann ein X aus, sonst ein *.

─────────────────── Quadrat2.pl ───────────────────

```
1   print "n=";
2   $n=<STDIN>; chomp($n);
3
4   # erzeuge n Zeilen
5   for($i=0;$i<$n;$i++)
6     {
7       # erzeuge n Spalten
8       for($j=0;$j<$n;$j++)
9         {
10          # untere oder obere Haelfte?
11          if( $i>=$j ) { print "X";}
12          else         { print "*";}
13        }
14      # schliesse Zeile ab
15      print "\n";
16    }
```

Eine alternative Lösung schachtelt in die äußere Schleife zwei Schleifen, ausgehend von der Beobachtung, dass in jeder Zeile zunächst Kreuze und dann Sterne ausgegeben werden.

─────────────────── Quadrat2Schleifen.pl ───────────────────

```
1   print "n=";
2   $n=<STDIN>; chomp($n);
3
```

```
4    # erzeuge n Zeilen
5    for($i=0;$i<$n;$i++)
6      {
7        # erzeuge i+1 Kreuze
8        for($j=0;$j<=$i;$j++)    { print "X"; }
9        # erzeuge n-(i+1) Sterne
10       for($j=$i+1;$j<$n;$j++) { print "*"; }
11       # schliesse Zeile ab
12       print "\n";
13     }
```

Lösung zu Übung 108: Wir spalten das Dreieck auf in ein oberes und ein unteres. Das obere geben wir wie in Übung 106 aus. Das untere hat eine Zeile weniger und ist nach unten geklappt. Daher zählen wir dort mit $i rückwärts.

─────────────────── DreieckRechtsFor.pl ───────────────────

```
1    print "Welche Höhe hat das Dreieck? ";
2    $n=<STDIN>; chomp($n);
3
4    # oberes Dreieck mit Spitze
5
6    # erzeuge insgesamt n Zeilen
7    for($i=1;$i<=$n;$i++) {
8      # erzeuge jeweils i Sterne
9      for($j=1;$j<=$i;$j++) {
10       print("*");
11     }
12     # schliesse Zeile ab
13     print "\n";
14   }
15
16   # unteres Dreieck (ohne Spitze)
17
18   # erzeuge insgesamt n-1 Zeilen
19   for($i=$n-1;$i>=1;$i--) {
20     # erzeuge jeweils i Sterne
21     for($j=1;$j<=$i;$j++) {
22       print("*");
23     }
24     # schliesse Zeile ab
25     print "\n";
26   }
```

Lösung zu Übung 112:

─────────────────── wc.pl ───────────────────

```
1   $AnzZeilen=0;
2   $AnzZeichen=0;
3
4   while($zeile=<STDIN>) {
5     $AnzZeilen++;
6     $AnzZeichen += length($zeile);
7   }
8
9   print "$AnzZeilen Zeilen und ";
10  print "$AnzZeichen Zeichen gelesen.\n";
```

Lösung zu Übung 115:

─────────────── 10BenutzerLogins.pl ───────────────

```
1   @benutzer=("anja","carsten","patrick","kacem",
2              "maria","nicola","bela","joachim",
3              "carolin","samar");
4
5   @passwd=("hund","katze","maus","vogel",
6            "fisch","tiger","loewe","zebra",
7            "elefant","gnu");
8
9   for( $i=0; $i<=$#benutzer; $i++) {
10    print "$benutzer[$i] : $passwd[$i]\n";
11  }
```

Lösung zu Übung 116: Wir ziehen den Test, ob wir gerade eine negative Zahl sehen, wie folgt in die Schleifenbedingung: Wir suchen weiter, solange die aktuelle Zahl noch größer oder gleich 0 ist. Vorher testen wir aber, ob der aktuelle Index noch gültig ist. Ist er dies nicht, so wird aufgrund der abgekürzten Auswertung der zweite Test gar nicht mehr durchgeführt, so dass nicht auf ein Element außerhalb des Arrays zugegriffen wird.

Die Schleife wird auf jeden Fall enden, spätestens dann, wenn der Index über die Array-Grenze gelaufen ist. Nach Beendigung der Schleife zeigt der Index genau dann auf ein Element im Array, wenn dies eine Zahl kleiner als 0 ist. Zeigt er dagegen hinter die Array-Grenze, wurde kein solches Element gefunden. Wir müssen also nur noch prüfen, wo der Index nach Beendigung der Schleife steht.

─────────────── SucheNegativeOhneFlagge.pl ───────────────

```
6   $i=0;          # Laufindex
7
```

```
8    while($i<=$#zahl && $zahl[$i]>=0) {
9      $i++;
10   }
11
12   if($i>$#zahl) {
13     print "Das Array enthält keine negative Zahl\n";
14   }
15   else {
16     print "Negative Zahl an Indexstelle ".$i."\n";
17   }
```

Lösung zu Übung 118: Wir suchen zunächst im Benutzer-Array nach dem eingegebenen Benutzer. Wenn wir ihn dort finden, zeigt die Indexvariable $i auf den
entsprechenden Eintrag im Array @benutzer. Wir schlagen dann an derselben
Stelle im Passwort-Array das zum Benutzer gehörige Passwort nach und vergleichen es mit dem eingegebenen Passwort.

—————————————— LoginMitArray.pl ——————————

```
1    @benutzer=("markus","muna","albrecht","nadja","stefan");
2    @passwort=("hund","katze","maus","vogel","fisch");
3
4    print "Benutzername: ";
5    $name=<STDIN>; chomp $name;
6
7    print "Passwort: ";
8    $wort=<STDIN>; chomp $wort;
9
10   $i=0;
11   while($i<=$#benutzer && $name ne $benutzer[$i]) {
12     $i++;
13   }
14
15   if($i>$#benutzer) {
16     print "Kein eingetragener Benutzer!\n";
17     exit(1);
18   }
19
20   if($wort ne $passwort[$i]) {
21     print "Passwort ungültig!\n";
22     exit(1);
23   }
24
25   print "Willkommen, $name!\n";
```

Lösung zu Übung 120: Wir lesen Zeile für Zeile und geben alle Zeilen aus, die 66 enthalten. Wir setzen eine Flagge, sobald wir die 66 finden. Diese signalisiert uns später, ob wir die 66 jemals gefunden haben.

─────────────────── 66Sucher.pl ───────────────────

```perl
1   $ZeilenNr=0;
2   $gefunden=0; # Flagge: 66 noch nicht gefunden
3
4   while($zahl=<STDIN>) {
5     chomp($zahl);
6     $ZeilenNr++;
7     if($zahl == 66) {
8       print "66 steht in Zeile $ZeilenNr\n";
9       $gefunden=1; # Flagge: 66 wurde soeben gefunden
10    }
11  }
12
13  if(!$gefunden) {
14    print "66 nicht gefunden\n";
15  }
```

Lösung zu Übung 121: Wir summieren alle Zahlen und zählen mit, aus wie vielen Zahlen die Summe besteht. Dann dividieren wir die Summe durch diese Anzahl.

─────────────── Zahlendurchschnitt.pl ───────────────

```perl
1   $summe=$n=0; # Ketteninitialisierung
2
3   while($zahl=<STDIN>) {
4     chomp($zahl);
5     $summe += $zahl;
6     $n++;
7   }
8
9   print "Durchschnitt: ".($summe/$n)."\n";
```

Lösung zu Übung 122: Wir berechnen den Durchschnitt wie in Übung 121 und speichern jede Zahl in einem Array ab. Dann gehen wir noch einmal über das Array und zählen mit, wie viele Zahlen kleiner als der soeben berechnete Durchschnitt sind.

Hier ist es nicht möglich, mit nur einem Durchlauf über alle Zahlen auszukommen, weil bei der Berechnung der gesuchten Anzahl der Durchschnitt schon bekannt sein muss. Daher müssen die Zahlen in einem Array zwischengespeichert werden, um sie im zweiten Durchlauf mit dem Durchschnitt vergleichen zu können.

```
———————————— KleinerAlsDurchschnitt.pl ————————————
1   # Zahlen zwischenspeichern
2   # und Durchschnitt berechnen
3   $summe=0;
4   while($zahl=<STDIN>) {
5     chomp $zahl;
6     push @zahl,$zahl;
7     $summe = $summe + $zahl;
8   }
9   $durchschnitt = $summe/@zahl;
10
11  # zaehlen, wie viele Zahlen kleiner sind
12  $zaehler=0;
13  for($i=0;$i<=$#zahl;$i++) {
14    if($zahl[$i]<$durchschnitt) {
15      $zaehler++;
16    }
17  }
18
19  $verhaeltnis=$zaehler/@zahl;
20
21  print "$zaehler Zahlen sind kleiner ";
22  print "als der Durchschnitt\n";
23  print "Das sind ".(100*$verhaeltnis)."%.\n";
```

In Zeile 9 steht @zahl im skalaren Kontext und liefert somit die Anzahl der Elemente des Arrays. Das erspart uns das Mitzählen in einer eigenen Variablen.

Lösung zu Übung 124: Wir berechnen für jede Zahl, in welches Intervall sie fällt. Da die Zahlen alle zwischen 0 und 99 liegen, müssen wir von jeder Zahl die erste Dezimalziffer herausfinden. Dazu dividieren wir die Zahl durch 10 und nehmen den ganzzahligen Anteil (Zeile 9). Die so berechnete Ziffer benutzen wir als Index in ein Array, in dem wir mitzählen, wie oft diese Zahl schon aufgetreten ist (Zeile 10). Wir haben also 10 Zähler, für jedes Intervall einen.

Diese 10 Zähler sollten wir am Anfang alle auf 0 setzen. Zwar wertet Perl jede undefinierte skalare Variable zu 0 aus, aber wenn ein Zähler niemals gesetzt wird, weil keine Zahl in dem entsprechenden Intervall liegt, erhalten wir bei der Ausgabe in Zeile 21 eine Warnung.

```
———————————— Intervallstatistik.pl ————————————
1   $AnzZahlen=0;
2
3   # Initialisiere 10 Zaehler mit 0
4   for($i=0;$i<10;$i++) { $zaehler[$i]=0; }
5
```

```
6   # Einlesen und mitzaehlen
7   while($zahl=<STDIN>) {
8     chomp ($zahl);
9     $IntervallNummer = int($zahl/10);
10    $zaehler[$IntervallNummer]++;
11    $AnzZahlen++;
12  }
13
14  # Ausgabe der ermittelten Werte
15  for($i=0;$i<10;$i++) {
16    print "Zwischen ".($i*10)." und ".($i*10+9);
17    print " liegen: ".$zaehler[$i]." Zahlen. ";
18    print "In %: ".(100*$zaehler[$i]/$AnzZahlen);
19    print "\n";
20  }
```

Lösung zu Übung 125:

———————————— ZyklischerShift.pl ————————————

```
3   $tmp=$a[0];
4   for($i=0;$i<$#a;$i++) {
5     $a[$i]=$a[$i+1];
6   }
7   $a[$#a]=$tmp;
```

Lösung zu Übung 126: Wir behandeln hier nur den Fall, dass n gerade ist. Der Fall, dass n ungerade ist, lässt sich analog lösen. Wir speichern zunächst die Namen der Boxer in einem Array ab.

———————————— PaarungenErzeugen.pl ————————————

```
1   @Boxer = ( "Achim Apperkatt",
2              "Christian Crosshand",
3              "Samar Schlagdraufundschluss",
4              "Shakir Schmetterhand",
5              "Friedhelm Feuerfaust",
6              "Werner Wehedir",
7              "Nicole Niekao",
8              "Vladimir Vlagellant");
```

Wir rotieren aus Effizienzgründen nicht das Array dieser Namen, sondern greifen durch ein *Array von Indizes* auf die einzelnen Namen zu. Diese *Indirektion* beim Zugriff lohnt sich, weil das Umkopieren von Strings (oder gar größeren Strukturen) eine aufwändige Prozedur ist.

Beim Rotieren führen wir einen zyklischen Shift der Elemente 1 bis $n - 1$ des Indexarrays durch. Die Paarungen ergeben sich dadurch, dass jeweils zwei Elemente an Position i und $n - 1 - i$ als Paar gewertet werden.

```
———————————————————— PaarungenErzeugen.pl ————————————————————
10  $n=@Boxer; # Anzahl der Boxer
11
12  # An Platz i steht zu Beginn Boxer Nummer i
13  for($i=0;$i<$n;$i++) { $Nummer[$i]=$i; }
14
15  # n-1 Runden erzeugen
16  for($runde=1;$runde<=$n-1;$runde++) {
17    print "\nRunde $runde. ";
18    # Paarungen ausgeben
19    print "Es boxt\n";
20    for($i=0;$i<$n/2;$i++) {
21      print $Boxer[$Nummer[$i]];
22      print " gegen ";
23      print $Boxer[$Nummer[$n-1-$i]];
24      print "\n";
25    }
26    # Rotation durchführen: zyklisches Schieben
27    $tmpNummer=$Nummer[1];
28    for($i=1;$i<$n-1;$i++) {
29      $Nummer[$i]=$Nummer[$i+1];
30    }
31    $Nummer[$n-1]=$tmpNummer;
32  }
```

Lösung zu Übung 128: Wir benutzen ein Array, das uns zu jeder Person angibt, ob sie noch lebt oder schon tot ist. Eine 1 kodiert Leben, eine 0 Tod. Mit einer Variablen $pos laufen wir immer im Kreis herum. Das geschieht sehr elegant durch die Anweisung

```
$pos = ($pos+1) % $n;
```

Das % darin setzt $pos wieder auf 0 zurück, wenn es $n erreicht hat.

Wir suchen von der aktuellen Position aus immer den überübernächsten noch Lebenden und lassen ihn sterben (auch wenn das traurig ist, aber so ist Historie meistens). Die Schleife läuft so lange, bis nur noch zwei Personen leben. Diese suchen wir und geben ihre Position aus.

```
———————————————————— Josephus.pl ————————————————————
1  print "Anzahl Personen: ";
2  $n=<STDIN>; chomp($n);
3
```

```
4   for($i=0;$i<$n;$i++) {
5       $lebendig[$i]=1;
6   }
7
8   $AnzahlLebende=$n;
9   $pos=0;
10
11  while($AnzahlLebende>2) {
12      # aktuelle Person muss sich von der Welt verabschieden
13      $lebendig[$pos]=0;
14      $AnzahlLebende--;
15
16      # suche naechsten Lebenden
17      $pos = ($pos+1) % $n;
18      while($lebendig[$pos]==0) { $pos=($pos+1) % $n;}
19
20      # suche uebernaechsten Lebenden
21      $pos = ($pos+1) % $n;
22      while($lebendig[$pos]==0) { $pos=($pos+1) % $n;}
23
24      # suche ueberuebernaechsten Lebenden
25      $pos = ($pos+1) % $n;
26      while($lebendig[$pos]==0) { $pos=($pos+1) % $n;}
27
28  }
29
30  # Ausgabe der beiden Uebriggebliebenen
31  for($i=0;$i<$n;$i++) {
32      if($lebendig[$i]) {
33          print "Nummer $i lebt noch.\n";
34      }
35  }
```

Hier wäre zur Vereinfachung eine do-while-Schleife angebracht, die wir in Abschn. 3.2.1 kennen lernen werden. Diese Schleife führt im Gegensatz zur while-Schleife ihren Block immer mindestens einmal aus. Dadurch, und da wir immer dreimal nach dem nächsten Lebenden suchen, lässt sich die Suche nach dem überübernächsten Lebenden wie folgt verkürzt formulieren:

```
for($i=0;$i<3;$i++) {
    do {
        $pos = ($pos+1) % $n;
        }
        while($lebendig[$pos]==0);
    }
```

Lösung zu Übung 129: Grundsätzlich kommen alle Produkte zwischen 2 · 2 und 99 · 99 und alle Summen zwischen 2 + 2 und 99 + 99 in Frage. Wir streichen nacheinander alle Produkte und Summen, von denen wir erkennen, dass sie nicht auf das Gespräch passen, aus einer Liste heraus. Um dieses „Heraussieben" von Zahlen zu simulieren, initialisieren wir zwei Arrays mit Einsen. Eine 1 an Stelle i bedeutet, dass Produkt i bzw. Summe i noch möglich ist. Produkt bzw. Summe i herauszusieben bedeutet dann, an Stelle i eine 0 in das Array zu schreiben.

──────────── Mathematikerproblem.pl ────────────

```
6   for($i=2*2;$i<=99*99;$i++) {
7     $ProduktMoeglich[$i]=1;
8   }
9   for($i=2+2;$i<=99+99;$i++) {
10    $SummeMoeglich[$i]=1;
11  }
```

Mathematiker P konnte das Produkt nicht bestimmen. Das bedeutet, dass sein Produkt p sich nicht eindeutig in zwei Faktoren $p = a \cdot b$ zerlegen ließ. Daher kann p weder eine Primzahl sein noch das Produkt zweier Primzahlen, noch die dritte Potenz einer Primzahl. Wir streichen daher aus der Liste der Produkte solche Zahlen heraus.

Zum Primzahltest benutzen wir eine selbst geschriebene Funktion istPrimzahl (s. hierzu auch Übung 161). Wie man Funktionen selbst schreibt, wird in Abschn. 3.3 erklärt.

──────────── Mathematikerproblem.pl ────────────

```
19  for($i=2*2;$i<=99*99;$i++) {
20    if(istPrimzahl($i)) {
21      $ProduktMoeglich[$i]=0;
22    }
23  }
24  for($a=2;$a<=99;$a++) {
25    if(istPrimzahl($a)){
26      for($b=$a;$b<=99;$b++) {
27        if(istPrimzahl($b)) {
28          $ProduktMoeglich[$a*$b]=0;
29        }
30      }
31      $ProduktMoeglich[$a*$a*$a]=0;
32    }
33  }
```

(Dieses Herausstreichen mittels zweier verschachtelter Schleifen ist nicht sonderlich effizient implementiert. Für unsere Zwecke genügt es aber.)

Mathematiker S konnte die Summe nicht finden, wusste aber, dass P das Produkt nicht finden konnte. Wie auch immer er also die Summe s in $a + b$ zerlegt hat, hatte das Produkt $a \cdot b$ keine eindeutige Zerlegung. Wir streichen daher aus der Liste der Summen diejenigen heraus, die eine Zerlegung $a + b$ haben, so dass $a \cdot b$ nicht mehr möglich ist. („Nicht mehr möglich" bedeutet ja nach dem ersten Siebeschritt, dass $a \cdot b$ mehr als eine Zerlegung besitzt.)

———————————————— Mathematikerproblem.pl ————————————————

```
46   for($s=2+2;$s<=99+99;$s++) {
47     for($a=2;$a<=$s/2;$a++) {
48       $b=$s-$a;
49       if(!$ProduktMoeglich[$a*$b]) {
50         $SummeMoeglich[$s]=0;
51         last; # naechster innerer Schleifendurchlauf
52       }
53     }
54   }
```

P konnte A und B bestimmen, nachdem ihm S gesagt hatte, dass er wusste, dass P das Produkt nicht finden konnte. P hatte mindestens denselben Wissensstand wie wir jetzt und kannte daher ebenfalls die aktuelle Belegung des Arrays SummeMoeglich. Von den mehreren Möglichkeiten, sein Produkt $p = a_1 \cdot b_1 = a_2 \cdot b_2 = \dots$ zu zerlegen, gab es nur eine Zerlegung $p = a_{p'} \cdot b_{p'}$, so dass $a_{p'} + b_{p'}$ eine noch mögliche Summe war. (Daher kannte er die Summe und konnte mit Hilfe seines Produktes und einer quadratischen Gleichung die Zahlen A und B bestimmen.) Wir streichen also alle Produkte, für die genau dies nicht der Fall ist.

———————————————— Mathematikerproblem.pl ————————————————

```
64   for($p=2*2;$p<=99*99;$p++) {
65     if($ProduktMoeglich[$p]) {
66       $zaehler=0;
67       for($a=2;$a<=sqrt($p);$a++) {
68         $b=$p/$a;
69         if($b==int($b) && $SummeMoeglich[$a+$b]) {
70           $zaehler++;
71           if($zaehler>1) {
72             $ProduktMoeglich[$p]=0;
73             last;
74           }
75         }
76       }
77     }
78   }
```

Nun konnte auch S die Zahlen A und B bestimmen. S wusste an dieser Stelle mindestens so viel wie wir und kannte daher die aktuelle Belegung des Arrays ProduktMoeglich. Von den mehreren Möglichkeiten, seine Summe $s = a_1 + b_1 = a_2 + b_2 = \ldots$ zu zerlegen, gab es nur eine Zerlegung $s = a_{s'} + b_{s'}$, so dass $a_{s'} \cdot b_{s'}$ ein noch mögliches Produkt war. Wir streichen also alle Summen, für die genau dies nicht der Fall ist.

—————————— Mathematikerproblem.pl ——————————

```
89   for($s=2+2;$s<=99+99;$s++) {
90     $zaehler=0;
91     for($a=2;$a<=$s/2;$a++) {
92       $b=$s-$a;
93       if($ProduktMoeglich[$a*$b]) {
94         $zaehler++;
95         if($zaehler>1) {
96           $SummeMoeglich[$s]=0;
97           last;
98         }
99       }
00     }
01   }
```

Nun haben wir gesiebt, was aufgrund des Gesprächs zu sieben war. Wir hoffen, dass nur noch eine Summe S möglich ist:

—————————— Mathematikerproblem.pl ——————————

```
11   $zaehler=0;
12   for($s=2+2;$s<=99+99;$s++) {
13     if($SummeMoeglich[$s]) {
14       $S=$s;
15       $zaehler++;
16     }
17   }
18   if($zaehler>1) {
19     print "Problem hat keine eindeutige Lösung.\n";
20     exit 1;
21   }
```

Das Programm wird hier nicht durch exit verlassen, wie ein Probelauf zeigt. Daher enthält das Array SummeMoeglich nur noch eine mögliche Summe. Zu dieser Summe S finden wir A und B heraus, indem wir von allen Zerlegungen $S = a + b$ testen, welches Produkt $a \cdot b$ noch möglich ist. Dies liefert uns auch die gesuchten Zahlen A und B.

―――――――――――― Mathematikerproblem.pl ――――――――――――

```
126  for($a=2;$a<=$S/2;$a++) {
127    $b=$S-$a;
128    if($ProduktMoeglich[$a*$b]) {
129      print "$a und $b sind die gesuchten Zahlen\n";
130    }
131  }
```

Die gesuchten Zahlen sind 4 und 13. Das Produkt war also 52 und die Summe 17.

Lösung zu Übung 130: Wir sehen uns alle Zahlen im Array nacheinander an. In der Variablen $minimum merken wir uns die kleinste bisher gesehene Zahl, in $min_index deren Stelle. Zu Beginn der Schleife ist die Zahl an Indexstelle 0 die kleinste bisher gesehene, und wir beginnen daher mit der Suche an Stelle 1. Treffen wir auf eine kleinere Zahl, so vermerken wir das in $minimum und $min_index.

―――――――――――――― Minimumsuche.pl ――――――――――――――

```
1   # Zahlen in Array bringen
2   while($zeile=<STDIN>) {
3     chomp($zeile);
4     push @zahlen, $zeile;
5   }
6
7   # Minimum suchen
8   $index_min=0;
9   $minimum=$zahlen[0];
10
11  for($i=1;$i<=$#zahlen;$i++) {
12    if( $zahlen[$i] < $minimum)  {
13      $index_min=$i;
14      $minimum=$zahlen[$i];
15    }
16  }
17
18  # Minimum ausgeben
19  print "Die kleinste Zahl lautet $minimum\n";
20  print "Der Index der kleinsten Zahl ist $index_min\n";
```

Lösung zu Übung 131: Wir verwenden die soeben vorgestellte Minimumsuche mit einer kleinen Änderung: In der i-ten Iteration suchen wir statt ab Stelle 0 ab Stelle i. Danach vertauschen wir das gefundene Minimum mit dem Element an Stelle i.

Wir benötigen bei n Zahlen insgesamt nur $n - 1$ äußere Iterationen, weil nach der $(n - 1)$-ten Iteration das Restfeld aus nur einem Element besteht. (Ein Feld mit nur einem Element ist immer richtig sortiert.)

```
────────────── SortierenDurchMinimumsuche.pl ──────────────
1   # Zahlen in Array bringen
2   while( $zeile=<STDIN>) {
3     chomp($zeile);
4     push @zahl, $zeile;
5   }
6
7   # Array sortieren
8   $n=@zahl; # Anzahl der zu sortierenden Zahlen
9
10  # n-1 aeussere Iterationen
11  for($i=0;$i<$n-1;$i++) {
12    # Minimum suchen ab Position i
13    $index_min=$i;
14    $minimum=$zahl[$i];
15    for($j=$i+1;$j<$n;$j++) {
16      if($zahl[$j]<$minimum) {
17        $index_min=$j;
18        $minimum=$zahl[$j];
19      }
20    }
21    # Minimum steht an Position index_min
22    # mit Stelle i vertauschen
23    # kleineres nach hinten
24    $zahl[$index_min]=$zahl[$i];
25    $zahl[$i]=$minimum; # Minimum nach vorne
26  }
```

5.3 Lösungen zu Übungen aus Kapitel 3

Lösung zu Übung 138: Wie wir sehen, kann durchaus derselbe Wert (Zigarette) zu mehreren Schlüsseln zugeordnet sein:

```
────────────── PrintHash.pl ──────────────
1   # Benutzer/Passwort
2   %passwort=("carsten" => "Zigarette",
3             "markus"  => "Saxophon",
4             "sokrates" => "Keyboard",
```

```
5              "albrecht" => "Zigarette",
6              "anja" => "Schokolade",
7              "patrick"  => "Zigarette",
8              "joachim" => "Stones");
9
10   @benutzer = keys %passwort;
11
12   for($i=0;$i<=$#benutzer;$i++) {
13     $benutzer=$benutzer[$i];
14     print "Benutzer: $benutzer   ";
15     print "Passwort: $passwort{$benutzer}\n";
16   }
17
18   print "\nSortierte Ausgabe:\n";
19
20   @SchluesselSortiert = sort(keys(%passwort));
21
22   for($i=0;$i<=$#SchluesselSortiert;$i++) {
23     $benutzer=$SchluesselSortiert[$i];
24     print "Benutzer: $benutzer   ";
25     print "Passwort: $passwort{$benutzer}\n";
26   }
```

Lösung zu Übung 139: Wir sortieren die mittels values extrahierten Werte. Gleiche Werte kommen dann nebeneinander zu stehen. In einer Schleife gehen wir alle Werte durch. Ist der neue Wert gleich dem Wert aus der letzten Iteration, so springen wir mittels der Schleifensprunganweisung next unmittelbar in die nächste Iteration. (Dies ist ein sehr sinnvoller Gebrauch der next-Anweisung, die in Abschn. 3.2.3 besprochen wird.) Ansonsten gehen wir in einer inneren Schleife alle Schlüssel durch und schauen nach, welche auf den aktuellen Wert passen.

—————————————— PrintHash.pl ——————————————

```
30   # Schluessel zu Wert ausgeben
31   @sortpw = sort(values(%passwort));
32   @benutzer = keys(%passwort);
33   $letztes_pw="";
34
35   for($i=0;$i<=$#sortpw;$i++) {
36     $pw=$sortpw[$i];
37     if($pw eq $letztes_pw) {
38       next; # gehe direkt in nächste Iteration
39     }
40     print $pw.": ";
41     # alle passenden Schluessel herausfinden
```

```
42    for($j=0;$j<=$#benutzer;$j++) {
43      if($passwort{$benutzer[$j]} eq $pw) {
44        print "$benutzer[$j] ";
45      }
46    }
47    print "\n";
48    # Passwort fuer naechste Iteration merken
49    $letztes_pw=$pw;
50  }
```

Das Programm kann auch wie folgt ohne eine next-Anweisung formuliert werden, indem der auszuführende Block in ein if eingeschlossen wird.

```
if($pw ne $letztes_pw) {
  print $pw." ";
  for($j=0;...
}
```

Lösung zu Übung 140: Wir prüfen zunächst mit exists, ob der eingegebene Benutzername überhaupt bekannt ist. Danach läuft das Programm wie in Übung 118 ab, nur dass es jetzt viel einfacher ist, von einem Benutzernamen aus auf das zugehörige Passwort zuzugreifen.

———————————— LoginMitHash.pl ————————————

```
1   %passwort=("carsten" => "Zigarette",
2               "markus" => "Saxophon",
3               "sokrates"  => "Keyboard",
4               "albrecht" => "Zigarette",
5               "anja" => "Schokolade",
6               "patrick"  => "Zigarette",
7               "joachim" => "Stones",
8               "root" => "ooohyeahbaby");
9
10  print "Benutzer: ";
11  $login=<STDIN>; chomp $login;
12
13  if(! exists($passwort{$login})) {
14    print "Sie sind kein eingetragener Benutzer!\n";
15    exit(1);
16  }
17
18  if($login eq "root") {
19    print "Passwort: ";
20    $pass=<STDIN>; chomp $pass;
21    if($pass ne $passwort{"root"}) {
```

```
22     print "Passwort falsch!\n";
23     exit(1);
24   }
25 }
26 else { # Login nicht gleich 'root'
27   $versuche=0;
28   $passwort="";
29
30   while($versuche<3 && $passwort ne $passwort{$login})
31     {
32       print "Passwort: ";
33       $pass=<STDIN>; chomp $pass;
34       $versuche++;
35     }
36
37   if($pass ne $passwort{$login}) {
38     print "Sie haben Ihre 3 Versuche aufgebraucht!\n";
39     exit(1);
40   }
41 }
42
43 print "Herzlich willkommen!\n";
```

Lösung zu Übung 142: Wir lesen Zeile für Zeile und benutzen jede Zeile als Schlüssel in einem Hash. Der zugeordnete Wert ist eine ganze Zahl, die angibt, wie oft diese Zeile schon aufgetaucht ist. Wir müssen den Zähler also bei jedem Auftauchen um 1 erhöhen. Tritt die Zeile gerade zum ersten Mal auf, so initialisieren wir den Zähler mit 1.

Hier zeigt sich Perl in seiner ganzen Stärke: einfache Handhabung von Strings und Hashes. In den meisten anderen Programmiersprachen wäre ein entsprechendes Programm viel länger. Zudem kann die for-Schleife zur Ausgabe noch durch eine foreach-Schleife abgekürzt werden; diese Schleife zum Durchlaufen aller Elemente eines Arrays wird in Abschn. 3.2.2 eingeführt.

———————————— StringsZaehlen.pl ————————————

```
1 while($zeile=<STDIN>) {
2   chomp $zeile;
3   if( ! exists $zaehler{$zeile}) {
4     $zaehler{$zeile}=1;
5   }
6   else {
7     $zaehler{$zeile}++;
8   }
9 }
10
```

```
11   @schluessel=keys(%zaehler);
12
13   for($i=0;$i<=$#schluessel;$i++) {
14     $key=$schluessel[$i];
15     print "$key : $zaehler{$key}\n";
16   }
```

Lösung zu Übung 143: Das Grundprinzip ist dasselbe wie beim Zeilenzählen: Wir lesen jeden Buchstaben in jeder Zeile und verwenden ihn als Schlüssel in einem Hash. Der zugeordnete Wert zählt die Häufigkeit des Auftretens mit. Da wir nicht zwischen Groß- und Kleinbuchstaben in der Eingabe unterscheiden wollen, machen wir jeden Großbuchstaben mit der Funktion lc zu einem Kleinbuchstaben.

Die Ausgabe am Ende enthält ein erstes Beispiel einer foreach-Schleife. Sie durchläuft alle Elemente eines Arrays, und zwar des Arrays der Buchstaben, sortiert nach ihrer Häufigkeit.

Zeile 25 zeigt, wie in Perl sehr einfach ein Array nach einem bestimmten Vergleichskriterium sortiert werden kann. Der *Ufo-Operator* <=> liefert -1, 0 bzw. 1, je nach dem, ob sein linkes Argument numerisch kleiner, gleich oder größer als sein rechtes ist. Der sort-Funktion kann ein Codestück mitgegeben werden, das angibt, wie zwei Array-Elemente $a und $b miteinander zu vergleichen sind. Der Code

```
$zaehler{$b} <=> $zaehler{$a}
```

sagt der sort-Funktion, dass im Vergleichsschritt zwei Elemente $a und $b zu vertauschen sind, wenn der zu $b assoziierte Zähler größer als der von $a ist. Dadurch sortiert sort arithmetisch absteigend.

──────────────── BuchstabenZaehlen.pl ────────────────

```
1    # Anzahl der schon gelesenen Buchstaben
2    $AnzBuchstaben=0;
3
4    while($line=<STDIN>) {
5      chomp $line;
6      # bearbeite jeden einzelnen Buchstaben
7      for($i=0;$i<length($line);$i++) {
8        $AnzBuchstaben++;
9        # selektiere Buchstaben an Position i
10       $buchst=substr($line,$i,1);
11       # mache ihn zu einem Kleinbuchstaben
12       $buchst=lc($buchst); # lower case
13       # zaehle Buchstaben in einem Hash
14       if( ! exists $zaehler{$buchst}) {
15         $zaehler{$buchst}=1;
16       }
17       else {
```

```
18          $zaehler{$buchst}++;
19        }
20      }
21  }
22
23  @kleinbuchstabe = keys(%zaehler);
24  @kleinbuchstabe =
25    sort {$zaehler{$b} <=> $zaehler{$a}} @kleinbuchstabe;
26
27  for($i=0;$i<@kleinbuchstabe;$i++) {
28    $key=$kleinbuchstabe[$i];
29    print "$key : $zaehler{$key}   in %: ";
30    print (100*$zaehler{$key}/$AnzBuchstaben);
31    print "\n";
32  }
```

Das Programm zeigt, wie die Schlüssel eines Hashes nach ihren zugehörigen Werten sortiert werden können.

Lösung zu Übung 144: Wir merken uns in einem Hash zu jeder Hexadezimalziffer den entsprechenden Dezimalwert. Dann lesen wir die umzuwandelnde Hexadezimalzahl von vorne nach hinten. Bei jeder neuen Ziffer multiplizieren wir den schon berechneten Dezimalwert mit 16 (weil dies die Basis des Hexadezimalsystems ist) und addieren den Dezimalwert der gerade betrachteten Ziffer dazu. Diesen erhalten wir aus dem Hash.

———————————————— hex2dec.pl ————————————————

```
1  %ZiffernTabelle =
2    ("0"=>0, "1"=>1,  "2"=>2, "3"=>3,
3     "4"=>4, "5"=>5,  "6"=>6, "7"=>7,
4     "8"=>8, "9"=>9,  "A"=>10,"B"=>11,
5     "C"=>12,"D"=>13, "E"=>14,"F"=>15);
6
7  $hex=<STDIN>; chomp $hex;
8
9  $dez=0;
10
11 for($i=0;$i<length($hex);$i++) {
12   $hexziffer=substr($hex,$i,1);
13   $zifferwert=$ZiffernTabelle{$hexziffer};
14   $dez = $dez * 16 + $zifferwert;
15 }
16
17 print $dez."\n";
```

Diese Art, die Umwandlung von vorne nach hinten – statt wie bisher von hinten nach vorne – vorzunehmen, ist eine Anwendung des so genannten *Horner-Schemas*. Es handelt sich hierbei um die schnellste Art, ein Polynom an einer Stelle x auszuwerten. Sie beruht auf folgender algebraischen Beziehung:

$$a_{n-1}x^{n-1} + a_{n-2}x^{n-2} + \ldots + a_1 x + a_0 =$$
$$\left(\cdots ((a_{n-1} \cdot x + a_{n-2}) \cdot x + a_{n-3}) \cdot x \cdots + a_1 \right) \cdot x + a_0$$

In obigem Programm wird die Hexadezimalzahl als ein Polynom aufgefasst, das an der Stelle $x = 16$ ausgewertet wird. Die Zahl $FA3B_{16}$ wird demnach gemäß der Klammerung

$$FA3B_{16} = ((15 \cdot 16 + 10) \cdot 16 + 3) \cdot 16 + 11$$

umgewandelt. Diese Auswertung benötigt keine Variable, in der die aktuelle Potenz der Basis 16 gespeichert wird (was bei Auswertung von hinten nach vorne der Fall ist).

Lösung zu Übung 145: Die Grobstruktur einer do-while-Schleife lautet

```
do {
    Block;
    }
    while(Bedingung);
```

Dies ist semantisch gleichbedeutend mit folgender while-Schleife:

```
Block;
while(Bedingung) {
  Block;
}
```

Bei der while-Schleife kommt es offenbar zu einer Verdoppelung von Programmtext! Derselbe Block findet sich zweimal hintereinander im Code. Ist der Block sehr groß, wird das Programm im Gegensatz zur do-while-Schleife unnötig aufgebläht. Außerdem vergisst man bei Änderungen an einem Block leicht, die entsprechenden Änderungen auch am anderen Block durchzuführen.

Lösung zu Übung 146: Die Grobstruktur einer foreach-Schleife lautet

```
foreach $laufvariable (@array) {
  Block;
}
```

Dies ist semantische gleichbedeutend mit folgender while-Schleife:

```
$i=0;
while($i<=$#array) {
  $laufvariable=$array[$i]
```

```
    Block;
    $i++;
}
```

wobei $i der (beliebige) Name einer Variablen ist, die in Block nicht vorkommt.

Lösung zu Übung 147:

──────────────── Hauptstadt.pl ────────────────

```
1  %Hauptstadt=("Frankreich" => "Paris",
2              "England" => "London",
3              "Deutschland" => "Berlin",
4              "Spanien" => "Madrid",
5              "Russland" => "Moskau");
6
7  foreach $staat (keys(%Hauptstadt)) {
8    print "Die Hauptstadt von $staat ist ";
9    print "$Hauptstadt{$staat}.\n";
10 }
11
12 foreach $staat (sort(keys(%Hauptstadt))) {
13   print "Die Hauptstadt von $staat ist ";
14   print "$Hauptstadt{$staat}.\n";
15 }
```

───

Lösung zu Übung 148: Der Ausdruck <STDIN> liefert in einem Listenkontext die gesamte Standardeingabe als Array zurück. chomp schneidet im Listenkontext von jedem Element der Liste das letzte Zeichen ab, wenn es ein Zeilentrennzeichen ist. Daher sind Zeile 1 und 2 eine abkürzende Schreibweise für die while-Schleife, mit der wir bisher ein Array mit den Zeilen der Standardeingabe gefüllt haben.

Wir sortieren das Array. Dadurch kommen gleiche Elemente nebeneinander zu stehen. Wir laufen mit einem Index $i über das Array und prüfen, ob an Stelle $i und an Stelle $i+1 dasselbe Element stehen. Wenn dies der Fall ist, dann haben wir zwei gleiche Elemente gefunden und beenden die Schleife sofort mit last.

Wenn wir aus der Schleife kommen, müssen wir prüfen, ob wir sie vorzeitig verlassen haben, weil wir ein doppeltes Element gefunden haben. Dazu testen wir, ob der Index $i+1 noch ein gültiger Index ist.

──────────────── ZweiGleicheStrings.pl ────────────────

```
1  @string=<STDIN>;
2  chomp(@string);
3
4  @string = sort @string;
5
6  $i=0;
7
```

```
 8   # vergleiche Position i mit i+1
 9   while($i+1<=$#string) {
10     if($string[$i] eq $string[$i+1]) {
11       last;
12     }
13     $i++;
14   }
15
16   if($i+1<=$#string) {
17     print "$string[$i] kommt mehrfach vor.\n";
18   }
19   else {
20     print "Keine mehrfachen Vorkommen.\n",
21   }
```

Lösung zu Übung 149: Wir sortieren das Array. Dadurch kommen gleiche Elemente nebeneinander zu stehen. Wir laufen mit einem Index $i über das Array und prüfen, ob an Stelle $i und an Stelle $i+1 dasselbe Element stehen. Wenn dies der Fall ist, gehen wir mit next sofort in die nächste Iteration. Ansonsten haben wir ein neues Element gefunden und geben es aus.

––––––––––––––––– EindeutigeAusgabe.pl –––––––––––––––––

```
 1   @zahl=<STDIN>;
 2   chomp @zahl;
 3
 4   @zahl = sort {$a <=> $b} @zahl; # arithmetisch sortiert
 5
 6   print $zahl[0]."\n";
 7   for($i=0;$i+1<=$#zahl;$i++) {
 8     if($zahl[$i]==$zahl[$i+1]) {
 9       next;
10     }
11     print $zahl[$i+1]."\n";
12   }
```

Lösung zu Übung 150: Das Programm goto.pl lehnt jeden Benutzer außer ziegler ab. Für diesen sucht es im Array @array nach einem Paar gleicher Zahlen, und zwar nach dem Paar, bei dem der Index des linken Elementes miminal ist. Im Beispiel wird also die 55 an Stelle 2 und 7 gefunden, nicht die 343.

Lösung zu Übung 153:

─────────────── min.pl ───────────────

```
1  sub min {
2    if($_[0]<$_[1]) {
3      return $_[0];
4    }
5    else {
6      return $_[1];
7    }
8  }
```

Lösung zu Übung 154:

─────────────── min.pl ───────────────

```
10  sub min3 {
11    my $tmp=min($_[0],$_[1]);
12    return min($tmp,$_[2]);
13  }
```

Lösung zu Übung 155: Wir greifen uns die beiden Argumente ab und speichern sie in den lokalen Variablen $x und $n. Das ist hier nicht unbedingt nötig, weil wir diese Variablen nicht verändern werden, aber dennoch guter Stil. Es sei noch einmal darauf hingewiesen, dass die Variablen $_[0] usw. nur *Aliase* sind, d. h., dass eine Veränderung an ihnen auch nach Beendigung der Funktion noch wirksam ist.

Wie multiplizieren $x genau $n Mal auf eine Produktvariable $potenz und geben deren Wert dann zurück.

─────────────── potenzieren.pl ───────────────

```
1   sub potenzieren {
2     my ($x,$n)=($_[0],$_[1]);
3     my $potenz=1;
4
5     for(my $i=1;$i<=$n;$i++) {
6       $potenz *= $x;
7     }
8
9     return $potenz;
10  }
```

Lösung zu Übung 157: Wir wollen x auf die n-te Stelle hinter dem Komma runden. Dazu schieben wir das Komma um n Stellen nach rechts, indem wir mit 10^n multiplizieren. Diese Potenz beschaffen wir uns durch unsere Funktion potenzieren.

Danach addieren wir 0,5, schneiden alle Nachkommastellen mit int ab und schieben das Komma durch Division mit 10^n wieder um n Stellen nach links.

──────────────────────── runden.pl ────────────────────────

```
1  sub runden {
2    my ($x,$n)=@_;
3    my $ZehnHochN=potenzieren(10,$n);
4    return int($x*$ZehnHochN+0.5)/$ZehnHochN;
5  }
```

Lösung zu Übung 160:

──────────────────────── min3.pl ────────────────────────

```
1  sub min  { return $_[0] < $_[1] ? $_[0] : $_[1]; }
2  sub min3 { return min(min($_[0],$_[1]),$_[2]);    }
```

Lösung zu Übung 161: Zunächst schreiben wir uns eine primitive Testfunktion wie folgt: Zahlen kleiner als 2 weisen wir als nicht prim zurück. Für jede andere Zahl berechnen wir zunächst die Wurzel. Dann testen wir alle in Frage kommenden Teiler von 2 bis zu dieser Wurzel. Teilt keine dieser Zahlen, so ist die Zahl prim. Als Sonderfall schließt das die 2 und 3 ein, für die gar kein Test durchgeführt wird. Finden wir dagegen einen Teiler, so ist die Zahl nicht prim.

──────────────────────── istPrimzahl.pl ────────────────────────

```
1  sub istPrimzahl {
2    my $zahl=$_[0];
3
4    if($zahl < 2) { return 0; }
5
6    my $teiler=2;
7
8    while($teiler <= sqrt($zahl)) {
9      if($zahl % $teiler == 0) {
10       return 0;
11     }
12     $teiler++;
13   }
14   return 1;
15 }
```

Mit dieser Funktion bestimmen wir nun *einmal* alle Primzahlen von 2 bis $2^{16} = 65536$ und speichern sie in einem Array namens @KleinePrimzahlen ab. Von nun an verwenden wir im Teilungstest nur noch diese Primzahlen. (Wenn die 2 nicht teilt, brauchen wir die 4, 6, 8 usw. gar nicht erst zu testen; wenn die 3 nicht teilt, so auch die 6 nicht, die 9 nicht usw.) Dadurch kommen wir zu einem viel effizienteren Primzahltest. Da das Array nur 6542 Zahlen enthält, sind für jede Zahl im Bereich von 2 bis 2^{32} höchstens 6542 Tests notwendig, eine enorme Verbesserung!

—————————————— istPrimzahl.pl ——————————————

```
17  sub istPrimzahlEffizient {
18    my $zahl=$_[0];
19
20    if($zahl < 2) { return 0; }
21
22    # ziehe Wurzelberechnung aus der Schleife
23    # heraus
24    my $Wurzel=sqrt($zahl);
25
26    # gehe durch alle Zahlen von @KleinePrimzahlen
27    my $TeilerIndex=0;
28    my $Teiler=$KleinePrimzahlen[$TeilerIndex];
29
30    while($Teiler<=$Wurzel) {
31      if($zahl % $Teiler == 0) {
32        return 0;
33      }
34      # nächste abgespeicherte Primzahl holen
35      $TeilerIndex++;
36      $Teiler=$KleinePrimzahlen[$TeilerIndex];
37    }
38    return 1;
39  }
```

Dabei haben wir das Array @KleinePrimzahlen vorher mit Hilfe der Funktion istPrimzahl berechnet. Die können wir auch „hartkodiert" in unser Programm aufnehmen:

—————————————— istPrimzahl.pl ——————————————

```
77  @KleinePrimzahlen=(
78    2,
79    3,
80    5,
81    7,
82    11,
83    13,
```

usw. Dadurch stehen sie beim Programmstart sofort zur Verfügung und müssen nicht jedesmal vorberechnet werden. (Das ist der eigentliche Sinn einer Vorberechnung.)

Wie aber kommen die Zahlen in den Quelltext? Wir geben sie auf die Standardausgabe aus und lenken diese in eine Datei um. Dann fügen wir diese Datei durch einen Editorbefehl in den Quelltext unseres Programms ein.

Lösung zu Übung 163: In einem Array @namen merken wir uns die zu den Ziffern 0 bis 9 gehörenden deutschen Wörter dafür. Wir schreiben uns eine Funktion, die eine Zahl in das entsprechende Wort übersetzt, wenn die Zahl eine Ziffer ist. Dazu schaut sie in dem Array nach.

Die Variable @namen muss initialisiert sein, sobald uebersetzen aufgerufen wird. Am besten wird sie daher als globale Variable vor der Funktionsdefinition oder als lokale Variable in der Funktionsdefinition definiert.

―――――――――――――― ZiffernAddierer.pl ――――――――――――――

```perl
1   # globale Variable
2   @namen=("null","eins","zwei","drei",
3           "vier","fünf","sechs","sieben",
4           "acht","neun");
5
6   sub uebersetzen {
7     my $zahl=$_[0];
8     if($zahl<0 || $zahl>9) {
9       return $zahl;
10    }
11    return $namen[$zahl];
12  }
13
14
15  # Hauptprogramm
16
17  $a=<STDIN>; chomp $a;
18  $b=<STDIN>; chomp $b;
19
20  $summe=$a+$b;
21
22  print uebersetzen($a)." plus ".uebersetzen($b);
23  print " ist ".uebersetzen($summe)."\n";
```

Lösung zu Übung 164: Wir schreiben uns zunächst eine Funktion, die eine 1 liefert, wenn ein Jahr ein Schaltjahr ist, und sonst eine 0. Ist die Jahreszahl durch 100 teilbar, so ist ein Jahr kein Schaltjahr, es sei denn, die Zahl ist durch 400 teilbar. Alle anderen Jahre sind nur dann Schaltjahr, wenn die Jahreszahl durch 4 teilbar ist.

```
                    ———————— DatumsDifferenz.pl ————————————
15  sub istSchaltjahr {
16    my $jahr=$_[0];
17    if($jahr % 400 == 0) { return 1;} # Bsp. 2000
18    if($jahr % 100 == 0) { return 0;} # Bsp. 1900
19    if($jahr % 4 == 0)   { return 1;} # Bsp. 1904
20    return 0;                          # Bsp. 2001
21  }
```

Ein Tag im Februar hat auf jeden Fall die 31 Tage des Januars vor sich liegen, ein Tag im März die 59 Tage des Januars und Februars usw. Wir akkumulieren für jeden Monat die Anzahl der verstrichenen Tag in einer Vorberechnung und legen sie in dem Array @AkkumTage ab. Zu einem gegebenen Datum aus Tag, Monat und Jahr schauen wir in diesem Array nach und addieren die Tageszahl darauf. Ist der Monat weder Januar noch Februar, so addieren wir noch eine 1 darauf, falls das Jahr ein Schaltjahr ist.

```
                    ———————— DatumsDifferenz.pl ————————————
24  sub doty {
25
26    my @AkkumTage=(  0, # Januar
27                    31, # Februar
28                    59, # Maerz
29                    90, # April
30                   120,# Mai
31                   151,# Juni
32                   181,# Juli
33                   212,# August
34                   243,# September
35                   273,# Oktober
36                   304,# November
37                   334 # Dezember
38                     );
39
40    my ($tag,$monat,$jahr)=@_;
41
42    my $doty = $tag + $AkkumTage[$monat-1];
43    if($monat>2) {
44      $doty += istSchaltjahr($jahr); # liefert 0 oder 1
45    }
46
47    return $doty;
48  }
```

Lösung zu Übung 165: Zur Berechnung dieser Differenz gibt es einige sehr effizi-ente, aber komplexe Verfahren. Wir implementieren hier ein einfaches und anschau-liches.

Sind die Jahreszahlen gleich, so ergibt sich die Differenz direkt aus der Dif-ferenz der doty-Werte. Ansonsten zählen wir zunächst die Tage in den Jahren zwischen den Jahreszahlen. Im letzten Jahr kommen so viele Tage hinzu, wie die doty-Funktion angibt. Im ersten Jahr kommen alle Tage vom Anfangsdatum bis zum letzten Tag des Jahres hinzu, also die Differenz aus 365 (bzw. 366 bei einem Schaltjahr) und der doty-Funktion.

──────────────── DatumsDifferenz.pl ────────────────
```
51  sub DatumsDifferenz {
52    my ($t1,$m1,$j1,$t2,$m2,$j2)=@_;
53
54    if($j1==$j2) {
55      return doty($t2,$m2,$j2)-doty($t1,$m1,$j1);
56    }
57
58    # Differenz der Zwischenjahre
59    my $diff=0; # zaehlt die Differenz in Tagen
60    for(my $zw=$j1+1;$zw<$j2;$zw++) {
61      $diff+= 365 + istSchaltjahr($zw);
62    }
63
64    # Tage im letzten Jahr
65    $diff+= doty($t2,$m2,$j2);
66
67    # Tage im ersten Jahr
68    $diff+= (365+istSchaltjahr($j1)-doty($t1,$m1,$j1));
69
70    return $diff;
71  }
```
──

Lösung zu Übung 171: Leeren einer Datei erreichen wir durch Öffnen zum Schrei-ben mit unmittelbar darauffolgendem Schließen.

──────────────── DateiLeeren.pl ────────────────
```
1  open(HANDLE,">adressen.txt");
2  close HANDLE;
```
──

Lösung zu Übung 173: Wir öffnen die Datei zum Anhängen. Wenn es dabei zu einem Fehler kommt, brechen wir das Programm mit der die-Funktion ab. Die-se schreibt den ihr übergebenen String auf den Standardfehlerkanal STDERR und beendet dann das Programm, wobei sie einen Fehlercode zurückliefert. Die erste Zeile kann also gelesen werden als „Öffne oder stirb". Das Konstrukt funktioniert aufgrund der abgekürzten Auswertung des logischen Operators ||.

Danach lesen wir 6 Strings ein, konkatenieren diese und hängen sie an die Datei an. Am Ende schließen wir die Datei wieder.

──────────── BenutzerEinfuegen.pl ────────────

```
1  open(OUTFILE,">>passwd") || die "can't open passwd";
2
3  $login=<STDIN>;        chomp $login;
4  $password=<STDIN>;     chomp $password;
5  $uid=<STDIN>;          chomp $uid;
6  $gid=<STDIN>;          chomp $gid;
7  $realname=<STDIN>;     chomp $realname;
8  $home=<STDIN>;         chomp $home;
9  $shell=<STDIN>;        chomp $shell;
10
11 $outstring = $login.":".$password.":".$uid;
12 $outstring.= ":".$gid.":".$realname.":".$home;
13 $outstring.= ":".$shell."\n";
14
15 print OUTFILE $outstring;
16
17 close(OUTFILE);
```

Lösung zu Übung 174: Wir lesen Zeile für Zeile aus der ersten Datei und schreiben sie sofort wieder in die zweite Datei.

──────────── cp.pl ────────────

```
1  $quelle=$ARGV[0];
2  $ziel=$ARGV[1];
3
4  ($quelle ne $ziel) ||
5    die "Kann Datei nicht in sich selbst kopieren.\n";
6
7  open(INFILE,"$quelle") ||
8    die "Kann $quelle nicht öffnen\n";
9  open(OUTFILE,">$ziel") ||
10   die "Kann $ziel nicht öffnen";
11
12 while($zeile=<INFILE>) {
13   print OUTFILE $zeile;
14 }
15
```

```
16  close(INFILE);
17  close(OUTFILE);
```

Lösung zu Übung 177: Das Hauptprogramm besteht nur aus Funktionsaufrufen, hinter denen die eigentliche Funktionalität versteckt liegt. Es ist somit unabhängig von der verwendeten Datenstruktur zur Verwaltung des Wörterbuches. Dadurch wird diese austauschbar. Das Hauptprogramm kann bei Top-down-Technik zuerst programmiert werden. Wenn wir für die einzelnen Funktionen zunächst nur *Prototypen* erstellen, die keinen Code beinhalten, können wir das Hauptprogramm schon austesten.

———————————— InteraktivesWoerterbuch.pl ————————————

```
6   readdict(); # read dictionary from file
7
8   while(1) { # infinite loop
9
10    print "-------------------------------";
11    print "-------------------------------\n";
12    print "Choices: (l)ookup (e)nter (d)elword ";
13    print "(a)llwords (s)ave (q)uit\n";
14
15    $choice=<STDIN>; chomp $choice;
16
17    if($choice eq "l") {
18      lookup();
19    }
20    elsif($choice eq "e") {
21      enter();
22    }
23    elsif($choice eq "d") {
24      delword();
25    }
26    elsif($choice eq "a") {
27      allwords();
28    }
29    elsif($choice eq "s") {
30      save();
31    }
32    elsif($choice eq "q") {
33      quit();
34    }
35    else {
36      print "<$choice> not a valid command!\n";
```

```
37    }
38  }
```

Nun füllen wir nacheinander die einzelnen Funktionen mit Funktionalität. Zunächst müssen wir uns für eine geeignete Datenstruktur entscheiden. Innerhalb des Programms wird das sicherlich ein Hash sein, in dem wir von einem englischen Wort direkt auf das entsprechende deutsche zugreifen können. Wir nennen den Hash %dict:

———————————— InteraktivesWoerterbuch.pl ————————————

```
46  sub lookup {
47    print "English: ";
48    my $eng=<STDIN>;
49    chomp $eng;
50    if(!exists $dict{$eng}) {
51      print "$eng not in dictionary!\n";
52    }
53    else {
54      print "German: $dict{$eng}\n";
55    }
56  }
57
58
59  sub enter {
60    print "English: ";
61    my $eng=<STDIN>;
62    print "German: ";
63    my $deu=<STDIN>;
64    chomp ($eng,$deu);
65    if(exists $dict{$eng}) {
66      print "$eng already in dictionary!\n";
67    }
68    else {
69      $dict{$eng}=$deu;
70    }
71  }
72
73
74  sub delword {
75    print "English: ";
76    my $eng=<STDIN>;
77    chomp $eng;
78    if(!exists $dict{$eng}) {
79      print "$eng not in dictionary!\n";
```

```
80    }
81    else {
82      delete $dict{$eng};
83    }
84  }
```

Damit können wir schon Vokabel-Paare nachschauen, eingeben und löschen. Nun müssen wir sie noch in eine Datei speichern können. Wir müssen uns ein geeignetes Format ausdenken. Eine Möglichkeit besteht darin, jedes Paar in eine eigene Zeile der Datei zu schreiben und dabei die beiden Vokabeln durch einen Doppelpunkt voneinander zu trennen.

Wir durchlaufen mit einer foreach-Schleife die Liste der Schlüssel des Hashes, also alle englischen Wörter und schreiben diese zusammen mit ihrer deutschen Übersetzung in die Datei. Wir arbeiten hier auf einer Sicherheitskopie der Datei; dadurch kommt es nicht zu Datenverlust, falls der Rechner während der Schreiboperation abstürzt.

Die print-Funktion liefert „wahr" zurück, wenn das Schreiben erfolgreich war, sonst „falsch". Dies nutzen wir aus, um zu testen, ob alle Paare erfolgreich in die Datei geschrieben werden konnten. Wir benennen die Sicherheitskopie nach erfolgreichem Schreiben mit der rename-Funktion auf den Namen der eigentlichen Datei um[1].

———————— InteraktivesWoerterbuch.pl ————————

```
87  sub save {
88    open(DICTHANDLE,">../Data/dictemp.txt")
89      || die "can't open dictionary: $!\n";
90    my $eng;
91    my $write_ok;
92    foreach $eng (keys %dict) {
93      if(! ($write_ok =
94          print DICTHANDLE "$eng:$dict{$eng}\n") ) {
95        last;
96      }
97    }
98    close DICTHANDLE;
99    if($write_ok) {
00      rename("../Data/dictemp.txt","../Data/gedict.txt")
01        || die "Can't rename: $!\n";
02    }
```

[1] Um den Sicherheitsmechanismus perfekt zu machen, sollte die Nummer des aktuellen Prozesses in den Namen der temporären Datei eingefügt werden; es könnten nämlich mehrere Benutzer gleichzeitig das Programm benutzen, so dass mehrmals dieselbe temporäre Datei angelegt werden könnte. Die Nummer des aktuellen Prozesses steht in der vordefinierten Variablen $$.

```
103    else {
104      print "An error occurred while writing the file.\n";
105      print "Dictionary not saved.\n";
106    }
107  }
```

Beim Einlesen des Wörterbuches aus der Datei lesen wir nun die Paare Zeile für Zeile. Wir müssen jede Zeile an dem Doppelpunkt auftrennen, um die englische und die deutsche Vokabel zu erhalten. Das geht sehr einfach mit der split-Funktion, die einen String an bestimmten Trennstellen in Einzelstrings zerlegt. Sie ist hier wie in Zeile 105 zu benutzen. Der Ausdruck / : / ist ein *regulärer Ausdruck*, den wir erst in Abschn. 4.3 kennen lernen werden.

Eine andere Möglichkeit wäre es, jedes Wort in eine eigene Zeile zu schreiben und dann immer zwei Zeilen auf einmal zu lesen, ein englisches Wort unmittelbar gefolgt von einem deutschen.

———————————— InteraktivesWoerterbuch.pl ————————————

```
110  sub readdict {
111    open(DICTHANDLE,"<../Data/gedict.txt")
112      || die "can't open dictionary: $!\n";
113    while(my $line=<DICTHANDLE>) {
114      chomp ($line);
115      my ($eng,$deu);
116      my @parts=split /:/,$line;
117      $eng=$parts[0];
118      $deu=$parts[1];
119      $dict{$eng}=$deu;
120    }
121    close DICTHANDLE;
122  }
```

Die Funktion zur Ausgabe des gesamten Wörterbuches geht mit einer foreach-Schleife über alle Schlüssel-Werte-Paare des Hashes und gibt diese aus.

———————————— InteraktivesWoerterbuch.pl ————————————

```
125  sub allwords {
126    my $eng;
127    foreach $eng (sort keys %dict) {
128      print "$eng = $dict{$eng}\n";
129    }
130  }
```

Es fehlt nur noch die Funktion zum Verlassen des Programms. Sie fragt vorher nach, ob die am Wörterbuch gemachten Änderungen abgespeichert werden sollen, und ruft in Abhängigkeit von der Antwort die Funktion save auf.

—————————————— InteraktivesWoerterbuch.pl ——————————————

```
133  sub quit {
134    my $answer;
135    do {
136      print "Do you want so save changes (y/n)? ";
137      $answer=<STDIN>;
138      chomp $answer;
139    } while ($answer ne "y" && $answer ne "n");
140    if($answer eq "y") { save();}
141    else {
142      print "Discarding changes.\n";
143    }
144    print "Good bye.\n";
145    exit(0);
146  }
```

Lösung zu Übung 185: Die rekursive Funktion hält sich exakt an die rekursive Definition der Fibonacci-Zahlen. Ist ihr Argument 0 oder 1, so gibt sie direkt 1 zurück. Sonst ruft sie sich selbst zweimal auf und gibt die Summe der Aufrufergebnisse zurück.

Die iterative Funktion ist etwas schwieriger zu verstehen. Sie merkt sich in einer Schleife immer die zwei letzten berechneten Fibonacci-Zahlen und berechnet daraus die nächste.

—————————————— Fibonacci.pl ——————————————

```
1   sub fib {
2     my $n=$_[0];
3     if($n==0 || $n==1) {return 1};
4     return fib($n-1)+fib($n-2);
5   }
6
7   sub fib_iterativ {
8     my $n=$_[0];
9     my ($fib0,$fib1,$i,$sum);
10
11    if($n==0 || $n==1) {return 1};
12    $fib0=1; $fib1=1;
13    for($i=2;$i<=$n;$i++) {
14      $sum=$fib0+$fib1;
15      $fib0=$fib1;
```

```
16      $fibl=$sum;
17    }
18    return $sum;
19 }
```

Die Zeitunterschiede zwischen der iterativen und der rekursiven Lösung sind gewaltig:

```
n=32
Iterativ: fib(32)=3524578
Zeit: 0s
Rekursiv: fib(32)=3524578
Zeit: 32.14s
```

Lösung zu Übung 187: Beim Mischschritt von Mergesort mischen wir die beiden Teilarrays zunächst in ein globales, temporäres Array @tmparray. Die Argumente der Funktion sind 4 Indizes, die uns sagen, von wo bis wo sich die beiden Teilarrays erstrecken. Diese speichern wir in 4 lokalen Variablen, so dass sich das erste Teilarray von $ll bis $m1, das zweite von $m2 bis $rr erstreckt. Mit den beiden Indizes $ll und $m2 laufen wir über das linke bzw. rechte Teilarray, vergleichen die Elemente und schreiben das jeweils kleinere ins temporäre Array an die Stelle $out. Wenn eines der beiden Teilarrays ganz abgearbeitet ist, kopieren wir noch die restlichen Elemente des anderen Teilarrays in das temporäre Array. Zum Schluss kopieren wir das nun sortiert vorliegende temporäre Array ins ursprüngliche Array.

Der Inkrement-Operator ++ kann vor oder hinter einer Variablen stehen. Der *Postinkrement-Operator*, wie er in Zeile 32 bei $out++ zu finden ist, erhöht seine Variable, *nachdem* diese ausgewertet wurde. Daneben gibt es auch noch den *Präinkrement-Operator* ++$out, der die Variable *vorher* erhöht. In Zeile 32 wird auf jeden Fall ein Postinkrement benötigt.

```
────────────────────── Mergesort.pl ──────────────────────
17 sub mische {
18   my($ll,$m1,$m2,$rr)=@_;
19   my $out=$ll;
20   my $ll_orig=$ll;
21
22   # in das temporaere Array mischen
23   while($ll<=$m1 && $m2<=$rr) {
24     if($array[$ll]<=$array[$m2])
25       { $tmparray[$out]=$array[$ll]; $ll++}
26     else
27       { $tmparray[$out]=$array[$m2]; $m2++}
28     $out++;
29   }
30   # Rest links oder Rest rechts kopieren
```

```
31    if($ll>$m1) {
32       while($m2<=$rr) { $tmparray[$out++]=$array[$m2++]; }
33    }
34    else {
35       while($ll<=$m1) { $tmparray[$out++]=$array[$ll++]; }
36    }
37    # vom temporaeren Array ins eigentliche kopieren
38    while($ll_orig<=$rr) {
39       $array[$ll_orig]=$tmparray[$ll_orig];
40       $ll_orig++;
41    }
42 }
```

Lösung zu Übung 189: Wir benutzen eine rekursive Funktion. Sie erhält einen Pfad zu einem Verzeichnis, öffnet dieses und liest alle Einträge in ein Array und schließt das Verzeichnis (so dass das Verzeichnis-Handle wieder frei wird). Danach iteriert sie über jede Datei im Array. Ist die Datei wieder ein Verzeichnis, so ruft sie sich rekursiv mit dem um diesen Verzeichnisnamen verlängerten Pfad auf. Ansonsten druckt sie den Dateinamen aus.

readdir liefert im Listenkontext ein Array mit allen Verzeichniseinträgen zurück, so dass wir die Schleife zum Auslesen aller Einträge in nur eine Anweisung zusammenfassen können.

―――――――――――― VerzeichnisseAuflisten.pl ――――――――――――

```
1  sub besucheVerzeichnis {
2    my $pfad=$_[0];
3    opendir(DIRHANDLE,$pfad)
4       || die "Kann Verzeichnis $pfad nicht öffnen.";
5    my @eintrag=readdir(DIRHANDLE);
6    close(DIRHANDLE);
7
8    foreach my $datei (sort @eintrag) {
9      if($datei eq "." || $datei eq "..") {
10        next; # Rekursionsschluss
11     }
12     if(-d $pfad."/".$datei) { # Rekursion
13        besucheVerzeichnis($pfad."/".$datei);
14     }
15     else {
16        print "$pfad/$datei\n";
17     }
18   }
19 }
```

Beim Aufruf startet das Programm die Rekursion mit dem auf der Kommandozeile angegebenen Verzeichnis. Dies ist ein erstes Beispiel für ein rekursives Durchwandern eines Baumes. Rekursion ist etwas Wunderbares!

———————————— VerzeichnisseAuflisten.pl ————————————

```
21  besucheVerzeichnis($ARGV[0]);
```

Lösung zu Übung 190:   Wir benutzen eine rekursive Funktion bewege, die die Umschichtungen vornimmt. Ihre 3 Argumente sagen ihr, wie viele Scheiben sie von welchem Stab auf welchen Stab bringen soll.

Wenn sie nur eine Scheibe bewegen soll ($n = 1$), schneidet sie diese am Ende des ursprünglichen Stabes ab (Zeile 6) und fügt sie an das Ende des Zielstabes an (Zeile 7). Das ist der Rekursionsschluss. Zur Veranschaulichung wird hier noch eine Ausgabefunktion druckeTuerme aufgerufen, um die einzelnen Umschichtungsschritte beobachten zu können.

Bei mehr umzuschichtenden Scheiben ($n > 1$) muss sie den Zwischenstab benutzen. In Zeile 13 findet sie die Nummer des Zwischenstabes heraus. Wir beachten hier, dass die Summe der Stabnummern immer $1 + 2 + 3 = 6$ ist. Sie schichtet dann zuerst rekursiv $n - 1$ Scheiben auf den Zwischenstab um. Danach schichtet sie die unterste Scheibe von Ursprungsstab auf den nun leeren Zielstab um, und dann wieder rekursiv die $n - 1$ Scheiben vom Zwischenstab auf den Zielstab. Dies ist ein wahrlich schönes Beispiel für die Eleganz von Rekursion.

———————————— TuermeVonHanoi.pl ————————————

```
1   sub bewege {
2     my ($n,$urstab,$zielstab)=@_;
3
4     # Rekursionsschluss
5     if($n==1) {
6       $scheibe=chop($turm[$urstab]);
7       $turm[$zielstab] = $turm[$zielstab].$scheibe;
8       druckeTuerme(); # formatierte Ausgabe
9       return;
10    }
11
12    # Rekursion
13    my $zwischenstab=6-$urstab-$zielstab;
14    bewege($n-1,$urstab,$zwischenstab);
15    bewege(1,$urstab,$zielstab);
16    bewege($n-1,$zwischenstab,$zielstab);
17  }
```

Um z. B. 5 Scheiben von Stab 1 auf Stab 2 zu bewegen, starten wir die Rekursion mit dem Aufruf bewege(5,1,2).

5.4 Lösungen zu Übungen aus Kapitel 4

Lösung zu Übung 191: Wir geben die Zeilen von hinten nach vorne aus, weil das Brett sonst auf dem Kopf steht. Um für jede Position genau 3 Zeichen auszugeben und so eine insgesamt formatierte Ausgabe zu erreichen, verwenden wir die `printf`-Funktion.

—————————————— Schachbrett.pl ——————————————

```
1   @Brett= (
2          ['Tw','Sw','Lw','Dw','Kw','Lw','Sw','Tw'],
3          ['Bw','Bw','Bw','Bw','Bw','Bw','Bw','Bw'],
4          [0,0,0,0,0,0,0,0],
5          [0,0,0,0,0,0,0,0],
6          [0,0,0,0,0,0,0,0],
7          [0,0,0,0,0,0,0,0],
8          ['Bs','Bs','Bs','Bs','Bs','Bs','Bs','Bs'],
9          ['Ts','Ss','Ls','Ds','Ks','Ls','Ss','Ts']
10         );
11
12
13  for($i=7;$i>=0;$i--) {
14    for($j=0;$j<8;$j++) {
15      printf "%3s",$Brett[$i][$j];
16    }
17    print "\n";
18  }
```

Lösung zu Übung 194: Die oberen vier Bits eines Bytes werden durch folgende Anweisung gelöscht:

```
$byte &= 0b00001111;
```

Lösung zu Übung 195: Wir betrachten alle Bits der eingegebenen Zahl nacheinander. Dazu schieben wir die Zahl in einer Schleife immer um 1 Stelle nach rechts; auf diese Weise wandern alle Bits nacheinander an Stelle 0. In jeder Iteration machen wir ein bitweises Und mit dem Muster 1. Das Ergebnis des Und ist 0 genau dann, wenn das 0-te Bit der aktuellen Zahl 0 ist, sonst 1. Ist das Bit gesetzt, müssen wir die bisher berechnete Parität kippen. Am Ende ist die Parität 0 genau dann, wenn wir eine gerade Anzahl von gesetzten Bits erkannt haben.

—————————————— Paritaet.pl ——————————————

```
1  $zahl=<STDIN>; chomp $zahl;
2
```

```
3   $paritaet=0; # Parität gerade
4
5   while($zahl != 0) {
6     if($zahl & 1) {
7       $paritaet=1-$paritaet; # kippe Parität
8     }
9     $zahl >>= 1;
10  }
11
12  print "Parität ist ";
13  if($paritaet) { print "ungerade.\n"; }
14  else          { print "gerade.\n"; }
```

Lösung zu Übung 196: Bei n Dingen gibt es insgesamt 2^n verschiedene Auswahlmöglichkeiten, weil eine Menge mit n Elementen genau 2^n verschiedene Teilmengen hat. Wenn wir daher binär von 0 bis $2^n - 1$ zählen, können wir jede Zahl in dieser Aufzählung als Kodierung einer Teilmenge auffassen: Hat sie an Stelle j eine 1 in der Binärdarstellung, so kodiert sie eine Auswahl, bei der Ding j in den Rucksack gepackt ist. Hat sie dort eine 0 stehen, ist Ding j nicht dabei.

Dabei müssen wir jede Zahl in der Aufzählung als eine Binärzahl mit n Ziffern auffassen, die eventuell führende Nullen besitzt. Die Zahl 0 kodiert z. B. die Auswahl, die gar kein Ding in den Rucksack packt, die Zahl $2^n - 1$ (bei der alle n Bits gesetzt sind) kodiert die Auswahl, die alle Dinge in den Rucksack packt. Bei 5 Dingen z. B. zählen wir binär von 00000_2 bis 11111_2. Die Zahl 00011_2 z. B. kodiert dann die Auswahl, bei der die ersten beiden Dinge mitgenommen werden, die anderen drei aber nicht.

Wir müssen also für jede Zahl in der Aufzählung die n Bits ihrer Binärdarstellung extrahieren. Dazu verknüpfen wir sie durch ein Und mit einem Bitmuster, das in der j-ten Iteration an Stelle j eine 1 stehen hat, sonst aber überall eine 0. Dadurch können wir prüfen, ob in dieser Zahl das j-te Bit gesetzt ist oder nicht. Wenn dies der Fall ist, so packen wir das Gewicht w_j in den Rucksack.

—————————————— Rucksackproblem.pl ——————————————

```
7   $zwei_hoch_n= 1 << $n; # berechne 2 hoch n
8
9   $max_auswahl=0; # wir starten mit der leeren Auswahl
10  $max_gewicht=0; # diese hat Gewicht 0
11
12  for($auswahl=1;$auswahl<$zwei_hoch_n;$auswahl++) {
13
14    $gewicht=0; # Gewicht des aktuellen Rucksacks
15
16    # extrahiere alle Bits aus $auswahl
17    $bitmuster=1;
```

```
18    for($j=0;$j<$n;$j++) {
19      if(($auswahl & $bitmuster) != 0) {
20        # wenn Bit j gesetzt ist
21        # packe Ding j in den Rucksack
22        $gewicht += $w[$j];
23      }
24      $bitmuster <<= 1;
25    }
26
27    # bessere zulaessige Auswahl gefunden?
28    if($gewicht>$max_gewicht && $gewicht < $c) {
29      $max_gewicht=$gewicht;
30      $max_auswahl=$auswahl;
31    }
32  }
33
34  print "Maximales Gewicht: $max_gewicht\n";
35  print "Eine maximale Auswahl besteht aus:\n";
36  for($j=0;$j<$n;$j++) {
37    if(($max_auswahl & (1<<$j)) !=0) {
38      print "Ding $j mit Gewicht $w[$j]\n";
39    }
40  }
```

Zeile 37 zeigt, wie der Test, ob ein bestimmtes Bit gesetzt ist, besonders einfach formuliert werden kann.

Lösung zu Übung 198:

a) $ba*$
b) $(aa)*$
c) $a(a|b)*b$
d) $(a|b)*b(a|b)*$
e) $(b|ab*a)*$
f) $b*|b*ab*|b*ab*ab*|b*ab*ab*ab*$
g) $b*(ab*ab*ab*)*b*$
h) $(b|ab|abb)*aaa(b|ba|baa)*$

Lösung zu Übung 201:

Der Automat besitzt 6 Zustände, je einen für jeden durch sukzessive Münzeinwürfe akkumulierbaren Geldbetrag. Startzustand ist Zustand „0". Der Automat besitzt keinen Endzustand.

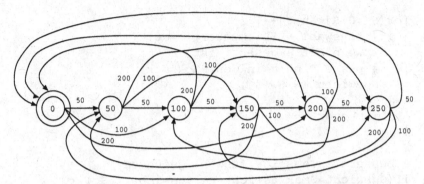

In Code lässt sich dieser Automat wie folgt umsetzen: Eine Variable $zustand hält den aktuellen Zustand fest. In einer großen elsif-Fallunterscheidung geht der Automat von Zustand zu Zustand gemäß der soeben eingeworfenen Münze über.

```
────────────────── Zigarettenautomat.pl ──────────────────
1   $zustand=0; # Startzustand
2
3   for(;;) { # Endlossschleife
4
5     print "Ihr Guthaben beträgt $zustand Cent.\n";
6
7     $muenze=<STDIN>;
8     chomp $muenze;
9
10    if($zustand == 0) {
11      if($muenze == 50)       { $zustand=50;  }
12      elsif($muenze == 100) { $zustand=100; }
13      elsif($muenze == 200) { $zustand=200; }
14      else { error("Muenze nicht zulässig");}
15    }
16    elsif($zustand == 50) {
17      if($muenze == 50)       { $zustand=100; }
18      elsif($muenze == 100) { $zustand=150; }
19      elsif($muenze == 200) { $zustand=250; }
20      else { error("Muenze nicht zulässig");}
21    }
22    elsif($zustand == 100) {
23      if($muenze == 50)       { $zustand=150; }
24      elsif($muenze == 100) { $zustand=200; }
25      elsif($muenze == 200) { auswerfen(); $zustand=0;}
26      else { error("Muenze nicht zulässig");}
27    }
28    elsif($zustand == 150) {
29      if($muenze == 50)       { $zustand=200; }
```

```
30     elsif($muenze == 100) { $zustand=250; }
31     elsif($muenze == 200) { auswerfen(); $zustand=50;}
32     else { error("Muenze nicht zulässig");}
33   }
34   elsif($zustand == 200) {
35     if($muenze == 50)       { $zustand=250; }
36     elsif($muenze == 100) { auswerfen(); $zustand=0;}
37     elsif($muenze == 200) { auswerfen(); $zustand=100;}
38     else { error("Muenze nicht zulässig");}
39   }
40   elsif($zustand == 250) {
41     if($muenze == 50)       { auswerfen(); $zustand=0; }
42     elsif($muenze == 100) { auswerfen(); $zustand=50;}
43     elsif($muenze == 200) { auswerfen(); $zustand=150;}
44     else { error("Muenze nicht zulässig"); }
45   }
46 }
```

Die Funktionen error und auswerfen werden hier nicht gezeigt. Sie steuern die tatsächliche Hardware des Zigarettenautomaten.

Eine speicherplatzeffizientere Implementierung des Automaten könnte ein zweidimensionales Array verwenden, in dem jeder Eintrag $\delta(z, m)$ den Übergang von einem Zustand z zum nächsten Zustand δ beim Einwerfen der Münze m kodiert.

Die folgende Implementierung leistet zwar ebenfalls das Gewünschte, ist aber kein endlicher Automat im strengen Sinne der Definition, weil solche Automaten intern nicht rechnen, sondern nur von Zustand zu Zustand übergehen können:

```
──────────────── Zigarettenautomat2.pl ────────────────
1  $zustand=0; # Startzustand
2
3  for(;;) { # Endlossschleife
4
5    print "Ihr Guthaben beträgt $zustand Cent.\n";
6
7    $muenze=<STDIN>;
8    chomp $muenze;
9
10   if($muenze!=50 && $muenze!=100 && $muenze!=200) {
11     error("Muenze nicht zulässig");
12   }
13   else {
14     $zustand += $muenze;
15   }
16
```

```
17    if($zustand >= 300) {
18        auswerfen();
19        $zustand -= 300;
20    }
21  }
```

Lösung zu Übung 203:

a) /a+b*/
b) /a(b|c)*dd/
c) /***/
d) /$word{3}/
e) /...../ bzw. /...../s
f) /^(a*)b\1$/

Lösung zu Übung 204: Hier sollen wir einen Entscheider für wohlgeformte Dezimalzahlen konstruieren. Daher ist es notwendig, den Matching-Prozess beim ersten Zeichen beginnen und beim letzten Zeichen enden zu lassen, denn sonst wird nur nach einem passenden Teilstring gesucht. Wir verwenden daher im Muster die Verankerungen ^ und $.

—————————————— RegAusdruckDezimalzahl.pl ——————————————

```
1   $zahl=<STDIN>;
2   chomp $zahl;
3
4   if($zahl =~ /^[+-]?\d+.?\d*([eE][+-]?\d+)?$/) {
5       print "Wohlgeformte Dezimalzahl\n";
6   }
7   else {
8       print "Keine wohlgeformte Dezimalzahl\n";
9   }
```

Lösung zu Übung 205:

————————————————— MatcheE.pl —————————————————

```
1   $zaehler=$zaehlerE=0;
2
3   while($zeile=<STDIN>) {
4       $zaehler++;
5       if( $zeile =~ /e/i ) {
6           $zaehlerE++;
7       }
8   }
9
```

```
10   print "$zaehlerE Wörter enthalten ein e.\n";
11   print "Das sind ".($zaehlerE/$zaehler)." %";
12   print " aller Wörter.\n";
```

Lösung zu Übung 206: Die erste Teilaufgabe lösen wir durch ein einfaches logisches Und:

──────────────── MatcheVokale.pl ────────────────

```
1   $counter=0;
2
3   while($z=<STDIN>) {
4     if(    $z=~ /a/i && $z=~ /e/i
5         && $z=~ /i/i && $z=~ /o/i
6         && $z=~ /u/i) {
7       print $z;
8       $counter++;
9     }
10  }
```

Alle 5 Vokale in der Reihenfolge a, e, i, o, u beschreibt folgender Ausdruck:

`/a.*e.*i.*o.*u/i`

Alle 5 Vokale in der Reihenfolge a, e, i, o, u ohne „Verdreher" beschreibt folgender Ausdruck:

`/^[^eiou]*a[^aiou]*e[^aeou]*i[^aeiu]*o[^aeio]*u[^aeiou]*$/i`

Auf dem Rechner des Autors ist das einzige Wort in `/usr/dict/words`, das auf diesen Ausdruck passt, das Wort „adventitious" (engl. für „hinzukommend").

Lösung zu Übung 207: Wir extrahieren zunächst alle relevanten Daten durch einen geeigneten regulären Ausdruck, in dem wir die Teilstrings, an denen wir interessiert sind, durch Klammern kennzeichnen.

Die Kurse enthalten in dieser Datei ein Komma als Dezimaltrennzeichen. Wollen wir die Kurse arithmetisch weiterverarbeiten, so müssen wir das Komma in einen Dezimalpunkt umwandeln. Außerdem muss ein „-" für die Anzahl der gehandelten Stücke in eine 0 umgewandelt werden.

──────────────── Boersenkurse.pl ────────────────

```
1   while($zeile=<STDIN>) {
2     if($zeile =~
3       /\[(\d+)\](.*)(\d{6})  (..)\s*(\S+)\s*(\S*)\s*(\S*)/
4       #  (Nr )  (Na)( WKN )  (Ku)  (KVo)   (KAk)   (Anz)
5     ) {
6
```

```
7    # Extraktion
8    $Nr=$1;
9    $Name=$2;
10   $WKN=$3;
11   $Kuerzel=$4;
12   $KursVortag=$5;
13   $KursAktuell=$6;
14   $AnzahlGehandelt=$7;
15
16   # Nachbehandlung
17   $KursVortag =~ s/,/\./;
18   $KursAktuell =~ s/,/\./;
19   if($AnzahlGehandelt eq "-") {
20      $AnzahlGehandelt=0;
21   }
22   verarbeite($Nr,$Name,$WKN,$Kuerzel,
23              $KursVortag,$KursAktuell,
24              $AnzahlGehandelt);
25   }
26 }
```

Für die Operation in Zeile 17 und 18 gibt es den speziellen Operator tr in Perl. Die Anweisung

```
$var =~ tr/Suchliste/Ersetzungsliste/;
```

ersetzt in $var alle Buchstaben aus Suchliste durch den entsprechenden Buchstaben in Ersetzungsliste, so dass Zeile 17 auch als

```
$Kursvortag =~ tr/,/./;
```

formuliert werden könnte. (Hier muss kein Fluchtsymbol vor dem Punkt stehen.)

Lösung zu Übung 214: Wir teilen das Intervall $[0, 1]$ konzeptionell in 6 Teilintervalle ein. Die ersten 5 Teilintervalle haben alle die Länge $\frac{4}{25}$, das letzte dann die Länge $\frac{5}{25}$. Wir erzeugen eine Pseudozufallszahl zwischen 0 und 1 und schauen nach, in welches dieser Intervalle diese Zahl fällt.

```
——————————————— GezinkterWuerfel.pl ———————————————
1  sub GezinkterWuerfel {
2    $zz=rand(); # 0 <= $zz < 1
3    if(    $zz < 1*4/25) { return 1;}
4    elsif($zz < 2*4/25) { return 2;}
5    elsif($zz < 3*4/25) { return 3;}
6    elsif($zz < 4*4/25) { return 4;}
7    elsif($zz < 5*4/25) { return 5;}
```

```
8    else                    { return 6;}
9  }
```

Angenommen, wir würfeln 1.000.000 Mal mit dieser Funktion:

```
——————————————— GezinkterWuerfel.pl ———————————
11  srand();
12  @zaehler=(0,0,0,0,0,0,0); # Element 0 unbenutzt
13  for($i=0;$i<=1000000;$i++) {
14    $zaehler[GezinkterWuerfel()]++;
15  }
16
17  for($zahl=1;$zahl<=6;$zahl++) {
18    print $zahl." fiel genau ";
19    print $zaehler[$zahl]." Mal.\n";
20  }
```

Dann erhalten wir z. B. folgendes Ergebnis:

```
1 fiel genau 160404 Mal.
2 fiel genau 159620 Mal.
3 fiel genau 159795 Mal.
4 fiel genau 159677 Mal.
5 fiel genau 160015 Mal.
6 fiel genau 200490 Mal.
```

Dies verdeutlicht die ungleiche Verteilung.

Lösung zu Übung 217:

```
$x=$i*$S+$j;
```

Lösung zu Übung 218: Die Lösung zu Übung 219 enthält eine ähnliche Funktion, die allerdings das Problem verschiedener Farben ignoriert und auch nicht in alle 8 Richtungen sucht.

Lösung zu Übung 219: Wir benutzen eine rekursive Funktion positioniere, die bei jedem Aufruf eine weitere Dame so auf das Brett zu stellen versucht, dass sie keine der bisher aufgestellten Damen bedroht. Ihr Argument ist die Nummer der aufzustellenden Dame (0–7). Hat sie schon 8 Damen aufgestellt, so ist der Rekursionsschluss erreicht, und sie kann das Brett mit den 8 Damen ausgeben (Zeile 7).

In jeder Spalte kann nur eine Dame stehen. Daher geht die Funktion spaltenweise vor, indem sie versucht, eine neue Dame mit der Nummer $NrDame in die Spalte mit derselben Nummer zu setzen. In dieser Spalte probiert sie alle Zeilen aus (Zeile 11). Eine Hilfsfunktion DameBedrohtAndereDame sagt ihr, ob eine

Dame in Zeile $z und Spalte $NrDame eine andere Dame in den vorhergehenden Spalten bedrohen würde (Zeile 12). Falls dem nicht so ist, setzt die Funktion positioniere eine Dame an diese Position (Zeile 13) und ruft sich rekursiv mit der nächsten Spalte als Argument auf (Zeile 14). Nach Ende dieses Aufrufs nimmt sie die Dame von dieser Position wieder weg (Zeile 15).

────────────────────── AchtDamen.pl ──────────────────────

```perl
1   sub positioniere {
2     $besuchteStellungen++;  # fuer statistische Zwecke
3     my $NrDame=$_[0];
4
5     if($NrDame==8) {
6       $gefundeneLoesungen++;  # fuer statistische Zwecke
7       druckeBrettAus();
8       return;
9     }
10
11    for(my $z=0;$z<8;$z++) {
12      if(!DameBedrohtAndereDame($z,$NrDame)) {
13        $Brett[$z][$NrDame]="D";
14        positioniere($NrDame+1);
15        $Brett[$z][$NrDame]=" ";
16      }
17    }
18  }
```

Die Funktion DameBedrohtAndereDame muss von der ihr übergebenen Position ($z,$s) aus nur nach links schauen, weil die Damen von der Funktion positioniere von links nach rechts auf dem Brett positioniert werden.

Sie betrachtet also alle Felder in der Zeile $z links von der Spalte $s, bis der Brettrand oder eine andere Dame erreicht ist (Zeile 26). Wurde die Suche beendet, weil sie dabei auf eine andere Dame gestoßen ist, so gibt sie „wahr" zurück (Zeile 27). Ebenso schaut sie diagonal nach links oben und links unten.

Diese Art, in einem Array in einer bestimmten Richtung nach einem Element zu suchen, wird auch *Scan* genannt.

────────────────────── AchtDamen.pl ──────────────────────

```perl
20  sub DameBedrohtAndereDame {
21    my ($z,$s)=@_;
22
23    my ($i,$j);
24
25    # nach links in derselben Zeile schauen
26    for($i=$s-1;$i>=0 && $Brett[$z][$i] ne "D"; $i--) {;}
```

```
27    if($i>=0) { return 1;}
28
29    # nach links oben diagonal schauen
30    for($i=$s-1,$j=$z-1;$i>=0 && $j>=0
31        && $Brett[$j][$i] ne "D"; $i--, $j--) {;}
32    if($i>=0 && $j>=0) { return 1;}
33
34    # nach links unten diagonal schauen
35    for($i=$s-1,$j=$z+1;$i>=0 && $j<=7
36        && $Brett[$j][$i] ne "D"; $i--, $j++) {;}
37    if($i>=0 && $j<=7) { return 1;}
38
39    # keine bedrohte Dame gefunden
40    return 0;
41  }
```

Zeile 30 gibt ein Beispiel für einen sinnvollen Gebrauch des *Komma-Operators*. Hier werden in der Vorinitialisierung der for-Schleife zwei Variablen nacheinander initialisiert; das wäre durch Verwendung eines „;" als Trennsymbol nicht möglich, weil dieses die Vorinitialisierung von der Schleifenbedingung trennt.

Das Hauptprogramm schließlich initialisiert das Brett und startet die Rekursion:

––––––––––––––––––– AchtDamen.pl –––––––––––––––––––

```
68  for($i=0;$i<8;$i++) {
69    for($j=0;$j<8;$j++) {
70      $Brett[$i][$j]=" "; # Feld ist leer
71    }
72  }
73  positioniere(0);
74
75  print "$gefundeneLoesungen Lösungen gefunden\n";
76  print "$besuchteStellungen Stellungen durchsucht\n";
```

Warum lohnt sich dieses *Backtracking*? Eine einfache Lösung für das Problem der acht Damen besteht darin, 8 for-Schleifen ineinander zu schachteln, die alle möglichen Kombinationen mit jeweils einer Dame pro Spalte auf dem Brett erzeugen. In der innersten Schleife kann dann durch Scannen der Zeilen, Spalten und Diagonalen getestet werden, ob sich zwei Damen gegenseitig bedrohen. Bei dieser Vorgehensweise werden insgesamt $8^8 = 2^{3 \cdot 8} = 2^{24} = 4 \cdot 2^{20}$ Stellungen betrachtet, das sind etwa mehr als 4 Millionen.

Dagegen werden, wie ein Problelauf zeigt, bei obigem Programm insgesamt nur 2057 Stellungen besucht (und dabei 92 Lösungen des Problems gefunden). Backtracking verkleinert also den Suchraum durch frühzeitiges Erkennen und Nicht-Weiterverfolgen unmöglicher Kombinationen.

Lösung zu Übung 221: Wir benutzen eine rekursive Funktion besuche, die nacheinander alle Städte besucht. Während einer bestimmten Tour besucht sie keine Stadt zweimal und erzeugt somit eine Permutation der n Städte. Ihr Argument gibt die Zahl der Städte an, die auf einer bestimmten Tour schon besucht wurden. Die Städte haben die Nummern 0 bis $n - 1$.

Wenn die Funktion alle Städte besucht hat (Zeile 4), also eine bestimmte Permutation der n Städte erzeugt hat, ruft sie eine Hilfsfunktion berechneTourLaenge auf, die die Länge der durch diese Permutation festgelegten Tour berechnet und sich die minimale bisher gefundene Tour merkt.

Ansonsten besucht die Funktion rekursiv alle noch nicht besuchten Städte (Zeile 9–18). Sie benutzt ein Array @besucht, das durch eine 1 an Stelle i angibt, dass Stadt i in der aktuellen Tour schon besucht wurde. Wenn sie eine Stadt besucht, markiert sie diese als besucht, trägt sie an der entsprechenden Stelle in die Permutation ein und ruft sich rekursiv auf, wobei sie die Rekursionstiefe um 1 erhöht. Um sich die Permutation zu merken, schreibt sie die Nummer der gerade besuchten Stadt in ein Array @Permutation. Nach Beendigung des rekursiven Aufrufs markiert sie Stadt i als nicht besucht, nimmt sie also aus der aktuellen Tour heraus.

———————————————— TravelingSalesmanProblem.pl ————————————————

```perl
1  sub besuche {
2    my $RekursionsTiefe=$_[0];
3
4    if($RekursionsTiefe==$n) {   # alle Staedte besucht
5      berechneTourLaenge();
6      return; # Rekursionsschluss
7    }
8    # sonst besuche alle noch nicht besuchten Staedte
9    for(my $i=0;$i<$n;$i++) {
10     if(! $besucht[$i]) {
11       $besucht[$i]=1; # als besucht markieren
12       # in Permutation eintragen:
13       $Permutation[$RekursionsTiefe]=$i;
14       # Rekursion mit naechster Stadt:
15       besuche($RekursionsTiefe+1);
16       $besucht[$i]=0; # Markierung aufheben
17     }
18   }
19 }
```

———

Die Funktion berechneTourLaenge benutzt eine Permutation der Zahlen 0 bis $n - 1$ im Array @Permutation, um die Länge der entsprechenden Tour zu berechnen. Aus zwei aufeinander folgenden Zahlen der Permutation bestimmt sie ein Stück des Weges (Zeile 25 und 26), dessen Länge sie der Abstandsmatrix entnimmt (Zeile 27). Durch den Modulo-Operator in Zeile 26 kommt sie in der letzten

Iteration wieder zur ersten Stadt zurück ($i+1 ist dann gleich $n; der Ausdruck ergibt also 0).

Ist die Länge der betrachteten Tour kleiner als die bisher minimale Länge, oder handelt es sich um die erste Tour, so merkt sie sich dieses Minimum und die zugehörige Tour.

──────────── TravelingSalesmanProblem.pl ────────────

```perl
22  sub berechneTourLaenge {
23    my $Laenge=0;
24    for(my $i=0;$i<$n;$i++) {
25      my $StartStadt=$Permutation[ $i ];
26      my $ZielStadt=$Permutation[ ($i+1) % $n ];
27      $Laenge+= $Abstand[$StartStadt][$ZielStadt];
28    }
29    if(!defined($minLaenge) || $Laenge < $minLaenge) {
30      $minLaenge=$Laenge;
31      @minTour=@Permutation;
32    }
33    # Kontrollausgabe:
34    printf "%2d",++$Tourenzaehler;
35    print ". Tour: @Permutation.";
36    print " Länge dieser Tour: $Laenge\n";
37  }
```

Das Hauptprogramm muss nur noch die Abstandsmatrix definieren und die Rekursion auf Tiefe 0 starten. (Die Abstandsmatrix ist hier willkürlich gewählt.)

──────────── TravelingSalesmanProblem.pl ────────────

```perl
40  # die Abstandsmatrix
41  @Abstand=([0,9,1,2],[4,0,5,6],[3,6,0,1],[4,1,2,0]);
42  $n=@Abstand;
43  $Tourenzaehler=0;
44
45  # Start der Rekursion auf Tiefe 0
46  besuche(0);
47
48  # Ergebnis ausdrucken
49  print "Minimale Tour: ";
50  print @minTour;
51  print " mit Länge $minLaenge\n";
```

Die Ausgabe bei der obigen Probleminstanz ist

```
 1. Tour: 0 1 2 3. Länge dieser Tour: 19
 2. Tour: 0 1 3 2. Länge dieser Tour: 20
```

```
 3. Tour: 0 2 1 3. Länge dieser Tour: 17
 4. Tour: 0 2 3 1. Länge dieser Tour: 7
 5. Tour: 0 3 1 2. Länge dieser Tour: 11
 6. Tour: 0 3 2 1. Länge dieser Tour: 14
 7. Tour: 1 0 2 3. Länge dieser Tour: 7
 8. Tour: 1 0 3 2. Länge dieser Tour: 14
 9. Tour: 1 2 0 3. Länge dieser Tour: 11
10. Tour: 1 2 3 0. Länge dieser Tour: 19
11. Tour: 1 3 0 2. Länge dieser Tour: 17
12. Tour: 1 3 2 0. Länge dieser Tour: 20
13. Tour: 2 0 1 3. Länge dieser Tour: 20
14. Tour: 2 0 3 1. Länge dieser Tour: 11
15. Tour: 2 1 0 3. Länge dieser Tour: 14
16. Tour: 2 1 3 0. Länge dieser Tour: 17
17. Tour: 2 3 0 1. Länge dieser Tour: 19
18. Tour: 2 3 1 0. Länge dieser Tour: 7
19. Tour: 3 0 1 2. Länge dieser Tour: 19
20. Tour: 3 0 2 1. Länge dieser Tour: 17
21. Tour: 3 1 0 2. Länge dieser Tour: 7
22. Tour: 3 1 2 0. Länge dieser Tour: 11
23. Tour: 3 2 0 1. Länge dieser Tour: 20
24. Tour: 3 2 1 0. Länge dieser Tour: 14

Minimale Tour: 0231 mit Länge 7
```

Eine minimale Tour startet also in Stadt 0, besucht dann nacheinander Stadt 2, 3 und 1 und kehrt dann wieder nach Stadt 0 zurück.

Da Stadt 0 (wie jede andere Stadt) genau einmal betreten und verlassen werden muss, sind in den ersten 6 Permutationen die restlichen Touren schon enthalten. Die Tour 0123 ist z. B. dieselbe wie die Tour 1230 oder die Tour 2301 oder die Tour 3012. In einer effizienteren Implementierung können wir daher davon ausgehen, dass wir immer in Stadt 0 beginnen und auch dort enden. Dann müssen wir nur die $(n-1)!$ vielen Permutationen der Zahlen 1 bis $n-1$ betrachten.

A. Installation von Perl

Heutzutage ist auf den meisten UNIX-Systemen von vorneherein eine Version von Perl installiert, weil Perl-Skripte bei vielen administrativen Aufgaben eingesetzt werden. Ob und welches Perl-System bereits vorhanden ist, kann sehr leicht durch Aufruf des Perl-Programms mit dem Schalter -v getestet werden. Auf der Maschine des Autors ist die Version 5.6.0 von Perl installiert, wie folgender Aufruf zeigt:

```
$ perl -v

This is perl, v5.6.0 built for i586-linux

Copyright 1987-2000, Larry Wall

Perl may be copied only under the terms of
either the Artistic License or the
GNU General Public License,
which may be found in the Perl 5.0 source kit.

Complete documentation for Perl, including FAQ lists,
should be found on this system using
'man perl' or 'perldoc perl'. If you have access to the
Internet, point your browser at
http://www.perl.com/, the Perl Home Page.
```

Ist Perl nicht installiert, so gibt es grundsätzlich zwei Möglichkeiten: Installation eines vorkompilierten Binaries (das nur auf eine bestimmte Plattform passt, also eine bestimmte Kombination aus Prozessor und Betriebssystem) und Installation der Quellen von Perl mit anschließendem Kompilieren (was einen installierten C-Compiler und einiges Fachwissen voraussetzt).

A.1 Bezugsquellen

Die erste Anlaufstelle bei jeder Suche nach Software im Umfeld von Perl ist das *Comprehensive Perl Archive Network* (*CPAN*). Dort ist zunächst einmal Perl selbst erhältlich, d. h. ein lauffähiger Compiler-Interpreter für die jeweilige Plattform bzw. der Quellcode von Perl zum Selbstoompilieren. Darüber hinaus hält das CPAN noch hunderte von nützlichen Modulen zum kostenfreien Herunterladen bereit.

Der Hauptrechner des CPAN ist ftp.funet.fi, der hundertfach auf der ganzen Welt gespiegelt ist. Hier nur einige dieser Spiegel-Server:

- `http://www.funet.fi/pub/languages/perl/CPAN`
- `ftp://ftp.funet.fi/pub/languages/perl/CPAN`
- `ftp://ftp.cise.ufl.edu/pub/perl/CPAN`
- `ftp://ftp.cs.colorado.edu/pub/perl/CPAN`
- `ftp://ftp.perl.org/pub/perl/CPAN`
- `http://www.perl.com/CPAN`
- `http://www.cpan.org/`
- `http://www.cs.uu.nl./mirror/CPAN`

Manche dieser Sites sind durch das `http`-Protokoll anzusprechen, andere durch das `ftp`-Protokoll, was einen Unterschied machen kann, wenn man hinter einer Firewall sitzt. Auf den ersten beiden Servern (`www|ftp`).`funet.fi` ist eine Datei namens `MIRRORED.BY` erhältlich, in der sich eine Liste aller anderen Spiegel-Server befindet.

Die wahrscheinlich einfachste Art, auf CPAN zuzugreifen, besteht darin, mit einem Web-Browser die Adresse `http://www.perl.com/CPAN` zu besuchen. Von dort aus wird man durch den glorreichen „CPAN Multiplex Dispatcher" auf einen Spiegel-Server des Archivs in seiner Nähe weitergeleitet.

Unter `www.perl.com` findet man darüber hinaus weitere Informationen über das Herunterladen und Links zu vorkompilierten Binaries des Perl-Interpreter-Compilers für verschiedenste Plattformen.

A.2 Installation

Für den Anfänger dürfte die Installation eines vorkompilierten Binaries (auch als „Port" bezeichnet) wesentlich einfacher sein als das Übersetzen der Perl-Quellen in ein lauffähiges Programm. Dies gilt vor allem unter MS-Windows.

A.2.1 Vorkompilierte Binaries

Von der Hauptseite des CPAN wechselt man in das Verzeichnis „Binary Distributions (Ports)". Dort erscheint eine recht große Liste von Links zu den unterstützten Betriebssystemen. Man lädt sich den benötigten Port herunter und installiert ihn gemäß der Installationsanweisung.

MS-Windows. Unter MS-Windows ist der Port von ActiveState besonders beliebt, der unter

`http:/www.activestate.com/ActivePerl/download.htm`

direkt erhältlich ist. Von dort sollte man sich die MSI-Version des Ports herunterladen, nicht die AS-Version.

MSI ist der Microsoft Windows Installer, ein Programm zum komfortablen Installieren und Deinstallieren von Software für Microsoft-Betriebssysteme. Dieses Programm ist notwendig, um den Perl-Port von ActiveState zu installieren. Bei den Versionen 95, 98 und NT des Microsoft-Betriebssystems wurde der MSI nicht mitgeliefert und muss daher zuerst installiert werden. Er kann auf

```
http://www.microsoft.com/downloads/
```

gefunden werden.

Nach der Installation des MSI (falls dieser nicht schon vorhanden ist), genügt ein Doppelklick auf die von ActiveState erhaltene Datei

```
ActivePerl-5.*-MSWin32-x86.msi
```

um den Perl-Port zu installieren. („*" steht darin für die aktuelle Versionsnummer von Perl.) Ein Neustarten des Rechners bringt das Perl-Executable in den Suchpfad für ausführbare Dateien, so dass Perl-Programme in einer MS-DOS-Eingabeaufforderung durch einen Aufruf wie

```
C:\> perl HalloWelt.pl
```

gestartet werden können.

Der Port von ActiveState enthält die Perl-Manualseiten im HTML-Format. Sie können mit einem Internet-Browser, wie z. B. dem Internet-Explorer oder Netscape, gelesen werden.

A.2.2 Perl selbst kompilieren

Um Perl selbst zu kompilieren, werden natürlich die Quellen benötigt. Von der Hauptseite des CPAN wechselt man in das Verzeichnis „Source Code". Dort findet man die Datei stable.tar.gz, die die neueste, in der Praxis schon getestete Version der Quellen enthält. Über das ftp-Programm kann diese Datei auch wie folgt bezogen werden:

```
ftp ftp://ftp.funet.fi/pub/languages/perl/CPAN/src/stable.tar.gz
```

Diese entpackt man und liest die Dateien README und INSTALL, in der eine genaue Anleitung zur Kompilation zu finden ist. Sehr wahrscheinlich gibt es auch eine Datei namens INSTALL.plattform, wobei plattform für das jeweils verwendete Betriebssystem steht. Diese sollte man ebenfalls lesen.

Unter UNIX sieht der Installations- und Kompilationsprozess ungefähr wie folgt aus:

```
$ tar xzf stable.tar.gz    # auspacken
$ cd perl-5.6.0            # oder 5.*, je nach Versionsnummer
$ sh Configure -des        # konfigurieren
$ make                     # alles kompilieren
$ make test                # Kompilat testen
$ make install             # benötigt Superuser-Rechte
```

Wie schon erwähnt, wird hier ein lauffähiger C-Compiler vorausgesetzt.

Nach der Installation sollte das Perl-Programm in den Suchpfad der Shell aufgenommen werden. Im Normalfall wird perl in das Verzeichnis /usr/bin/ installiert, das schon im Suchpfad liegt:

```
$ which perl
/usr/bin/perl
```

Ist dies nicht der Fall, muss unter UNIX an die Umgebungsvariable $PATH der Pfad zum Verzeichnis angehängt werden, in dem das Perl-Binary liegt, etwa durch

```
$ export PATH=$PATH:"/mein/pfad/zu/perl"
```

Damit diese Änderung nicht nach jedem neuen Anmelden am System wieder von Hand durchgeführt werden muss, sollte obige Zeile in die Datei .profile aufgenommen werden.

A.3 Eine UNIX-Umgebung für MS-Windows

Wer unter MS-Windows arbeitet und dort die komfortablen UNIX-Werkzeuge benutzen möchte, allen voran natürlich eine Shell, der kann sich unter

```
http://cygwin.com
```

die Cygwin-UNIX-Umgebung für Windows kostenlos herunterladen. Die Benutzung einer solchen kommandozeilenorientierten, nicht grafischen Oberfläche ist besonders für den Programmieranfänger zu empfehlen, weil sie den Blick auf das Wesentliche nicht versperrt. (Dasselbe gilt natürlich auch für den Profi. Echte Frauen und Männer klicken nicht.)

B. Dokumentation zu Perl

B.1 Online-Dokumentation

B.1.1 Die Manualseiten

Die Standard-Perl-Distribution beinhaltet eine erschöpfende Online-Dokumentation, die in verschiedene *Manualseiten* (*man pages*) eingeteilt ist.

Die oberste Hauptseite heißt einfach `perl`. Diese sollte der Startpunkt bei jeder Suche nach Dokumentation zu einem bestimmten Thema sein. Sie gibt eine Übersicht über die spezifischeren Manualseiten, wie etwa `perlre`, die Manualseite zu den regulären Ausdrücken von Perl. Unter UNIX kann die Hauptseite mit dem Kommando

```
$ man perl
```

gelesen werden. Bei manchen Ports von Perl werden die Manualseiten auch im HTML-Format ausgeliefert und sind dann mit einem Web-Browser zu lesen. Tabelle B.1 listet die wichtigsten Manualseiten auf.

Tabelle B.1. Wichtige Perl-Manualseiten

Manualseite	Inhalt
perl	Welche Perl-Manualseiten es gibt
perldata	Datentypen
perlsyn	Syntax
perlop	Operatoren, Präzedenz und Assoziativität
perlre	Rguläre Ausdrücke
perlvar	Vordefinierte Variablen
perlsub	Subroutinen (Funktionen)
perlmod	Module
perlref	Referenzen
perlrun	Perl-Interpreter und seine Schalter
perldebug	Debugging
perldiag	Warnmeldungen
perlfaq	Häufig gestellte Fragen zu Perl

Sehr hilfreich ist auch das `perldoc`-Programm, das mit der Standard-Perl-Distribution ausgeliefert wird und auf jeder Plattform arbeiten sollte. Ein Aufruf

```
$ perldoc perlre
```

gibt die Manualseite `perlre` formatiert aus. `perldoc` kann auch gezielt Informationen zu einem bestimmten Pragma oder Standardmodul ausgeben:

```
$ perldoc pragmaname
$ perldoc modulname
```

Häufig gestellte Fragen. Ein weiterer Teil der Perl-Manualseiten ist eine Liste von *häufig gestellten Fragen (frequently asked questions, FAQ)*. Die Seite `perlfaq` gibt eine Übersicht über die Struktur dieser FAQ, die in 9 verschiedene Unterseiten eingeteilt ist. Tabelle B.2 gibt eine Übersicht.

Tabelle B.2. Aufteilung der Perl-FAQ

Manualseite	Inhalt
perlfaq1	Allgemeine Fragen zu Perl
perlfaq2	Installation und Erlernen von Perl
perlfaq3	Programmier-Tools (Hilfsprogramme)
perlfaq4	Datenmanipulation
perlfaq5	Dateien und Formate
perlfaq6	Reguläre Ausdrücke
perlfaq7	Syntax von Perl-Programmen
perlfaq8	Interaktion mit dem System
perlfaq9	Perl und Netzwerke

B.1.2 Informationen aus dem Internet

WWW. Regelmäßig im Web besucht werden sollten die Seiten www.perl.com und www.perl.org. Sie informieren über Neuigkeiten bezüglich Perl. Dort können nützliche Perl-Programme und Portierungen von Perl auf neue Plattformen zum Herunterladen gefunden werden. Darüber hinaus gibt es dort weitere Dokumentation, Links zu Einführungskursen in Perl, technische Artikel und Buchbesprechungen.

Usenet-News. Wer noch nie Usenet-News gelesen hat, hat eine schier unerschöpfliche Informationsquelle noch nicht kennen gelernt und sollte dies möglichst bald nachholen. Ein guter Artikel für Einsteiger ist unter

```
http://www.boku.ac.at/news/newsd.html
```

zu finden.

Die englischsprachige Usenet-Newsgruppe comp.lang.perl.misc diskutiert über alle Belange von Perl. Hier kann auch ein Anfänger seine Fragen stellen. (Wobei natürlich wie immer vorausgesetzt wird, dass er vorher in den FAQ der Gruppe nachgeschaut hat.) Ihr deutschsprachiges Pendant ist die Gruppe de.comp.lang.perl.misc.

In der moderierten Newsgruppe `comp.lang.perl.moderated` werden Änderungen an künftigen Versionen von Perl angekündigt und technische Diskussionen über die weitere Entwicklung geführt.

Die Gruppe `comp.lang.perl.modules` diskutiert über die Entwicklung und Benutzung von Modulen in Perl.

Weitere interessante deutschsprachige Gruppen, die sich mit dem Thema Programmieren beschäftigen, sind `de.comp.os.ms-windows.programmer`, `de.comp.os.unix.programming` und `de.comp.sys.mac.programmieren`.

Wer keinen Zugang zu einem News-Server hat, kann Newsgruppen sehr einfach mit einem Web-Browser bei `groups.google.com` lesen und dort auch in eine Newsgruppe „posten", d. h. einen Artikel schreiben.

B.2 Dokumentation in gedruckter Form

Hier eine Auswahl an bewährten Büchern rund um das Thema Perl:

- Mit [ScCh] hat der Autor selbst Perl gelernt. Das Buch setzt allerdings eine gewisse Programmiererfahrung voraus und ist vor allem für Programmierer geeignet, die schon eine andere C-ähnliche Sprache beherrschen.
- [John] dagegen ist ein Buch für Programmieranfänger, das für die ersten Schritte Perl benutzt.
- Eine sehr nützliche und knapp gefasste Übersicht über die Syntax und Semantik von Perl-Konstrukten und eine Auflistung aller eingebauten Funktionen ist [Vrom]. Diese liegt auch auf dem CPAN unter `authors/Johan_Vromans` zum Herunterladen und Ausdrucken bereit. Vielen Linux-Distributionen liegt die entsprechende Datei im PostScript-Format bereits bei. Auf dem System des Autors kann sie so gefunden werden:

```
$ locate refguide.ps
/usr/share/doc/packages/perlref/refguide.ps
```

- [WCOr] ist die definitive Referenz zu Perl, vom Autor der Sprache selbst. Das „Camel-Book" (so genannt, weil das Umschlagsbild ein Kamel zeigt) ist die „Perl-Bibel" schlechthin, das definitive Nachschlagewerk zu allen Fragen rund um Perl.
- Im „Perl-Kochbuch" [ChTo] finden sich Rezepte für viele kleinere und größere Probleme, die mit Perl angegangen werden können.
- Wer mehr zum Thema „Objektorientierte Programmierung mit Perl" erfahren möchte – ein Gebiet, das wir in dieser Einführung völlig ausgeklammert haben – kann dies in [Conw] tun.

C. Installation der Kursunterlagen

Die Unterlagen zu diesem Buch enthalten Dateien, die bei der Lösung einiger Übungsaufgaben benötigt werden, sowie alle Quelltexte des Buches zum Experimentieren und Erweitern.

C.1 Bezugsquellen

Diese Unterlagen können von der Homepage des Buches heruntergeladen werden. Der URL lautet

`www.algorilla.de/PLMP`

Dort finden sich im bewährten tgz- und zip-Format die Dateien

`Kursunterlagen.tgz`

bzw.

`Kursunterlagen.zip`

Dabei ist letzteres Format das unter MS-Windows gängige Archivierungsformat.

C.2 Installation

Die Installation der Datei `Kursunterlagen.tgz` erfolgt unter UNIX durch den Aufruf

`$ tar xzf Kursunterlagen.tgz`

Die Installation der Datei `Kursunterlagen.zip` geschieht unter MS-Windows durch ein Programm wie WinZip oder unter UNIX durch den Aufruf

`$ unzip Kursunterlagen.zip`

Danach sollte die Datei `README` gelesen werden.

Abbildungsverzeichnis

Tabellenverzeichnis

Literaturverzeichnis

[Adam] Douglas Adams: *Per Anhalter durch die Galaxis.* Rogner & Bernhard, 1981.

[Algo] Algorilla (http://www.algorilla.de). Homepage des Autors.

[ASUl] Alfred V. Aho, Ravi Sethi, Jeffrey D. Ullman: *Compilerbau.* Oldenbourg, 1999.

[BFMi] Homepage des Bundesfinanzministeriums (www.bundesfinanzministe rium.de).

[BKRS] Johann Bleiberger, Johann Klasek, Gerhard-Helge Schildt: *Informatik.* Springer-Verlag, 1996.

[ChTo] Tom Christiansen, Nathan Torkington: *Perl Cookbook.* O'Reilly, 1998.

[CLRi] Thomas Cormen, Charles Leiserson, Ronald Rivest: *Introduction to Algorithms.* MIT Press, 1990.

[Conw] Damian Conway: *Object Oriented Perl.* Manning, 1999.

[CPAN] Comprehensive Perl Archive Network (http://www.cpan.org).

[Deit] Harvey Deitel: *Operating Systems.* 2nd Ed., Addison-Wesley, 1990.

[Frie] Jeffrey Friedl: *Mastering Regular Expressions.* O'Reilly, 1997.

[GKPa] Ronald Graham, Donald Knuth, Oren Patashnik: *Concrete Mathematics.* Addison-Wesley, 1989.

[Gold] Andrew Goldberg: *What Every Computer Scientist Should Know About Floating Point Arithemtic.* ACM, 1991.

[Goos] G. Goos: *Vorlesungen über Informatik.* Springer-Verlag, 1999.

[HeFe] Franz Heigel, Jürgen Feuerpfeil: *Stochastik.* 3. Aufl., BSV, 1987.

[HHMK] Sebastian Hetze, Dirk Hohndel, Martin Müller, Olaf Kirch: *Das Linux-Anwender-Handbuch.* LunetiX, 1996.

[Hofs] Douglas Hofstadter: *Gödel, Escher, Bach.* J. G. Cotta, 1985.

[HoUl] John E. Hopcroft, Jeffrey D. Ullman: *Einführung in die Automatentheorie, Formale Sprachen und Komplexitätstheorie.* 4. Aufl., Oldenbourg, 2000.

[John] Andrew Johnson: *Elements of Programming with Perl.* Manning, 1999.

[KePi] Brian Kernighan, Rob Pike: *The Unix Programming Environment.* Prentice Hall Internat., 1984.

[KeRi] Brian Kernighan, Dennis Ritchie: *Programmieren in C.* Prentice Hall Internat., 1990.

[Knut] Donald Knuth: *The Art of Computer Programming, Vol. 2, Seminumerical Algorithms.* 3rd Ed., Addison-Wesley, 1998.

[Kopk] Helmut Kopka: *Latex. Eine Einführung.* Addison-Wesley, 1991.

[LePa] Harry Lewis, Christos Papadimitriou: *Elements Of The Theory Of Computation.* Prentice Hall, 1981.

[LoOr] M. Loukides, A. Oram: *Programmieren mit GNU Software.* O'Reilly, 1997.

[Nels] Randolph Nelson: *Probability, Stochastic Processes, and Queuing Theory.* Springer-Verlag, 1995.

[OHMa] Jon Orwant, Jarkko Hietaniemi, John Macdonald: *Mastering Algorithms with Perl.* O'Reilly, 1999.

[PaHe] David Patterson, John Hennessy: *Computer Organization & Design.* Morgan Kaufmann, 1994.

[PMan] Perl Manual Pages (man perl).

[Rech] Peter Rechenberg: *Was ist Informatik?* Hanser, 2000.

[ScCh] Randal Schwartz, Tom Christiansen: *Learning Perl.* 2nd Ed., O'Reilly, 1997.

[Schn] Bruce Schneier, *Angewandte Kryptographie.* 2nd Ed., Wiley, 1996,

[Sedg] Robert Sedgewick: *Algorithms in C.* Addison-Wesley, 1992.

[Stra] Thomas Strauß: *Grundlagen der Programmierung,* Skriptum.

[Tan0] Andrew S. Tanenbaum: *Structured Computer Organization.* 4th Ed., Prentice Hall, 2000.

[Tan1] Andrew S. Tanenbaum: *Betriebssysteme.* Hanser, 1990.

[Tolk] J. R. R. Tolkien: *Der Herr der Ringe.* Klett, 1990.

[Vrom] Johan Vromans: *Perl 5 Pocket Reference.* O'Reilly, 2000.

[WCOr] Larry Wall, Tom Christiansen, Jon Orwant: *Programming Perl.* 3rd Ed., O'Reilly, 2000.

[Wern] Dieter Werner u. a.: *Taschenbuch der Informatik.* 4. Aufl., Hanser, 2001.

[WiHo] P. Winston, B. Horn: *LISP.* Addison-Wesley, 1981.

[Wirt] Niklaus Wirth: *Compilerbau.* Teubner, 1986.

Index

Druck: Strauss GmbH, Mörlenbach
Verarbeitung: Schäffer, Grünstadt